祁龙威文集

QILONGWEI WENJI

祁龙威 著
吴善中 编

广陵书社

本册目录

学术论文(上)

祁龙威文集·论文

学术论文（上）

《天放楼文言遗集》跋

右贞献先师遗文七十二篇，尝于去岁夏春之际，手授龙威，令藏于家。附录若干篇，则其易箦之日，得之于遗箧。今遵遗言，比次都为四卷，附录一卷，而书其后曰：自清季义理之言竭，而经世先王之志衰，于是教化陵夷，风俗颓败。我大子怀贤圣悲悯之心，具豪杰天下之量，博通群籍，思济横流，而知德者寡，潜龙勿用，乃著书立说，言性命，称仁义，极治乱，以倡明全体大用之学，其气滂沛，其辞博丽。读其书者，多诧其文章之盛，而忽其义理之充，或又怪其糅杂释老，援引百家，掇取西哲之言，以翼孔孟，为醇儒庄士之羞。顾我闻之孔子曰："攻乎异端，斯害也已。"在昔经师多昧此旨，遂将悉弃六艺正典而外之书为举一废百之道，焦循之徒，始发其蔽，夫天下一致，而百虑同归而殊途，言道之情，有非郑鲁之所得尽，使其言有补民社，虽杂异端何害？是以先师《广戴释问》有曰："我于老庄书，剥肤而存其液，非澄观达识，心通其妙，固难为浅见寡闻者道。"其言"剥肤存液"者，《韩诗外传》所谓"序异端，使不相悖"也，其可专己守残，持门户之见，以绳通德之论耶？先师晚岁忧道愈切，颇托歌诗以见志，隐文谲喻，识者谓得比兴之微旨，而足发天性民彝之善，增三纲五典之重。疾病呻吟之中，犹敷陈经义，以规当道，严义利之辨，以明天下之大戒。今丧乱未平，而斯人不作。茕茕小子，追随无及，校理遗文，不胜低徊思慕之情矣。民国三十六年二月，弟子常熟祁龙威敬跋。

（原载《天放楼文言遗集》，民国三十六年（1947）铅印本）

美英法帝国主义者组织"洋枪队"在浙江省进攻太平天国革命军的真相

太平天国革命时期,美英法帝国主义者直接帮助清朝反动派进攻太平天国革命的武装部队,在苏沪一带有华尔、戈登所率领的常胜军,在浙东等地则有常胜军的分军——常安军,和另外两支——常捷军和定胜勇。华尔、戈登和常胜军的事迹,知者较详。其他反革命部队的有关史料,已经整理发表者尚少。我近在常州,得从清宁绍台道史致谔的后人家里,翻阅过一下他所遗下的文件,获得了很多有关于这方面的资料,今即据以略述与"常胜"等军有关的几件事:

一、史致谔的生平和他所遗下的文件

史致谔,字士良,溧阳人。道光十八年进士,累官江西省广信等地知府,到处与太平军对敌。同治元年,由左宗棠奏荐,署浙江宁绍台兵备道。他在宁波和美国强盗华尔、英国强盗呾乐德克、法国强盗日意格等深相勾结,依靠了这些强盗们的武装力量,从太平军手中夺取了浙东,获得内外反动派的欢心。同治六年,他带着满身血污,回家养老。同治十年,病死。当他以"原品休致"时,带回了大批档案和他与当时内外反革命首脑的公私函牍。这些档案和函牍,是研究太平天国史的重要文献,也是帝国主义侵略中国的罪行的证据。

二、浙江"洋枪队"——花头、绿头的由来

浙江"洋枪队"的组织,始于汉奸郑维春的"绿头勇",简称绿头或绿勇。郑系宁波英领事夏福礼的翻译。许瑶光《谈浙》说他:"乃劝洋人攻贼,而自募绿头勇,请泰西教师日练习于江北岸,欲以军功自振拔。"[1]而法帝国主义者也成立花头勇,简称花头或花勇[2]。这时尚在史致谔来宁之先。

三、"常胜军"的分军宁波与华尔之死

同治元年(1862)四月十二日,汉奸张景渠、郑维春等勾结英法海陆军进攻宁波,太平军退往乡间。次日,常胜军七百人自上海至[3]。八月,史致谔与华尔同来。这时太平军已攻入了慈溪县城,内外反动派闻警,纷纷出动。"咥总兵会华副将暨美国法尔师德、马惇等,分领兵勇,拔队展轮,迎头兜剿,即日扎兵城外板桥庙。姚防之法兵谢勇、慈邑汶溪勇团,同时到齐。"[4]英勇的太平军在慈溪县城保卫战中,击毙了这个恶贯满盈的美国强盗华尔。"二十七日卯刻,华副将催令兵轮各船直趋城下,开炮环轰,分队

---

[1]《谈浙》卷三。郑维春,《谈浙》作"郑同春",兹从史致谔文件。

[2]《谈浙》卷四《谈洋兵》及《清史稿·勒伯勒东传》。

[3]《谈浙》卷三。

[4] 史致谔:《禀慈溪失守旋经克复并奉化复陷郡南吃紧现筹进剿由》。

陆路并进。该副将手持千里镜窥察贼势,指挥兵勇,捣虚而入。讵伏垛之贼施放冷枪,弹穿该副将胸腕,倒晕落马,经随丁扶救回船,……负伤回宁,血流不止,遽于二十八日陨命。"[1]

四、第二个美国强盗法尔师德

华尔死后,常胜军浙江分军即由他的副手法尔师德统率。这个美国强盗的劫掠行为,连善于媚外的史致谔也深感头痛。他说:"禀蒙苏抚宪两次解到浙绅捐款英洋三万元,昨经美国法尔师德截留二万元偿其勇粮枪械药弹等项。再四婉商,分毫不与。种种掣肘艰难,实为意料所不及。"[2]后李鸿章又令法尔师德统带宁波绿勇,连花勇、黄勇(也是法国"洋枪队")并归节制[3]。从此宁波绿头勇并入常胜分军。但花头、黄头始终仍自树一帜,法尔师德曾和法将买忒勒互争领导权。他所率领的这支绿头"洋枪队"连续参加过奉化、上虞、嵊县、新昌等战役,进攻过定海的"海盗",杀害了无数中国人民。单是奉化战役中,他和咥乐德克等"令夷兵推出车轮夷炮……连放落地开花炮弹,轰倒骑马贼目十余名,毙贼千余名"[4]。在这次战役中,英勇的太平军向侵略者坚决抗击,击毙了"美国兵头那师"[5]。

----

[1] 史致谔:《禀慈溪失守旋经克复并奉化复陷郡南吃紧现筹进剿由》。
[2] 《禀慈溪失守旋经克复并奉化复陷郡南吃紧现筹进剿由》。
[3] 史致谔给法尔师德的一个通知书。
[4] 史致谔:《禀奉化克复留兵防守宁属现已肃清由》。
[5] 《禀奉化克复留兵防守宁属现已肃清由》。

五、"常胜"分军改编后的"常安军"

关于常胜军浙江分军改编做常安军的经过，史致谔于同治元年十月二十九日给曾、左、李等反革命首脑的报告中，叙述很详。他说："……嗣于二十六日，就带常胜军之副将白齐文由沪来宁，面述遵奉奏派将驻宁之常胜军抽调一千二百名带赴金陵助剿，拟于二十八日拔队起程，其余存勇，酌留兵头管带，听候职道节制调遣。伏查驻宁之常胜军，陆续增至一千九百名。兹准白副将面称抽带一千二百名。而该兵头等则称抽调十五牌，余存四牌，询之帮带之王守维圻禀称，约略点查不及四百人，旋据哑总镇照会，只有三百六十名。其余俱系病弱或已逃遁云。究竟抽调若干名，实已无从稽考。现当防剿吃紧之际，'洋枪队'素为贼所畏惮，自应遵照苏抚宪札饬，选留一千名之数，赶紧招充足额，俾外国人教练熟习，以资攻剿，而壮声威。第节制虽归职道，而统带必须外国武官，方能先后合辙，可期应手。此时花头、黄头各勇，全归现署总兵之勒伯勒东统率。若再略将此军交付，则事权太重，诚恐尾大不掉。职道查英国水师总兵哑乐德克，人极明白公正，有良将才。从前常胜军滋事，该总兵不分畛域，帮同办理，举措皆得其平。宁郡士民，咸深信服。若令统带教习，必能使各勇恪遵纪律，渐成节制之师。职道不敢拘泥，请定宪示遵行。谨即照会该总兵，请其统带。该总兵亦愿为中国效力，直任不辞。所有勇丁业经札饬鄞县江令在火岚山团勇内取具切实保结，由职道会同哑总兵逐名挑选，归营操练。从此英法两国之兵官，皆为我用。亦复彼此和衷，不致如法尔师德与买忒勒有互争统带之事。中外人心，俱形安定。

藉堪上慰钧廑。惟既经更易统带,未便仍旧军名。拟即改为常安军。庶几共摄威灵,奠安四境。职道现仍札委候补知府王维圻帮同管带。自当随时督饬,认真训练。俾此军早成劲旅,迅奏肤功。以期仰副宪台保卫岩疆之至意。"[1]史致谔的报告多污蔑太平军与中国人民,但在这里面,暴露出当时帝国主义者间明争暗斗的黑幕和"常胜军滋事"等危害人民的罪行。

常安军在哝乐德克的指挥下,参加过进攻绍兴太平军等战争。史致谔曾"歌颂"这支反革命军队的"战功"说:"……二十四日,逆股窜出五云门,王守维圻,守备梅有元、州同谢国恩等带领兵勇并八桨炮船迎头截剿。该逆即掩旗奔回,我军遂分驻距城半里之西施山。张革道(景渠)飞饬王维圻就该山赶筑土城炮台,以扼险要。英国总兵哝乐德克添到大炮四门,安设开放,较为得力。……英法各国官弁,感慕圣朝荣宠,共效驰驱,如哝乐德克……诸人,尤为难得。"[2]"洋枪队"大掠绍兴的血债,他却为他们一笔勾销掉了。

哝乐德克于同治二年四月,调离宁波。接替者为另一英国强盗实德稜,他驻军绍兴,与法国"洋枪队"统领德克碑闹得"势不两立"。当时史致谔和左宗棠等都很害怕这些"外国将爷"的"兴波作浪"和"借端生事",认为"所有常捷、常安两军,如不设法解散,贻害无穷"。只有"唻之以利……必须全行撤尽,予以限制。……恐非二十余万元,不能了此一案"[3]。自然这笔庞大的裁军负担,满汉反动派一起会把它转嫁到人民头上。不久左宗棠又

---

[1] 史致谔:《禀宁郡现留常胜军移请英国哝总兵统带补足一千名改为常安军仍札委候补知府王维圻帮带由》。
[2] 史致谔:《禀中外兵勇克复绍郡详细情形由》。
[3] 史致谔:同治二年五月初六日《禀抚宪左》。

因"富阳久围不下，增募外国军助攻"[1]。但主要的是用常捷军了。

六、法国"洋枪队"——"常捷军"

法国"洋枪队"最早仅有花头勇，黄头勇则本系余姚练长（地主武装首领）谢敬的部队。谢敬被太平军击毙，一部分兵勇由法国强盗买忒勒改编为"洋枪队"[2]。这支花头、黄头军在同治元年夏秋间，由买忒勒、德克碑统率在余姚一带作反革命活动，受法籍税务司日意格指挥[3]。在慈溪战役中，"日意格选拨姚防兵勇，赴慈接应"[4]。德克碑与日意格又率队"助攻"过奉化，史致谔"歌颂"他们"遇敌奋往，实为难得"[5]。"同治元年九月，法国公使乃言于总理衙门，欲以勒伯勒东统办宁波事宜，恭邸不允，始愿权受中国职任，听浙抚暨宁绍台道节制。恭邸终虑其骄蹇也，请由浙江巡抚酌给札凭，以一事权。又严谕宁绍台道史致谔赏功罚罪，报战给饷，当秉公核实，毋致为外国人所轻视。俟兵力稍足，仍行撤回"[6]。据勒伯勒东给史致谔的"照会"上所盖的"关防"，他当时"权受"的"中国职任"系"会办宁绍防剿事务署浙江总兵"。他总统法国"洋枪队"花头、黄头、炮兵、"外国黑兵"等"中国外国人一千七百六十八名"[7]。

---

[1] 《湘军志·浙江篇》。

[2] 古隐名氏：《越州纪略》及同治元年闰八月买忒勒：《与史致谔函》。

[3] 史致谔：同治元年九月初六日《致日税务司函》。

[4] 《禀慈溪失守旋经克复并奉化复陷郡南吃紧现筹进剿由》。

[5] 《禀奉化克复留兵防守宁属现已肃清由》。

[6] 《谈浙》卷四。

[7] 勒伯勒东于同治元年十月给史致谔的"照会"。

同月，勒伯勒东、日意格等率兵侵略上虞。"二十八日，前队攻虞之师，自三十里牌至姚村下坝，连破贼卡十四座，杀贼约二千余名，起获船载贼粮三百余石，各卡内积谷八百余袋。……二十九日，我军行至谢家桥，该处逆卡极坚，四面砌石，长约三里，兵勇并力奋攻，贼以枪炮死拒，登时阵亡黄头勇三名。勒总兵、日税务司、张革道挥兵逼卡，洋兵连放落地开花洋炮，轰毙及落水死者，不计其数。……三十日，直薄城下，日税务司亲督洋兵进攻，……逼至土城，日税务司跃马当先，陡中贼枪，弹穿右臂落马，洋兵负救回营。……二鼓后，中外带兵员弁，督队奋往，战至两时，勒总兵派令兵头，运到车轮大洋炮，轰坍土城，城上枪炮如雨，我军冒烟布梯，洋兵、黄头勇先登，各军蚁附而上，砍贼甚多。……前后共计杀贼淹毙不下万余，生擒二百余名，分别讯明正法。其年幼者，多被洋兵索留役使。"[1]在这次战役中"贼遗枪炮，外国统领择其好者，往往据为己有。……至各勇之见物即抢，尤其故技"[2]。"见物即抢"，受祸最大的，当然又是人民。

同年十一月，轻视中国人民力量的法国强盗勒伯勒东在把他的"洋枪队"擅自扩大之后[3]，"不待号令，偏师径进"[4]，一路劫掠去进攻绍兴。在太平军的英勇抗击下，他狼狈地亲自动手去开炮，结果炮炸身死[5]。

---

[1]　史致谔：《禀兵勇剿贼力保余姚并克服上虞余邑肃清由》。

[2]　史致谔：《禀兵团次第收复嵊县新昌城池请将在事官绅随折酌保由》的附件。

[3]　史致谔：同治元年十二月《禀抚宪左》。

[4]　同治元年十二月《禀抚宪左》。

[5]　同治元年十二月《禀抚宪左》。

他的侵略部队由买忒勒接带，又"贪功趋利，竟扑绍城"[1]。"英国总兵哐乐德克亲运大炮到营，筹剿绍郡贼匪。正月初一日，哐乐德克、买忒勒带领洋兵、花绿头各勇，车轮大炮径攻西郭门。突有黑洋人五六十名，助贼施放洋枪，弹入买忒勒脑左，登时殒命"[2]。

买忒勒死后，法国"洋枪队"由第三个法国强盗德克碑统带。他和两个副手庞发、法兰喀会合了各内外反革命军队，第三次进攻绍兴。日意格又续调法兵二百名帮助他们。由于叛徒迎天燕杨应柯的投降内应，太平军退出了绍兴[3]。

这些强盗们在绍兴城内外"乱房帷（奸淫），发藏箧（抢劫），异物用物，细大不捐，任负所弗胜，夺民舟以载之，不受者力胁之。劫子女勒赎，得金无算，所信所宿，坏乱尤剧"[4]。极尽了奸淫抢杀之能事。

特别是"得城后，法师索犒师白金二十万，急不可得，贿通士（应作通事）万金，始许十万，而调停其间者，实蚀二万，于是取城中遗粟并米，及贼所藏器用玩好，使贪绅售而与之，不足取房舍完美者。责其主出金以自买，路盈叹疾矣"[5]。这就是内外反动派所"歌颂"的"洋枪队"的"战功"。

以后德克碑一直帮助清左宗棠进攻过富阳、余杭、杭州、湖州

[1] 同治元年十二月《禀抚宪左》。
[2] 左宗棠：《查明法国参将阵亡请恤折》。
[3] 德克碑于同治二年二月给史致谔的"照会"上自称："会办宁绍防剿事务署浙江总兵"并借用勒伯勒东"关防"。绍兴战争经过，见史致谔：《禀中外兵勇克复绍郡详细情形由》。
[4] 《越州纪略》。
[5] 《越州纪略》。

等地，左宗棠"称赞"他"每次攻剿，极肯出力，杭城克复，实著劳绩。拟由臣等给纹银二万两，分赏所部常捷军出力弁兵"[1]。这里面隐藏着抢掠、勒索等重重黑幕。

七、"定胜勇"

定胜勇系美英"洋枪队"的一小支，由"英国教师英常"统带。参加过进攻绍兴太平军等战争，大掠绍兴的血债，定胜勇也有一份[2]。

八、一伙战犯的名单

当时参加浙江省"洋枪队"破坏太平天国革命运动的美英法帝国主义分子，除上举的华尔、法尔师德、呋乐德克、日意格等外，见于史致谔文件中的，还有英领事佛礼赐，军官波格乐、芬住、法雷列，军医官伊尔云，海军军官朴三克、达费士、善伯烈，翻译官雅芝，法国军官海意师、法蓝、马筹思、葛格，宁波天主堂主教田雷思，美国"带兵人员"科客，及不明国籍的"洋枪队教习"买孟等。

九、"洋枪队"的巨额军饷

史致谔于同治三年二月二十三日给左宗棠的报告说："善后局月给洋将所部常安、常捷、定胜各军粮饷洋四万余元。"[3]这是

---

[1] 左宗棠:《洋将助克杭城出力拟请奖赏片》。
[2] 《禀中外兵勇克复绍郡详细情形由》。
[3] 《禀督宪左》。

军火、器械、帐篷等费用尚不在内的数字。按华尔常胜军的饷额标准，单是"外国军官"："上校每月薪水四百元，中校三百五十元，少校三百元，副官二百五十元，上士二百二十元，中士一百五十元……军医官……每月三百元。全军皆按月给薪。除了这正规的薪金外，每收复一城，各级官佐，皆须给以赏银，该项赏银高至十万元一次"[1]。它的宁波分军即后改名的常安军，"计一军千百二十人。月需番银万四千有奇"[2]。据勒伯勒东同治元年十月给史致谔的"照会"，当时法国"洋枪队"的"外国军官""队总""队总帮办""牌总""副牌总""养病院医生"等，月薪高者三百元，其次二百五十元、二百元、一百八十元……最低"通事"八十元，"外国兵"月薪五十元，而"中国千总"月仅二十五元，"士兵"七元。由此可以看出"中外官兵"间的极端不平等待遇。勒伯勒东除向史致谔勒索全军月饷二万三千四百六十五元外，他自己的薪给还要按"从前华总兵（华尔）薪俸每月银一千两"支付。此外帝国主义者还向满汉反动派无赖地勒索军火费、养伤费等。"嗜利跋扈"[3]的买忒勒向史致谔一再强横地催取饷款，这个"竭力图维，未尝告乏"[4]的买办官僚，也只得常把"饷需支绌，一时未能应付，是以尚稽答复"[5]等话来哀哀求告。浙江人民的膏血，给这帮帝国主义强盗们吸食尽了。

（原载《大公报》1953 年 1 月 30 日）

---

[1]　卿汝楫：《美国侵华史》第一卷所引卡希尔著：《一个新英格兰浪人》。

[2]　《谈浙》卷四。这个数字恐不很精确。

[3]　史致谔：同治元年十二月初六日《禀抚宪左》。

[4]　《史致谔行述》。

[5]　史致谔：同治元年闰八月二十日《复买参将函》。

关于太平天国革命时期浙江地区
武装干涉者的几点问题

《历史教学》1954 年 8 月号所载姚琮同志的《太平天国革命运动中外国资本主义的武装干涉》一文,作者把"花绿红头"笼统地注成英法诸军,又特别把法国洋枪队"黄头勇"误解为美英洋枪队常胜军,和笔者所见的史料不符,特提供一些具体资料和大家商榷。

一、"绿头""花头"的得名

"绿头""花头"者,英法所练"洋枪队"的简称。许瑶光《谈浙》说:"法国用花布缠头,英国则用绿布,故人呼绿头花头云。"[1]清代公私记载有合称之为"花绿头"者,亦有笼统地称为"英法诸军",或即呼之为"洋兵","顾名为洋兵,实则募华人之桀者充之,不过数十洋人为之教师领队而已"[2]。

---

[1]《太平天国》六,第 614 页。
[2]《太平天国》六,第 614 页。

二、"绿头勇"

浙江之有"绿头勇"，实始于汉奸郑维春。郑本宁波英领事夏福礼的翻译，当太平军攻克宁波之后，受官绅指使，"乃劝洋人攻贼，而自募绿头勇三百，请泰西教师日练习于江北岸，欲以军功自振拔"[1]。1862年5月，英法海军攻陷宁波，"得英国兵船之力多，而郑通事之绿头勇实为之倡"[2]。这支"绿头"专在水上活动，故左宗棠与史致谔的手札中有"未知郑维春之船可用否？"[3]之语。

在浙江省第二批出现的"绿头勇"，则为"常胜军"的浙江分军。《谈浙》说："（同治元年四月）十三日，宁绅前江苏粮道杨坊所分华尔常胜军数百人始至，而先日已收复雄城。"[4]钱勖《吴中平寇记》说，1862年9月，"署宁绍台道史致谔将赴任，道出上海，谒公（指李鸿章），以宁波兵饷俱绌，请假饷并挈华尔同往"[5]。不久，华尔即被英勇的太平军击毙于慈溪。于是原驻松江的"常胜军"又续调四百五十人"赴宁协守"[6]，由另一个美国强盗法尔师德统率。这时的英法正在竞争派员接统"常胜军"，法尔师德的

---

[1]《太平天国》六，第603页。

[2]《太平天国》六，第614页。

[3]《史氏家藏左文襄公手札》下。按此书系史致谔后人所印，今传本已不多，我是从常州市武进中学教师屠犀尘同志处借的。

[4]《太平天国》六，第604页。

[5]《吴中平寇记》卷二。

[6] 李鸿章：《朋僚函稿》第二同治元年八月三十日《复史士良观察》及闰八月七日《复史士良观察》二书。士良系史致谔字。

身份恰好起了缓冲的作用[1]。但是法尔师德和汉奸们的关系搞得不好,据史致谔禀报李鸿章等说:

> 禀蒙苏抚宪两次解到浙绅捐款英洋三万元,昨经美国法尔师德截留二万元偿其勇粮枪械药弹等项。再四婉商,分毫不与。种种掣肘艰难,实为意料所不及。[2]

又据李鸿章奏:

> 据浙江宁绍台道史致谔禀称:"宁郡绿头勇,即常胜军,向归副将华尔统带。初止有二百名,陆续增至一千二百名。华尔阵亡后,归法尔师德管带。又经该兵头马惇、科克等自行添募至一千九百名,并未随时照会。其中多系本籍无赖之人,屡次滋事。……九月十二日,该道因公出城,有绿头勇二人于轿后喧闹,不服约束,当即带回责处。旋赴善后局发饷未回,突有绿头勇数百名喧呼闯入大堂内,将门窗什物打毁,并将存库关税茶税银两,助饷局之捐银捐钱及委员董事人等衣物,全行抢去。当即照会该兵头前来弹压,直至夜

---

[1] 《筹办夷务始末》(同治朝)卷九,第13页说:"法国武官接带常胜军一事,其议已寝。"是法国曾企图接带"常胜军"。同书卷十四,第19页又说:"查威使所言英国人管带常胜军,法国即欲挽越……若仍以美国人管带,则两国均无所借口。"可见华尔死后,白齐文与法尔师德的接带"常胜军",实起缓冲的作用。

[2] 史致谔:《禀慈溪失守旋经克复并奉化复陷郡南吃紧现筹进剿由》。按,史致谔的《同治元年军务要件》等珍贵史料,我于1952年的秋冬间,在常州从他的后人手里得见,录有副本,原件现存苏南文物保管委员会。

分始散。"[1]

法尔师德又和法将买忒勒"争长"[2]。所部"绿头勇"中又有"奸细混入"[3]。这些都是对反革命阵营不利的。于是英国驻华水师提督何伯便"由沪赴宁，察看布置"[4]，从此"常胜军"的浙江分军便由渐落入英将咟乐德克的掌握。管带"常胜军"的白齐文拟调这支部队去攻打南京，咟乐德克"不愿放行"[5]。1862 年 12 月白齐文"亲往商议"[6]，才带去一千五百人。余由咟乐德克和史致谔扩大至一千人，改名为"常安军"，由咟乐德克管带，候补知府王维圻帮带[7]。

在浙江省的另一小支"绿头勇"，叫作"定胜勇"，由英国教师

---

[1]《筹办夷务始末》（同治朝）卷十，第 40—41 页。

[2] 李鸿章：《朋僚函稿》第二同治元年闰八月十九日《复史士良观察》说："法、买两酋争长……昨英国水师提督何伯由沪赴宁，察看布置……当能力制法师尔得也。"史致谔：《禀宁郡现留常胜军移请咟总兵统带补足一千名改为常安军仍札委候补知府王维圻帮带由》也说："……法尔师德与买忒勒有互争统带之事。"法师尔得系 E.Forrester 误译。

[3]《买忒勒与史致谔函》说："顷于闰八月望日，接展公牍下颁，知宁郡近有奸细混入充当绿头勇事，业已拿获事。"

[4]《朋僚函稿》第二。

[5]《朋僚函稿》第三同治元年十月二十五日《上曾相》，《太平天国》四，第 550 页。

[6]《朋僚函稿》第三同治元年十月二十五日《上曾相》，《太平天国》四，第 550 页。

[7]《禀宁郡现留常胜军移请咟总兵统带补足一千名改为常安军仍札委候补知府王维圻帮带由》。

英常统率,也受哇乐德克指挥[1]。

三、"花头勇"和"黄头勇"

据英国驻宁波领事夏福礼于 1862 年 8 月 11 日致北京英国公使卜鲁斯的信说:"……距隔宁波约三十哩远的余姚,在本月二日由清军攻克了。……合并在法国军队中的四百名中国新兵曾帮助清兵进攻。这四百名中国新兵是孔夫子号船长兼法国宁波领事在宁波组织训练的。"[2]

又据《筹办夷务始末》载同治元年(1862)闰八月"法国照会"说:

> 案查去年发贼窜扰浙省,占据宁波。经本国提督卜因本国水师参将勒伯勒东前于咸丰十年七月,在上海督兵,击退窜贼,谋勇兼著。故向上海道借来火轮船一只交勒参将领赴宁波,会同英国总兵官筹办一切防堵事宜。其时该参将不独击走贼众,退出宁波,抑且出力之处甚多。训练中国兵丁,由五百名渐至一千五百名并派本国前任水师参将现任宁波税务司日意格带领,屡与贼战,奋勇当先,于该处甚有裨益。[3]

---

[1] 史致谔:《禀中外兵勇克复绍郡详细情形由》。罗尔纲:《太平天国大事年表》作"定胜军"。

[2]《太平天国史料译丛》,第 26 页。

[3]《筹办夷务始末》(同治朝)卷九,第 17—18 页。《清史稿·勒伯勒东传》所记同。

同书又载同年九月薛焕、李鸿章奏：

> 适勒伯勒东从宁波来沪，……据称前在宁波，经已革宁绍台道张景渠及宁波绍兴绅士，托为招勇教练，屡次出力。[1]

由上述材料，可见当 1862 年的夏季，在宁波已出现法国"洋枪队"。勒伯勒东后归上海，部下由日意格、买忒勒和另一个法国军官德克碑共同指挥，驻防在余姚。据买忒勒于十月七日致史致谔的信说：

> 本统领所带花头勇每月薪俸等类，共银七千两，系合洋一万元。……

可见法国"洋枪队"初仅有"花头勇"。

"黄头勇"本余姚练长（地主武装首领）谢敬的部队。谢敬被太平军击毙后，改编为"信义军"[2]。一部分兵勇即由买忒勒教练洋枪。按买忒勒于 1862 年 10 月 11 日致史致谔的信说：

> 弟之一军驻守姚城，兵力甚单。昨收黄头谢勇三百名，学习洋枪，并可保护城池。

从此"黄头勇"也就成为法国"洋枪队"的一部。不久买忒

---

[1]《筹办夷务始末》（同治朝）卷十，第 45 页。
[2]《太平天国》六，第 771 页。

勒在余姚与中国武弁布兴有等互斗，激起一部分清兵的哗变，"中外官民，皆咎其乖张任性，住京公使谓可以仍回上海"[1]，而令勒伯勒东仍回宁波领军，权受中国"会办宁绍防剿事务署浙江总兵"[2]职任。清政府并正式承认这支法国"洋枪队"的编制，着薛焕、李鸿章、左宗棠将"应给饷项，即行按照旧章支放"[3]。这时这支法国"洋枪队"共有中国外国人一千七百六十八名。其中分："花头勇"第一队，兵勇六百九十三名；"黄头勇"第二队，兵勇六百八十四名；"炮兵"兵勇一百名；"外国黑兵"一百二十五名等。月支经费二万三千四百六十五元。勒伯勒东仿华尔旧例索薪俸每月银一千两，其他大小外国军官亦索月薪三百元、二百五十元、二百元不等[4]。左宗棠在致史致谔的手札中说："洋将华兵，费中国至艰之饷。"[5]主要即指此军。勒伯勒东死后，买忒勒继之。买忒勒死后，德克碑又继之，称所部为"常捷军"[6]。一直到1864年的秋间，才和"常安"等军先后遣撤。

四、大掠绍兴的血债

外国强盗的进攻绍兴是觊觎绍兴的富庶。《越州纪略》言：

---

[1] 《筹办夷务始末》(同治朝)卷十，第45—46页。

[2] 《太平天国》六，第615页及勒伯勒东于同治元年十月致史致谔的"照会"(原件有勒伯勒东关防及法文签字)。

[3] 《东华续录》(同治朝)卷十三。

[4] 勒伯勒东于同治元年十月致史致谔的"照会"。

[5] 《史氏家藏左文襄公手札》上。

[6] 左宗棠：《上总理各国事务衙门书》，《三名臣书牍》卷四。

"吾越比年来,人情如日,相竞鲜美,有过苏杭。"[1]左宗棠亦言:
"浙之肥壤在嘉湖与宁绍。"[2]所以这个汉奸军阀头子是极不愿
意这块肥肉先落在"洋将"们的口里的,奈何鞭长莫及,只得一再
叮咛史致谔:"宁绍两郡在浙中失事各郡中受祸稍轻,急宜慎以
图之,留为全省复元根本。现在宁波兵事冗杂殊甚,制胜无权,能
自保全已为万幸。若轻听与人之请,侈谈恢复之功,似实非力所
能及,纵洋将可用,轮船可恃,恐精华尽为所掠,犹获石田。且处
处屯兵列戍,兵力愈分愈单,守且不足,何有于战,恐回头堕甑,悔
无及也。"[3]但是这批"嗜利跂凷"[4]的外国将军们却都迫不及待
了。首先是勒伯勒东"不待号令,偏师径进"[5],接着是买忒勒"贪
功趋利,竟扑绍城"[6]。在太平军的英勇抗击下,这两个强盗都走
上了死路。最后由第三个法国强盗德克碑和呋乐德克等统率英
法海军,"常捷军""常安军""定胜勇"等会合清朝军队于 1863
年的年初,发动第三次进攻。由于叛徒迎天燕杨应柯的投降内应,
太平军才退出了绍兴[7]。尽管史致谔在《禀中外兵勇克复绍郡详
细情形由》中,无耻地歌颂:"英法各国官弁,感慕圣朝荣宠,共效
驰驱,如呋乐德克……诸人,尤为难得。"然而左宗棠在《上总理
各国事务衙门书》中却流露了一些大掠绍兴的情形:"再绍兴府
城,因贼窜收复,杀贼无多。乃洋勇入城后搜括在城米物,据为己

[1]《太平天国》六,第773页。
[2]《史氏家藏左文襄公手札》上。
[3]《史氏家藏左文襄公手札》上。
[4] 史致谔:同治元年十二月初六日《禀抚宪左》。
[5] 史致谔:同治元年十二月《禀抚宪左》。
[6] 史致谔:同治元年十二月《禀抚宪左》。
[7] 史致谔:《察中外兵勇克复绍郡详细情形由》。

有，勒派绅民变价，否则运而之他，官绅往与力争，几遭反噬。……洋人在内地强横之状，实有不可以情理论者。……绍绅承买米物，定价洋十一万元，分立五个月票据。……由史道与宁绅筹商，或由宁设法措款，代绍绅先行凑还。"[1] 自然这笔庞大负担，满汉反动派又会把它转嫁给人民。

五、结束语

综上所述，可见大掠绍兴的国际反革命军队有英法海军；有法国"洋枪队"——"常捷军"，即"花头""黄头"勇；有英国"洋枪队"——"常安军"和"定胜勇"，即"绿头勇"。姚琮同志因见《越州纪略》有"英法诸军称绿头、红头、花绿头者"[2]之言，遂即含糊地加注"花绿红头"为"英法诸军"而不知《越州纪略》的所谓"英法诸军"是包括英法军与英法"洋枪队"。姚琮同志又见《越州纪略》说"初，黄头名长胜军"[3]，遂又加注"黄头"为"常胜军"，而不知当时反革命军队的号称"长胜"或"常胜"者甚多，如僧格林沁的亲兵之类[4]，并非都是美英"洋枪队"的"常胜军"。对原始资料加注，是不妥当的。

（原载《历史教学》1955 年第 3 期）

---

［1］ 左宗棠:《上总理各国事务衙门书》,《三名臣书牍》卷四。

［2］《太平天国》六,第 771 页。

［3］《太平天国》六,第 771 页。

［4］《捻军》第 3 册,第 524 页;《宋景诗史料》,第 11 页。

关于宋景诗起义的补述[1]

因《武训传》批判而引起全国注意的宋景诗起义，几年来已有很多专题论著和史料介绍发表了，概括那些著作的成绩，主要有如下几点：

（1）介绍了宋景诗起义的武装斗争过程；

（2）肯定了宋景诗的农民革命立场；

（3）考证了宋景诗起义和"教军""捻军""回民军"等各种关系，对起义军的组织情况及其有关人物也作了初步的探讨。但是还存在着一些缺陷，就是：

（1）考察宋景诗起义的时代背景不够，也就没有具体分析这次起义的社会根源；

（2）忽略和低估了外国资本主义势力对宋景诗起义的干涉；

（3）探讨宋景诗的后期活动比较空虚，没有考证他的起义活动对直东农民革命的重大影响。

兹就我们见闻所及，作上举各点的补述。

---

[1] 本文集编者按，此文发表时，作者署名"祁龙威、秦自信"。

一、宋景诗起义的社会根源

在 18 世纪的五六十年代,由"土地的集中,剥削的加重,加上主要是人为的因素所造成的灾荒"[1]所引起的连绵不断的直东农民起义,从 1860 年以后逐渐走向高潮。宋景诗起义的爆发,正是这个高潮到来的标志。所以激起这个高潮,不能不说是受到第二次鸦片战争和"北洋三口"开放的严重影响。由于第二次鸦片战争和"北洋三口"的开放,大大地加深了北方农民生活的痛苦,促使阶级矛盾更加尖锐。而这次战争的另一个结果是削弱了清朝政府统治直东人民的军事力量,彻底暴露了它的腐朽无能,又开辟了农民革命日益高涨的途径。

我们只需从清朝官吏的一些奏报中,便可以看出当时北方社会经济剧烈破坏的情况。

户科给事中陆秉枢奏:"……现今京师情形……百物翔贵,粮价尤甚,……贫民失业,易于煽惑……"[2]

恭亲王奕䜣等奏:"……外国人持官号钱票到铺,勒取现钱,盈千累万,任意胁制……京师官号钱铺自五月初旬以来,银价日昂,钱票日贱,人情惶恐……"[3]

闽浙总督左宗棠奏:"……自洋船准载北货行销各口,北地货

---

[1]《宋景诗起义史料》,第 2 页。

[2]《筹办夷务始末》(咸丰朝)卷五十八,第 24—25 页。

[3]《筹办夷务始末》(咸丰朝)卷八十,第 32—33 页。

价腾贵……富商变为坏人，游手驱为人役……"[1]

伴随着经济破坏而来的，便是人民起义的警报。"旧有骑马贼匪，……潜至近京一带，……愈聚愈多……"[2] "圆明园地方有土匪出没……"[3] "近来武定等处营汛空虚，盐匪每思蠢动……"[4] "现在胜保之兵驻扎天宁寺，仅只弹压土匪，……京师无得力之兵，而捻匪有北犯之虞………"[5] "在直隶省的许多城市里，开始到处张贴着号召人民一致起来驱逐一切……外国人的口号通告。"[6]

就在这个孕育革命的季节和地区出现的以宋景诗等为首的直东边区农民大起义，那就不能不说是和马克思对太平天国革命所作的科学分析一样，主要是由外国资本主义侵略者的大炮和工业品所引起的[7]，而不单纯是由于封建剥削和封建压迫所导致的结果。

二、外国资本主义势力对宋景诗起义的武装干涉

在第二次鸦片战争结束后，英法侵略军陆续从华北调向华中

---

[1] 《左文襄公奏疏》初编卷三十二《拟购机器雇洋匠试造轮船先陈大概折》。

[2] 《筹办夷务始末》(咸丰朝)卷五十八，第22—23页。

[3] 《筹办夷务始末》(咸丰朝)卷六十六，第25页。

[4] 《筹办夷务始末》(咸丰朝)卷六十九，第14页。

[5] 《筹办夷务始末》(咸丰朝)卷七十二，第11—13页。

[6] M.N. 巴拉罗夫斯基:《美英资本家是太平天国起义的绞杀者》,《历史教学》1952年第9期。

[7] 《马克思恩格斯论中国》,解放社1950年版,第40页。

去干涉太平天国革命[1]。同时为了解决必须扑灭日益高涨的直东农民起义和兵力不足的矛盾，便进行武装清朝贵族的勾当。1862年初，英国驻华参赞威妥玛教唆恭亲王奕䜣，抽调业已瓦解的"神机营"和天津"绿营"防军一千余人，交给驻津英军司令官斯得弗力编练"天津洋枪队"[2]，不甘落后的俄国侵略者也供给了它一部分武器[3]。"天津洋枪队"的出现，标志清朝贵族"自强"运动的开始，也标志着外国资本主义侵略者进攻北方农民革命的开始。

1862年春间，这支"洋枪队"就随三口通商大臣崇厚在直东边境进攻张锡珠起义军，并有大批国际特务参加作战。英国天津领事官吉必勋，通事法国人徐伯理，"天津洋枪队"统教官英国人克乃、分教官瑞克斯等都"曾经立功，得邀懋赏"。在农民军的英勇抗击下，吉必勋"身受矛伤"，受到了应有的惩罚[4]。

就在当年夏季，逗留在直东边境的"天津洋枪队"又随僧格林沁去山东作战，攻击对象便是骁勇善战的宋景诗部黑旗军。黑旗军最后退出他们的根据地，就是被洋枪、洋炮打击的结果[5]。

由此可见，外国资本主义侵略者是绞杀宋景诗起义的主凶。但是《宋景诗起义史料》的编者郑天挺先生等，并未有意识地搜集这些资料，借以揭发大批国际特务参加干涉张锡珠、宋景诗大

[1]　叶尔玛朔夫:《亚洲曙光》，中外出版社1951年版，第147页。

[2]　《筹办夷务始末》(同治朝)卷三，第45页；卷四，第36页。

[3]　《筹办夷务始末》(同治朝)卷五，第17页。

[4]　《筹办夷务始末》(同治朝)卷十五，第1页。

[5]　《宋景诗起义史料》第127页载:"我军即将甘官屯贼寨收复，当伤恒龄、春霖带队驻扎。"按春霖所部即"天津洋枪队"。

起义的真相。尽管陈白尘先生给他们指出："其中史料的重要性，如僧格林沁所带的洋枪队，即天津洋枪队，是英国人克乃所率领的，曾经参加了对宋景诗的战争等。"[1]尽管编者也收集到了《格乃等管带洋枪队》[2]的材料，但始终没有意识到格乃（按即克乃，胡绳在《帝国主义与中国政治》一书里作柯纳）的屠夫行动。最不能令人满意的，从初版到再版，仍没有把格乃列入附录的"人名表"中，显然是编者没有重视这个问题。

毛主席一再教导我们："帝国主义和中华民族的矛盾，封建主义和人民大众的矛盾，这些就是近代中国社会的主要的矛盾。……而帝国主义和中华民族的矛盾，乃是各种矛盾中最主要的矛盾。"[3]"帝国主义和中国封建主义相结合，把中国变为半殖民地和殖民地的过程，也就是中国人民反抗帝国主义及其走狗的过程。"[4]毛主席又指出："帝国主义侵略中国，反对中国独立，反对中国发展资本主义的历史，就是中国的近代史。历来中国革命的失败，都是被帝国主义绞杀的，无数革命的先烈，为此而抱终天之恨。……"[5]这种经典式的启示，似乎始终没有为《宋景诗起义史料》的编者们所深刻领悟。斯大林曾说："帝国主义对中国的干涉是毫无疑问的事实，中国革命也正是把自己的锋芒指向这一事实。因此，谁忽略或低估帝国主义干涉中国的事实，谁就是忽略或低估

[1]《宋景诗起义史料》序，第8页。
[2]《宋景诗起义史料》，第72页。
[3]《毛泽东选集》第2卷，第601—602页。
[4]《毛泽东选集》第2卷，第601—602页。
[5]《毛泽东选集》第2卷，第651页。

中国最主要和最基本的东西。"[1]这一指示,我们却完全忽视了。

三、宋景诗的后期活动

1865 年,宋景诗和赖文光、张宗禹等合力围歼僧格林沁于曹州。在这个战役中,宋景诗起着向导和先锋的作用。按直隶总督刘长佑于同治四年二月初二日惊慌失措地奏报清政府说:"……臣查此起捻匪,虽系残败之余,实多凶悍死党,……并闻宋逆景诗亦在其内。该匪狡猾异常,诚如圣谕,恐有余匪入境勾结,尤为直东两省隐患。……"[2]同年三月十二日又奏:"……又据探闻,宋逆景诗由确山被官军击败,带领马贼约二千人,分股疾趋,并声言欲回堂邑,报复前仇。……"[3]同日续奏:"……臣复查现据探报,此股贼匪即有宋景诗在内,声言欲回堂邑与柳林团寻仇。……"[4]宋文蔚等所著《皇朝掌故汇编》有更生动的记载:"(同治)四年二月,捻掠中牟,侵黄河边。三月,捻入山东,突骑慓疾,数日间,曹、单、定陶、菏泽、郓城、钜野逆氛遍野。宋景诗率马贼二千趋堂邑,直边皆警。"[5]

接着便是僧格林沁"力竭阵亡"的"恶耗"。《宋景诗起义史料》的编者,曾经辑录过《刘武慎公全集》却粗枝大叶地遗弃了上举重要资料,也是令人不能满意的。

---

[1]《斯大林全集》第 8 卷,第 324 页。
[2]《刘武慎公奏稿》卷七,第 414 页。
[3]《刘武慎公奏稿》卷八,第 1—3 页。
[4]《刘武慎公奏稿》卷八,第 1—3 页。
[5]《皇朝掌故汇编》卷四十九《兵制》三。

宋景诗在捻军中无疑是领袖之一，从上举资料中，也可以得到证明。清朝官方称之为"蓝旗巨逆"[1]，可见他又另建蓝旗了。

到 1867 年东捻军失败和 1868 年西捻军失败时，清政府都查问过宋景诗的下落，但是谁也不知道他的去向。山东农民群众的说法，是"往西跑啦，一直跑到口外，改名换姓，在归化县落户，教了一百个徒弟，活到八十岁"[2]。曾任陕甘固原提督张行志的幕友，郃阳老贡生雷文坛也亲口对李静慈先生说："宋景诗失败以后，并没有死，云游陕甘，常来往包头、归化之间，教了一些徒弟学拳棒。他后来还当过义和团的大师兄们的老师，殁于陇州西北的龙门洞口。"[3]李先生认为："这样的传说，一方面固然代表民间的'反清灭洋'的斗争意识，但另一方面也包含着往往为统治者所希望的取消斗争和宣传游离革命的思想，像对宋景诗这样坚强的农民领袖，这些传说是不足以凭信的。"[4]我们不完全同意李先生这样的结论。因为这两个口头史料的内容基本上是相符合的。既然从郃阳的老贡生到鲁西的农民群众都有这样的传说，那就不可能全无事实的因素。李先生从云游老死等消极字句着眼，认为不足凭信，因此把教习拳棒，当过义和团的大师兄们的老师等极有意义的资料，也只当作"代表民间的'反清灭洋'的斗争意识"。我们却认为这正是反映宋景诗继续积极活动的事实。因为学习拳棒正是中国农民朴素的自卫和武装群众的传统形式，1860 年

---

[1]《左文襄公奏疏》续编卷六《奏捻逆分股狂奔截剿迭胜折》。
[2]《宋景诗起义史料》，第 10 页。
[3]《宋景诗起义史料》，第 14—15 页。
[4]《宋景诗起义史料》，第 14—15 页。

前的宋景诗,便是以教习枪棒组织起义的[1]。值得注意的,便是以后在他的老根据地柳林出现的大刀会,人称是最老的义和团[2]。还有在义和团运动最高涨的一年(1900),他又回到山东活动,"住在黑旗大将温连科的家里"[3]。我们把这些资料互相参证,便可以断言,他在西捻军失败后,并没有停止革命活动,只是恢复了早年"教习枪棒"的生活,依然继续进行酝酿起义的工作,对直东农民革命的又一次新的高潮——义和团运动,起着推动和指导作用。之后,1902年景廷宾在冀南"扫清灭洋"大起义的时候,百战之余的"山东马贼",仍高擎着具有光辉传统的"黑旗",站在斗争的最前列[4]。由此可见,宋景诗半生的活动,都和三十余年的直东农民革命息息相关。从第二次鸦片战争所激起的黑旗军起义开始,到反对瓜分高潮的"扶清灭洋"运动,最后转变为反对《辛丑和约》的"扫清灭洋"斗争,是三十余年来直东农民革命历史的总结,也就是宋景诗起义历史的总结。

等到景廷宾起义失败,宋景诗死去,单纯的农民运动也从此基本结束,继之而来的是具有更完全意义的民主主义革命了。

(原载《光明日报》1955年4月14日)

---

[1]《宋景诗起义史料》,第22页。
[2]《汇报》第三七九号。
[3]《宋景诗起义调查报告提要》。
[4]《汇报》第三八〇号。

外国侵略者对捻党起义的武装干涉

外国资本主义侵略者对捻党起义的武装干涉，是从第二次鸦片战争后开始，到完全绞杀这支农民革命军为止，可以 1864 年太平天国被攻破为分界，划分为两个阶段：从 1861 年至 1864 年 7 月是前一阶段，列强干涉的主要目标是太平天国，对北方的捻军，只采取防御性的军事布置和小规模攻势；天京攻陷以后是后一阶段，这时太平天国业已覆灭，捻党起义已成为太平天国在北方的再起，外国干涉的矛头便重点指向捻军。

当第二次鸦片战争结束后，国内政治形势的基本特征是：

（1）农民运动继续高涨，直接和外国侵略势力发生尖锐冲突，革命的锋芒已不仅指向国内封建主义而同时指向外国资本主义；

（2）中外反革命势力已在上海等地区，实行局部的军事合作进攻中国革命，成为全面合作的前奏；

（3）清咸丰帝死去，通过由列强干预的"北京政变"，代之而起的是那拉氏和奕䜣的反革命专政，"他们明白，必须与外国合作，才有削平太平革命及恢复满清统治的可能"[1]，清政府的对外投降有进一步发展的倾向。

---

[1]　马士（H.B.Morse）：《中华帝国国际关系史》第 2 卷，第 61 页。

这个形势，规定了列强侵华的共同政策，即为了保护和实现两次鸦片战争所已得的利益，他们必须"一步一步地加紧干涉的步骤，来压平革命，并且一步一步地来支援满清政府"[1]。

由于中国人民起义的强大和列强兵力不足，迫使侵略者不得不把主力首先进攻革命的中坚——太平天国，而面对日益高涨的北方农民起义，特别是"捻匪有北犯之虞"，又必须在中国北部同时进行干涉活动，以防守新开放的"北洋三口"（天津、营口、烟台）和清朝政府的心脏地区。

1861年9月，皖北捻军在太平王李成和张敏行（张乐行的哥哥）等率领下向山东半岛的烟台大进军。当时的客观形势是有利于捻军的：

第一，经过第二次鸦片战争后，清朝政府在直东地区的军事力量业已瓦解，无力阻遏捻军的攻势；

第二，直东地区的"教匪""幅匪""盐匪""长枪会匪"等风起云涌的起义，响应着捻军北进；

第三，早在第二次鸦片战争中，登州沿海人民已掀起驱逐外国侵略者的斗争，这时捻军的进攻烟台，必然获得群众的欢迎与支持。

在捻军这样的胜利进攻中，山东沿海的清朝官吏，只有无耻地向英法"乞援"，来挽救自己覆灭的命运，而资本主义侵略者也因侵华兵力大部集中在华中，一时陷于慌乱的地步。

10月6日，英国特务J.Holmes等在烟台近郊活动，被捻军消灭。9日，捻军四千余人进逼烟台市区，先从上海赶到的法国水师提督卜罗德（A.Protet）、英国海军军官Parsons等督率英法联合

---

[1]《中华帝国国际关系史》第2卷，第64页。

舰队用大炮残酷地向着仅有长矛大刀的捻军猛轰，"乡间死人无算"[1]。为了保全革命力量，英勇的捻军便自动地撤退了。

经过这次战争，使捻军不再轻易向沿海和通商口岸进军。于是在外国资本主义侵略者直接保护下的登莱青三府和里下河等"完善"之区，便成为清朝政府的"饷源重地"，支持了反革命战争；而国际资本主义的工业品也得畅通无阻地输入烟台，剧烈破坏了中国北部的社会经济。

但是这次战争也牵制了列强干涉太平天国的兵力，显示出捻军战争不仅在反对国内封建主义方面，而且在反对外国资本主义侵略者方面，同时对太平天国革命起着助手的作用。

经过这次战争，使侵略者愈感兵力不足，便开始在天津进行武装清军的罪恶勾当。

1862年年初，英国驻华参赞威妥玛，即以"天津地方紧要"为词，教唆恭亲王奕䜣抽调清朝政府的中央禁军"神机营"和天津"绿营"士兵一千余人，交给驻津英军司令官斯得弗力（Gen. Charles W. Staveley）教练枪炮，从此出现了以后"剿捻"得力的"天津洋枪队"[2]。

"天津洋枪队"的出现，是满洲贵族"自强"运动的起点，也

---

[1] 以上见郭廷以：《太平天国史事日志》下册，第815页。引号内系《福山县志稿》原文，见《捻军》第三册，第472页。

[2] 《筹办夷务始末》（同治朝）卷三，第44—45页；卷四，第13—14页，第36—38页。按"天津洋枪队"以后不断扩大至三千余人（见《李肃毅伯奏议》卷六《筹议天津设备事宜折》），它的分支，除"神机营"外，有营口"洋枪队"［见《筹办夷务始末》（同治朝）卷四四，第25—27页］和烟台"洋枪队"（见《丁文诚公奏稿》卷六《选练登镇枪队及海口情形折》）。华北、东北的农民起义和西北回民军都曾遭受它的攻击。

标志着中国走向半殖民地的深化。

当 1863 年间，以张锡珠、宋景诗等为首的直东农民起义已发展到了势如燎原的地步，督办两省军务的直隶总督文煜兵败被撤革。除了依靠外国干涉之外，清朝政府已经再没有力量来保护自己的心脏地区了。于是由"洋人管带"的"天津洋枪队"便先后随着三口通商大臣崇厚和亲王僧格林沁在直东边境蠢动，参加这个战役的国际特务，有：

克乃（Coney）——"天津洋枪队"统教官（本是英军六十七联队的军官）；

吉必勋（Gibson）——代理英国天津领事（本英军翻译，能说汉语）；

徐伯理——天津法国领事馆通事（翻译）；

瑞克斯等十二人——"天津洋枪队"分教官（原来都是英国军官）。[1]

在"洋枪""洋炮"打击下，由第二次鸦片战争所激起的直东农民运动高潮，遭受了摧残。张锡珠的被"阵斩"和宋景诗的"投捻南奔"，都是这个战役的结果。但是促使直东农民军从此和捻

---

[1]《筹办夷务始末》（同治朝）卷十五，第 1 页和第 14—15 页；《太平天国史事日志》附录，第 169 页。

军紧密地结合起来，成为以后捻军战争胜利的基础。[1]

从1864年7月太平天国天京被攻陷到1865年5月湘淮军开始北上攻击捻军的期间，这是从前一阶段到后一阶段的过渡。当时国内政治形势已发生了新变化：

第一，中外反革命联合攻破了太平天国，东南地区的革命形势已走向低潮，但是革命的余波仍在汹涌地发展着；

第二，原在中原地区的太平军余部和捻军进一步结合起来，在太平天国杰出大将遵王赖文光的统一指挥下，大大地改变了捻军战争的面貌，开始成为革命的新的中心；

第三，清朝的中央集权政策与汉族地主军阀的矛盾日益尖锐化，所以湘淮两军对中原地区的"发捻交讧"，一度采取"隔岸观火""划疆自守"的消极态度；

第四，曾系湘军发生大兵变，这支还没有获得外国侵略者直接支持的封建军阀的雇佣军队，经过太平天国革命的打击，已到了瓦解的地步。

这些变化显示出外国资本主义侵略者暂时还不可能大举发动干涉捻军的攻势，而捻军的发展却有可乘之机。

就在这个期间，骁勇善战的捻军，运用"打圈"战术，连败僧格林沁的满蒙骑兵队。最后由宋景诗担任先锋，把敌人诱引到山东水套地区，"伏莽"纷纷响应，赖文光亲统大军把僧格林沁围歼

---

[1] 被张锡珠被"阵斩"后，余众归宋景诗。以后宋景诗"投捻南奔"所部成为捻军主力之一，所以李鸿章曾把他和任柱、李允、赖文光并称为"任、李、赖、宋"（见《朋僚函稿》第七闰月三日《复乔鹤侪中丞》）。东西捻军分军后，宋景诗旧部多为西捻军的骨干（见《左文襄公奏疏》续编卷六《奏捻逆分股狂奔截剿迭胜折》及卷八《捻逆东窜谨筹截剿折》），对捻军战争起着巨大的作用。

在菏泽县的高楼集,几千匹战马全部变做战利品。一时捻军有北渡黄河,直捣京津之势。

也就在这个期间,资本主义侵略者已完成大举攻捻战争的准备:

第一,长江下游的太平军全被肃清,南下闽粤的李世贤、汪海洋部也在外国武装干涉下,压缩在闽粤边境一隅,江浙富庶之区的反革命秩序已经巩固,准备好了"剿捻"战争的基地;

第二,原在江浙活动的"常胜""常捷""常安"等美英法"洋枪队"已先后裁撤,大批富有反对太平天国革命经验的国际特务都分别渗透进淮军和其他部队里,准备好了"剿捻"战争的军事骨干[1];

第三,以新式武器武装淮军业已完成准备好了"剿捻"战争的主力。

由于捻军起义高涨的威胁和外国主子的督责,满汉湘淮各个封建集团之间的矛盾也缓和下来,就由曾国藩统带湘淮军北上,正式展开了国际资本主义侵略者干涉捻军战争的后一阶段。

这个阶段一开始,外国干涉者的军事布置是支持清朝挽救当前的危急形势。首先就由英国军官句得斯、民日斯和英国天津税务司贝格帮同崇厚带领"天津洋枪队"一千五百名,赶到山东阳谷县的阿城镇,把守黄河北岸[2]。接着在"外国人"教唆下,崇厚又急函总理衙门,请调"戈登洋枪队""来北助战,……戈登虽

[1] 淮军洋枪炮队的外国教习大多是从"常胜军"转入的美英特务,见北京大学文科研究所编:《太平天国史料·一般文书》。

[2] 参见《钦定剿平捻匪方略》卷二百三十,《筹办夷务始末》(同治朝)卷三二,第24—26页及卷三三,第11页。

去,仍可邀外国人帮同统领"[1]。李鸿章以"戈登、巴夏礼(英国上海领事)原议以此专防上海,若再抽调,不足以餍服外人之望",就"一面豫筹募补,一面妥商巴夏礼等"[2],得到了他们同意,将其中一营,由英国轮船"威有蜡"号等载运北去[3]。潘鼎新部"鼎军"、刘铭传部"铭军"都是经过英法侵略者武装起来的淮系主力,各拥有洋人管带的炮兵独立营[4],这时分别由海陆两路北上,"鼎军"和"戈登洋枪队"同时经过天津赶抵黄河北岸,"铭军"由徐州杀奔济南,目的都是拦截捻军的渡河北进。由于捻军的主动南走,主要战场便转移到了华中。

从1865年冬季开始,国际侵略者更加紧"剿捻"的军事活动。

就在这年的年底,以英国陆军少佐薄郎(Major Brown,本"常

---

[1] 《筹办夷务始末》(同治朝)卷三二,第25—26页。按,"戈登洋枪队"即上海"英国教练勇",清方文牍叫作"会字营"(见《太平天国史料·一般文书》),曾随"常胜军"对太平天国作战。"常胜军"裁撤后,李鸿章仰承英国侵略者的意旨,仍留戈登率同英军第六十七联队的几个军官教练这支部队(见《李文忠公朋僚函稿》第六同治二年六月十一日《复薛觐堂侍郎》和王崇武等:《太平天国史料译丛》,第251页)。戈登去后,由另一个英国军官哲贝(Lieut Jebb)接手,所部"以余在榜、袁九皋两副将分带,而统于潘鼎新……驻扎青浦之凤凰山"(《李肃毅伯奏议》卷三《筹调洋枪炮队赴津兼筹制造片》),实际是上海英国官商的警卫军,不过名义上算作李鸿章的"亲军"罢了。
[2] 《李肃毅伯奏议》卷三《筹调洋枪炮队赴津兼筹制造片》。
[3] 《刘武慎公奏稿》卷八《淮勇乘轮船抵津疏》。
[4] 李鸿章曾自言:"潘鼎新所部另有开花炮队一营……向募有洋人随营教习。"(《李肃毅伯奏议》卷三《筹调洋枪炮队赴津兼筹制造片》)他又说:"刘铭传营内并有练成开花炮队一营,共洋炮二十余尊。"(同书卷二《刘铭传等军暂难赴豫远征折》)按,"铭军"炮兵营即毕乃尔炮队,后被捻军消灭于尹隆河之役。

胜军"军官）为首的特务集团转入"天津洋枪队"。除了扩大这支"洋枪队"外，同时大规模编练"神机营"的骑兵队[1]。

1866 年年初，原在"常捷军"的法国特务日意格（Prosper Giquel）和他的帮凶马定（法国军官），勾结湖广总督官文，在汉口武装湖北"先锋营"[2]。

这些部队，都在攻捻战争中起着偏师的作用。

在 1866 年间，国际特务指挥着淮军，在中原各省对捻军进行疯狂般的屠杀。法国强盗毕乃尔（Penell）在"铭军"中的活动，便是无可抵赖的事实。

（1）在湖北——"……刘铭传令毕乃尔……由北门开炮……"[3]

（2）在安徽、河南——"……刘铭传令毕乃尔等连开炸炮，贼阵始乱……"[4]

（3）在山东——"……贼见黑龙江马队，蜂拥来扑，毕乃尔连用炸炮轰击……"[5]

---

[1]《筹办夷务始末》（同治朝）卷四七，第 31—32 页。按，薄郎（柏郎、博郎同）少佐系英国驻华陆军提督薄郎之子，本"常胜军"军官，在进犯金坛的战役中被太平军痛击受伤（王崇武等：《太平天国史料译丛》，第 234 页）。他在天津和崇厚勾结很久，担任"天津洋枪队"总教官外，又参与天津机器局的开办勾当，清政府曾赏给他总兵衔[《筹办夷务始末》（同治朝）卷六一，第 4 页］。以后他又侵入台湾，教练安抚军，最后做旗下税务司（《沈文肃公政书》卷五《请奖洋将博朗等片》），是个英国侵华特务的骨干分子。

[2]《筹办夷务始末》（同治朝）卷四八，第 24—25 页。湖北"先锋营"或作"选锋营"，它的"剿捻"活动屡见于《曾忠襄公奏稿》。

[3]《曾文正公奏稿》卷二四《铭军援鄂克黄陂县城折》。

[4]《曾文正公奏稿》卷二四《铭树两军在皖豫剿贼获胜折》。

[5]《曾文正公奏稿》卷二四《捻匪自山东回窜追剿获胜折》。

等到 1866 年底，李鸿章接替曾国藩为"剿捻"统帅以后，淮军精锐全部投入战场，更多的国际特务拥上了前线，如：司端里（Major William Winstanley）——英国人；Col.John Doyle——本英国"飞而复来"号舰长，任"常胜军"裁余炮队教习；Watters——英国人；Murphy——英国人；Welch——英国人[1]。

在赖文光、张宗禹分别指挥下的东西捻军，曾不断予敌人以歼灭性的打击，用俘获的洋枪洋炮武装了自己。

1867 年夏，东捻军在湖北连获大胜后，乘虚东渡运河，突入登莱青三府，前锋直逼烟台。这一下，完全出于外国干涉者的意外，英法海军慌忙登陆布防，"天津洋枪队"也渡海赶来增援，在烟台近郊进行炮战[2]。

但正当东捻军围攻烟台的时候，李鸿章已布置好了"圈制"捻军的运河防线和胶莱河防线，所以东捻军不得不撤兵西走，突破胶莱河防，企图抢渡运河，冲出敌人的包围圈，不幸这个计划因敌人前截后追特别是饥寒交迫而失败了。原来不堪一击的淮军，却依靠外国干涉者从江南源源不断的输血，与没有根据地的东捻军的饥困情形，形成尖锐的对比，便成为决胜负的关键。

与围困和消灭东捻军在运河以东的同时，反革命嗅觉比较敏锐的外国干涉者，又以天津为基地，做好了迎战西捻军的准备。

[1] 以上并见《太平天国史事日志》附录，第 168—169 页。按，曾国藩、李鸿章合词《报销剿捻军需第一案折》中有"附请专案奏销洋枪炮队英法官兵教练勇粮等四款共支银一百六万三千三百一十九两有奇"（《曾文正公奏稿》卷二九）的一笔庞大开支，可见参加淮军"平捻"战争的国际特务绝非少数。

[2] 《山东军兴纪略》卷六（《捻军》第四册，第 136 页）及《钦定剿平捻匪方略》卷二八〇。

第一,由英国特务密妥士为首的特务集团勾结崇厚在天津设局制造军火,加强这个军事基地的作用[1];

第二,"天津洋枪帮"联合直东两省防军,"剿灭"了冀中的盐民起义,剪除捻军的羽翼;

第三,原在"常胜军"的美国特务巴非秘密转入"天津洋枪队"教练步兵,和薄郎分工合作地加强这支反革命军队的战斗力[2]。

等到 1868 年东捻军完全失败后,西捻军以风驰电掣之势,突入"畿疆",猛攻天津,精疲力竭的湘淮军一时赶不上,"天津洋枪帮"守不住天津,无耻的清政府慌忙指使崇厚"知会英国法国炮船将濠墙协同守御,以固津防"[3]。英国侵华海军司令士都克斯立即亲统舰队从上海赶到"助剿"[4],英国天津领事官孟甘、法国天津领事官德微理亚、法国海军军官巴里尔等都指挥兵船,参加作战[5]。

由于外国干涉者直接出兵守住了天津,淮军、湘军、东军、豫军、皖军、"天津洋枪队"、"神机营"(即由英国训练,并由俄国供给武器[6])等清军,才能凭借这个战略基地的支援,把孤军奋斗的

[1]《筹办夷务始末》(同治朝)卷五〇,第 18—19 页。

[2]《筹办夷务始末》(同治朝)卷五〇,第 39—40 页。

[3]《东华续录》(同治朝)卷七一。张焘:《津门杂记》:"咸丰九年,统兵大臣亲王僧格林沁在津筑建濠墙,深沟高垒,距城三里至五里不等。"这里所云"濠墙"即指以前僧格林沁所筑的防御工事。

[4]《筹办夷务始末》(同治朝)卷六〇,第 60 页。

[5]《筹办夷务始末》(同治朝)卷五八,第 23—24 页。

[6] 俄国进枪万杆武装"神机营"的经过,见董恂:《还读我书室老人年谱》卷一。

西捻军围困在徒骇河边,遭遇和东捻军同样的命运。

　　上述历史证明,外国资本主义侵略者是绞杀捻党起义的主凶,如果没有外国干涉,清朝封建统治者要战胜强大英勇的捻军是不可能的。

　　上述历史又证明,捻党起义特别是1864年以后的捻军战争,不仅是反对封建主义,还同时负起反侵略斗争的沉重任务,由于没有工人阶级领导的单纯农民战争,在最后不可避免地失败,然而他们的伟大业绩是不可磨灭的。

（原载《光明日报》1955年10月13日）

外国资本主义在闽粤沿海
对太平军的武装干涉

在 1964 年间,中外反革命联合攻破了太平天国,农民运动已走向低潮,但是革命的余波仍在汹涌地发展着。

就在这年的秋末,转战在江西广东边境的太平军余部,在侍王李世贤等领导下,乘虚突入闽南沿海,建立起以漳州为中心的革命政权。

当时革命军的力量是相当雄厚的。据汉奸军阀左宗棠报告他的外国主子说:

> 发逆窜入闽疆,人数本多,加以各处土匪附和,大约不下二十余万。除漳州踞逆(指侍王部)外,尚有一大股为伪王汪海洋所部贼众九万余。此外,尚有两小股,一为丁太洋,一为林正扬,人数亦各数万。[1]

福建人民响应革命的风起云涌,是革命猛烈开展的主要因素。按左宗棠说:

---

[1]《左文襄公书牍》卷七《答福州领事官有雅芝》。

> 兴、泉、永、漳州各属土匪之多，为天下最。……盖自道光十九年后，岛人不靖，国威未扬，顽民多怀异志，而咸丰三年以来，粤寇横行，军威不振，当事又暗弱接踵，灾事贪浊，有以激之，遂至泯泯棼棼，肆无忌惮，戎官拒捕，扭为故常，驯至于今，构乱日急。[1]

这就是说，从外国资本主义势力侵入福建后，人民生活愈益痛苦，阶级矛盾更加尖锐，于是"土匪""会匪""游勇"……到处孳生，长期繁殖，等到太平军进入福建的时候，这些革命武装便"乘机窃发"，积极和有力地配合大军，摧枯拉朽地推翻了闽南一带的反动统治。

面对这个严重形势，不能不使反动军阀们失声叫苦。

> 余匪窜闽之后，凶焰复炽，张廉访运兰、林总戎文察皆已殉难，刘克庵近亦大挫，闽中贫民从乱如归，死灰再燃，势将仍为江西两湖之患。[2]

> 李汪巨股阑入闽疆，……闽事败坏已久，……而军事则尤不可问，游勇土匪，小则伏路行劫，大则公为戎首，处处皆然……不图宇宙间竟有此乱国也。[3]

> 逆贼李世贤自初三日得逞后，土匪从乱如归，已蔓延万松关石码北溪等处，泉厦岌岌。林文察此次之挫，土匪面擦烟煤，谱袭后路，即曾玉明亦称土匪瞰官军出队，即将营帐抢

---

[1] 《左文襄公书牍》卷七《答马毂山中丞》。
[2] 《曾文正公书札》卷二十四《致刘霞仙中丞》。
[3] 《左文襄公书牍》卷七《与李少荃宫保》。

> 劫一空,然则漳州民心之不足恃,已可概见矣。[1]

福建如此,邻近福建的广东人民热烈响应革命的情形也是如此。

> 粤东大埔嘉应等处乱民入闽者多,恐不免引贼入室。[2]
> 潮州嘉应均为匪盗渊薮,恐能为暴而不能御暴。[3]

再加湘系霆军在江西兵变,"叛卒尽哥老会,亦殊剽悍"[4],一经与太平军结合,更壮大了革命的声势。这样,就严重威胁了外国资本主义在闽粤沿海的侵略势力。于是狡猾的侵略者便用各种罪恶方法,支持清朝反动派,来绞杀革命。

一、武装闽粤清军

当太平军攻占漳州等城市后,英国驻华公使威妥玛便惊慌失措地教唆恭亲王奕䜣在广东、福建两省"练兵":

> 前因漳州府为贼所占,厦门一带,大有危险,当即备文通知。又据汕头领事官详报,该匪越界进入粤省,业经向西占踞数处,欲扑潮州府城,该道备文约伊帮助等因。广州领

[1]《左文襄公奏疏》初编卷十九《奏报督师行抵浦城见筹剿办情形折》。
[2]《左文襄公奏疏》初编卷十九《与杨石泉》。
[3]《左文襄公奏疏》初编卷十九《答徐树人中丞》。
[4]《左文襄公奏疏》初编卷十九《答蒋芗泉》。

事官详报,该省左近居民,闻风警畏,请本大臣立为札复准行等因。福州府署领事官详报,该省抚宪因闻漳州汀州贼匪猖獗,颇深警惧,派员面议可否外国调兵,协同防堵;该署领事以宁波府城前充洋枪队,尚有数百余人未经裁撤,如何调集到闽,以备堵截;抚宪复以此法未善,不如调取外国军兵为妥。该署领事未敢擅便,详请本大臣札行如何办理。查闻漳州失守,当应咨会我陆路水师两提镇,就近设法保护该处英商。惟广东一处,经札领事官,该省驻防满兵人数较多,如能按照外国战法,略为操练,即可以御贼匪。督抚果欲约请教习操演行阵,本大臣尚可应允,至于我国兵力,本大臣实不便允行。福州署领事详请札知,本大臣示以此意,发文前往。如有行知各该省文件,希送至本馆,以便一并咨送。[1]

这个罪恶勾当却被法国福州税务司美理登就近抢占了先着。请看他自己供认的罪状:

　　敝司于旧年间早经谆请在案,嗣蒙恩准移咨徐中丞举办,缘当时贼氛未炽,不即启办。至本年夏间,发逆窜入闽疆,抚宪始准饬派精兵二百名,嘱敝司聘请外国武弁五人,前来教用洋枪洋炮,至启办之时,又虑縻费,止选精兵四十名,交法国总兵官马胆等教演两月有零,该兵已精通技艺。突于九月间,发逆窜入汀州属邑,攻陷龙岩州,漳州郡城亦

---

[1]《筹办夷务始末》(同治朝)卷三十,第3—5页,《威妥玛原函》。

先后失守。逆匪据占城池,厦门系通商口岸,附近漳州,当时民心惶惶,危在旦夕,厦税司休士致函来省通知,并知会英领事派召兵船到厦防堵。适敝司前在香港,代购有铜炮四装,以及炮车火药西瓜弹子,敝司即将此炮请匀二装,并所练兵丁四十人,请添六十名,凑成一百,即配本关洋船,拨马教习同副税司带往厦门,会同厦税司相机剿堵。到厦后,适英国兵船亦至,民心稍安,贼闻风不敢往厦。现在曾提督已由台到厦,见马教习日夜教练精兵,甚相喜悦,值林提督移咨约期往漳会剿,曾提督会同马教习,暨厦门协办税务巴,带领精兵一百名,并洋炮西瓜子,于十月十三日往漳会剿。兹将现在情形,合先申达尊听,望为转达总理衙门,报明闽省军务,凡在省、厦税司领事,并外国在阵从戎人等,皆出力相帮,望各加奖许,以示激劝。至汀郡一带,贼氛亦炽,容再察情形,如果迫近省疆,敝司当亦从戎相帮。但保邦即以卫课,敢不竭尽忠诚,以图报效,仍祈咨明督抚,当与敝司和衷襄理,真若一家,勿以秦越人相视也。所惜者练兵尚少,炮械不多,若肯多练百名精兵,较之临时所招壮勇,犹相胜百倍也。[1]

曾在浙江进行反革命活动的英国福州领事有雅芝[2]慌忙急起直追,"亦请练兵"[3],满汉反动派一律照办。

---

[1] 《筹办夷务始末》(同治朝)卷三十,第5—6页,《美理登原函》。
[2] 有雅芝本宁波英国领事馆翻译,曾参与干涉浙江省太平军的战争。见《史致谔文件》。
[3] 《左文襄公书牍》卷七《答英香岩将军徐树人中丞》。

奕訢并指示广东督抚：

> 粤省曾经邀请洋弁练兵[1]，不如查照旧章，以广州现有之旗兵酌添若干，约请外国教练行阵，……妥为办理。[2]

于是把福州和广州做根据地的两支"洋枪队"，就建立和扩大起来了。

二、海运湘淮军入闽作战

为了迅速扑灭革命的火焰，侵略者由海道运输原在江苏浙江由它们武装起来的湘淮军队入闽作战，是最有效的办法。

左系湘军从浙到闽，因"山径险仄，恐滞戎机"，便由侵略者用轮船从宁波载运高连升部"直趋福建省城"[3]，首先赶到泉州，抢占了这个战略据点。

由于革命势大，左部"各军……不足三万，……分布数百里，且防且剿，实形不足"[4]。于是侵略者又从上海海运淮军郭松林、杨鼎勋两部八千人抵厦门登陆，夹击漳州太平军[5]。郭杨两军

---

[1] 英法教练广州清兵始于1862年，见《刘武慎公尺牍·复总理衙门》，《全集》卷二十六，第17页。
[2]《筹办夷务始末》(同治朝)卷三十，第10页。
[3]《平浙纪略》卷十二，第2页。
[4]《平浙纪略》卷十二，第4页。
[5]《李肃毅伯奏议》卷三《派兵由海道援闽折》。

武器,"尽系洋枪"[1],还有英国特务司端里等随军作战[2]。

三、"派兵助剿"

为了实力支持反动派,法国特务美理登"并亲赴漳州军营,将车轮开花炮借拨助剿,并遣洋兵五十人,随同高连升出队剿灭"(《左文襄公奏疏》初编卷二十一《请将会办通逆洋匪之中外出力各员奖励片》)。单是 1865 年 4 月 11 日的战役中,就屠杀了太平军"约三四千人"[3]。下流无耻的左宗棠曾歌颂这个外国屠夫的"实心任事",请求他暂缓"请假"回国,"于时局必有裨益"[4]。并由清王朝特降谕旨,表扬他的杀人功勋,"以示鼓励"[5]。很显然,满汉反动派表示愈感激,这个外国强盗的罪恶就愈深重,这是不容抵赖的。

四、借给军火和贷款

为了大规模屠杀中国人民,侵略者源源不断供给清朝反动派以杀人武器。据美理登供认:

> 闽省教练精兵,筹办利器,前经申请抚宪议办,已承批

[1]《李文忠公朋僚函稿》第七同治四年《二月二十三日复左季高制军》。

[2] 司端里系郭松林部教习,见《筹办夷务始末》(同治朝)卷三十二,第 39 页。

[3] 郭廷以:《太平天国史事日志》,第 1122 页。

[4]《左文襄公书牍》卷七《答福州税务司美理登》。

[5]《筹办夷务始末》(同治朝)卷三十四,第 8 页。

示准行。前月间特请外国武弁，先教各兵洋枪，俟枪法既熟，再行教放洋炮。惟福州向无洋炮，适敝司奉宪札委前往台湾，顺便前至香港，因彼时闻发逆扰乱建宁将乐等县，迫近产茶之区，诚恐闽省炮械不坚，无以攻御，特为购行军大铜炮四位，西瓜子炮码火药三十七箱，装驾大炮轮车，并炮子火药车共十六辆，该轮车便于运动，无论上坡下隰，尽可驾马而驰，攻战最便。敝司既商买该炮，讵料英国水陆提督俱不肯将此炮械发卖中华，而英国香港总督亦不敢自专许办，敝司大费周章。后幸遇英国钦差卜大人往广，敝司面叙及此，深承卜大人厚情，笃两国友好之谊，允准购买，且不许高价，饬照英国工本给发，即将该炮等送来闽省，统共给价六千七百圆，价值最为便宜。惟此次深承卜大人格外关注，厚待中国，应均感其盛情，烦转请总理衙门另行修函达英国署钦差大臣，致谢卜大人之美意。敝司亦申请抚宪，一面发给炮价，仍移函与英领事致谢，以示礼貌。则将来有事，咸望出力相帮，益敦和好。[1]

又据福州将军英桂等奏：

再漳城踞逆，被官军围剿穷蹙，别无出路，业经飞饬沿海水陆官兵，于各港口严密防范，以免匪艇勾结入海，另派水师大员，总统巡防。据税司美理登申陈，英国有轮船一号，连炮位出售，价值番银四万圆，购买为中国总巡师船，较为捷

---

[1] 《筹办夷务始末》（同治朝）卷三十，第6—7页。

便,臣等已饬通商委员候选道周立瀛、署福州府丁嘉玮、海关委员镶白旗协领长庆等,会议交价,给予牌照,每月舵工水手人等口粮番银二千圆,除遴派将官,拨配兵勇,议定章程,妥为筹备外,谨附片奏陈。[1]

为了维持满汉反动派的军费,又由美理登经手"向各洋商先后分起共借用番银三十万两,议给贴息,约期归偿"[2]。

这些罪恶勾当,显然又是满足了外国军火商人和高利贷者的掠夺要求。

五、对太平军的封锁

太平军刚进入闽粤沿海后,狡猾的侵略者,曾装作两面态度,假意和太平军往还。目的是:延缓太平军向厦门、汕头等通商口岸的攻势;骗取太平军钱财;借此向满汉反动派勒索[3]。

等到"中外合力御贼之时",狰狞面目便完全暴露。英国公使威妥玛正式下令闽粤沿海官商"随势设法,禁止通贼济贼各等情弊"[4],于是闽粤两省的英法领事官、税务司以及英国香港政府一齐动手,英法海军也侵入闽粤海面对太平军实行封锁[5]。这样,

---

[1]《筹办夷务始末》(同治朝)卷三十二,第7—8页。

[2]《筹办夷务始末》(同治朝)卷三十一,第29页。

[3]《左文襄公书牍》卷七《答徐树人中丞》说:"洋人惟利是图,……既骗得李逆钱财,又骗得中国赏银。"这就是"洋人"当时的两面态度。

[4]《左文襄公书牍》卷三十一,第27页。

[5]《筹办夷务始末》(同治朝)卷三十一至三十四,兹不具引。

不仅使太平军失去了海上的接济，而且截断了出海坚持的道路。

总之，在外国资本主义势力这样的武装干涉下，太平军才被迫退出闽粤沿海，压缩在嘉应一隅。再加上革命领导集团的分裂，更削弱了革命的力量，于是最后不可避免地陷于失败。

外国资本主义侵略者是绞杀太平天国的主凶，从上述史实中，更显示出来了。

（原载《新史学通讯》1956 年第 1 期）

赖文光是知识分子出身的
农民革命英雄

我在不久以前和秦自信同志为江苏人民出版社编写《赖文光》,曾初步断定赖文光是知识分子出身的农民革命英雄。理由有以下几点:

(一)据《赖文光自述》:

"忆予于太平天国壬子二年,始沐国恩,职司文务,任居朝班。"[1]证明他一度担任过天朝文职。

(二)从他《自述》的内容,和王闿运《湘军志》的记载,都表明他是一个具有文学修养的人。《湘军志》说:

> (同治六年)十二月,东捻首赖文光率残党突渡六塘,循淮安、宝应、高邮南走,诸军至者如风雨。文光知死,下檄扬州防将吴毓兰,历诋官军将,而以毓兰为愈,使得己以为功。乘夜投毓兰营,军中传诵其伪檄,言至深痛。群帅严禁秘其事,使毓兰谬上捷,言雨中阵俘之云。[2]

---

[1]《梵天庐丛录》卷十三。
[2]《湘军志·平捻篇》。

当兵败被俘的时候，能够下檄使敌人传诵，除了内容动人外，文笔的酣畅淋漓，当然也是重要因素。

最近我在扬州又亲见赖文光题袁崇焕藏砚[1]（拓本）云：

> 此砚为明东莞袁督师元素故物，方今天军北指，上帝眷顾，天恩浩荡，犁庭扫穴，咄嗟间耳。恭献东王殿下。太平天国丁巳七年亥月，殿前检点使木一丙三总制检校军司马平天贵赖文光百拜上。[2]

按赖文光被俘牺牲时，"年四十一岁"[3]。写此题词时年三十一岁，正当太平天国发生杨韦内讧、石达开出走等一系列不幸事件之后，赖文光"弃文就武"，"江右招军"，又"诏命回朝，以固畿辅"，行将出兵"往攻江北"[4]的时候。

（原载《光明日报》1956 年 2 月 16 日）

---

[1] 本文集编者按，此砚实为赝品，祁先生后撰文有说明。

[2] 文中所云东王，当系幼东王，因太平天国丁巳七年杨秀清已死。文中书"国"为"囯"，又不讳"贵"改"桂"，当因这些《敬避字样》的严格规定系丁巳七年后事。赖文光早期爵职，其他史料皆不见，仅见于此。

[3] 《李肃毅伯奏议》卷十二。

[4] 《梵天庐丛录》卷十三。

试论太平天国革命的性质

关于太平天国革命的性质问题,目前还有不少同志否认它的资产阶级性质。另外有些同志虽然承认它是资产阶级性的农民革命,却又不能够正确理解它为什么具有这种性质。发生这两种情形的共同原因是不明白"资产阶级性革命"这个马克思主义的概念,以及农民战争和资产阶级性革命的关系。

什么是资产阶级性革命呢?

资产阶级性革命是发生在一定的历史时期,"即资本主义已经开始发展并要求打破发展障碍的时期的产物"[1]。列宁教导说:

> 资产阶级革命乃是不超出资产阶级即资本主义社会经济制度范围的革命。资产阶级革命表现着资本主义发展的需求,它不仅不会消灭资本主义的基础,反而会扩大并加深这种基础。[2]

> 在资产阶级革命面前,只有一个任务——扫除、摒弃和破坏旧社会的所有一切桎梏。任何资产阶级革命一完成这个任务,就算是完成了它所应作的一切:它加强着资本主义

---

[1] 吴黎平:《从资产阶级性民主革命到社会主义革命》,第39页。

[2] 列宁:《社会民主党在民主革命中的两个策略》,莫斯科1949年中文版,第35页。

发展过程。[1]

由此可见，凡是发生在资本主义上升时期，为资本主义发展扫除障碍的革命，都是资产阶级性革命。所以列宁又说：

> 深信我们革命，就其当前发生的社会经济革命的内容来说，是资产阶级性的。这就是说，革命是在资本主义生产关系的基础上发生的，而革命的结果则不可免地正是这种生产关系的向前发展。[2]

反过来说，确定任何革命的是否属于资产阶级性质，就是由这个革命的社会内容的是否为资本主义发展扫除障碍所决定的，而不一定是因为由资产阶级领导的或参加的革命。所以列宁在分析俄国1905年革命（俄国资产阶级已不是革命的动力）的时候说：

> 按其社会内容来说，是资产阶级民主革命，按其斗争手段来说却是无产阶级革命。[3]

有的人不了解"资产阶级性革命"的概念，机械地认为只有资产阶级领导或参加的革命才算是资产阶级性革命，所以否认太

---

[1]《列宁文选》两卷集第二卷，莫斯科中文版，第347页。

[2]《列宁全集》第4版第十二卷《土地问题与革命力量》（从吴黎平：《从资产阶级性民主革命到社会主义革命》，第36页转引）。

[3] 列宁：《关于1905年革命的报告》，莫斯科1953年中文版，第6页。

平天国革命这个单纯农民革命的资产阶级性质。

列宁曾经说过：

> 拿着武器去反对地主官僚，以"幼稚的共和主义态度"主张"驱逐沙皇"的农民，也是资产阶级民主派。[1]

我们有什么根据可以断言单纯的农民运动不能够具有资产阶级的性质呢？

当然，并非一切的农民运动都是资产阶级性的革命。列宁指出：

> 凡是在全部社会经济带有资本主义性质的条件下发生的反中世纪制度的农民革命，都是资产阶级革命。……所谓"资产阶级革命"这个一般的马克思主义概念，是包含有某些对于任何一个在资本主义发展着的国家内发生的农民革命都定能应用的原理。[2]

相反地说，在没有资本主义以前的封建社会里发生过的农民革命，还未曾带有加速资本主义发展的经济内容的革命，就不是资产阶级性革命。所以波克圣夫斯基"学派"的历史家们硬把"早期资产阶级革命"性质加在1667—1671年拉辛领导的农民

―――――――――――

[1] 列宁:《社会民主党在民主革命中的两个策略》，莫斯科1949年中文版，第38页。

[2] 列宁:《社会民主党在1905—1907年第一次俄国革命中的土地纲领》，莫斯科1950年中文版，第160—161页。

战争身上，是违反马克思主义的[1]。

中国从鸦片战争以后，正是古老的封建社会开始瓦解和资本主义要求发展的时候。毛主席教导我们：

> 从鸦片战争以来，各个革命发展阶段各有若干特点。其中最重要的区别就在于共产党出现以前及其以后。然而就其全体看来，无一不是带了资产阶级民主革命的性质。[2]

正因为太平天国革命发生在这个历史时期，它的反封建、反侵略革命的客观效果必然是扫除资本主义发展的障碍，特别是太平天国提出了"平分土地"的经济要求。"平分土地"的结果，不可能建成像农民们所空想的农业社会主义社会，而只可能开辟资本主义畅通无阻的道路。正如列宁所说：

> 平分土地的口号或土地与自由的口号，即在闭塞无知，但渴望光明幸福的农民群众中间最普遍流行的口号，乃是资产阶级性的口号。[3]

由此可见，太平天国革命，按其社会经济内容来说，是资产阶级性质的。

---

[1] 苏联大百科全书：《鲍洛特尼科夫领导的农民战争·拉辛领导的农民战争·蒲加乔夫领导的农民战争》，人民出版社1955年版，第13页。

[2] 《毛泽东选集》第2卷，第521—522页。

[3] 列宁：《社会民主党在民主革命中的两个策略》，莫斯科1949年中文版，第92页。

但因当时中国的资本主义还在萌芽时期,太平天国还是没有先进阶级领导的农民革命。它并没有明确的资产阶级民主革命的纲领。毛主席说过:

> 中国反帝反封建的资产阶级民主革命,正规地说起来是从孙中山先生开始的。[1]

所以太平天国革命还不是正规的资产阶级民主革命,而只是揭开了中国资产阶级民主革命的序幕。

(原载《光明日报》1956 年 5 月 24 日)

---

[1]《毛泽东选集》第 2 卷,第 527 页。

论景廷宾"扫清灭洋"起义

1900 年的义和团运动遭遇帝国主义联军和清朝的血洗之后，革命形势转向低潮，又正是革命高涨的前夜。历史的进程，迫切地要求革命重新配备力量，即要求中国人民——主要是资产阶级革命党人和农民群众（当时中国工人阶级尚未长成）——在某种程度上联合起来，结束单纯的农民战争，过渡到正规的民主主义革命。

由于中国资产阶级的软弱和脱离人民，中国革命的动力，主要仍是农民。

但是义和团运动新遭挫败，所以集中的、大规模的农民战争已为此起彼落的小股农民起义所接替。历史和现实教训他们，必须抛弃联合满清反对帝国主义——"扶清灭洋"——的过时策略，必须将"扫清"和"灭洋"的任务结合起来。他们这种自发性的转变和高度的革命精神，曾给资产阶级革命党人以莫大的勇气，就在反满救亡的共同目标下推动他们初步和农民实行联合，准备好辛亥革命到来的必要条件。

景廷宾冀南起义正是义和团运动失败后全国各地农民起义的典型。本文将借这个典型事件的探讨，表明当时农民起义的历史意义。

一、起义的背景

清朝在 1900 年的战争失败以后就完全投降了帝国主义。它把挽救自己的没落命运的希望寄托在"量中华之物力,结与国之欢心"[1]的卖国政策上。

通过 1901 年 9 月的《辛丑条约》,帝国主义向清朝勒索赔款四万万五千万两。各省又有"教案赔款",数十万至数百万不等[2]。为了筹凑这些"赎命钱",清王朝动员它的全部官僚机构疯狂地向人民搜刮。"挨户摊派""非刑威逼""需索中饱"等无所不为,使全国人民特别是农民遭遇到严重无比的灾难。

在帝国主义导演下的清朝"新政","筹饷理财,心思百出"[3],实质是横征暴敛的面具。

为了奉承帝国主义和发泄清朝贵族的淫欲,宫廷的浪费也远过往时[4]。

豪绅大猾又利用这个"筹饷理财"的机会,大量兼并土地,如"芜湖万顷湖垦荒,……合肥李伯行京卿(鸿章长子)认开二万亩,怀宁陈润甫太史认开一万亩"[5]。

---

[1] 侨析生:《京津拳匪纪略》前编卷上,第 230 页。
[2] 1901 年各省"教案赔款":顺天一百六十七万五千九百两,保安七万三千六百两,天津二十五万两,宣化十四万两,奉天二百九十万两,山西一百九十四万两,江西三十万两,河南十九万两,湖南、湖北各二万八千两,浙江六万两,广东一万两,山东五十七万两。见《汇报》三五七号。
[3] 《汇报》三七五号。
[4] 《汇报》四三五号、四八〇号、五〇二号。
[5] 《汇报》四七八号。

物资缺乏和连年的灾荒，都紧扼着人民的生计，两江总督刘坤一等曾电致外务部："江苏米价昂贵，民不聊生。"[1]

在双重压迫下，民族工商业陷于破产。他们怨言："利益之权为西商独揽，而华商无不败者，……都由于官之压制夫商，欺夺夫商，鱼肉夫商。"[2]何况在《辛丑条约》签订后的几年间，"俄欲东三省之路矿，法欲滇桂之路矿，意欲山西之路矿，日欲闽赣之路矿，德欲山东之路矿，英欲滇蜀之路矿，中国利权命脉，几将尽属他人"[3]。弱小的中国资本主义正面临着空前的危机。

但是历史的法则是辩证的，帝国主义的掠夺与清朝的倒行逆施，一方面把中国社会经济拖到了绝境，而另一方面却将全国人民都抛入了革命的怀抱。反革命嗅觉比较灵敏的刘坤一、张之洞等曾警告过清朝："以民穷财尽之时，倘再尽力搜括追呼，以供外国赔款，必然内怨苛政，外愤洋人，为患不堪设想。"[4]果然，随着社会经济破产而来的，便是农民起义、城市贫民暴动、商人抗捐罢市、资产阶级小资产阶级革命党人的积极活动，部分中小地主也在捐税的威胁下，被革命裹挟起来。于是"兵匪民盗，良莠不分，有民而匪者，有商而匪者，有官而匪者，有兵而匪者，有绅而匪者，有会而匪者"[5]，"或数百人为一股，或数千人为一股，甚有数万人数十万人为一大股，……浸假而闹教，浸假而抗官，浸假而攻

[1]《光绪朝东华续录》卷一七三，第12页。
[2]《汇报》五四二号。
[3]《汇报》四六二号。
[4] 沈桐生等辑：《光绪政要》卷二十七。
[5]《汇报》五三〇号。据《汇报》材料，单是一九〇二年正月至六月，即景廷宾起义的同时，大小民变共二十四次，其中以农民起义为最多。

城"[1]，全国性的骚动已像热火朝天一样地发展起来了。

这个骚动表现出两个特点：

第一，在这样的革命巨浪中，自发的农民起义和资产阶级民主主义活动仍是两股不相联络的主流，有促成他们在某种程度上联合起来的必要；

第二，革命的锋芒直接向着对外卖国、对内压迫人民的清朝统治，使农民起义和资产阶级民主主义活动，在反清的共同目标下有逐渐接近的可能。

于是推动资产阶级革命党人开始注意和利用农民力量，把单纯的农民战争过渡到正规的民主主义革命的重要任务，已提到日程上来了。

二、大起义的经过

景廷宾起义爆发在清朝的心脏地区直隶，这不是偶然的。

第一，由于八国联军和"庚子赔款"的灾难，直隶人民受苦最深。

第二，由于直隶是义和团运动最高涨的地区，他们顽强和坚忍地"在无数分散、失败、首领被杀之后，屡次重新纠集党羽，一直达到群众骚动的机会"[2]，便立即再度充当起革命的主力。

第三，由于直隶存在着具有"抗捐杀差"传统的联庄会[3]。它

---

[1]《汇报》四六三号。

[2] 这是恩格斯赞美农民战争的顽强和坚忍性之词，见《德国农民战争》。按，义和团运动失败后，它的主力分散于冀南等地，继续战斗。见瓦德西：《拳乱笔记》。

[3] 直鲁豫各省联庄会产生于太平天国北伐的时候。在捻军战争中，曾不断发生联庄会反抗的事实。见《豫军纪略》等书。

们原来是自耕农和一部分中小地主的"合法"组织,在义和团运动中采取"结寨自保"的消极方式,当"赔款"负担,逼使他们破产的时候,便实行武装反抗,成为有组织的革命力量。

而且起义的根据地广宗、钜鹿一带,邻接东豫,民风强悍,正是三十余年前白莲教、捻党等纵横出没之所在,革命的火焰便从这个清朝心脏的罅隙里发燃起来,影响所及,震撼了全国。

起义的发展过程可以分做两个阶段:从光绪二十七年(1901)春间至年底是酝酿阶段;从光绪二十八年(1902)正月至六月是起义从正式爆发到失败的阶段。

酝酿阶段的基本内容是广宗人民的反赔款斗争,这是引导群众走向起义的桥梁。领导这个斗争的是广宗联庄会首景廷宾。他的阶级出身所决定的妥协性,曾给整个斗争以消极的影响。但是他能得众心,而且在农民大众的推动下,终于走向革命,因此能使分散的农民运动有了团聚的中心。

景廷宾本广宗武举,年五十余,是个比较接近和同情农民而为农民群众所信服的地主知识分子。这种具有双重性格的人物,往往徘徊在官府和农民之间,成为缓冲的纽带。即一方面为官府缓和农民反抗的工具,而另一方面也为农民减轻官府压迫的护符。因此景廷宾就能在阶级斗争的隙缝中,长期担任着联庄会首领而有"英雄义士"的称号[1]。

当义和团运动高涨时,景廷宾抱着消极反对的态度,也就麻痹了广宗人民的积极响应[2]。

---

[1] 关于景廷宾的出身和为人,见《汇报》三七六号、三七九号,并见壬寅《新民丛报》。

[2]《汇报》三七九号。

义和团运动失败后,广宗却并没有例外免除"教案赔款"的灾难。就在光绪二十七年的春间,正当冀南苦旱的时候,知县王宇钧已和帝国主义分子、地主豪绅等密议,向人民勒索京钱二万串。激怒的群众共推景廷宾为首两次聚众抗拒[1]。

到同年的秋冬间,王宇钧撤任,魏祖德到来,勒令各村每亩摊捐京钱四十文,浮收二倍以上,更加重了人民的灾难。于是民情愈愤,即由景廷宾传帖集众,于城郊武装示威,"声称阅边",全县响应,"所有地丁捐款均概不缴纳"[2]。

景廷宾之所以在抗捐斗争中逐渐积极起来,一方面是由于官府压迫;而另一方面是由于农民的推动。随着阶级斗争的日益尖锐,就使景廷宾日益丧失他的缓冲作用而日益走向领导农民武装抗捐的道路。但是还没有克服他的阶级局限,还没有抛弃和官府妥协的幻想。所以当顺德知府如松到县查办,豁免了一部分捐款之后,他即"欣然应命"。直到魏祖德把全县捐款责令他一人交纳,而且报请直隶总督袁世凯派兵到县镇压,袁世凯下令"严拿首要"的严重关头,仍"欲具状剖辨"。他的这种犹豫动摇的态度,延迟了起义的进程,松懈了起义的准备;但是由于他的一再遭受官府压迫,更激怒了群众,于是在农民英雄刘永清等鼓励与推动之下,景廷宾也在最后坚决地站在农民一边,积极地领导农民起义[3]。

光绪二十八年正月,袁世凯部正定、大名两练军袭击东召村(景廷宾所住的村名)的炮声,就此揭开了大起义的序幕。

---

[1]《汇报》三九○号、四○一号,韩敏修:《广宗县志》卷一《大事记》。

[2]《汇报》四○二号,《广宗县志》卷一《大事记》。引号内系《汇报》原文。

[3] 以上均据《广宗县志》卷一《大事记》。

由于起义没有准备，一开始就失去了东召村根据地。邻近的板召村、西召村同时遭受反革命的血洗[1]。起义初期的又一危机是联庄会的内部分裂。由于联庄会的群众是农民而控制领导权的是中小地主，地主分子的动摇妥协与农民大众的坚决斗争的矛盾，不仅表现在起义的酝酿时期，特别是尖锐地表现在起义正式爆发的时候。在农民群众的推动与支持下，景廷宾转移至钜鹿县的厦头村，勇敢地清洗了联庄会和自己家族的内部，大大地鼓舞了群众的革命意志[2]。于是立即向清军进攻，歼灭了袁世凯部武卫左军的一部[3]。这个胜利就把当前的危急形势暂时稳定下来，给起义以部署力量的机会。

在群众拥护下，景廷宾建号"龙团大元帅"[4]，树立起"扫清灭洋"的大旗[5]，把远近农民军迅速地发动和集合起来。出现了冀鲁豫平原二十四县农民的大起义[6]。

起义的群众基础是：

1. 联庄会——广宗三百余村约三万人，钜鹿四万人，威县二万余人，邢台、唐山、内丘、新河、平乡等处也纷纷响应；

2. 义和团——山东柳林义和团万余人，其他零星小股或数百或数十，分头赶到加入起义；

3. 饥民、游勇、"马贼"等——共十余万人[7]。

---

[1]《汇报》三六九号、四〇一号。

[2]《汇报》三七六号、三七九号。

[3]《广宗县志》卷一《大事记》。

[4]《汇报》三七九号。

[5]《汇报》四〇一号。

[6] 据《汇报》三七九号转载《日日新闻》消息。

[7]《汇报》三七九号。

群众之所以迅速归附,除有深刻的社会根源外,还有下列几点重要原因:

第一,清军的残酷进攻,迫使人民武装自卫;

第二,"扫清灭洋"的口号,适应人民的普遍要求;

第三,景廷宾素得人心,所以一呼众应。

起义军用五色旗帜做标志(这是白莲教等北方农民军传统的组织形式):共分四旗。

1.黄旗——景廷宾的直属部队。

2.黑旗——广宗人郑某指挥。郑系破产贵族,自幼结交江湖豪杰,曾参加义和团运动。他的部下很多山东"马贼"。

3.黑旗白边——威县廪生赵老朱统率。赵曾参加义和团运动。

4.红旗——其他起义部队[1]。

这次农民战争表现出不少特色:

(1)继承和发扬了义和团"灭洋""灭教"的光辉传统,向帝国主义的"教会""教士"猛烈进攻。起义军"出有赏格,杀一洋人赏钱一百吊,杀一教中人赏钱十吊"。并且提出了"复仇雪耻"的口号,反映出广大人民在八国联军和《辛丑条约》后,对帝国主义的极端仇恨的心理[2]。

(2)揭穿了对外卖国、对内压迫人民的清王朝的丑恶面目,起义军"高建白旗,书'官逼民反'四大字,呼官兵为贼,官长为狗",鼓舞起群众坚决"扫清"的勇气[3]。

---

[1]《汇报》三八〇号。

[2]《汇报》三七九号。引号内系《汇报》三八〇号原文。

[3]《汇报》三七九号。按,《广宗县志》卷一《大事记》云:"是时兵无纪律,焚掠极惨,故乡民仇教而外,继以仇兵。"

（3）在"扫清灭洋"的共同目标下，农民广泛地和其他阶级联合，各县商民都竭力供饷，手工业工人积极制造武器，中小地主也改变他们的政治态度，和起义军联络，壮大了革命的声势，成为农民和城市人民合作的萌芽[1]。

（4）起义军的纪律严明，而且勇猛善战，"皆奋不顾身，枪如珠贯"，步队而外，又有骑兵，战斗力极为强大[2]。

在"扫清灭洋"的旗帜下，起义军像狮子搏兔一样向反革命猛攻，一度袭破威县和广宗县城，冀州、南宫、枣强、赵州、隆平、宁晋、柏乡等县也陷入农民的包围之中。帝国主义分子罗泽溥（法国"主教"）等都成了革命刀下之鬼。袁世凯部下的段祺瑞、倪嗣冲等大小头目一齐被农民打得头破血流，纷向袁世凯叫苦。一时革命声势大震，反革命闻风胆落，"保定正定间铁路被毁数次，……白河左岸，已一日三惊"，上海天主教会的喉舌报曾惶恐地说道："匪势如此，不禁北望而殷忧"。在光绪二十八年的三月间，正是起义到达最高涨的时候[3]。

但是起义军有很多弱点：

第一，没有明确的政治纲领，只是笼统地提出了"扫清灭洋"的口号；

第二，没有严密的军事组织，所以行动涣散；

第三，没有和邻近地区的农民军联络声势而孤军作战；

第四，没有抛弃农民军的神秘主义色彩，阻碍着农民与城市

---

[1]《汇报》三七九号。

[2]《汇报》三七八号。

[3] 以上参据《汇报》三七七号，《光绪朝东华续录》卷一七二，第20页，《广宗县志》卷一《大事记》。引号内系《汇报》原文。

人民的进一步结合[1]。

马克思列宁主义经典著作曾一再指出了封建时代农民运动的典型特点：农民运动的自发性质、发动的零散性和地方性。景廷宾起义都具有这些特点，何况起义爆发在帝国主义联军驻在地——北京、天津——的附近地区，又必然遭遇列强的直接干涉而至于失败。

果然，"扫清灭洋"斗争的迅速高涨，引起了帝国主义的极大纷扰，就一再恫喝清朝派兵"平乱"。清朝便严令袁世凯："匪党起于铁路矿山附近，关系交涉事宜，设法从速扑灭，若一时难平，须扼守东北两隘，俾其窜向西南，既安京师，又免外人借口。"[2]并令山东派兵夹攻。袁世凯就指使部下用洋炮向农民猛轰，村落尽成焦土。最后德法日三个帝国主义组成的联军六千三百余名从北京"赶往冀州、广宗助剿"[3]。在中外反革命的残酷进攻下，农民战争便日益恶化起来，至光绪廿八年的四月中旬，广宗、钜鹿、威县、南宫等地在苦战后先后陷敌，起义军就分向山东和河南边境转移。

前线清将们一再捏造景廷宾被俘和阵亡的消息，实际上景廷宾"颇得民心，皆肯容留，缉获颇非易易"[4]，他已在人民的掩护下，从钜鹿安全撤退至成安县的北漳村，集合群众，准备再起[5]。可是"农民动作得过于散漫"[6]，于是景廷宾再遭失败。

---

[1]《汇报》三七五号载袁世凯奏称"直隶广宗县属匪首景廷宾……布散符咒，纠合煽惑"云云，可见还保留神秘主义的色彩。

[2]《汇报》三七九号。

[3]《汇报》三七九号、三八〇号。

[4]《汇报》三九二号。

[5]《汇报》四〇三号，《广宗县志》卷一《大事记》。

[6]《联共（布）党史简明教程》，莫斯科1949年中文版，第119页。

6月12日，倪嗣冲率军抵成安。景廷宾向河南撤走，不幸在临漳县胡村东南四五里的郭家小屯村刘姓家里，被倪军追获，押解回威县，英勇就义[1]。景廷宾死得伟大，死得光荣，他从此不朽！

和景廷宾先后牺牲的，有景绍文（廷宾长子）、陈敬、霍天庆、尹广聚、胡玉成（和廷宾同时被俘）等。而为反动派所特别注意的"扫清灭洋"大将刘永清却在曲周战役后，不知所终[2]。

三、"扫清灭洋"起义的历史意义

斯大林说："只有……当着工人领导农民起义的时候，农民起义才能获得成功。"[3]由于历史条件的限制，景廷宾起义和当时其他各地的农民起义一样，还不可能获得工人阶级的领导。而且在义和团运动失败后，中外反革命对农民起义的镇压特别加强，所以这些起义都不可能有很大发展而先后夭折。

但是它们都有不可磨灭的历史意义。

第一，这个时期的农民战争是义和团运动的继续，它们广泛地掀起了反对"庚子赔款"、反对《辛丑条约》的斗争，沉重地打击了帝国主义。特别是景廷宾起义猛烈冲击着反动统治的政治心脏，典型地昭示出当时农民反帝斗争的威力，迫使帝国主义协议将赔款"按成减少"，对中国人民表示了让步[4]。

第二，这些起义是义和团运动的发展，它们抛弃了"扶清"的

[1] 《汇报》四〇三号，《广宗县志》卷一《大事记》。
[2] 《汇报》四〇三号，《广宗县志》卷一《大事记》。
[3] 《伟大的苏联》，人民出版社1954年版，第170页。
[4] 《汇报》三八八号。

过时口号,把反帝和反清的任务结合起来,加速了清朝的崩溃。特别是景廷宾高举起"扫清灭洋"的大旗,典型地反映出农民斗争的共同意识[1]。这样也就给资产阶级小资产阶级的革命党人以莫大的鼓励,推动他们开始注意和企图利用农民的力量。在义和团运动时,由于中国资产阶级"没有彻底的反帝反封建的勇气"[2],因此不承认义和团"灭洋"的正义行为。义和团"扶清"的策略又和他们的"反满"思想发生分歧。自从景廷宾"扫清灭洋"起义以后,就在反清的共同目标下促使资产阶级小资产阶级的革命党和农民群众开始接近起来。章炳麟写道:"今日之民智,不必恃他事以开之,而但恃革命以开之。……义和团初起时,惟言'扶清灭洋';而景廷宾之师,则知'扫清灭洋'矣"[3]。从此他们认为:"会党可以偏用。"[4]1904年冬孙中山为了"联络多数之同志,毅然加入致公堂"[5]。通过会党去接触农民。从此农民战争和革命党的关系越来越多,逐渐在基本上结束自发的农民战争,继之而来的是正规的民主主义革命了。

(原载《文史哲》1956年第10期)

---

[1] 当时农民起义提出类似"扫清灭洋"口号的有:1902年皖北斋教起义,"庭讯时,谓……意欲'灭国灭洋'云云"(《汇报》四四七号);1903年直隶玉田农民起义,旗上大书"扫除鞑靼、剪灭洋人"字样(《汇报》四五八号)等。

[2] 《毛泽东选集》第二卷,第611页。

[3] 《章氏丛书·太炎文录》卷二《驳康有为论革命书》。

[4] 陈天华语,见曹亚伯:《武昌革命真史》上册,第29页。

[5] 冯自由:《中华民国开国前革命史》上编第二十章。

介绍《镜稛轩自怡日记》

　　《镜稛轩自怡日记》三十二卷，稿本，中华人民共和国成立后于常熟发现，现在由北京图书馆收藏。

　　作者龚又村，常熟南乡人，地主知识分子。他的日记始清嘉庆十五年，迄同治十一年，保留了很多太平天国史料。

　　如果把它和《海虞贼乱志》（主要记常熟东乡事）、《徐日襄日记》（主要记常熟西北乡事）、《汝南一家言》、《庚申避难日记》（主要记常熟西北乡事）等书参证[1]，可以全面地了解太平军在常熟时期的一切设施，旁及江阴、无锡、苏州、昆山等邻县的情形。由于作者的文化程度较高，见闻很广，接触到某些历史事件的内幕，所以他的日记的史料价值，还超过了以上诸书。

　　根据他的记载，可以肯定"耕者有其田"的土地政策，在太平天国晚期，已在很多地区被破坏。这个政策被破坏的过程，也是阶级斗争复杂尖锐的过程。

　　原来当太平军击溃"江南大营"和攻下苏常各地的时候，这

---

[1]　前面两种编入中国史学会主编的《太平天国》。《汝南一家言》中的《月锄与胞弟子仁小崔书》由《近代史资料》1955 年第 3 期发表。《庚申避难日记》不知作者姓名，土改后我在常熟港口镇发现，罗尔纲先生的《太平天国史事考》曾征引其文，内容也很丰富，起咸丰十年，迄同治二年，不止庚申一年间事。

里的反革命势力被迫向三方面撤退。

一部分逃往上海,在外国侵略者庇护下苟延残喘,上海成为"吴中官绅"的逋逃薮。

一部分开门迎降,钻进革命的队伍,使太平军内部的反动势力和堕落影响大大滋长起来,几乎有尾大不掉的危险。

一部分潜伏农村,表面归附太平军以保全实力和据点,等候反攻的时机。

等到1860年冬季以后,长江上游的军情日益告紧,太平军的主力离开了苏福省,于是原来被革命所击散的反动势力乘机再度结合起来,重新配备力量,他们以上海为基地,利用农村中的残留据点,通过钻进革命队伍的人,竭力勾引革命内部的动摇分子,结成庞大的反革命集团,逐步地窃取政权、破坏政策,最后发动大规模军事叛变,内应外合地攻陷了苏福省。

从龚又村日记中,我们可以清楚地看到盘踞在苏、锡、昆、虞四县边区的地主武装首领徐佩瑗是怎样地和别有来历的苏州太平军守将熊万荃勾结起来在那里收租;也可以看到常熟南乡大地主曹和卿是怎样地通过革命内部的地主分子胡伯和,怂恿常熟太平军守将钱桂仁准许地主收租,甚至镇压农民的抗租暴动。

农民的自发斗争,忠王统帅部的压力,一部分军队的反对,迫使叛徒们限制地主的租额,有时还别有用心地改变他们的政策。特别是在1862年,常熟太平军行将叛变的时候,狡猾的叛徒们一方面为了隐蔽他们的阴谋;另一方面为了骗取农民的粮食,完成叛变的准备,所以也禁止过地主收租,但这并不是"耕者有其田"政策的真正实现。

只有在反革命势力受到扫荡和地方政权尚未变质的地方(例

如 19 世纪 60 年代的常熟东、西、北三乡），还实行过这个政策。

总之，根据《镜稗轩自怡日记》的资料，可以作出如下结论，即凡是变节分子窃取政权和反革命"民团"、土匪盘踞的地方，也就是封建的土地所有制继续存在的地方。绝对不是如罗尔纲先生所说的，常熟等地太平天国政府准许地主收租是为了直接向佃农征粮不了解田亩数的缘故[1]。如果离开了当时复杂尖锐的阶级斗争，不抓住问题的实质，孤立地和形式地去考察土地问题，是必然得不到正确结论的。

这部日记保存的重要史料还不止此，即如最近才经罗尔纲先生所发现、仅见于胜保奏疏的《英王陈玉成自述》，作者也录下了它的全文。

（原载《光明日报》1957 年 2 月 14 日）

---

[1]《天朝田亩制度的实施问题》，见《太平天国史事考》。

太平天国后期的土地问题[1]

　　土地问题是农民反封建革命的根本问题。农民要求把土地从封建剥削者的手里,转移到自己的手里,实行自由平等的小农公社生活。太平天国的《天朝田亩制度》就是这种要求和理想的描绘。

　　这个制度虽然只可能成为空想,然而它的基本精神,即"耕者有其田"的政策,在太平天国早期曾经实现,正是农民运动高涨的征候[2]。

　　到了晚期,这个政策在很多地区已被破坏。

　　本文将借苏福省的一些具体资料,说明太平天国晚期的土地问题,乃是当时阶级斗争尖锐复杂的反映。"耕者有其田"的政策被破坏,乃是反革命从内部进攻革命的结果。

　　本文由两部分构成:

　　一、从 1860 年春、夏间至 1863 年初,苏福省地区斗争形势的变化,说明土地问题的背景。

　　二、苏福省的土地问题。

　　现在先说第一部分。

――――――――――

[1]　本文集编者按,此文收入中国人民大学清史研究所编:《中国近代史论文集》(上),中华书局 1979 年版。

[2]　汪士铎:《乙丙日记》卷二。

一

1860 年春、夏间，太平天国大军以破竹之势，击溃清朝的"江南大营"，攻下了苏南和浙西的一部分地区，建立起以苏州为中心的苏福省[1]。于是李秀成的统帅部也就设立在苏州，苏福省成为革命的主要基地之一。

被反革命吹嘘做"东南长城"的悍贼张国樑已经变成革命刀下之鬼；十几万腐朽不堪的清军，全部土崩瓦解，妄图螳臂当车的地主团练，也经不起太平军的一击；上海岌岌可危；杭州早不保夕。在全国革命低潮到来的前夜，出现东南地区革命形势的高涨。

江南的封建反动势力被迫向三方面退却。一部分逃奔上海，在外国侵略者的庇护下，苟延残喘，企图反攻，上海成为"吴中官绅"的逋逃薮。一部分开门迎降，钻进革命的内部，观望形势，相机而动。一部分潜伏农村，保全实力，表面归附太平军，而暗地和清朝联络，招兵买马，准备内应。

从 1860 年冬季开始，苏福省的阶级斗争转入了新的阶段，即革命的大规模军事进攻已经过去，反革命的大规模军事进攻尚未到来之间的相对稳定阶段。

于是英王和他的部下（赖文光、黄文金等）首先离开苏浙，赶返长江上游，阻遏湘军东下。李秀成"上江西湖北招兵"[2]，只留下一部分主力和上海、浙江、镇江等地的清军相对峙。

---

[1] 苏福省的范围略大于清朝的苏州府。
[2]《忠王李秀成自述》。

若干腹地的城镇,被一些地主分子掌握。

原来,太平天国革命和历史上许多次农民战争一样,它能够在军事上战胜地主阶级,而抵抗不住地主阶级腐化意识的侵袭。当太平军进攻江南时,内部已极端复杂,反动势力和堕落倾向正在滋长起来。

李圭《思痛记》说:

> 杀戮之惨,蹂躏之酷,无日无之,……但如行此类事,大抵以湘、鄂、皖、赣等籍人,先充军官,或流氓地痞,裹附于贼,或战败而降贼军,积赀得为老兄弟者居多。其真正粤贼,则反觉慈祥恺悌,转不若其残忍也。[1]

特别是在攻下江南的时候,大量地招降纳叛,一方面瓦解了敌人;而另一方面却加深了内部的危机。

有一本时人的日记写道:

> 伪忠王李秀成……曾经出榜安民,不许奸淫焚掠,群贼不遵令,仍自横行,……总之,真长发不及万人,被掳者却有数万。[2]

---

[1] 呤唎:《太平天国》卷一所载杨笃信致伦敦布道会秘书戴德曼的一封信里说:"虽然叛军也有暴行,但比起满清的军队总要好一些。一般人都说老长毛的军纪非常好,他们对人很和气,而扰民的只是那些新兵。"和《思痛记》卷上所说完全吻合。

[2] 龚又村:《镜稽轩自怡日记》(未刊本,现藏北京图书馆)。按,《忠王李秀成自述》及曾国藩:《筹办江浙军务折》都说,太平军下江南时,吸收了大量降卒。

农民阶级的局限性,决定它只能够夺取城市而无法管理城市,再加上长江上游军情的告紧,迫使李秀成不得不麾兵西去,而把若干地方交给一些别有来历的人掌握。

长洲守将熊万荃,传说他的父亲"向官苏省",他本人也做过清朝的寿州知州。他"管理地方,颇革长毛之苛政",行动非常可疑[1]。

昆山、新阳守将李文炳是小刀会的叛徒,他出卖了刘丽川起义,换取清朝的富贵尊荣;等到太平军进攻苏州时,又摇身一变地投向革命,窃取了昆、新两县的政权[2]。

常熟、昭文守将钱桂仁,桐城人。他和他的部下是些别有来历的人物[3],如:

骆国忠是"凤阳县人,咸丰初,全家陷贼,被胁至江苏"[4]。

---

[1] 潘钟瑞:《苏台麋鹿记》及《镜檪轩自怡日记》。

[2] 王韬:《瓮牖余谈》卷七《记李贼事》及毛祥麟:《对山书屋墨余录》卷九《李绍熙》。按,李文炳、李绍熙、李少卿系一人而异名。这些反复分子大都有很多名字。如何信义在投降太平军以前叫作何培英,投入太平军后改名信义,等到再度叛投清军时,又改名何培章了。(参见《近代史资料》1955年第3期及严辰:《光绪桐乡县志》卷二十《兵事》)

[3] 李鸿章:《朋僚函稿》第二同治元年闰(八)月二十七日《上曾相》说:"常昭踞逆钱百顺桐城人,密托程学启乞降,……闻因桐城亲族惧其株累,怂恿而出。"可见他和地主阶级有千丝万缕的关系。钱桂仁、钱百顺、钱得胜(见吴云:《两罍轩尺牍》卷十二和陶煦:《贞丰里庚甲见闻录》卷上)、钱安邦(见同治《东华续录》卷一咸丰十一年八月丁巳"上谕")也是一人多名,以掩护他的叛逆活动。骆国忠等在常、昭叛变前时,他被迷王召到苏州,所以没有参加叛变,以后在浙江杭州投降清军(见《左恪靖伯奏稿》卷十四)。

[4] 谢永泰:《凤阳县续志》卷十一《忠义》。按,《清史稿·骆国忠传》误作桐城人。谭嘘云:《守虞日记》附诗"凤阳佳客本殊众",自注:"国忠凤阳府人。"谭亲见国忠,谢据国忠墓志,均当可靠。

董正勤"曾隶行伍,于官军有旧"[1]。

操纵民政的胡伯和(一名昌銮),本桐城举人,江苏候补知县,在苏州"被掳"[2]。

专管粮事的陈耕云,是仪征县廪生[3]。

很多乡官是地主分子[4]。

还有不少村镇被残余的地主团练和几支土匪部队盘踞着。

当太平军击溃"江南大营"和攻克常州的时候,苏州府属各县的地主们在极度慌乱中纷纷"结团自保",一时"白头"蜂起。

太平军的建立政权,一般是从城市到乡村的。所以当苏州、无锡各城已经被太平军所占领,而不少豪绅地主仍据守农村对抗革命[5]。

在革命洪流的冲击下,多数土崩瓦解。只有永昌徐佩瑗、荡口华翼纶、盛泽孙金彪等由于地理人事等因素的凑合,还侥幸地

---

[1]《守虞日记》。

[2]《镜穊轩自怡日记》。

[3]《镜穊轩自怡日记》。

[4] 太平军在苏浙地区建立地方政权,往往吸收地主分子参加,因此有不少乡官由地主充任,常、昭两县为数尤多。见《镜穊轩自怡日记》及佚名:《庚申避难日记》(未刊本)等书。

[5] 蔡丙圻:《黎里续志》卷三《纪兵》:"咸丰十年闰三月,金陵大营师溃,常州不守,苏城戒严,吴郡各乡皆举团练。"秦湘业:《无锡金匮县志》卷七《兵事》:"贼虽踞城,而各乡仍集团自保,用白布裹头以别于贼之红黄巾,号曰白头局。"

保全着地盘和实力[1]。

另外有几支盐枭、赌棍等流氓无产者组成的，以帮会为纽带的土匪部队，原来分散在江南各地，激烈的阶级斗争，驱使他们集结起来，依违两边，继续过打家劫舍的生活。河港交横，农商殷富，政治力量真空的苏浙边区，是他们活动的好场所。最凶横的有：周庄费玉成，淀山湖的葛华坪、郑驼背等。

费玉成本周庄无赖，是苏州大地主韩崇的爪牙。当太平军进取苏常的时候，他带领了一批"屠贩饮博之徒"，盘踞在周庄和附近各村镇，被逃亡官绅们吹嘘做"一方保障"[2]。

葛华坪、郑驼背都是巢湖的盐枭头目。一直在东坝一带帮助清兵打仗，郑驼背的哥哥郑国魁充当过两江总督何桂清的部将。何桂清军瓦解的时候，这支土匪部队被太平军追赶到无锡，在溃败中发生内讧，郑国魁杀掉了候补道史保悠，混进太平军(不久又投奔上海清军)；葛华坪和郑驼背率领残部，逃至淀山湖，依附费玉成，专做抢劫商旅的勾当[3]。

由于太平军主力的西去，苏福省农业生产的急需恢复而要求

---

[1] 永昌镇属长洲县，在今苏州齐门外，徐佩瑗系这里的豪门地主(陶惟坻：《相城小志》卷五《杂记》)。荡口镇属金匮县，在今苏、锡、虞三县边界，华翼纶是一个在籍的已革知县(施建烈：《纪(无锡)县城失守克复本末》卷二及华翼纶自著：《锡金团练始末记》等书)。孔金彪也是一个地主武装的首领，霸占吴县的盛泽镇(曹允源：《吴县志》卷六十八下《列传》七)。

[2] 《贞丰里庚甲见闻录》卷上及姚济：《小沧桑记》卷上。周庄镇位苏州、昆山、吴江边区。

[3] 《纪(无锡)县城失守克复本末》卷二、《吴清卿太史日记》、《贞丰里庚甲见闻录》卷上、《清史列传》卷五十六《郑国魁传》、金天翮：《皖志列传稿》卷七《郑国魁传》。

停止军事行动,所以李秀成对这些民团、土匪采取"不战自抚"的办法[1]。在革命内部的地主分子的包庇下,更容忍他们假借太平军名义,在农村中大肆猖獗[2]。徐佩瑷与华翼纶联成一片,东起昆山、新阳(东乡),西至金匮、无锡,南从长洲,北及常熟(南乡),一大块富庶的土地上,革命政权都没有真正地建立起来。费玉成霸占的吴江、吴县、昆山三县边区几十里范围内,几乎也是太平天国的政令所不及。革命对他们的妥协和他们对革命的腐蚀,互成正比地发展着。

这种形势显示出反革命有从内部进攻革命的可能。于是原来被太平军击散的反动势力迅速重新结合,以上海为基地,利用永昌、周庄等据点,通过徐佩瑷、李文炳等的关系和熊万荃、钱桂仁等结成反革命联盟,等候革命战争失利和力量空虚的时候,实行大规模叛变,梦想一举攻陷苏福省。

以下是苏州知府吴云从上海写给李文炳的一封密信:

> 云山、秋帆来两接手书,均已心悉。阁下所犯过重,非他人可比。前此觐宪(江苏巡抚薛焕,字觐唐)将阁下被陷苦情,现在纠集同志,血诚反正,并办内应各事,代为详晰密

---

[1]《忠王自述》。

[2]《苏台麋鹿记》卷下:"(熊)万荃之在苏也,各路乡镇白头团勇四起,其尤著者,永昌徐氏、周庄费氏,扼守最固,熊皆致书与之约,各不打伏,仍各自团练,并亲至面订要约,实欲预留地步。"又按,《纪(无锡)县城失守克复本末》卷二:"永昌徐佩瑷势孤,继约和,寓书华翼纶;翼纶揣结仇已深,阳以进贡名为和,而阴备之。"徐、费等均受太平天国爵职,主收当地钱粮。在他们的势力范围内,太平天国"不得设官设卡,所有征收传唤等事……"也"一切不问"。见《相城志》及《贞丰里庚甲见闻录》卷上。

奏。昨已奉旨，一一允准，并根翁（行将"解京治罪"的已革两江总督何桂清，字根云）亦有转机矣。……从此去逆从顺，有出头之日，……属在素好，亦为眉飞色舞……前此令郎南官到沪，此间留住，而觐翁与晓翁（上海道吴煦，字晓帆）即嘱善为看待，……南官甚为快活，不愿他往。继而尊堂到沪，亦甚快活，不愿他往。……现在苏城伙党屡出窜扰，虽经预先密报，屡被我军击退，而地方百姓（地主阶级），大遭荼毒，阁下既在彼处，自应设法劝阻……倘袖手不为设法，则不免有造孽之处，良可寒心。至通商本钱（反革命活动经费），弟处向不丝毫涉手，另有涉手之人，可询城北公（徐佩瑗）自知也。尊处两次会用，已有一万数千两，业由城北公处会（汇）划交付。其经办此中银钱，乃杨太守（候补知府杨徽猷，系吴煦派在徐佩瑗处的联络人，他不时混进苏州、昆山和李文炳等秘密会面）与二徐（徐佩瑗及其弟）专司之耳。此后总得小有效验之处，弟好向上司进言，目前虽为说项，亦无益也。见字望将彼中各处情形，分别明示。通商之举（叛变的暗号），固不能心急，究应如何入手？尊处现在如何安排？吴保胜曾否与约？金二戈（钱桂仁）处既已扣定，有无生法之处？一一详晰示知。总得使上司看见来书，实心为国家办事法，自然相信。曾涤帅一到苏常，不但尊处之功不显，即我辈皆落人后矣。乘其未到之先，必须预为布置，再有效验，通商本钱当为禀商，无不可照办也。城北公近在咫尺，一切尚望就近与商，彼此呼吸相通，均有裨益。尊堂及令郎相见之日，必得阁下建功之后，否则岂特不能见而已哉。阁下心地明白，自能领会也。尚有未尽之言，嘱云山、李三面述不宜。[1]

1861 年 9 月,安庆被湘军所攻陷,激起了苏福省局势的巨大震荡。

太平军内部的反革命势力更加猖獗,大批动摇分子投入了他们的怀抱,有些高级将领也被他们的卑辞厚币所蛊惑[2]。

地主们到处散播"飞将军从天而降"的谣言,说什么曾国藩扎营常州,曾国荃到了上海,俄国兵船"助剿"等等,震骇人心,制造混乱。

许多民团、土匪也摩拳擦掌,准备厮杀似的,趁势扩张他们的势力[3]。

和湘系军阀有着深刻矛盾的苏浙地主对湘军的骎骎东下,产生一喜一忧的心理。他们企图利用湘军胜利的声势,加速发动从革命内部的进攻,夺取"平吴"的大功。

李秀成军从上游回师,"顺下浙江"[4],更使反革命的进攻急不容缓。吴煦、吴云等浙江地主们,力竭声嘶地呼喊"釜底抽薪",指使徐佩瑗、李文炳等迅速夺回苏州,一举两得地挽救浙江地主的命运[5]。清廷政府为了保全这个"财赋之区",也虚张声势,命令高资、靖江、镇江等处清军,"分三路同时进攻"[6]。大小反革命

---

[1]《两罍轩尺牍》卷十二《复李某》。
[2] 参据《镜穰轩自怡日记》《庚申避难日记》等书。高级将领指陈坤书、钱桂仁等蛊惑陈坤书的经过,见《镜穰轩自怡日记》。
[3] 参据《镜穰轩自怡日记》《庚申避难日记》等书。
[4]《忠王自述》。
[5]《两罍轩尺牍》卷一。
[6] 同治《东华续录》卷一咸丰十一年八月丁巳"上谕"。

分子分头准备。徐佩瑗亲到上海，和吴云密谋，并在钱桂仁的掩护下，把军火陆续通过常熟的沿江口岸运到他的老巢[1]。费玉成、孙金彪等也纷纷动员，准备开赴苏州近郊，截断苏浙交通线。吴云驰抵泖塔，吴大澂赶到周庄，"吴中官绅"都亲自出马督战[2]。时李秀成正在杭州前线，留守苏福省的主将陈坤书也正去江北，"苏城党类大半李、熊腹心"[3]，一时苏州在极端危险之中。

但是反革命胜利的主客观因素还都没有成熟。当时全国的革命形势虽然已经开始逆转，中外反革命势力已经进步结合，逐步向太平天国进攻。安庆陷落，标志着反革命攻势的第一次胜利。然而在江浙局部地区，由于李秀成军从上游胜利回师，浙江清军的崩溃，湘军还无力东下，外国侵略者还没有把清军大规模武装起来，所以反革命还处于劣势。而且操纵江苏政权的浙江地主集团和江苏地主豪绅之间的互相排挤是异常激烈的。吴云因经办招降勾当，而"大受訾议"[4]。徐佩瑗的在老巢大肆搜刮，不仅使农民遭殃，也侵犯了地主阶级的利益，所以"吴中士大夫"对他的"毁誉参半"[5]。他到上海索饷十数万，挨受了许多白眼，"留沪旬余日，再四恳求"，只领到了二万两。等到赶回永昌调兵遣将，

---

[1]《两罍轩尺牍》卷十二。

[2]《贞丰里庚甲见闻录》卷上。

[3]《两罍轩尺牍》卷十二。

[4]《两罍轩尺牍》卷十二。

[5]《李文忠公奏稿》卷三《复奏降将江胜海等情形片》。按，徐佩瑗吞没其他地主地租，见汪坤：《寄蜗残赘》卷十四《蠡湖异响序》。《镜穉轩自怡日记》说："（同治元年三月二十七日）予见吴门戈申甫茂才清祺《蠡湖异响》，知专讽永昌徐局，骈四俪六，叙事详明，可以醒世，闻上海已经刻板，似怨家所为。"

而李秀成已从杭州突然回苏,就错过了乘虚而动的机会。"官绅"和叛徒们也是同床异梦的。反复分子李文炳曾经对吴云派去的联络人说:"倘此间果像成事样子,则众人亦即住下去,不作他图矣。"[1]表明他们当形势不利于反革命的时候,是会把狐狸尾巴悄悄地收藏起来的。

酝酿已久的大叛变预定在 1861 年底和 1862 年初发动,不料先期李秀成把李、熊、钱三个叛徒分别调到了浙江前线,使反革命的军事布置发生错乱。特别是太平军在杭州迅速胜利,李秀成振旅回苏,更使反革命措手不及。徐佩瑗原约于 1862 年 1 月 18 日"举事",接得李、熊密信,得知李秀成即欲回苏,便慌忙提早到 15 日夜间,"传单甫发",而强大的李秀成"前队"已经在 15 日清晨风驰电掣般赶到了苏州,一时"内外悚然,俱不敢动"。李文炳、熊万荃、钱桂仁纷纷偃旗息鼓,各回防地。只有徐佩瑗已在老巢发动,苏、锡、昆边区风声鹤唳,附近乡官逃避一空,"事机大露",李秀成下令严禁"徐氏船只过往,一概拿解",各路民团、土匪惊骇万状,以为大祸临头;但是出乎意外,李秀成竟代徐佩瑗表明心迹,宣布"现已查明,毋庸追究",形势顿时缓和下来[2]。

难道真如反革命所估计的,李秀成"形同木偶"被熊、李"玩弄股掌之上"[3]吗?难道李秀成毫无察觉吗?情况并非如此。只因为洪氏集团对他的猜忌,支持陈坤书和他对立;上游军情的恶化;李、熊、钱、徐的疆地相连,人马众多,不可能一下子把他们消灭;兵连祸结,农商辍业,将带给革命以很大的困难。于是李秀成

---

[1]《两罍轩尺牍》卷十二。
[2] 张尔嘉:《难中记》《两罍轩尺牍》卷十二、《贞丰里庚甲见闻录》卷上。
[3]《两罍轩尺牍》卷十二。

不得不用分别监视和逐步肃清的办法[1]。所以从大叛变一度流产之后，斗争并没有缓和，而是更加尖锐化了。李秀成的处死李文炳，熊万荃的调离苏州，谭绍光的严令民团、土匪缴械，都给反革命以沉重打击；何信义的私通吴煦，南汇守军的叛变，钱桂仁的"密托程学启乞降"，徐佩瑗的袭击杨舍堡城，显见叛变活动也在更广泛更积极地进行[2]。

同时，外国资本主义侵略者已在江浙沿海和太平军大规模作战；"会防局"和大批"洋枪队"的出现；江浙地主也和湘楚军阀妥协起来，迎接淮军到达上海；英王的被俘牺牲；湘军的威胁天京和进窥浙江，使李秀成奔救不遑。大局的恶化与太平军内部的斗争息息相关，而各地军情的变化，也是互相发生影响，一切都促成大叛变的爆发。有一封李鸿章写给曾国荃的信里，透露出这种消息：

> 散乡人陷在忠党最多，来归者相望于路，谓贼情人人欲散，忠逆亦不自恃，昨因金陵求救，日下文书数十道，不得已

[1] 李、熊、钱、徐的部下约有四万人，见《两罍轩尺牍》卷十二。李秀成派人监视李文炳，见《瓮牖余谈》。

[2] 李秀成处死李文炳，见《瓮牖余谈》《对山书屋墨余录》。核之《镜檓轩自怡日记》，当在同治元年四月，金吴澜：《昆新两县续修合志》卷五十一误作五月。熊万荃调离苏州，见《苏台麋鹿记》卷下。谭绍光令枪船缴械，见《镜檓轩自怡日记》。何信义和李文炳同时投降太平军，驻守浙江的乌青镇，他私通吴煦也由吴云撮合，见《两罍轩尺牍》卷十二及《近代史资料》1955年第3期。南汇守军叛变，见钱勖：《吴中平寇记》卷一。钱桂仁托程学启乞降，李鸿章：《朋僚函稿》第二同治元年闰（八）月二十七日《上曾相》。徐佩瑗攻江阴东乡的杨舍，见叶长龄：《杨舍堡城志》卷十《庚申寇变始末》。

率三千人自将而西。此酋前数年在和州一带盘踞,每战必却。嗣席狗酋威势,乘和、何两帅溃走之后闯入苏州,尽掳三江良民,弱而无纪,众奚足恃。去秋奄有江右数州,鲍公一战即走之。今春洋兵合剿,四眼狗丧于皖北,……金陵大军愈逼愈紧,始不敢往救,迟之又久,乃合众前去。见在浙西及苏常诸踞贼,均候金陵消息,如再败退,献城自首者必多。[1]

有个参与叛变密谋的周庄大地主陶煦也表示乐观,他写道:

盖知安庆既复,英逆复就擒,大军可直捣金陵,金陵有急,贼必召回忠逆,忠逆离苏,不能遽返,城中群贼必不和,内变将作,收复不远矣。[2]

果然,在1863年初,常熟、昭文、太仓的守军发动大规模叛变,导引中外反革命军深入,从此苏福省的局势进入了反革命大举进攻和卷土重来的阶段。

苏福省的土地问题正是从1860年春夏间至1863年年初,即太平军攻下这个地区以后,直到常、昭、太守军叛变之前,阶级斗争的形态之一,如果离开了当时复杂尖锐的阶级斗争,是不可能理解这个问题的。

现在我们可以分三期进行考察。

---

[1] 李鸿章:《朋僚函稿》第二《复曾浣浦方伯》。
[2] 《贞丰里庚甲见闻录》卷上。

二

1860 年下半年，是苏福省地区的革命高涨时期，这时的土地问题基本上有三种情形。

第一，很多地区的封建统治已经瓦解，农民已经抬头，地方政权尚未变节。这里都实现了"耕者有其田"，农民缴粮不缴租。有史料可考的，如：

金匮：

佚名《平贼纪略》[1]：

> 金监军移局东亭镇……著军、师、旅帅编造烟户人丁册，……令农民不分业、佃，随田纳款。

江阴东南乡、常熟西北乡：

徐日襄《庚申江阴东南常熟西北乡日记》：

> 破城以后，……居然出榜安民，……派设司马、卒长诸乡官，保举军帅、旅帅，各镇设局设卡，抽税完粮。……农民之力田者窃利租不输业……

昭文和常熟东乡：

---

[1] 本文所引《平贼纪略》《庚癸纪略》二书的资料都自罗尔纲先生《太平天国史事考》及《太平天国文物图释》二书转引。

顾汝钰《海虞贼乱志》：

> 出伪示：着旅帅卒长按田造花名册，以实种作准，业户不得挂名收租。……收租度日者……甚属难过。

太仓：
王祖畲《太仓州志》：

> 计亩造册，着佃收粮。

第二，个别被地主恶霸和变节分子所控制的地区，地主照旧收租。

长洲：
龚又村《镜穋轩自怡日记》：

> 闻徐少蘧（徐佩瑗字少蘧）素为贼惮，惜以郡县均失，孤军无援，不能大肆剿洗，为城帅笼络，强授以同检官衔，白玉微瑕，众所鉴谅。伪帅熊姓逼令同至黄埭安民，给示收漕，每亩定六升，连条银共一斗，业主租收五成，先自办米缴赋。

第三，部分地区的地主，私自设局收租，被太平天国地方政府所禁止。

倦圃野老《庚癸纪略》：

> 闻长洲、元和、吴县及本县芦墟、盛泽、莘塔、北厍等镇

业田者俱设局收租息米，每亩四五斗不等，同里亦欲举行，
旋为伪监军阻挠，遂不果。

在这个时期，苏福省多数农民的负担曾获得不同程度的
减轻。

吴江、震泽的农民，仅须缴公粮每亩一斗五升和钱五百[1]。

常熟、昭文的农民须"完现年漕米"，每亩三斗二升，"贴费钱
二百十四"。又"补完现年下忙银两"，每亩钱一百六十文[2]。

农民"应纳粮税，并未足收，田亩亦是听其造纳，并不深
追"[3]，大大地鼓励了他们的生产积极性，英国侵略者的侦探曾经
吃惊地发现"农民们的劳作并没有受到内战的影响"[4]。

农民生产力的被解放和太平天国保护商业的政策，促进了商
业的发展，"乡下人已经不怕到苏州和昆山去做买卖，……以前
和满清交易卖一文钱的东西，现在可以卖到三四文"[5]。

也就在这个时期，由于革命的内部不纯和敌人的侵蚀，除长
洲以外，常熟等地的太平天国政府也已经有保护地主的土地所有
权和压榨农民的倾向。

常熟南乡大地主曹和卿曾通过胡伯和的撮合和钱桂仁面议
"设勇防土匪与设局收漕事"。那里的"军帅、旅帅及卒长、司马
麾下烟户门册"，都"填田产若干，以备收租征赋"。常熟西乡也

---

[1] 倦圃野老：《庚癸纪略》。
[2] 参据《镜樏轩自怡日记》及顾汝钰：《海虞贼乱志》。
[3] 《忠王自述》。
[4] 王崇武等：《太平天国史料译丛》。
[5] 《太平天国史料译丛》。

贴有太平军"谕各业户各粮户",一律"收租完粮"的告示。

还有人亲见常、昭管粮事的陈耕云,"豪华特甚,时有姬人艳妆,出屏见客,每图要办米八百石,银一千五百两,……米色顶真,须出使费,乃斛收"[1]。

这种倾向,不断在发展起来。

从1861年年初到1862年年初,正是反革命积极发动从内部进攻革命的时期。苏福省各地准许地主收租的现象就多起来了。

无锡、金匮:

窦镇《锡金续识小录》:

> 招两邑之老书吏,设伪钱粮局于东门外亭子桥,造册分业佃完粮,令民自行投柜,随给伪串,业田稍得收租。或顽佃抗租,诉贼押追。(据《平贼纪略》,此系咸丰十一年正月间事。)

长洲:

《镜㶏轩自怡日记》:

> (十月)二十四日……到北桥,……憩觉林寺粮局,知每亩纳二斗,……租局则设尤宅,每石收三成,其不归局者,业主自收,惜吴县、元和未设局。

常熟南乡:

---

[1] 以上均据《镜㶏轩自怡日记》及《庚申避难日记》。

《镜穤轩自怡日记》：

> 辛酉二月，邑绅曹和卿具禀钱伪将，悯城士流落于各乡者，度日艰难，每亩酌收三斗，立租局于吴塔左近。
>
> 八月八日，闻伪示：业户呈田数给凭，方准收租，每亩出田凭费六十，又欲呈田契钤印，图取税银，曹和卿劝止。现设公局于西庄存仁堂，议各乡租米，归粮局代收。

常熟西北乡：

佚名《庚申避难日记》：

> （咸丰十一年九月贺天侯洪告示）……业户领凭收租，欠缴钱粮，解营押追。

昆山、新阳：

据《镜穤轩自怡日记》说："特拟禀稿，请照金匮、长洲、昆、新例，准业主收租。"可见昆山、新阳的太平天国政府也准许收租。

只有少数地方还不许地主收租。

知非《吴江庚辛纪事》：

> 十一月二十一日，镇天豫（即费玉成）摆收租息局于北观，业主齐集，自备桌、凳、笔、砚、租簿收租。至十二月初十日，各乡俱通，一日有千余户还数，江城花、鲍因粮米未清，即将局董提去，从此瓦解。

《庚癸纪略》有同样的记载：

> 周庄伪乡官费玉存（成）设租息局于北观，每亩年租息米照额二成折钱，局费每千扣二成。至十月初旬，各乡佃户颇有还者，旋为伪监军见嫉，从中败事，从此瓦解矣。

随着"耕者有其田"被破坏，农民的生活便日益恶化。

以常熟南乡为例，1861 年春夏间，佃农须缴公粮和地租的总数是：

公物——四斗一升（每斗折钱三百）；

下忙银——钱一百六十；

局费、解费——钱二百；

地租——三斗。

又有"红粉之差"，并"开捐兵饷每图派三百千四百千不等，种农田者五亩以外皆捐，乡官虽有余利，而乡户已被累不堪。一有不应，已链条加颈，甚则杖枷"。

同年秋收的时候，佃农须缴租粮的总数是：

公粮——三斗三升；加费钱一百十四；

局费——一斗；

田凭费——一斗；

委员监局费——一斗；

地租——一斗；

自耕农"完粮连费五斗二升，又钱一百十四"。

经过农民反对后，太平天国常熟政府"定粮三等，上田办二斗二升，中田办二斗，下田办一斗八升，水没者豁免，局费五升，田凭费八升，余归租款"。乡官从中取利，一律按上田征收。

公粮——三斗七升；加费一百十文；

田凭费——一斗；

局费——五升；

经造费——一升；

师旅司马百长费——二升；

地租——一斗[1]。

在变节分子的统治下，即使不许地主收租的昭文和常熟东乡，农民负担同样繁重。

《海虞贼乱志》：

> 四月间，幼弟渭清梅里归来云：今番白茆东岸，因每亩办折红粉钱七十文，红粉者火药也，民众骇异攒骂伪职，城中发毛踞吵，烧宅杀人无数。

> 五月时，有苏州卫十余人到陆家市来收军租，夜宿篁多庙，传军催按额清还，各佃以完办银米，无力再还租籽，坚执不肯，吵闹一日，各佃情竭，夜持农具进庙暗捕，仅活一人逃城声报，二逆发城毛到地，令伪职领吵，……乡民各自逃避，而陆市地处，连累无辜大半。

> 六月间，陈唐坝各农以师旅帅收银浮数，乃鸣锣团聚二三百人，到西周市讲话，周贼奴、陈贼奴领手下听差数十，嗾坐卡之鲍毛带毛出打，各农逃走。

> 十月中，周巷桥民以伪职收漕过倍，将收者绑缚剖腹，

---

[1] 以上均据《镜檖轩自怡日记》及《庚申避难日记》。

抽肠挂树,城毛大怒,令统下尽往抄掠,四面波及数里,横塘一带民宅都空。

这幅惨酷无比的画图,正是《忠王自述》:于1862年年初回苏省时,所发现的,"民已失散,房屋被拆,良民流泪来禀"的情景。

与此同时,还重视农民利益的太平天国吴江、震泽政府的征粮情形便和常熟、昭文显然不同。农民缴粮一律每亩"正米一斗八升,秤见红粉一斗,折色八升×千,每亩合四斗一升"。其他捐款皆指派"富户"缴纳,不需农民负担[1]。

从1862年年初,大叛变一度流产之后,到1863年年初,常、昭、太守军叛变以前,苏福省的土地问题有以下几种情形:

第一,"耕者有其田"继续被破坏。由于革命战争的恶化,湘淮军已经深入泖、淀等湖,与费金绶(玉成子)等的反革命势力联络一气[2],他们所盘踞的地方已愈来愈为太平天国的政令所不及,太平军内部的堕落蜕化也愈严重,所以原来实行"耕者有其田"一度命令农民"领凭后租田概作自产"[3]的吴江、震泽政府,现在也准许那里的地主收租。

《庚癸纪略》:

北观设收租息局,贼酋曾令每亩收租息米三斗。

第二,徐佩瑗、华翼纶霸占的金匮、长洲地区,地主继续收租。

---

[1] 知非:《吴江庚辛纪事》。
[2] 《贞丰里庚甲见闻录》卷上。
[3] 《庚癸纪略》。

《镜樨轩自怡日记》：

> 闻金匮界照旧收租，亩收（原缺），除粮尚余四斗有零。
> 长洲相城一带，因徐少蘧之请，亦准收租，连粮收七斗，徐局
> 抽捐斗二升，业户归二斗四升，如顽佃抗欠，交局代收。

第三，变节分子统治下的常熟南乡，在农民暴动的逼迫下，不再许地主收租。

《镜樨轩自怡日记》：

> 吾乡前营漕粮，……定于（十月）二十二日开仓，唯租
> 米不收，业户如何度厄。

这并不意味着"耕者有其田"的实现，而是由于农民的负担业已沉重不堪，如果再加地租，必然激起强烈的反抗，而不能满足叛徒们为了迫切准备叛变，榨取农民粮食的贪欲[1]。在利害关头，反革命内部往往互相不顾，而各自打算了。

与此同时，农民的生活更加恶化。

以下是 1862 年间，常熟、昭文的情形。

《镜樨轩自怡日记》：

> 三月……初七日清明，……闻城帅按田捐监资，外添
> 火药诸费，农力不支。而徐局广养枪勇，派捐尤苛，……多

---

[1] 据《镜樨轩自怡日记》，1862 年秋收后，叛徒们火急收购粮食，显然是准备叛变。

破家勉应，……情极竭自尽如张（原缺）、马子良瑞麟等不一而足。

（三月二十七日），闻申参军升仕天预，与桓王侯罗专司前营各师帅事，设局庙桥，定议筑海塘、造牌坊，修塘路及上忙条银每亩征钱七百二十，佃农疲惫不堪。况添过匪供应三厘，下忙银三百，复闻有免冲钱六百四十。五师发役五十名，以备追索。

五月……初十日，见天久不雨，例破黄梅，农夫望云益甚，致米珠粟玉，度日大难，而追呼仍如火急。予寓买米每石价至六千五百，乃未几而增至八九千，谁能堪此。

《海虞贼乱志》：

（二月），拘农民具限期，每亩赋役折价，涨价至二千零六十文，农力何能完办？到麦熟，有未清者，伪职代坐天父堂，着司马伍长交出欠户，当堂行仗，命听差随至其家，将所收麦子蚕豆尽行拿出作价抵偿。老幼男女见此情状，泣泪如雨。

"耕者有其田"的被破坏和农民生活恶化的过程，也是阶级斗争凄厉激烈的过程。据《镜穤轩自怡日记》，常熟、昭文两县于1861和1862年两年间发生的农民抗租抗粮暴动不下十数次。

1861年春夏间，常熟南乡农民的抗租暴动，遭遇太平天国地方政府和地主武装的联合镇压。

闻北路土匪仍不靖，邹氏设局于神祠，又被拆坏，局董俞儒卿被戕投水，收过租米之局，众佃竟欲索还，于十三日赴俞局哄闹，几欲焚劫，幸发勇（地主武装）擒拿，并遣长发驻局，土人乃不敢逞凶。

同年夏秋间，东、西、南三乡连续发生农民的抗粮抗捐暴动。

　　侄婿朱确夫来，言翁庄粮局，又被土棍打撒，殴死须旅帅，正在报县验尸。……又闻西乡樊庄，亦有杀旅帅之案，顽民之效尤何多也。
　　闻吾里陶柳村，因劝捐事，被六图众土顽杀之，局勇被戕者八人，又旅帅王和尚载宝在船，被南乡人砍死，投尸华荡，又东乡高军帅房屋被拆，旅帅房屋被焚，皆缘派捐起衅。

从这年秋收以后到1862年的上半年，各乡的民变蜂起。

　　（十月）初五日，……见武军政洪（原缺）示十款，如佃民匿田抗租，……本人处斩，田亩充公。
　　（十一月）初七日，骇闻福山下塘归军帅局被土匪大焚。……昭文东乡紫角等处，亦有杀死旅帅百长案，城帅侯钱发兵痛剿，土匪出拒，拖害良民，致一方大户及避难城绅均遭抄掠，皆借口加粮，酿成巨祸，幸蹂躏各乡，奉令赦粮，而被累已不堪矣。
　　（同治元年二月），小市桥镇人杀江师帅，因其追粮太苦，积愤而成。城帅又下兵擒土匪，二图半大打先锋，玉石不分,被累者众。

（四月初七日），是日嘉(定)、太(仓)土豪同支塘民勇因苛粮起衅,烧乡馆,杀土官,戕卡主,恃官兵密迩,或得应援也。不意城帅闻报,大打先锋,自梅李、塘桥,直至李墅、何墅、徐墅、老吴墅俱成焦土。

据《平贼纪略》和《庚癸纪略》等书所记,1861年的金匮,1862年的吴江,也都发生过农民的抗租事变[1]。

这种骚动显示出太平天国革命的强烈影响,渴望光明幸福的农民群众,都万分珍惜革命胜利的成果而进行坚决的斗争。

他们从反对地主恶霸发展到反对变节堕落的太平天国地方政府。镇压农民的抗租暴动,革命内部和外部的反动势力的行动是一致的。在这些事变中,同时出现了太平军内部的革命与反革命的剧烈斗争,常熟、昭文的一部分守军曾经拒不执行钱桂仁镇压农民"霸租"的命令,而相反"任佃农滋事"[2]。

由于不了解叛变阴谋的一般地主与披着革命外衣的叛徒之间存在着利害冲突；天真的农民群众又无法辨别局部地区的变节政府与整个太平天国革命政府的关系。所以农民反对变节分子的抗粮抗捐暴动往往受到地主阶级的鼓动和利用,演化而为反对太平天国政权的斗争。

农民抗租抗粮的斗争,固然打击了叛徒、恶霸、地主们的阴谋；而同时也达到了地主阶级所希冀的农民与太平天国对立的后果。

[1] 参阅罗尔纲先生:《太平天国史事考》所载《天朝田亩制度的实施问题》一文。
[2] 《镜檖轩自怡日记》。

等到常、昭、太守军叛变和反革命大举进攻的时候，只要求安居乐业，不管谁来做皇帝的农民群众便袖手旁观起来，加速了太平军保卫苏福省战争的失败[1]。

在太平天国晚期，"耕者有其田"虽然被破坏，但是在农民运动与反革命内部的自相陷挤之下，地主经济已经受到沉重的打击。

许多官僚地主的土地被没收了。常熟的"翁、庞、杨、王诸宦，注明原籍，田尽入公，伪官目为妖产、设局收租"[2]。有个常熟大地主于 1862 年自述他的苦况道：

> ……两年来日非一日，两餐一点改而为一粥一饭，……其实年岁并不荒歉，皆因租米充公。[3]

太平军到达的地方，农民都自动把土地收归己有。《平贼纪略》说："各佃户认真租田当自产，故不输租，各业户亦无法可想。"

即使是被叛徒、恶霸所统治而保护地主的土地所有权的地区，封建剥削也因农民的强烈反抗而受到很大的限制。常熟南乡的地主于 1861 年春夏间补收 1860 年的地租每亩三斗，至同年冬季便减至一斗。据《平贼纪略》，1861 年无锡、金匮的地主也只能收到"半租而已"。很多地主的地租还被叛徒、恶霸所吞没。所以《镜穉轩自怡日记》的作者曾一再悲叹"租多渔夺"，"业主几

---

[1]　呤唎：《太平天国》卷一载，有个乡民对英国布道师杨笃信等说："不论是咸丰或者天王做皇帝，在我们看来，都没有多大关系，只要使我们享受和平而安静的生活就行了。"这是农民的"好皇帝"思想。常熟西乡民谚云"小民日日醉，皇帝万万岁"，也是这种思想的反映。

[2]　《镜穉轩自怡日记》。

[3]　周鉴：《汝南一家言》，《近代史资料》1955 年第 3 期。

难糊口"。

随着地主经济的破产,土地的价格也远非昔比,就是这个常熟地主写道:

> 中夜念业户二年无租,饿死不少,幸而降价鬻田佃户,十得二三,何以延命。

1863年秋季,无锡的"租田每亩三千,尚无主顾"[1],充分表明了在农民革命风暴的袭击下封建土地所有制的没落。

结　语

综上所述,可见太平天国革命和历史上所有的单纯农民运动一样,由于历史和阶级的局限,它无法纯洁自己的内部,无法抵抗地主在政治上的进攻,因此它能够消灭外部的敌人而不可能克服内部的危机。特别是通过"随地裹附"和招降纳叛而发展起来的庞杂而不稳定的队伍,在进入了"财赋之区",被子女玉帛所包围,而且必须吸收大量地主知识分子来管理这些地区的时候,便给敌人敞开了从内部进攻革命的大门。

大凡农民战争的失败,不外有三种可能。

---

[1]　张乃修:《如梦录》,《近代史资料》1955年第3期。按苏南各地的地主把土地的使用权叫作"田面",所有权叫作"田底",拥有"田底"的地主向农民征收"大租",拥有"田面"的向农民征收"小租",没有土地的农民往往受到双重剥削。买卖土地时可以把底面分家。这里所说的土地价格是指"田底"的价格。

第一，在军事上没有能够取得基本胜利，而被强敌所击败。

第二，敌人的主力业已消灭，农民已经夺取了政权，但是由于地主在政治上的进攻，逐渐使革命的新政权变质。

第三，虽然已经在军事上取得了很大胜利，但是敌人还是强大，腹心的腐烂和外敌的进攻相呼应，尽管像太平天国那样大规模的农民革命，也不可避免在最后遭遇覆灭的命运。

从 1860 年至 1863 年间，苏福省的土地问题反映出当时阶级斗争的复杂尖锐性，和太平军内部阶级力量对比的变化，也体现了农民战争失败的规律。

马克思列宁主义教导我们：解决农民的土地问题，必须有工人阶级及其政党的领导；必须有正确的阶级路线启发农民的觉悟，把他们发动和组织起来；必须对地主阶级实行革命专政。而在太平天国时期，由于历史条件的限制，中国工人阶级尚未诞生，太平天国满足农民的土地要求，只是采取"恩赐"的方式，又没有统一规定的法令，很多农村政权不在农民的掌握之下，地主阶级势力仍然猖獗，所以不可能真正实现"耕者有其田"，不可能巩固革命胜利的成果。

土地问题的不能解决，是农民革命失败的关键。太平天国提出了"平分土地"的口号，而没有找到实现这个口号的正确道路，所以它只能够掀起了全国规模的农民运动，而不可能领导运动走向胜利。

然而太平天国解决土地问题的历史经验，启示了后来的革命者，它的伟大意义仍然是不可磨灭的。

（原载《山西师范学院学报》1957 年第 2 期）

关于捻军史分期问题的商榷

《光明日报》"史学"86 号发表了江地同志的《关于捻军史分期问题》。江地同志把捻军史分做五期:(一)捻党时期(1814—1853);(二)初期捻军时期(1853—1855);(三)中期捻军时期(1855—1864);(四)后期捻军时期(1864—1866);(五)末期捻军时期(1866—1868)。诚如作者自己所说:"这个问题是需要再商榷的。"在这里,发表我的初步意见,请大家指教。

捻军史的三个时期

讨论捻军史的分期问题首先必须确定它的范围。我的意见,捻军战争史是从 1853 年捻党响应太平天国革命,发动大规模武装起义开始,到 1868 年东西捻军先后被消灭为止。

江地同志把捻军前史——"捻党时期"作为捻军史的第一时期,便越出了这个范围。当然从研究的角度看来,它是与捻军史密切相关的部分,但是终究不能把它包括在捻军史中。

江地同志又没有提出分期的标准,也就很难作出明确的分期结论来。

他划分初期捻军时期与中期捻军时期的界限是在1855年(张乐行被推为盟主的一年),认为:"从此,捻军由分散向集中发展,有了统一的领导和指挥，走向一个新的时期。"实际上严重的分散性是捻军的特点之一，张乐行的被推为盟主并不能根本克服这种消极倾向。正如清将毛昶熙所说：

> 盖皖捻虽以张落刑为盟主，以刘狗、苏添才、姜台凌、王怀义、宋潐沅为大股，其实则各统其众，各居其巢，……故其势常分。[1]

所以 1855 年的雉河集大会只足以标志捻军战争的高涨，并不能表示"由分散向集中发展"而作为分期的界限。

江地同志又把 1866 年东西捻军分军作为后期捻军时期与末期捻军时期的分界。以为"后期"是统一作战而末期是东西捻军分头作战。实际上分合无常也是捻军的特点之一。如果从"后期"捻军的经常分兵活动和"末期"捻军的不断寻求会师的事实看来，1866 年的分军也不是分期的界线。当然，分军前后的捻军战争是有某些区别的。因此可以作一个时期中的两个阶段，但不能分成两大时期。

所以我不同意江地同志把捻军史分做五期的意见。

捻军战争在一定意义上成为太平天国运动的一部分。太平天国的反封建反帝国主义的革命，对捻军战争的过程和性质都产生深刻的影响。捻军和太平天国关系的三个发展阶段，即从响应太平天国革命到和太平军联合作战以及最后成为太平天国革命的延续的三个阶段，不仅形成了捻军战争的三次高潮，而且显示

---

[1]《钦定剿平捻匪方略》卷一二七。

出不同的历史特点。因之,我建议以此为标准把捻军史分做三个时期:

（一）1853 年—1856 年是响应太平天国革命时期;

（二）1857 年—1864 年是和太平军联合作战时期;

（三）1864 年—1868 年是继承太平天国革命时期。

响应太平天国革命时期

传说捻党的出现,"始于康熙时"。主要由于残酷的封建剥削和连年灾荒(特别是黄河决口),在中原各省农村中孕育着人数众多的游民阶层。"他们是人类生活中最不安定者"[1]。为着进行打劫富豪和反抗官府的活动,就秘密结合起来,"自号为捻"。"小捻数人、数十人,大捻二三百人",聚散无常,"不相统一"。

嘉庆以后,随着清朝统治的日益腐朽和白莲教起义的影响,捻党更广泛地发展起来,成为封建统治的严重威胁。

但是捻党具有浓厚的无政府思想。如毛主席所说,游民是革命队伍中流寇主义和无政府思想的来源[2]。他们没有明确的政治目标,成分复杂,组织散漫,所以始终没有发动过大规模的武装起义。直到太平天国革命兴起,才推动了捻军战争的爆发。

1853 年—1856 年,是捻军战争的第一时期。这个时期的主要特点是太平天国向敌人展开了猛烈的进攻和捻军响应太平天国起义,出现了捻军战争的第一个高潮。

---

[1]《毛泽东选集》第 1 卷,第 8 页。

[2]《毛泽东选集》第 2 卷,第 6—7 页。

1853 年间，太平军在疾扫长江流域、直趋南京之后，又举行了北伐和西征。黄河以南的清朝统治一时有瓦解之势。在太平天国北伐军的直接推动下，皖、豫、鲁三省捻党纷纷起义。

他们活动的面貌已显然和过去不同。

第一，化零为整，拼小捻为大捻。

第二，树旗建号，响应太平天国。

第三，"寻常安业农民"也加入了他们的队伍。

捻军起义的爆发，加深了中原各省清朝统治的危机，支援着太平军的北进。

随着太平天国北伐军的受挫，豫鲁捻军旋起旋灭，而蒙亳捻军却日益发展起来。

1855 年 7 月，捻军大会于雉河集，张乐行被推为盟主，建号大汉明命王。从此捻军日益扩大，"南至颍霍，北抵萧砀，东接怀远，西连归德，凡江皖豫壤地相连之处，蚁聚蜂屯，不可胜举"，标志着捻军战争的第一个高潮。

在张乐行等的领导下，捻军与以河南巡抚英桂为首的清军展开了战斗，雉河集再失再得。由于缺乏骑兵和战争经验，淮北一片平原，挡不住敌人马队，主要战场便逐渐南移，捻军主力集中三河尖，通过李兆受的关系，与太平天国大将李秀成取得正式联系。

1857 年初，两支农民军在霍邱会合起来，结束了捻军战争的第一个时期。

和太平军联合作战时期

1857 年—1864 年是捻军战争的第二时期。这个时期的主要特点是太平天国从防御走向失败,捻军和太平军并肩作战,出现了捻军战争的第二个高潮。

从 1857 年起,捻军的主要战场在淮南。张乐行等并受太平天国爵职,配合李秀成、陈玉成部下的太平军进行保卫安庆和天京的战争。在太平军的支援下,捻军先后攻占了怀远、正阳关、凤阳、定远等重要城市,两军联成一片,标志着捻军战争的第二个高潮。

捻军和太平军的合作对太平天国革命是有重大意义的。黄恩彤《捻匪刍议》说:

> 今长发盘踞于江南北,而暗助捻匪,俾纵横于淮东西,……我兵方与长发争淮南,而捻匪不时出没于凤颍之境,思乘我兵之后;我兵之在淮北者,又因与捻匪相持,被其遮阂,而与淮南之兵声势不相联接,此最兵家大忌。所以庐州不免再陷,安庆骤难攻克,而浦口挫衄,金陵劳师,卒未能克日荡平也。[1]

不仅如此,通过捻军的活动,还把太平天国革命的影响广泛地传播了开去,推动了华北各省的农民大起义。

1861 年以后,国内形势发生急剧的变化:一方面是中外反革命正式勾结,进攻以太平天国为中坚的农民革命,长江流域的革命形势日益低落;另一方面是直东农民运动蓬勃开展,太平军进军西北,推动了回民起义。这种革命形势发展的不平衡性,对捻

---

[1]《捻军》第 1 册,第 409—410 页。

军战争有决定性的影响。

在 1861 年和 1862 年上半年间，捻军一方面撤出淮南，配合太平军西进；另一方面不断出兵山东，支援当地农民起义，更扩大了太平天国革命的影响，张乐行已成为太平天国在北方的代表人物。

从 1862 年下半年开始，清朝军队利用农民战争的分散性，一度把直东农民军各个击破，扫除了进攻皖北的途径之后，僧格林沁的骑兵队残酷无比地攻入蒙亳地区。捻军纷纷回救，一时和太平军分头作战，更造成被敌人围攻歼灭的危机。

但从 1863 年春间，张乐行等失败牺牲之后，西进豫南的张宗禹等部捻军却得利用暂时的有利形势（宋景诗等直东农民运动的新高涨逼使僧军北移，李秀成部太平军进入淮南，皖、豫捻军的合作，苗沛霖的反清等），再度发展起来，保存了捻军的主力。

等到 1864 年夏，天京失陷，太平天国灭亡，捻军便和从陕南东援天京的太平军余部结合起来，结束了捻军战争的第二时期。

继承太平天国革命时期

1864 年—1868 年是捻军战争的第三时期。这个时期的主要特点是太平天国业已覆灭，捻军战争已成为太平天国反封建反帝国主义斗争的延续。

捻军活动的面貌也和过去有显著区别。潘骏文《平定捻匪策》说：

> 盖昔日之捻，装旗有时，众皆乌合；今则飘忽无定，习于

斗争，……昔日之捻，多属徒行，又鲜火器；今则熟于骑战，且多洋枪，……昔日之捻，尚恋乡井，饱掠则归；今则不据巢穴，流窜靡已，……[1]

特别是和太平军余部结合之后，受了太平天国革命的更深刻的影响，其战略战术也深得太平军"初起之诀"。

从 1864 年秋冬间开始，捻军在太平天国杰出大将赖文光指挥下，展开了围歼僧格林沁满蒙骑兵队和击败曾国藩、李鸿章部湘淮军的中原大战，在全国反动逆流中出现了农民战争的大反攻，标志着捻军战争的第三个高潮。

1866 年秋季，捻军分做东西两支。赖文光、任柱指挥的东捻军继续在中原地区给敌人以沉重的打击；张宗禹指挥的西捻军突入关中，联合回民，大破清军，促成西北回民起义的高涨。

东西捻军的分军，一方面牵制了敌人，而另一方面也分散了自己的力量，给敌人以分别击破的机会。1868 年间，没有根据地作战的东西捻军终于先后被敌人用圈制战略所消灭，而结束了捻军战争的第三时期。

（原载《史学工作通讯》1957 年第 2 期）

---

[1]《捻军》第 1 册，第 395 页。

从《东昌军事案牍》中看太平天国革命
对北方农民起义的影响

　　《东昌军事案牍》一册,稿本,常熟图书馆于收购翁同龢遗书中所发现。原书不留作者姓名。据内容考定,系清同治四年(1865)五至七月间东昌知府镇压直隶山东边区盐民起义的军事案牍。核之《山东军兴纪略》,当时东昌知府为曹丙辉。当是他的遗物。

　　作者于同治四年五月《上抚宪报北路枭匪现已远窜分别留防巡哨情形禀稿》中写道:

　　　　伏查卑府得闻德州禹城有捻(原书枭字,作者用朱笔改捻字)匪阑入之信。均执黄旗,头扎红巾,或是粤(原书林字,当指林凤翔,作者用朱笔改粤字)逆遗类。……

又说:

　　　　盐山有发匪二百余人,在平原马家务聚匪。……

　　同年七月《上抚宪报直枭已出东境现将各军分布防剿禀稿》及所附"查考"云:

伏查此股枭匪多系各处余匪悍贼，乘隙窃发，倡乱谋叛，形迹昭彰，并非枭徒抢掠，随聚随散。……正封禀间，接据黄参将禀称……生擒执旗贼目二名，系前营军帅吉志元、旅帅莫得隆，交夏津县讯供。……

据此可见，当时北方的农民起义（包括盐民起义在内）有太平军的余部参加和担任骨干。这些农民军不仅仿效太平军的服式，而且沿用太平军的军事组织制度。也由此可见，太平天国革命虽已失败，然而它在华北地区还是产生了深刻的影响，无怪乎清朝官吏们谈虎色变了。

（原载《光明日报》1957 年 10 月 24 日）

读太平天国史札记

破坏太平天国革命的"巢湖帮"盐贩

太平天国革命和历次单纯农民战争一样,它能够战胜外部的敌人而无法纯洁自己的内部。愈到后期,特别是当李秀成军攻下苏常财赋之区和大量地招降纳叛之后。一方面扩张了力量,而另一方面却加深了内部的危机。之后在保卫苏福省的战争中,连续发生惊心动魄的叛变,终于使几十万农民军迅速败于几万敌人之手。

苏福省太平军的叛变,规模和影响最大的有两次:（一）1863年初叛徒骆国忠等在常熟发动叛变,给本来在上海一隅自守不暇的李鸿章部清军,以反攻苏福省腹地的机会。（二）1863年底苏州守将叛徒郜永宽等叛变,使太平军保卫苏南地区的战争就全部失败。

促成这二次连续性大叛变的是一群盘踞在苏南的巢湖籍游民。他们叫作金斗帮,以贩盐和抢劫为生。游民"这个阶层是动摇的阶层"[1]。在激烈的阶级斗争中,"巢湖帮"一直摇摆在革命和反革命之间,利用阶级斗争的隙缝来发展自己的势力。他们和

---

[1]《毛泽东选集》第2卷,第617页。

清朝统治者有矛盾,无锡的清朝地方政府曾在咸丰五年(1855)设计擒杀"巢湖帮"的头目刘正裕和陈三秃子,还缉捕另一个重要头目郑国魁。但是他们又和清朝有勾结。所以郑国魁逃奔到了东坝,便接受候补道史保悠的招抚,成为两江总督何桂清的部将。咸丰十年(1860)郑国魁利用太平军进攻"江南大营"清朝需要他们出力的机会,大量扩张了自己的武力[1]。

不久太平军击破"江南大营"乘胜进攻苏南,把"巢湖帮"从东坝直赶到无锡,在溃败中发生内讧,郑国魁杀掉了史保悠,混进太平军。郑国魁有个弟弟,绰号叫作郑驼背。他和另一个头目葛继洪带领残部"巢湖船"百余只逃到吴县、吴江、昆山边境的周庄镇。这儿农商发达,和上海一线可通,是太平军和清军的瓯脱地带,被一群以费玉成为首的土匪所盘踞,成为流亡地主的"安乐土"。郑驼背、葛继洪本来和费玉成有关系,就互相勾结,共同对抗太平军。

郑国魁钻进太平军鬼混了三个月后,偷偷地跑到周庄找到了他的残部,投奔上海清军,又摇身一变地成为清朝的水师游击[2]。

从此"巢湖帮"分在三处:一股跟着郑国魁到上海编入清军;一股随葛继洪留在周庄"两边办";一股由另一大头目董正勤率领在苏州、常熟等地,算作太平军的水营。

从此就在太平军与清军之间牵着一条"巢湖帮"的黑线。从此反革命就利用这条黑线来腐烂革命的心脏。

---

[1] 以上参据窦镇:《锡金续识小录》卷一《兵事》和赵烈文:《庚申避乱日记》。

[2] 以上参据施建烈:《纪(无锡)县城失守克复本末》;吴大澂:《吴清卿太史日记》;陶煦:《贞丰里庚甲见闻录》。

　　咸丰十年（1860）八月，经过董正勤的促合，太平军苏州守将叛徒熊万荃便和费玉成勾结，把费玉成的土匪武装保存下来。董正勤还从周庄带走一批"巢湖船"，扩大他们在太平军内部的反动势力。

　　经过董正勤的拉拢，葛继洪也和熊万荃以及太平军常熟守将叛徒钱桂仁等搭上关系。从此葛继洪能够在太平军里自由出入。上海清朝官方派遣到苏州的奸细就靠葛继洪掩护，进行活动[1]。

　　在咸丰十一年间（1861），苏福省的太平军内部形成了一个庞大的反革命集团。昆山守将李文炳、苏州守将熊万荃、常熟守将钱桂仁、永昌练首徐佩瑗都是这个集团的主犯，"巢湖帮"充当他们的帮凶。他们梦想以苏州为中心，在这年年底乘李秀成全力攻杭州的机会发动大叛变，一举攻陷苏福省。不料太平军在浙江的战事迅速胜利，忠王突然回苏，把叛徒们吓住了[2]。

　　由于他们已经露了马脚，李文炳不久即被忠王处死，熊万荃也调离苏州[3]。苏福省太平军内部的反革命大本营就从苏州转移到了常熟。董正勤积极帮助叛徒钱桂仁准备叛变，钱桂仁派他驻兵浒浦口，从水路和李鸿章部下的水师游击周兴隆接上关系。周兴隆秘密混进了常熟[4]。同治元年（1862）的冬天，钱桂仁到苏州

---

[1]　《贞丰里庚甲见闻录》，《吴煦档案中的太平天国史料选辑》，第75—77页。

[2]　吴云：《两罍轩尺牍》卷十二。

[3]　龚又村：《镜樨轩自怡日记》；潘钟瑞：《苏台麋鹿记》。

[4]　谭嘘云：《守虞日记》；李鸿章：《朋僚函稿》第三同治元年十二月十日《上曾相》；陆筠：《海角续编》。

去诱忠王来常熟阅兵,阴谋把忠王杀害[1]。不料董正勤教唆钱桂仁的另一部将骆国忠抢先发动叛变,夺取"这场首功"。在抗拒慕王大军对常熟的围攻中,董正勤做了革命刀下之鬼[2]。

常熟太平军的叛变,使太仓、昆山的太平军腹背受敌,江阴也面临威胁。从此中外反革命便分两路攻入苏福省:一路以上海为基地夺取太仓、昆山、吴江等城市,正面进攻苏州;一路以常熟为基地夺取江阴,包括无锡,侧面进攻苏州[3]。

保卫苏州的太平军统帅是忠勇善战的慕王谭绍光,驻军二十万,积谷几千石,再加苏州城大而坚,忠王往来策应,即使遭受持有洋枪洋炮的敌人的攻击,也能够坚守一个时期。但是慕王和另一高级将领纳王郜永宽等有矛盾。郜永宽本来也是忠王部下的得力战将,得了苏州之后,已经蜕化,积了不少财产,看到大势不利于太平军的时候,便动摇起来和慕王对立[4]。

这些情形被中外反革命所窥破,便再一次牵动"巢湖帮"的黑线,由郑国魁一手促成郜永宽等的叛变。

郑国彰这时已经是李鸿章的亲信将领之一。郜永宽和他秘密来往。他随时向李鸿章报告,李鸿章指使他用威胁利诱的毒计,来勾引郜永宽等上钩。说什么"洋人的炮火如何利害呀!不投降就要尝开花大炮的滋味了","投降之后做个二品武官是不成问题的"。利令智昏,郜永宽听信了这些鬼话。在阳澄湖里的一条小

---

[1]《常昭合志》。

[2]《守虞日记》;顾汝钰:《海虞贼乱志》。

[3] 钱勖:《吴中平寇记》。

[4]《李文忠公奏稿》卷五《克复苏州折》;《忠王自述》;王崇武:《太平天国史料译丛》。

船上，叛徒郜永宽经郑国魁的介绍和李鸿章的代表程学启会见，双方山盟海誓，"洋将"戈登居中保证。这一幕丑剧，出卖了苏州城，出卖了慕王和许多革命战士的生命，出卖了太平军保卫苏福省的战争。可是叛徒们并没有获得富贵尊荣，李鸿章、程学启等为了夺取他们的赀财，早已布置好了天罗地网，郜永宽等的头颅也给他们的老朋友郑国魁所出卖了[1]。

郑国魁从此步步高升，官至提镇，死后还因破坏太平天国革命的"功劳"，"奉旨"在苏州建立"专祠"。这个被苏州官绅春秋祭享的"名将"，当然不再暴露他的"巢湖帮"盐枭头目的本来面貌。封建文人们用捏造历史的手法写下了他的事略和家传，清朝的官书更是隐瞒他的来历和破坏太平天国革命的真相了[2]。

恩格斯说过：游民对农民军来说"是一切可能的同盟中最坏的分子"。"他们堕落的影响随时表现出来"，"诱坏农民"[3]。毛主席也指出游民对革命有破坏性[4]。从"巢湖帮"盐枭破坏太平天国革命的事实，可以证明这些真理。

臧穀《劫余小记》跋

迄今已发现的关于太平军三次攻克扬州的专门记载。有倪

---

[1]《李文忠公奏稿》卷五《克复苏州折》；王定安《湘军记》卷十；薛福成：《记桐城程烈公遗事》。

[2] 金天翮：《皖志刊传稿》；《清史列传·郑国魁本传》；《清史稿·程学启传》。

[3]《德国农民战争》。

[4]《毛泽东选集》第1卷，第9页。

在田《扬州御寇录》、佚名《广陵史稿》、臧毂《劫余小记》三种。《扬州御寇录》有《扬州丛刻》等刻本,中国史学会编入《太平天国资料》中。《广陵史稿》抄本四册,现藏苏北师专图书馆。《劫余小记》稿本藏作者后人处,我从扬州市文物保管委员会黄汉侯先生处得见其抄本。

臧毂,清咸、同、光绪间人。地主知识分子。他的后半生,以进士身份充当扬州富商大贾的食客,出入官府,包揽词讼,成为一时的"知名之士"。

《劫余小记》两卷。是他的见闻随笔,其中主要追记太平军在扬州的历史。他和其他地主文人一样,为了污蔑农民革命就必然歪曲事实。但是他也不能不从反面给太平军留下一些真相。尽管在他的笔中已经变形了。

《劫余小记》和《扬州御寇录》《广陵史稿》相比,记载太平军初入扬州时的措施较多。人们可以从这里窥见早期太平军的政策、制度等的概貌。

1853年,太平天国定都南京,同时攻克了镇江和扬州两个长江南北的重要城市。

据《劫余小记》说,太平军初入扬州,首先摧毁了封建统治的政权和为它服务的神权。

> 贼初入城,先至各衙署搜库帑,劫囚狱。
>
> 文庙圣贤象传自有明。自城陷后,象遭贼毁,诸器荡然。

同时,太平军建立了自己的政权,扬州人民翻了身,对敌人实行专政。

> 良民不肯为旅帅，为司马，为百长，市井无赖及蛮横仆妇，喜充之，蓄发包黄绸，扬扬意得。凡平昔睚眦之怨借以报复，其涂毒有不可胜言者。

太平天国扬州政府严格执行革命的政策和制度。

> 嗣出伪示，令民进贡，驱民拜降，男为男馆，女为女馆，潜以兵法部勒，或夫妇暂相语，谓之犯天条。
>
> 贼诸馆林立，有一技皆收录，如避而不入其中，名曰"外小"。外小恒苦饥。

和这些措施相配合的，扬州太平军向人民宣传了披上宗教外衣的革命真理。

> 凡贼讲道理，先示期，至日，高踞板台，言天父天兄救人之苦，令若等下凡，好大福气。尽情搬演，极诸丑状。每食必唱赞美。又著有《三字经》，谓天父名爷火华，红眼睛，绿眉毛，六日间造成山水。……其诸说鄙俚类如此。

扬州周围的农民对两个对立政权的态度是截然相反的。
在太平军领域内的农民是热烈拥护太平天国革命政权，和太平军水乳交融。

> 传闻有乡民进贡，诸门不禁其出入。

在清军领域内的农民却掀起了抗租运动,和地主阶级进行武装斗争,遭受清军的残酷镇压。

> 董三妄子,一村农耳。当军务倥偬之际,州县未启征,凡佃人田者,亦思抗租不纳,豚酒莅盟,推董为首。董以武孝廉蒋某最倔强,必先除之,乃率众前,时尚无械,锄棒而已。蒋某应以火器,当者辄毙,后各骇款。雷营闻其事,即派队往剿。访知董匿女婿家,初搜不获,已将去,见床忽振动,疑之。盖床以木承板,更有曲木外护,董即贯卧其中,是至亦惧,其身战栗,故就擒焉。是役也,克期扑灭,幸不为害,然不无少滥。据孙仲甫世丈云:勇目孙德富等所献首级,有白发垂垂而耳环眼分明者。岂老妇人亦叛党耶?

《劫余小记》除记太平军在扬州的历史以外,还保存了太平天国其他方面的一些重要资料。如说:某孝廉投太平军为天官丞相,曾改《论语》,"殷有三仁为二仁。有询之者,云:微子变妖去矣"。显然可见,太平天国曾用农民革命的观点对古代国家经典加以审定,不是无批判地吸收的。

臧穀还写了不少诗词,其中也有记太平军事可与《劫余小记》相参看。如《续竹枝词》:

> 癸丑年间最苦辛,扬州初次过红巾。家家都说穿城过,

听信善人江寿民。[1]

可惜我至今没有接触原书，仅从周邨同志所著的《太平军在扬州》一书里，看到所引一鳞片爪罢了。

（原载《山西师范学院学报》1958年第3期）

---

[1] 江寿民系扬州盐商的头面人物。1842年鸦片战争中，扬州盐商曾经集款去向英国侵略军献礼，哀求英军不攻扬州。英军本怕扬州人民反抗，无力进犯，也就随口答应了。1853年太平军攻克扬州前夕，江寿民又想用"犒师"的办法去请求太平军不改变扬州的"秩序"。地主盐商们在惊慌失措中听到这个消息，便互相安慰，以为可以达到目的。结果太平军没有上当，猛然攻入扬州。事后扬州的绅商都怨恨江寿民，以为上了他的当。江在盐商中本有"善人"的绰号。见本书及《广陵史稿·江寿民论》。

读太平天国史札记（三则）

一、在镇压太平天国革命运动的血泊里，封建贵族、军阀推行"自强新政"的黑幕

第二次鸦片战争结束后，中外反革命势力正式勾结起来，镇压太平天国革命。

1860年冬，买办外交机构——总理各国事务衙门（简称总理衙门或总署）成立了，贵族洋务派首领恭亲王奕䜣以议政王和军机处首席王大臣的身份，兼任总理衙门首脑，从此这个机关与军机处同为清政府的政治中心。外国侵略者即通过它来操纵清政府，由英国人充任的海关总税务司成了总理衙门的最高顾问。

总税务司控制着清朝的财政命脉——关税收入。他在名义上隶总理衙门，渗透在清政府的内部，一手操纵着清政府的军事、内政和外交。

总税务司始由英国人李泰国充任，继之者为英人赫德。1861年6月，赫德刚做总税务司不久，便教唆奕䜣在内地大量推销鸦片，把税银购买"外国船炮"，沿长江进攻太平军。这是多么恶毒的一举两得残杀中国人民的阴谋。

各海口的海关税务司也是一批外国侵略分子，同样地勾结和

操纵当地督抚干涉军政大事，他们的双手都沾满了中国人民的鲜血。如：

日意格——本法国军官。1862—1864 年间充任宁波税务司，组织"洋枪队"（"常捷军"）进攻浙江省的太平军。1865 年调任汉口税务司，教练"洋枪队"（"湖北先锋营"）进攻捻军。1866 年以后改任马尾船政局监督。曾授清朝总兵衔。

贝格——本英国军官。1865 年正任天津税务司，临时充任"天津洋枪队"教练，在山东攻击捻军。

美理登——本法军翻译。1865 年正任福州税务司，组织武装干涉李世贤部太平军。

薄郎——本英国军官。1863 年充"常胜军"头目，在金坛战役中，被英勇的太平军击伤。1865 年底转任"天津洋枪队"总教官，专门训练"神机营"（清朝的警卫军）马队，几度攻击捻军。1867 年兼任天津机器局顾问。1873 年正任台湾旗下税务司，临时教练"洋枪队"（"安抚军"）进攻高山族。曾授清朝总兵衔[1]。

同时，竭力奉行对外投降政策的奕䜣、曾国藩、李鸿章等洋务派贵族、军阀都希冀投靠侵略者来镇压农民革命。于是在侵略者的指使与支持下，清朝和湘淮军阀都推行所谓"自强新政"，即用"洋枪""洋炮"来武装他们的军队。

贵族洋务派的"自强新政"，始于 1862 年初，在英国教唆下为保护新开放的"北洋三口"和清朝的老巢，编练"天津洋枪队"。同年 10 月，清政府和英法公使协议，在各通商口岸拨兵"学习外

---

[1] 日意格等材料，参据《筹办夷务始末》（同治朝）、《左文襄公书牍》、《山东军兴纪略》、《沈文肃公政书》。

国兵法"[1]。奕䜣得意忘形地宣示："中国令外国练兵,亦缘意在自强。"[2]

"天津洋枪队"由英国一手编练,利用天津、营口、烟台三口的关税做经费发展至三千余人。它的分支有:"神机营"、营口"洋枪队"、烟台"洋枪队"[3]。

1867年,又在英人密妥士、薄郎等的操纵下,三口通商大臣崇厚创办天津机器局,制造军火。

"天津洋枪队"和天津机器局在进攻捻军、直东农民军、盐民起义、东北"马贼"和西北回民军等反革命战争中,产生不小的破坏作用[4]。

由于贵族洋务派没有获得侵略者的更多支持,所以他们的"自强新政"没有很大发展。

侵略者用更大力量去支持的,是正在对抗太平军的湘淮军阀。

在太平天国灭亡前后,湘军已分化为曾、左两系。

曾系湘军原来所以被地主阶级吹嘘做"精兵",主要是因兵少饷足。曾国藩在接任两江总督前后,辖地不广,受到革命力量的打击面不大;湘军的腐化程度和内部分裂的现象尚未严重,战斗力也较强;所以需兵不多。当时两湖江西的官僚、地主,依赖湘军保护他们的利益,"争愿供其军饷,……三省一家,号为大

---

[1] 同治《东华续录》卷十四。

[2] 《筹办夷务始末》(同治朝)卷十,第35页。

[3] 《筹办夷务始末》(同治朝)、《李文忠公奏稿》、《丁文诚公奏稿》。

[4] 《钦定剿平捻匪方略》、同治《东华续录》、《山东军兴纪略》。

和"[1]，所以饷源充裕。

但是反革命的好景不长，随着战争的进行，曾国藩的辖地愈广，受革命的打击面愈大，再加湘军日益腐化和战斗力的低落，于是兵力就愈感不足，不得不大量扩充军队，曾系湘军就从二三万人发展至十余万人。同时由于曾军以全力进攻天京，顿兵坚城之下，太平军进攻江西等地，曾国藩"不能拨兵往援"。于是"官绅交口嘲骂"，都抗拒他的征饷。正如王闿运所说的，"直省分疆，同于一统，而其私财力也，甚于列国，利害不相及故也"[2]。曾国藩的地位虽高而直接掌握的地盘，却只有皖南一隅，因用兵太久，蹂躏不堪，"民固无以自活，官亦几难自存"[3]，已经到了无可搜括的地步。这样，就不可避免地发生"兵日多而饷日少"的矛盾。再加湘军内部已有"顶红心黑"之谣[4]，军官往往吞没军饷，更使这个矛盾尖锐化。直到太平天国灭亡前夜，曾军欠饷已多至"十五六万不等"[5]。封建雇佣军队的基本特征是"兵与饷相依为命，……兵之利钝，视饷为转移"[6]。欠饷太多和哥老会从中活动的结果，曾军不仅"虚枵之象，日甚一日"[7]，而且"时虞哗溃"[8]。所以曾国藩不断向人叫苦：

---

[1]《湘军志·江西篇》。

[2]《湘军志·援江西篇》。

[3]《曾文正公书札》卷二十八《复吴竹如侍郎》。

[4]《左文襄公书牍》卷六《答曾节相》："诸将擢至总兵，则位尊金多，自为之念重，军中所以有'顶红心黑'之谣也。"

[5]《曾文正公书札》卷二十三《复倭中堂》。

[6]《胡文忠公全集》卷三《分致川督秦抚晋抚》。

[7]《曾文正公书札》卷二十三《致李宫保》。

[8]《曾文正公书札》卷二十三《致冯树堂》。

饷绌异常,为近来所未见,霆营尤有立见哗变之
处,……是不止厝火积薪,业已燃眉矣。[1]

金陵围师诸将中,有萧庆部下之亨中营于昨十六、七、
八等日闹饷,曾国荃忧惶无计。[2]

面临这种严重情况,曾国藩是无暇用大量"洋枪""洋炮"来
装备自己的军队的。所以他于1863年4月写信给李鸿章说:

英提督士迪立弗(当作弗立)请以英国头目带中国兵勇
万有二百人,各头目支薪水五万八千一百余两,兵勇口粮在
外,军火器械在外。国藩方苦楚军沿袭各路旧章,月饷太多,
无可挽回,岂敢增此巨款,另开风气;同募中国之勇丁,同隶
鄙人之部曲,又岂可多寡悬殊,苦乐不均。虽面订作书请示
总理衙门,而鄙人固已期期知其不可矣。[3]

1864年6月,英将戈登到安庆去见曾贼,又一次"向他建议
改编清军,……加强清军实力,采用薪金制,训练军队使用西洋
武器等都很重要。只要精选一万兵卒加以英国式的军事训练,就
足够应用了"[4]。这同样是曾国藩在当时不能做到的事。

尽管如此,在攻打天京的战争中,曾军也使用过"洋枪""洋
炮"。并已有"洋人"在曾军制造军火。李鸿章于同治元年(1862)

---

[1]《曾文正公书札》卷二十三《致李宫保》。
[2]《曾文正公奏稿》卷二十同治三年三月二十五日《近日军情片》。
[3]《曾文正公书札》卷二十一《复李少荃中丞》。
[4]《太平天国史料译丛》,第245—246页。

11 月 8 日写信给曾国藩说：

> 李善兰制成开花炮二尊连炮子解上，……其雇觅善制军器之西人一名，请试用之。[1]

曾国藩还派容闳到美国，"招致智巧洋人，来为我用"[2]。由于财力困难的限制，决定他不可能大举开办军事工业。

到太平天国灭亡后，曾系湘军的"欠饷已逾五百万，一日不遣，愈欠愈多"[3]。迫使曾国藩打算裁兵四五万人，"使人数渐减，饷源如常，明年或可渐入佳境"[4]。但因曾国荃部匪军，不仅独吞了太平天国天京的藏金，而且在裁撤时发足了欠饷，激起其他反革命部队的愤恨不平。再加曾国藩即将北行"剿捻"，大部分湘军再不愿为他继续卖命，又怕他一走了事，赖掉欠饷。在哥老会的策动下，人人思变，于是"闹饷""哗噪""烧营杀官"等"变乱"，便从霆军开始，发展到了不可收拾的地步。"搬起石头砸自己的脚"，原来曾贼利用军队打击人民，现在却打到他自己头上来了。所以老贼不得不用威胁、欺骗等一切卑鄙手段迅速把这些部队大部遣散，而在"剿捻"战争中，只能依靠淮军当主力了。

在捻军的沉重打击和淮军不听指挥的双重压力下，又迫使曾

---

[1]《李文忠公朋僚函稿》第三。
[2]《曾文正公书札》卷二十一《复郭筠仙》。
[3]《曾文正公书札》卷二十四《致李筱泉》。
[4]《曾文正公书札》卷二十四《复李宫保》。

国藩下台,把"剿捻"统帅让给李鸿章[1]。

这种情况决定曾国藩在灭亡太平军以后的短期内,也不可能实现湘军"洋化"的计划。

左宗棠、李鸿章两个卖国贼和曾国藩的处境不同,当他们开始发展私人军队的时候,即分别拥有宁波、上海等通商口岸由洋人直接掌握的关税收入,有足够的财力来用"洋枪""洋炮"装备军队并开办军火工业。

左宗棠在浙江和法国强盗勾结,靠法国"洋枪队"——"常捷军"的"助剿",攻陷了浙江省。

1864年秋冬间,"常捷军"在勒索到一批巨款之后,表面上全部裁撤,实际把精锐转变为左部湘军"洋枪队"的骨干[2],继续参加以后的反革命战争。

1965年,左宗棠入闽攻击太平军余部,又和法籍福州税务司美理登勾结,获得福州关税的收入。

1866年,法国侵略者教唆左宗棠开办马尾船政局,机器、原料和技师都由法国包办供给,连正副监督的位置也长期为原来统率"常捷军"的法国侵略分子日意格和德克碑所盘踞。

1871年,左宗棠为了镇压西北回民起义,在兰州设立甘肃制造局,制造军火。

左宗棠就利用这些杀人工具,在"剿捻"和攻击西北回民起义的反革命战争中,干下了滔天罪行。

由于左贼所投靠的是法国,比不上李鸿章所投靠的是当时

---

[1] 曾国藩的"剿捻"军事受李鸿章掣肘,不久被李夺去钦差大臣职位。见刘声木:《异辞录》。

[2]《平浙纪略》卷十二。

世界资本主义最发达的英国，又拥有全国最大通商口岸上海的厘税，所以他所推行的"自强新政"，超过了左宗棠。

李鸿章于 1862 年春夏之交率军到达上海，即与英国侵略者逐步地勾结起来。在英美两国争夺"常胜军"的狗打架中，李鸿章竭力逢迎英国，"伸戈登以抑白齐文"[1]，以换取它对自己的支持。所以战犯戈登赞许"李鸿章要算清朝最杰出的人物，……英国政府支持他将是最好的政策"[2]。于是由戈登接统的"常胜军"就成为李鸿章攻击太平天国革命军的"好帮手"。

"常胜军"由侵略者直接指挥，按月向清朝勒索巨额饷银；因争权夺利经常和李鸿章发生纠纷，为争夺苏州太平军的财富，几次三番要向淮军开火，所以又使李鸿章把它当作"磨难星"[3]。

对待"常胜""常捷"等"洋将华兵"，满汉封建统治者都是有顾虑的。

清政府曾密令李鸿章："恐有常胜军赴江北招募之事，尤当严行禁止。"[4]

左宗棠也指示宁绍台道史致谔："洋将华兵，……任其逐渐增加，饷从何出？……此宜早为之所者。"[5]

狡猾的侵略者为更好利用这些洋奴，便改用"拨兵教练"的办法。即如"天津洋枪队"，"洋人"只居"教练"名义，表面不予

---

[1]《曾文正公书札》卷二十一《复李少荃中丞》。

[2]《太平天国史料译丛》，第 245 页。

[3]《朋僚函稿》第五同治二年十一月望日《复曾源帅》说："但常胜军终无结局，外间不知者以为好帮手，其知者以为磨难星也。"

[4]《李文忠奏稿》卷一《复奏添募扬勇片》。

[5]《阳湖史氏家藏左文襄公手札》上册。

指挥之权；按各营额兵原饷发给，不增加清政府的财政支出。这种练兵办法，大大地引起了满洲贵族们的兴趣。就在同一年，清朝通令上海、宁波、福州、广州等处官吏，一律拨兵交给外国训练。但是湘淮军阀害怕因此而失去自己的私人军队，所以曾国藩密诫李鸿章："断不可多，愈少愈好。"[1]李鸿章便用"本地练丁"等杂牌部队应数，上海的"英法教练勇"就此只练成三个营[2]。

从反革命的经验得知：列强武装"中国军队"的方式，"应当是渐进地适合中国人口味的"。这样，"他们（指中国的反动派）将很心悦诚服地听从支配"[3]。侵略者知道适合李鸿章口味的办法是供给"教练"和武器，由他自行武装淮军。

据李鸿章自称：在到上海后不久，即"分令各营，雇觅洋人，教练使用炸炮洋枪之法"[4]。侵略者就投其所好，指使军官携带武器，渗透进淮军。

进攻苏福省太平军的两支淮军主力：程学启部开字营和刘铭传部铭字营首先由英法分工合作地武装起来。

武装开字营的是英国。开字营的开花炮队就是原在"常胜军"的英国军官白礼所统带的[5]。在苏州、嘉兴等地的战役中，这

---

[1]《曾文正公书札》卷十九《复李少荃中丞》。

[2] 参见金毓黻等编：《太平天国史料》，第371—372页。《李鸿章致戈登照会》，《李文忠奏稿》卷三；《用款与洋人交涉权宜酌定片》，董恂：《洋兵纪略》。英国教练的叫会字营，也由戈登教练，又称"戈登洋枪队"。法国教练的叫庞字营，因由法将庞发指挥。

[3]《太平天国史料译丛》，第246—247页。

[4]《李文忠公奏稿》卷三《密陈剿捻事宜片》。

[5]《太平天国史料·一般文书》，第209页；《太平天国史料译丛》，第220页。

个强盗可谓是血债累累。

武装铭字营的是法国[1]。铭字营的开花炮队由法国强盗毕乃尔管带。从"开花炮三尊"[2]发展到"共洋炮二十余尊"[3]。中国人民的鲜血，染红了毕乃尔的顶子，在攻陷杨舍堡、江阴、无锡、常州等城镇的罪恶战争中，李鸿章一次一次地给他"奏请奖励"，一直荐保至记名总兵[4]。

还有英国教练的郭松林部松字营[5]；法国教练的潘鼎新部鼎字营，它也有"洋人"管带的独立炮兵营[6]。

当1862年初到上海时，兵数不过五六千，全部配备旧式武器的淮军，到1864年攻灭太平天国之后和"剿捻"战争开始时，已

---

[1] 《安徽史学通讯》1957年第2期，第34页。李鸿章于同治元年十一月十八日与潘鼎新书说："省三请法兵官一名教练洋枪，到营后可借观摩之助。"

[2] 《朋僚函稿》第四同治二年四月二十八日《上曾相》："刘镇铭传……二十二日克复苏常交界之杨舍汛城，……刘营有开花炮三尊，两法兵教习，遂见功效。"据陆筠：《海角续编》说：刘军原无炮队，因攻杨舍"不下"，有个常熟大地主赵宗建出银三千两，交给刘铭传，才"向夷人购得落地开花炮三座"云云。

[3] 《李文忠公奏稿》卷二《刘铭传等军暂难赴豫远征折》。

[4] 钱勗：《吴中平寇记》。

[5] 《太平天国史料·一般文书》。

[6] 《李文忠公奏稿》卷五《筹调洋枪炮队赴津兼筹制造片》；《安徽史学通讯》1957年第2期，第35页，李鸿章于同治二年五月十九日与潘鼎新书。

扩大至五万余人，包括"常胜军"遣散时余下的枪炮队在内[1]，"约有洋枪三四万杆"[2]和四支独立炮兵队。

为供应这些部队的军火，侵略者又帮助李鸿章开办军火工业。有"马格里者，本为英国兵官，由常胜军改赴淮军投效，（李鸿章）即令其教练西洋枪炮，随队攻剿。……旋即设局，先设在上海，后移苏州仿造西洋各火器，马格里皆能悉心讲究"[3]。1865年，李鸿章在上海设江南制造局。同年，又将苏州制炮局移至南京，改称金陵机器局。都由马格里和"洋匠"科而等操纵。金陵机器局源源不断地制造"剿捻"战争的炮弹，马格里为此受到清朝的"奖赏"。李鸿章以后虽然离开江南，江南制造局和金陵机器局"仍然受他管辖"[4]。

1870年，他调任直隶总督兼北洋大臣，又接管天津机器局和"天津洋枪队"。贵族洋务派推行的"自强新政"从此都并归淮系的掌握。

贵族、军阀所搞的"自强新政"全受侵略者所操纵。从统治阶级内部矛盾的隙缝里透露出这种黑幕。卖国贼偏是喜欢骂人卖国，李鸿章于1870年指摘左宗棠和崇厚说：

---

[1] "常胜军"遣散时，编留了枪炮队共九百余名并入淮军。炮队六百名，拥有大炮三十余尊，教习"洋弁"十余人，算是淮军最强的一支炮队。枪队三百名，也有一个"外国兵头"留任教练。参见《朋僚函稿》第六同治三年四月九日《上曾相》；《李文忠公奏稿》卷二《裁遣常胜军折》及同书卷三《复陈奉旨督军河洛折》。

[2] 《淮军平捻记》卷十二。

[3] 《李文忠公奏稿》卷二《京营弁兵到苏学制外洋火器折》。

[4] 包耳格：《马格里传》。

闽局专任税务司日意格，津局专任领事官英人密妥士，将成尾大不掉之势。[1]

他们编练军队和制造武器的目的是用以镇压人民，当然不是用以反抗外国侵略。李鸿章曾揭露崇厚在天津搞的海防不中用，"天津洋枪队"也"临事未能深恃"[2]。再看他自己搞的一套鬼把戏是怎样呢？据曾国藩说：

有人言沪局造船造枪炮皆迟缓而不中用。轮船行走太慢，枪成者太少。日下每月支银四万余两，而料少匠减，势难造销。将来数年之后，欲靠沪局船炮以御洋氛，断不可恃云云。[3]

由此可见，"自强新政"的行将在中法、中日两次战争中破产，彻底暴露它的反动本质，是早就注定的了。

二、驳斥郭毅生对太平天国革命性质和《天朝田亩制度》评价的歪曲

郭毅生在《教学与研究》1957 年第 2 期发表《略论太平天国革命的性质》一文，对太平天国革命的性质和《天朝田亩制度》的评价大肆歪曲，虽经有些同志撰文批判，但仍有继续驳斥的必要。

---

[1]《李文忠公奏稿》卷五《筹议天津机器局片》。

[2]《李文忠公奏稿》卷五《裁并通商大臣酌议应办事宜折》。

[3]《曾文正公书札》卷三十三《复李中堂》。

太平天国革命,按其动力来说,是单纯的农民战争,由于当时还没有新的阶级力量,没有先进的政党的领导;按其任务来说,却具有资产阶级的性质,因为它发生在鸦片战争之后,中国的封建社会开始瓦解,资本主义行将上升的时候,太平天国反封建反侵略的革命的结果,必然在客观上推动资本主义的发展。正如毛主席所说的,"从鸦片战争以来,各个革命发展阶段各有若干特点。……然而就其全体看来,无一不是带了资产阶级民主革命的性质"[1]。

研究太平天国史的人们,几乎都肯定太平天国革命的这种性质。即如范文澜同志在《纪念太平天国起义一百零五周年》一文里说,太平天国革命还是没有先进阶级领导的单纯的农民战争;他在《中国近代史的分期问题》一文里又指出,太平天国革命对中国资本主义发展起推动的作用,也就表明它具有资产阶级的性质[2]。只有少数人例如康有铭同志,认为太平天国革命既然纯农民战争,就不可能具有资产阶级的性质,这是由于他误会必须是资产阶级领导或参加的革命,才算资产阶级性质的革命[3]。列宁曾经说过:"资产阶级性的——按其社会经济内容来讲——解放运动,按其动力来讲并非是资产阶级性的。可能作为这种运动的动力的不是资产阶级,而是无产阶级和农民。"[4]康有铭同志对太平天国性质的怀疑,实际上是不需要的。

郭毅生一方面说:"革命所要摧毁的是什么样的生产关系,它

---

[1] 《毛泽东选集》第2卷,第521—522页。

[2] 参阅1956年1月11日《人民日报》及《中国科学院历史研究所第三所集刊》第2期。

[3] 1956年3月1日《光明日报》"史学"第77期。

[4] 列宁:《论工农联盟》,莫斯科1956年中文版,第235页。

为什么样社会的到来开辟道路？回答这些问题便是回答革命性质的问题。所谓资产阶级性的革命，就是说革命的锋芒是针对着封建生产关系，革命的对象是地主阶级反动统治势力，革命的经济内容就是要推翻地主土地所有制，为资本主义发展开辟道路。"根据这些原则结合太平天国革命的具体情形，他断定它是资产阶级性的农民革命。但是另一方面，却竭力否认太平天国是单纯农民战争。依他的解释，单纯农民战争必须是没有其他阶级分子参加的农民战争，必须是农村还没有剧烈分化时候的农民战争，太平天国革命已经不是这样，"农民已不是中世纪的封建农民，他们具有资产阶级民主派的特点，农民以外还有新兴的市民等级，这一社会力量投入革命斗争中，成为其核心和骨干，因之太平天国革命中阶级力量的配备是颇不单纯的"。太平天国所提倡的民主和平等的口号是反映出市民思想而不是单纯的农民意识，这是彻头彻尾的歪曲。第一，他对"单纯农民战争"这一概念的理解是非常错误的。因为在世界历史上从来没有过绝对"单纯"的农民战争。所谓"单纯"，只是表现它没有先进阶级的领导。尽管太平天国带有和历次农民战争不同的特点，但是由于中国的资本主义尚在萌芽，还没有资产阶级和无产阶级，所以仍是单纯农民战争。第二，农民成为"资产阶级民主派"是因为他们所进行的革命在客观意义上具有资产阶级的性质。列宁说过："拿着武器去反对地主官僚，以'幼稚的共和主义态度'主张'驱除沙皇'的农民，也是资产阶级民主派。"[1]郭毅生曲解列宁这段话的意义，

---

[1] 列宁：《社会民主党在民主革命中的两个策略》，莫斯科 1949 年中文版，第 38 页。

认为列宁所说的作为"资产阶级民主派"的农民,是一种"新式农民",是"封建末期分化中的农民",是从农民本身的变化来判别的。这完全是一种无稽之谈。即使如他所主观假设的,太平天国的群众,已经是农村剧烈分化中的农民,但是仍然不能否定它还是没有先进阶级领导的单纯农民战争,所以他的这番努力,不仅是徒劳无功而且是曲解经典。第三,太平天国的民主平等思想正是反映农民反对封建压迫的思想,乃是农民要求平分土地和土地自由的伴侣。列宁曾说:"农民小资产阶级所持的平等思想是正当的进步的,因为表现着反封建制反农奴制不平等关系的斗争。"[1]郭毅生认为民主平等并不是农民的意识而是市民等级的思想,企图由此来否定太平天国是单纯农民战争。也徒见其心劳日拙罢了。

总之,郭毅生曲解"单纯农民战争"的意义,又把它和"资产阶级性农民革命"两个概念对立起来,由此产生了一系列的歪曲,而且把当前研究太平天国史的同志硬分做"单纯农民战争"论者和"资产阶级性的农民革命"论者对立的两派,把范文澜同志等当作错误派的代表和批判的对象,这是完全没有根据的。

范文澜同志曾经评价过《天朝田亩制度》。他认为,《天朝田亩制度》表现了农民的农业社会主义思想,即以小农经济为基础的平均主义思想。这种思想在一定的历史条件下,一方面有巨大的革命性,另一方面在实质上又带有反动性[2]。这是科学的分析。按毛主席于1948年4月1日《在晋绥干部会议上的讲话》中指

---

[1] 列宁:《社会民生党在1905—1907第一次俄国革命中的土地纲领》,莫斯科1950年中文版,第28页。
[2] 1956年1月11日《人民日报》。

出："我们赞助农民平分土地的要求，是为了便于发动广大的农民群众迅速地消灭封建地主阶级的土地所有制度，并非提倡绝对平均主义。谁要是提倡绝对平均主义，那就错误的。现在农村中流行的一种破坏工商业，在分配土地问题上主张绝对平均主义的思想，是一种农业社会主义的思想。这种思想的性质是反动的、落后的、倒退的，我们必须批判这种思想。"[1]同年7月27日新华社信箱发表《关于农业社会主义的问答》。大意说：毛主席所说的农业社会主义思想，是指在小农经济基础上产生出来的一种平均主义思想。过去历史上代表小生产者的原始社会主义的空想家或实行家，例如帝俄时代的民粹派和中国的太平天国的人们，大都是抱有这一类思想的。这种思想在一定的历史条件下，带有革命的与反动的两重性质。即一方面它彻底摧毁封建的土地制度，实现"耕者有其田"，开辟了资本主义畅通无阻的道路，这是它的革命方面；而另一方面，它要求平分一切财产，平分工商业和中农的土地，要求把已发展的社会经济还原和停滞在孤立的小农经营的水平上，这种想法和做法，会破坏资本主义的因素，阻碍资本主义的发展，这是它的反动方面[2]。（当然，在太平天国革命时期，前者是它的主要方面。）

郭毅生批评范文澜同志"把平分土地的纲领对资本主义与社会主义两个不同的历史范畴所起的作用没有严格地区分开来"。他认为《天朝田亩制度》在今天过渡时期是反动的，在当时的历史条件下，则"不带有任何反动的实质"。在这里，郭毅生显然是

---

[1] 解放社编：《目前形势和我们的任务》，第88—89页。

[2]《目前形势和我们的任务》，第138—140页。

错了。第一,范文澜同志并没有混同资本主义与社会主义两个不同的历史范畴,因为如果在社会主义革命时期,这种平均主义思想已经完全是反动的了,再不会"有巨大的革命性"。第二,否认《天朝田亩制度》在当时历史条件下具有两面性,这是形而上学的观点,正如恩格斯所说的,"在他们(形而上学者)看来,一个事物或者存在,或者不存在,决不能同时既是它自身又是别的什么东西;肯定和否定是绝对互相排斥的"[1]。这个教训,郭毅生为何忽视了?

三、《锡金团练始末记》跋

华翼纶著《锡金团练始末记》,系近年发现的太平天国史料之一。我据常熟图书馆所藏抄本,加注释后交付中国科学院历史研究所第三所,编入《近代史资料增刊》的《太平天国资料》,最近已由科学出版社出版。

"锡金"系无锡、金匮的简称。清朝分无锡为两县:西北为无锡;东南为金匮,太平天国时,都隶苏福省。

在太平天国革命后期,苏福省与天京、杭省同为太平军的三大基地。天京久被敌人围攻,以苏杭为后方,而苏省的建立先于杭省一年多,在经济、政治、军事各方面,对革命事业尤有重要价值。

但是太平天国在苏福省建立的政权是极不稳固的。

农民军的致命弱点之一,是不能够克服在不断胜利过程中

---

[1] 恩格斯:《反杜林论》引言。

所发生和发展起来的蜕化现象，不能够抗拒地主阶级在政治上的腐蚀。

当太平军进攻苏南时，已经成为一支庞杂而不稳定的队伍；攻下苏南之后，因大量招降纳叛和被子女玉帛所包围，这种危险就更加严重。

由于农民阶级的局限性，忠王李秀成未能够及时识别他的部下的忠奸，竟把苏福省的一些重要城市的政权交给几个暗藏在革命内部的敌人之手。

苏福省的省城苏州的守将熊万荃，和苏州接境的沿江要地常熟的守将钱桂仁，就是两个别有来历而极不可靠的人物。

他们一开始就把清朝的官吏和当地的地主豪绅等引进政府充当自己的谋主。常熟大地主曹敬就是钱桂仁幕中的决策人物之一。万勿指望这些臭味相投的坏蛋勾串在一起会不做反革命的勾当。当曹敬获得钱桂仁的宠信以后，马上居中"作介"，促成他和盘踞在苏州之北和常熟之南的地主团练的头子徐佩瑗勾结起来了。

当太平军进攻苏南时，各州县的地主豪绅都纷纷"结团自保"。经过太平军的冲击，无锡以西的地主团练残存无几[1]，无锡以东各州县的团练也被消灭不少，但还保留着几支，在农村中苟延残喘。

苏南各州县的地主团练，本来以苏州、常熟、无锡三地为最强，所以顽抗的时间也较久。当太平军攻克苏州、无锡等城市以后，清朝的江南团练督办庞钟璐还据守常熟做最后挣扎，他所凭

[1]　参阅《武阳志余》《无锡金匮县志》《江阴县续志》等书。

借的武力主要有以下几支：

王元昌部团练，盘踞在常熟西北乡和江阴东南乡，以江阴的祝塘镇为据点。

杨宗濂部团练，盘踞无锡东北乡，以河塘桥镇为据点。

华翼纶部团练，盘踞无锡东北乡，以荡口镇为据点。

徐佩瑗部团练，盘踞苏州北乡和常熟南乡，以苏州的永昌、黄埭等镇为据点。

他们从祝塘至永昌构成一条以常熟为后方的弧形防线，妄图螳臂当车。由于太平军从江阴东进消灭了杨宗濂部团练，这条防线被突破了。王元昌随庞钟璐逃往江北，太平军攻克常熟，徐佩瑗、华翼纶虽然还侥幸保全着地盘和实力，但是已在太平军的四面包围之中，面临死亡的边缘。

操纵这些团练的是地主，而其基本群众是被迫和被骗为他们卖命的农民。当太平军以雷霆万钧之势击溃了苏南的封建势力，而且以铁的事实来戳穿敌人的造谣污蔑的阴谋的时候，这些团练便迅速瓦解；忠王李秀成的安民告示张贴到了乡间，恍然大悟的农民们便再也不愿为地主打仗。这样，就使徐佩瑗和华翼纶等更加着慌起来。

李秀成对这些残余敌人的政策过于宽厚，没有乘胜扫荡，而采取"不战自抚"[1]的办法。于是钱桂仁、熊万荃就借口"招抚"，有意把这些残余的地主团练保留下来，当作自己的外援。

自从钱桂仁招抚徐佩瑗后，熊万荃马上也和徐勾结；再经徐佩瑗的撮合，熊万荃亲到荡口招抚华翼纶。

---

[1]《忠王自述》。

从此他们挂起太平军的旗帜，把实力和地盘保全下来，合法化地进行反革命活动。

从此在苏州、常熟、无锡的毗邻地区，长期由徐、华两贼在那里称王作霸，鱼肉乡民，成为太平天国政令所不及的地方。熊、钱等叛徒为包庇徐佩瑗等的反革命活动，竟与订约规定：在他们盘踞的黄埭、荡口等地，"不派长发一个"。误走入他们霸占之地的太平军，竟被绑送到苏州，受到"惩罚"。邪气嚣张，到了这种不可容忍的地步。

清朝急于夺回苏南这个财赋之区，就鼓励徐佩瑗、华翼纶等勾结钱桂仁、熊万荃从内部破坏革命，终于造成以后在保卫苏福省的战争中，常熟等地的太平军发动了一连串的叛变，外内夹击，加速了革命的失败。

《锡金团练始末记》一书，正是华翼纶以罪犯的身份，用血腥的双手，所写下的供状。他供认了有他参与的如上的反革命罪状，从反面揭示了太平天国革命失败的重要原因之一，即未能够纯洁革命的内部。

太平天国革命失败的历史教训我们，如果革命只能够战胜外部的敌人，而不能够不断纯洁自己的内部，最后仍然会陷于惨败。没有工人阶级领导的单纯农民战争是无法纯洁自己内部的。

（原载《山西师范学院学报》1959 年第 2 期）

辛亥革命时期扬州、常熟的
下层群众自发起义[1]

1911 年武昌起义后，各省纷纷响应，江苏的多数州县也在一个月内先后光复。

自发性的民变和兵变，革命党人的积极活动，反动官绅的投机倒向革命，是促成全国、全省的革命形势迅速发展的主要因素。

在革命过程中，这三股力量之间发生复杂、尖锐的斗争：到处发生革命党和反动官绅合流，扼杀"下层群众"起义的事变。这一切表明资产阶级革命党人，一方面对反动官绅妥协，而另一方面敌视民众运动，由此决定了辛亥革命的结果"只把一个皇帝赶跑，中国仍旧在帝国主义和封建主义的压迫之下，反帝反封建的革命任务并没有完成"[2]。

扬州孙天生起义和常熟孙二起义被镇压的事实，最足以说明资产阶级革命党人反对民众运动的态度。

孙天生原来是扬州的手工工匠，被迫失业而成为游民，因反抗清朝而流浪江湖，和同盟会有了联系。武昌起义后，他以革命

---

[1] 本文系我在苏北师专讲授中国近代史的一课乡土教材。孙天生起义材料曾经师生详细调查。正在整理之中。孙二起义则据钱基博《无锡光复志》及我在常熟所闻父老传说。

[2] 《毛泽东选集》第 2 卷，第 528 页。

党"坐探"的身份回到扬州,利用原来的秘密社会关系,积极鼓动驻军"定字营"士兵杀官起义,鼓噪入城[1]。盐运使旗人增厚听到枪声,慌忙穿窬而走。"一府两县"也各谋生路。只在几个小时内,像一阵狂风似的,摧毁了清朝在扬州的全部统治机构。当晚,孙天生把盐运使署的库银分给了军队和贫民。大清银行也被打开,散钱满地,招呼贫民任意搬取。又下令放走了江都、甘泉两县的狱囚。次日天明,革命军政府扬州都督孙天生发表文告,通令人民安居乐业,"三年不完粮","诸捐杂税全免",还禁止奸商抬价:米每石价不得超过三元(时已超过七元),猪肉每斤二百文……

孙天生的这些措施受到扬州劳苦大众的欢迎,却遭遇豪绅富商的嫉视。原来扬州是"八大盐商"的"安乐窝"。他们垄断着两淮食盐的产、运、销,拥有庞大的、沾满盐民鲜血的商业资本。扬州的钱庄、典当多半是盐商资本的附属品。恶霸豪绅多半是盐商的代理人。武昌起义后,盐商巨头周扶九、萧云浦和他们所勾结的豪绅方尔咸、周树年等都几乎被革命的高潮所吓倒,他们最怕革命党人会"改革盐务",会切断他们的吸血管。但是革命党对反革命妥协的暗流,又使他们找到了生机。在孙天生起义前夜,他们正在酝酿"和平光复"。周树年通过镇江商会会长于鼎源和革命党挂钩。方尔咸向旗人游说。他们企图走苏州、常州一样的道路,使扬州的反动秩序能够一成不变地保留下去。为抗拒外来的革命党特别是压制自下而上的"变乱",他们把扬州分成二十

---

[1] 孙天生起义发生在辛亥年九月十七日(11月7日),见陈懋森:《江都县新志》卷七。

五区,组织"自卫团",昼夜巡防;同时招引正在镇江的清军统领徐宝山来扬充当他们的保护人。

徐宝山(一名怀礼)本里下河的盐枭头目。一度附会康梁变法,传檄反对那拉氏政府[1]。1900 年,南通豪绅张謇为防止义和团运动在东南蔓延,教唆两江总督刘坤一,招降徐宝山,收编他的羽党成为"缉私营"[2],和扬州的绅商早有勾结。武昌起义后,他正在观望风色,伺机而动。对扬州的富庶,垂涎已久,一听绅商的召唤,便积极准备率部渡江。

孙天生起义突然爆发后,方尔咸、周树年等一面表示"欢迎",以闪避斗争的锋芒;另一面电催徐宝山迅速来扬"平乱",并向镇江革命军政府告急。

镇江方面,以李竟成为首的革命党人是反对孙天生的"越规"行动的[3]。他们宁愿支持原来的反动势力,把革命拉回到"有秩序"的范围内去。新附革命的镇江都督林述庆更有以淮扬为附庸的野心。遂由林述庆发令,李竟成亲带"决死队"二百余人,配合徐宝山渡江合攻孙天生。

在孙天生起义后的第三天,徐宝山、李竟成率军侵入扬州城,以"冒充革命党"的罪名逮捕和杀害了孙天生及起义军民七十余人。从此徐宝山便由扬州绅商拥戴和革命党的认可成立"军政分府",并扩大兵力,攻下里下河产盐地区,稳定了盐商资本的危机。

在以孙天生为首的城市"下层暴动"被血洗后不久,一江之

---

[1] 故宫档案馆所藏《徐怀礼告示》,《辛亥革命》第三册,第 403 页。

[2] 《张謇自编年谱》。

[3] 李竟成随赵声革命有年,镇江光复系李所策动。张立瀛:《镇江光复史料》,《近代史资料》1957 年第 6 期。

隔的常熟，又惊心动魄地发生革命党镇压以孙二为首的农民起义的惨痛事变。

孙二起义发生在常熟西边的王庄乡，位常熟、无锡、江阴三县交界。在经济上是个富庶之区，在政治上是个反动统治的隙缝。

这儿的土地大半霸占在须姓土豪的手里。由于残酷的封建剥削，使这个"鱼米之乡"变成了农民的牢狱。连绵不断的阶级斗争，在辛亥革命浪花的激动下，就像火山一样迸发起来。

孙二是须姓的佃农。因年岁荒歉而欠缴了部分地租，须姓仗势追缴，迫使孙二除了武装反抗之外，再也没有出路。

王庄的农民群众对压在他们头上的须姓衔恨已久。武昌起义后革命高潮的来临和江苏各地清朝封建统治的土崩瓦解，给他们以武装暴动的机会。孙二事件就成为暴动的导火线。

孙二在当地农民中，素负众望，就在他的号召下，激怒的农民群众，迅速团聚到他的周围，一把火烧掉了须姓的庄园。同时竖旗起义，公举孙二为革命军大都督，传帖聚众。一时携着鸟枪土炮、长矛大刀、木棍铁锄等武器的男女老少，从四面八方像潮水般涌来加入起义军。起义的火焰，蔓延到了江阴和无锡境内。三县边区的地主威风顿时扫地，他们纷纷逃奔县城，向新建立的革命政府求救。

江阴的军队首先赶来"征讨"，被农民军打得狼狈败退，再也不敢进犯。农民起义更加如火燎原地发展起来。

常熟民政长慌忙集兵自卫，同时向无锡军政分府告急。

无锡都督秦毓鎏是留日学生，以曾在东京组织青年会及军国民教育会等革命团体而有名[1]。辛亥革命前，革命连续失败，他带着绝望情绪回到无锡，杜门不出。武昌起义一声炮响，推动他重新积极起来，集合无锡资产阶级的子弟兵——"商团"，赶跑了清朝官吏，光复无锡。他利用无锡的租税，编练了一团拥有新式枪械的军队；只派小部分参加北伐，而用主力对付无锡的民变。

为镇压孙二起义，秦毓鎏派遣团长秦铎指挥锡军百余人越境抵王庄，孙二率领农民军严阵以待。在新式枪炮的打击下，缺乏战争经验的农民军损失惨重而被迫散走。二十余人被俘。为敌人注意的首领孙二却在战后不知所往，继续成为王庄地主的严重威胁。

次年正月，无锡新安乡发生佃农反抗大地主张氏的暴动，也遭受秦毓鎏部兵的血腥镇压。

像秦毓鎏这样一个素负时誉的资产阶级革命党人，而如此摧残反封建的农民运动，真是令人值得深思的。

总之，从上述两次事变，揭露了中国民族资产阶级的两重性；揭露了他们和封建主义的密切关系。因此当他们开始夺得政权又是民众反封建斗争高涨的时候，他们不站在农民和城市贫民的一边，却反而勾结豪绅、富商、军阀，充当反革命的先锋。江苏一省的情形如此，全国各地的情形也是如此，革命的最后结局也可以预见了。

（原载《光明日报》1959 年 9 月 3 日）

---

[1] 冯自由：《革命逸史》第 2 集《中国同盟会史略》。

关于《天朝田亩制度》的性质和实施问题[1]

——和徐夕明同志商榷

《历史研究》1959 年 9 月号发表了徐夕明同志的《我不认为〈天朝田亩制度〉的性质是反动的》一义，是针对着范文澜同志的《纪念太平天国起义一百零五周年》一文而作的。我不同意这篇文章的基本论点，兹就《天朝田亩制度》的性质和实施问题，和作者商榷，并请史学界前辈指教。

一、关于《天朝田亩制度》的性质问题

《天朝田亩制度》反映出农民的农业社会主义思想，即在小农经济基础上产生出来的一种平均主义思想。太平天国革命的领袖们，从农民的土地要求和狭隘眼光出发，企图把整个社会经济都改造成为划一的平均的小农经济，以为就可实现"天下一家，共享太平"[2]的幸福生活。这种想法和做法，在当时的历史条件下，即中国资本主义要求突破封建的生产关系而发展起来的历史

---

[1] 本文集编者按，此文收入景珩、林言椒编：《太平天国革命性质问题讨论》，生活·读书·新知三联书店 1962 年版。

[2] 《原道醒世训》。

条件下,具有革命和反动的双重性质。一方面,它要求彻底摧毁封建的土地关系,实行耕者有其田,解放农业生产力,并在客观上为资本主义的发展开辟道路,这是它的革命的方面,也是它的主要的方面。列宁曾说"农民小资产阶级所持的平等思想是正当的进步的,因为它表现着反封建制反农奴制不平等关系的斗争。……在现今历史时期,这种思想真正表现着农民的这种意图。它推动农民去实现彻底的资产阶级革命"[1],就是指的这一方面。但是,另一方面,它要求平分一切财产,要求把社会经济停滞在孤立的小农经营的水平上,阻碍着资本主义的发展,这是它的反动方面,所以毛主席于1948年4月1日《在晋绥干部会议上的讲话》中指出:"现在农村中流行的一种破坏工商业,在分配土地的问题上主张绝对平均主义的思想,是一种农业社会主义的思想。这种思想的性质是反动的。"[2]历来评价《天朝田亩制度》的人们,大多数肯定它的这种双重性质。1948年7月27日新华社信箱所发表的《关于农业社会主义的问答》、1951年1月11日《人民日报》社论——《纪念太平天国百周年》等文章都评论过太平天国的土地纲领,都指出它在当时历史条件下的双重性质。范文澜同志的基本观点也是这样的。他说:"《天朝田亩制度》,表现了农民的农业社会主义思想,即以小农经济为基础的平均主义思想。这种思想在一定的历史条件下,一方面有巨大的革命性,另一方面在实质上又带有反动性。"又说:"按照太平天国所处的

---

[1]《社会民主党在1905—1907年第一次俄国革命中的土地纲领》,莫斯科1950年中文版,第28页。

[2]《目前形势和我们的任务》,解放社1949年版,第88—89页。

历史条件,农业社会主义的主张,进步的一面还是主要的。"[1]这是合乎科学的分析。在范老的文章发表后不久,郭毅生曾批评范文澜同志"把平分土地的纲领对资本主义与社会主义两个不同的历史范畴所起的作用没有严格地区分开来"。他认为《天朝田亩制度》在社会主义革命、社会主义建设时期是反动的;在当时的历史条件下,则"不带有任何反动的实质"[2]。这是错误的。第一,范文澜同志并没有混同资本主义与社会主义两个不同的历史范畴,因为如果在社会主义革命、社会主义建设时期,这种绝对平均主义的思想已经完全是反动的了,范老再不会肯定它有"巨大的革命性"、"进步的一面还是主要的"方面。第二,郭毅生否认《大朝田亩制度》在当时历史条件下,具有双重性质,这是形而上学的观点,正如恩格斯所说的,"在他们(形而上学者)看来,一个事物或者存在,或者不存在,决不能同时既是它自身又是别的什么东西;肯定和否定是绝对互相排斥的"[3]。现在徐夕明同志认为范老文章具有非历史主义的观点,"不从产生它的那个具体历史环境出发,而是以现今时代水平的要求来要求它",因而作出"这种违反社会发展规律的空想,它的反动性质是显然可见的""不正确"的结论。这种论点实际上是重蹈郭毅生的覆辙。

---

[1] 以上并见范文澜:《纪念太平天国起义一百零五周年》,《人民日报》1956 年 1 月 11 日。

[2] 以上并见郭毅生:《略论太平天国革命的性质》,《教学与研究》1957 年第 2 期。

[3] 《反杜林论》引言。

二、关于《天朝田亩制度》的实施问题

据现有史料证明,太平天国既未推行《天朝田亩制度》,而且还在大部分地区准许地主收租,并非如徐夕明同志所说的"据现有史料记载,大部分地区曾实施过'计亩造册','以实种作准'的《天朝田亩制度》的初步政策——耕者有其田"的政策。这里反映了徐夕明同志的立论不严,因为仅举《太仓州志》和《海虞贼乱志》所记太仓和常熟两州县的资料,就作出"大部分地区曾实施过耕者有其田"的结论,显然是非常冒险的。而且《太仓州志》和《海虞贼乱志》的记载,也不能证明太平天国在太仓和常熟两地实行过耕者有其田。按王祖畬《太仓州志》记太平军初到太仓后的情形说:"计亩造册,着佃收粮"[1]。柯悟迟《漏网喁鱼集》记载邻接太仓边区的常熟东乡情形说:"(咸丰十年十一月),堂然伪天王黄榜,抚恤民困,起征粮米,忠王李转饬驻扎常熟慷天燕钱,勒限征收。有归家庄无恶不作积年土棍向充地方之王方,居然军帅。十三日……到镇安民,遂逼胁多人,授以师旅名目,即谕着办大漕。贼中避讳王字,故改为汪。出示:天朝九门御林丞相统下军帅汪,查造佃户细册呈送,不得隐瞒,着各旅帅严饬百长司马照佃起征。……(十二月)廿日设局太平庵,着佃启征田赋"。两书的记载是吻合的,证明1860年太平军初到太仓及其邻近的常熟东乡之后,向佃农直接征粮,但不等于说太平天国在这个地区实行了耕者有其田。因为"计亩造册,着佃收粮"乃是

---

[1] 卷十四《兵防》中。

在战后，地主逃亡、册籍遗失、政府急于收粮的情况下的临时措施。以后在1863年，清朝反动统治卷土重来常熟时，也曾实行过这种办法。陆筠《海角续编》说："（同治二年十月），常总书徐燮、昭总书鲁心如、言允卿谕各图经地先行收捐，……佃户以为业经完粮，咸不愿还租，是年业户收租，皆有名无实。"难道这也算是实行耕者有其田吗？《太仓州志》和《漏网喁鱼集》都没有记载当年当地的地租剥削情形，只有顾汝钰《海虞贼乱志》说："出伪示：着旅帅卒长按田造花名册，以实种作准，业户不得挂名收租，……完现年漕米，补完现年下忙银两，限到年一并清割。幸是年秋收大熟，各项皆能依示，惟收租度日者及城中难民无业无资者，甚属难过。"[1] 历来研究太平天国史的人们（连我这个初学者也在内），都以此为太平天国禁止地主收租，实行耕者有其田的证据。实际上这是出于误解。原来在1860年的冬天，常熟太平天国政府曾令各地乡官造送户口及田亩清册，《海角续编》说："贼将各图地方编为军、师、旅帅、百长、司马等名目，以乡间无赖及狡猾之人为之。各镇设局着献都图册。"按龚又村《镜檋轩自怡日记》于咸丰十年十月二十二日记常熟南乡的情形说："见军、师、旅帅及卒长司马麾下烟户门册，称子民某，开祖父母暨兄弟姊妹妻女子妇几口，俱注年岁，向例所无。又簿填田产若干，以备收租征赋。"佚名《庚申避难日记》于咸丰十年十一月初六日记常熟西北乡的情形说"有长毛告示要收钱粮，谕各业户各粮户不论庙田、公田、学田等俱要造册收租完粮。倘有移家在外，远出他方，即行回家收租完粮；如不回来，其田着乡官收租完粮充公，佃

---

[1] 《太平天国》五，第370—371页。

户亦不准隐匿分毫"等语相互参证,可见《镜稼轩自怡日记》所记常熟南乡的"簿填田产若干,以备收租征赋"与《庚申避难日记》所记常熟西北乡的"谕各业户、各粮户不论庙田、公田、学田等俱要造册收租完粮"以及《漏网喁鱼集》所记常熟东乡的"查造佃户细册呈送"是同一件事。与《海虞贼乱志》所记常熟东乡的"着放帅卒长按田造花名册,以实种作准,业户不得挂名收租"也是同一件事。所谓"以实种作准,业户不得挂名收租",乃是以佃农实际耕种的田亩数多少为标准,地主不得根据虚额浮收地租的意思。正是证明太平天国准许这里的地主收租,绝对不是禁止地主收租的记载,这和《镜稼轩自怡日记》《庚申避难日记》所记常熟其他三乡的情形也是完全吻合的。由于太平天国常熟政府这年直接向佃农收粮,佃农在缴粮之后,便再也不肯向地主缴租,所以"收租度日者"就"甚属难过"了。1958 年夏,我回常熟至东乡白茆等地参观农业生产大跃进时,听六十六岁的老农周金华等说过:"太平军在这里汪家扎了营,摆局子收军粮,地主有的跑了,没有跑的也收不到租。"这些口碑证实了《海虞贼乱志》的记载。近来有人考证,太平天国常熟政府从来没有实行耕者有其田,因而怀疑《海虞贼乱志》的这段记载的真实性[1]。其实,这段记载是真实的,而是读者把它曲解了。我也直到最近在较多地掌握已发现的有关太平军在常熟活动的文献资料和几次回到常熟与父老反复研究核实之后,才戳穿了这层烟幕。这一误解在史学界造成的影响不小,也给我们历史工作者以一次深刻的教训,就是必须严格辨别史料和解释史料。近来,大量新史料(如罗尔纲:

---

[1] 见《历史研究》1958 年 2 月号,吴雁南同志等所写的文章。

《太平天国文物图释》）和新论著（如戴逸：《中国近代史稿》卷上）的公开发表，已明白揭露太平军在江浙等省的大部分地区准许地主收租的事实了。

（原载《光明日报》1959 年 11 月 12 日）

辛亥革命时期无锡常熟江阴边区农民起义调查记[1]

辛亥革命时期,在无锡、常熟、江阴三县边区,爆发了一次农民反封建斗争,即著名的"千人会"起义。这次起义给封建势力以沉重的打击,结果是被资产阶级和地主阶级的联合势力所镇压下去了。起义虽然失败,但具有光辉的意义,因为它说明了辛亥革命失败的根本问题,即领导这次革命的资产阶级革命党人不仅没有发动农民斗争,反而压制农民运动,表现出他们的两面性,因而不能够担当起中国民主革命的领导任务。"千人会"起义的历史教训我们:只有在工人阶级的领导下,广大农民才能够摆脱半封建半殖民地的枷锁,并进一步走上社会主义共产主义的幸福道路。

1949年前,地主资产阶级竭力对这次起义进行污蔑,如钱基博所写的《无锡光复志》就是那样。关于这次起义的民间传说则是很多的,我系响应院党委大战60年代大搞科学研究的号召,特派一部分师生组成调查队,深入三县地区进行调查,在当地党政机关的支持下,接触到不少当时当地当事的人物,其中有参加"千人会"起义的老农民:

---

[1] 本文集编者按,此文发表时,作者署名"中国近代史乡土资料调查队"。

鱼景湖　"千人会"起义的统领之一，现年七十五岁，住居无锡县港下人民公社，做裁缝。

周阿大　"千人会"起义领导人之一周天宝的堂侄，参加过这次起义，现年七十六岁，常熟县王庄人民公社社员。

有亲历这次起义的手工工人：

周阿毛　铁匠，人称"铁匠娘舅"，现年八十二岁，住常熟县王庄人民公社，他曾为"千人会"打刀，以后拒绝为地主团练制造枪刀而受过迫害。

赵金书　竹匠，现年七十九岁，住常熟县王庄人民公社敬老院。他目击"千人会"起义，并受过反动派的迫害。

有资产阶级革命党人：

章砚春　现年七十七岁，江阴县政协委员，辛亥革命时，他是中国同盟会会员，"光复"江阴的当事人之一。

郑志先　现年七十岁，江阴县政协委员，辛亥革命时，他是中国同盟会会员，"光复"江阴的当事人之一。

有立宪派人：

俞承枚　现年七十五岁，常熟县政协委员，辛亥革命时，他是立宪派人物，"光复"常熟的当事人之一。

为了弄清某些专门问题，曾访问了做过常熟"田赋主任"的归炯闇（现年六十七岁，1949年前，他世代在常熟漕粮机关做事，熟悉当时当地的土地关系）。请教过参加无锡市地方志编辑工作的过望春，他调查过这次起义，并熟悉无锡"光复"的情况，供给我们以采访的线索。

同时，还收集到不少书面资料，有当时的官方档案，如：

《常熟民政署报告》　丁祖荫编，民国元年铅印本，现藏常熟县图书馆。丁字芝荪,常熟"光复"后的第一任民政长。

《常熟公报》 常熟民政署编,民国元年铅印本,现藏常熟县图书馆。

有当时官方发表的纪念性文件,如:

无锡《光复队纪事》 民国元年铅印本,现藏无锡市博物馆。

有地方志:

《锡金续识小录》 窦镇撰。

《江阴县续志》 缪荃孙撰。

《重修常昭合志》 丁祖荫撰。

《金村小志》 金鹤翀撰(金村在常熟西北乡)。

有私人专集如:

《一行小集》 丁祖荫撰,铅印本。

《庞檗子遗集》 庞檗子撰,铅印本。庞曾参加南社,和同盟会有些关系,"光复"常熟的当事人之一。

有时人笔记和书札,如:

《棣秋馆日记》 徐兆玮遗稿,现藏常熟县图书馆。徐,常熟东乡人,光绪进士,曾官翰林院编修。武昌起义时,他在北京,不久逃回到常熟,干预地方事务。"日记"反映了不少辛亥革命时北京、天津和苏南地区的政治情况。

《辛亥年杂录》 徐翰青遗稿,现藏常熟县图书馆。作者系徐兆玮之叔。

《邵松年书扎》 稿本,现藏常熟县图书馆。邵是当时常熟的大绅士之一,他的书札反映了当时当地的地主阶级的动态。

有时人回忆录,如:

《江阴光复记》 章砚春手稿,现藏江阴县政协。

我们也翻阅过有些地主的家谱，如：无锡的《秦氏家谱》、常熟的《归氏家谱》《金氏家谱》等。当地的党政机关供给我们很多生动无比的中华人民共和国成立前后农民生活对比的材料，如：

《巨浪》 中共王庄乡委会编，油印本。

《王庄文艺》 王庄人民公社出版社出版。

《王庄解放前后的对比》 王庄展览馆制。

在各地还看到了某些珍贵的文物。

许多苍颜皓首的老人，不厌其烦地向我们介绍了当时的情况，特别是常熟的陆元同（61岁），身患重病，在病床前仍为我们讲了二个多小时。无锡市博物馆的同志在星期例假时间，放弃休息向我们提供材料。常熟县图书馆的陆志云同志几乎为我们翻遍了书库的各个角落。常熟王庄人民公社展览馆朱馆长冒雨为我们东奔西跑。这种精神，令人感佩。

依据口头、书面、实物等几方面的资料，使我们在基本上弄清了"千人会"起义的真相，以下便是这次调查的结果。

一、"千人会"起义的历史背景

"千人会"起义的社会根源是由于"地主阶级对于农民的残酷的经济剥削和政治压迫"[1]，迫使农民起而反抗。

在辛亥革命前后，无锡、常熟、江阴三县的土地和全国一样，绝大部分被一小撮地主所霸占，他们利用土地对广大农民进行残

---

[1]《毛泽东选集》第2卷，第619页。

酷的剥削。号称"鱼米之乡"的常熟的情形是有代表性的。当时，常熟的耕地约有150万亩，其中60%掌握在占全县人口七百分之一的地主的手中[1]。单是孙思敬、邵松年以及"翁、庞、杨、蒋"等几家官僚地主即各霸占了几千亩甚至上万亩的土地[2]。常熟的地租率一般都高达二分之一左右，年岁荒歉的时候，农民不得不把生产品的全部交给地主而自己过着贩妻鬻子的生活。在1904年时，西南乡练塘附近的农民因遭受残酷的封建剥削而致"伤亡过多，耕种人少"[3]。这样，就不能不引起连绵不断的农民反抗地主的斗争。1900年，义和团运动高潮的那一年，常熟东乡的"任阳农民啸聚至数千人""巡抚发兵征之，始靖"；西乡"塌山民蒋松亭等纠千人夜半为盟"，知县派兵"掩捕蒋氏父子"[4]，才镇压了这次农民暴动。农民反封建斗争的日益尖锐化，是辛亥革命以前时局的基本特点，也是催生辛亥革命的主要因素。

在辛亥革命爆发的前夜，苏南地区发生了多半由人为所造成的大水，从各县父老的回忆录中，可以看到这次灾情的严重性。

> 是年（辛亥年）夏种期间，大雨大涝，为百年所未见。连天急雨，平地已水深数尺；加以水（山）洪暴发，从江阴三十

---

[1] 参据丁修《常昭合志》卷六《赋税志》和归炯闇等口述。当时，常熟人口约有70万，大小地主约有1千个。

[2] 据归炯闇等说：当时，孙思敬家霸占土地一万亩以上，周百忍堂和归义庄霸占土地也将近万亩，曾官河南学政的邵松年霸占三千多亩土地，都是当时常熟的大地主。翁，指大学士翁心存父子；庞，指尚书庞钟璐父子；杨，指太常寺卿杨泗孙兄弟；蒋，指蒋廷锡父子，都是清代常熟的几家著名官绅。

[3] 《邵松年手札》六。

[4] 《金村小志》。

三山上倾泻而下；更兼太湖之水涌来，无处宣泄；又适逢大汛，江潮汹涌，狂风巨浪，堤岸倾坍。陆地可以行舟，低区尽成泽国。灾民或升屋面，或登树顶，嗷嗷待哺，凄绝人寰。沿江一带，家具漂流，到处可见。迨旬余水退，灾民衣食俱无，巡视禾苗，既黄且腐，秋收已成绝望。[1]

1911 年（宣统三年辛亥）农历七月初旬，连下大雨三次，河水高涨，城内西门一带如九万圩、环秀弄、西仓前、虹桥下堂（塘）、西泾岸、荷香馆、方河池沿等地，水深及腹，可以行舟。四乡田禾被淹，东南低洼地区尽成泽国。[2]

当灾区农民陷于死亡边缘的时候，官绅地主却囤积大量粮食，居奇出售，加重了农民的灾难，因而激起了农民的"抢米风潮"。像无锡甘露镇的"兜米运动"，常熟农民分取邵松年、庞鸿书等官僚地主家里的囤米的斗争[3]，都发展到和官府冲突的地步，表明阶级斗争的更加激化。正在这时，爆发了辛亥革命。

1911 年 10 月 10 日武昌起义的炮声震动了全国，在一个月的短时间内，无锡、常熟、江阴也先后"光复"。

无锡的民族工业比较发达，资产阶级的力量较强，以秦毓鎏为首的地主和资产阶级的联合势力，用半硬半软的手段，向清朝官吏夺取了政权。秦毓鎏所依靠的主要武装力量无锡"光复队"，是一支钱庄职员所组成的半封建半资本主义的军队[4]。他利用它

---

[1] 章砚春:《江阴光复记》。
[2] 常熟县政协编辑的《小掌故》第一辑。
[3] 参据过望春、俞承枚口述。当地土语，以衣裹米曰"兜米"。
[4] 无锡《光复队纪事》。

夺取了无锡的政权，又利用它来镇压农民起义。

江阴的工商业次于无锡，但因它是个滨江的要塞，所以同盟会在这里的军队和知识分子中，早已播下了革命的种子，他们和回来的"旅外学生"群，联合起来，推动当地的地主和资产阶级树起了响应革命的旗帜。

常熟当时还没有近代工业，资产阶级革命党的力量异常薄弱，看风使舵的地方绅士，从保护自己的"身家性命"出发，取得清朝官吏的默契，也挂上了象征"光复"的白旗。

"光复"后的三县新政权的性质是有差别的，无锡、江阴是资产阶级和地主阶级的联合政权，官僚地主家庭出身的同盟会分子秦毓鎏是无锡军政分府的首脑，在他的左右，也有几个是立宪派的角色；江阴的实权落在地主兼资本家吴增元(听胪)的手中，同盟会分子不占重要地位，民政、军政两长还是由原任清朝的江阴文武官员连任；常熟的新政权操在绅士立宪派分子丁祖荫等之手，原任清朝的文武官员继续掌握着一部分实权，和同盟会有关系比较激进的庞檗子因"得罪"了原来的清朝知县(翁有成是民国的常熟司法长)而被哄走[1]，这里的政权依然是封建地主的政权。

尽管三县政权的性质略有差别，但是，它们都是维护封建剥削，敌视农民运动的。请看无锡地主、资产阶级的自供：

> (秦)毓鎏曰…吾邑夙号繁富，地四通，椎埋不逞逋匿者什百，辄思窃发掠民货，不可不有以大畏其心。命倪国梁

---

[1]《楳秋馆日记》和萧蜕：《庞檗子传》(载《庞檗子遗集》)。

部所团民兵,吴浩、秦元钊募死士都四百人为守望队,巡行道路、用靖地方不轨。[1]

常熟地主在"光复"前所焦急的是:"乡民相率抗租,秩序岌岌不可保。"[2]他们费尽心机,用全力来对付农民运动。有人大声呼叫:"宜自办团练,以上中社会人组织之,决可自保。"[3]至于"反清"问题,根本不是出于他们的心愿。有个常熟地主写道:

> 昨晚士绅议决,以翁令为县长,邹士希君为军事局长,丁芝荪为民政局长。今日各商家高揭白旗,有书"光复",有书"兴汉",有书"民国万岁",惟无"灭满"字,可以见邑人(地主阶级)之心理矣。[4]

无怪乎当地父老都说这次"革命"是"骗人的",这是多么深刻的讽刺!

"光复"后的三县新政权都加强对农民的镇压。

无锡军政分府公开宣传"吾邑劫盗滋众,恣行无忌,本军政分府除暴安良,责无旁贷"[5]。

江江阴军政分府以"维持秩序"为名,残酷地镇压了花山农

［1］《无锡光复志·匡复篇》。
［2］《一行小集》"留别邑人士并简新任苏知事诗"自注。
［3］《棣秋馆日记》。
［4］《辛亥年杂录》。
［5］《无锡光复志》。

民的"伐木运动"[1]。

常熟的城乡绅董纷纷组织团练,以维护自己压榨农民的特权。

> 塘桥乡、三塘乡、鹿苑乡、唐市乡请呈吴淞军政分府,购枪发给护照。(辛亥年十月初一日)
>
> 呈都督,请领前膛枪分给城镇乡团防。(初一日)
>
> 呈吴淞军政府,任阳镇领枪,请给护照。(初三日)
>
> 呈吴淞军政府,徐市黄炳元领枪,请给护照。(初四日)
>
> 呈请上海民政总长,南乡团,防请给领枪护照。(初八日)
>
> 梅李商会移请备文沪民政部照给枪弹。(初九日)
>
> 呈上海民政总长李,浒浦、梅李孙志英等购办手枪,请给护照。(十二日)
>
> 耿泾乡董严绥呈请转移给发枪械。(十三日)
>
> 城区自卫局东局呈请拨给枪械。(十三日)
>
> 呈沪都督,东城乡请领枪弹。(十三日)
>
> 照会沙州钱名琛等,办团自卫。(十四日)
>
> 呈沪都督,白茆冯华奎备价领枪。(十八日)
>
> 鹿苑乡公所呈请拨给房捐开办民团。(十一月初一日)
>
> 鹿苑乡公所呈请分给开办商民两团示谕。(初一日)[2]

---

[1] 据郑志先口述。花山离江阴城不远,它的土地和树木都是被地主所霸占的。江阴"光复"后,农民以为封建秩序瓦解了,纷起分取山上的树木,遭受江阴军政分府的残酷镇压。

[2]《常熟民政署报告》。

这反映出辛亥革命时期阶级斗争变化的一方面，即资产阶级、地主阶级联合向农民进攻的方面；另一方面，渴望摆脱封建枷锁的广大农民群众，把这次极不彻底的资产阶级革命误会是解放自己的机会，他们传说"皇帝已经没有了"，"从此是民主了"，"租米也可以不还了"[1]，便到处燃烧起农民反封建的火焰。如：江阴苏士桥农民的火烧章义庄；无锡新安乡农民的捣毁张家仓房；常熟支塘和大义桥农民的"抗租聚众"……此呼彼应地发生。就在这时，在三县的边区，爆发了波澜壮阔的"千人会"起义。

二、"千人会"起义的经过

"千人会"起义发生在无锡、常熟、江阴三县的边区并不是偶然的，因为这里在经济上是个富庶之区，在政治上是个反动统治的隙缝，地主阶级对农民的剥削异常残酷，农民反抗地主阶级的斗争特别尖锐。在中华人民共和国成立前这里的农民运动从未停息，"千人会"起义是其中规模较大的一次。

促成"千人会"起义的是辛亥年的水灾，因而"千人会"的组织是和这次水灾同时发展起来的。

"千人会"起义孕育在无锡、江阴境内，爆发在无锡、常熟交界处的地主堡垒——王庄。

"千人会"的群众是农民，它的领导人也是贫苦农民及其知识分子，如当地劳动人民永远怀念的孙二、孙三、樊文涛就是组织这次起义的最主要的人物。孙二、孙三兄弟俩都是贫苦的农民，

[1] 据鱼景湖、陆元同、章砚春等口述。

兼做裁缝，好拳棒，冲锋打仗最勇敢，农民群众一致称他俩为"孙都督"。樊文涛是个贫农兼做私塾教师，足智多谋，是"千人会"的"军师"，至今农民们还唱道"塘廊（地名）出个樊文涛"，表达出对这个农民英雄的崇敬之心。以上三人都住居无锡境内，在辛亥革命爆发的前后，在三县边区组织"千人会"。

"千人会"是农民自发性的反封建组织，顾名思义也可以理解它的群众性和广泛性。组织"千人会"的方式是传帖聚众，歃血结盟，这是农民运动传统的方式。据现存的参加起义的农民说：孙二、孙三、樊文涛在港下的一个破庙里邀集群众宰猪喝血酒，结盟者出酒饭钱三百文，写下姓名，就算是参加了"千人会"。盟约的基本内容是"武装自卫、同心抗租，临阵退缩者，当众处罪"。这也就是"千人会"的宗旨和纪律。

在三县"光复"前夜，"千人会"已经在无锡、江阴境内出现，辛亥革命加速了它的发展，和三县"光复"的同时，"千人会"发展到了常熟，三县边区方圆的二十里范围内的农民都纷纷参加了这个组织。

响应孙二、孙三、樊文涛的鼓动而在常熟境内发展"千人会"的是王庄农民周天宝，他在王庄附近的苏庄聚众结盟，斗争的锋芒针对着王庄的一小撮恶霸地主，王庄乡董王品南，小名"王小七"，是这里的一霸。地主兼开京货店的宋济生和官府勾勾搭搭，专门欺压农民。地主兼开南货店的宋昌先，为人阴险毒辣，常在幕后指点，人称"小扇子"。王庄最大的地主是无锡境内的须义庄，占有土地六七千亩，当家出头的叫须纪常，也是一条地头蛇。须家还有一个收"凶租"的须寿芝，他不管年成丰荒，总是不折不扣地收租。农民群众恨他们入骨，所以"千人会"的锣声一响，都纷纷行动起来了。

"千人会"的抗租斗争一开始还是用谈判的方式进行的。当时这里虽是高区，大水之后还有一收成；但是封建魔鬼的"如意算盘"已经打定，须义开仓收租的定价是原额九折，其他地主便起而效尤，一律九折收租，企图吞没农民的全部产品，所以"千人会"要求减租，代地主缴付漕赋之外还缴给地主少量地租维持他们的寄生生活。这种仁至义尽的要求竟被狼心狗肺的地主所拒绝。于是更加激起了农民的怒火，他们明白：除了武装反抗之外，再也没有出路。

正当"千人会"准备武装抗租时，毒辣的地主阶级却先下手了。王品南和宋济生到常熟城里去"报官"，逮捕了地保沈效民，从沈效民的嘴里，追出王庄"千人会"的领导人的姓名。11月23日，周天宝在苏庄聚众结盟。28日夜常熟的军警便偷偷地下乡掩捕了他，另一个农民首领杜海云闻讯出走，没有落入魔掌。周天宝是个英勇顽强的人物。开始组织"千人会"时就准备牺牲自己的生命[1]。他的坚决态度激励了群众，群众也更加拥护他。反动派满肚子打算逮捕了他使"千人会"瓦解，想不到搬起石头砸了自己的脚，为了援救周天宝，就在第二天的黎明，"千人会"发动了"打王庄"的斗争。

---

[1]　据王庄盛家桥的蔡老太（现年70岁）说，她和周天宝是亲戚，在起事前，她曾劝周天宝不要"冒险"，周天宝没有因此动摇；又据王庄的农民们说，起事时，周天宝宰猪歃血，猪不死，有人以为不祥，周天宝当众表示："要死的话，我先死。"可见他的决心。

11月28日清晨,王庄南面尤巷[1]一带的锣声敲响了,成千上万的农民拿着锄头、钉耙、鱼叉、鸟枪等武器。奔向王庄,在路上活捉了正在打鸟的王品南的外甥程老敬,"千人会"群众把他扣留起来准备换还周天宝。他们冲进王庄,王品南闻讯溜走。群众捣毁了他的家里,直打到中午,连宋济生开设的京货店和宋昌先开设的南货店也一起踏烂了。来自无锡、江阴地区的"千人会"群众越来越多了,旗帜鲜明,大书"千人大会""仁义农局"等字样。他们的队伍整齐,纪律严明,在王庄的城隍庙里组织了临时司令部,张贴起都督孙二、孙三和军师樊文涛三人联名的布告,宣布他们起义的主要目的是抗租。第二天,他们又捣毁了须义庄,须纪常狼狈地躲到乡下去了。这些胜利把邻近地区的群众进一步发动和吸聚起来,把斗争推到了最高潮。

"千人会"除了它的打击对象之外,对任何人都是好的,王庄镇的手工业工人、贫苦知识分子、商人都和"千人会"水乳交融,打成一片。像"铁匠娘舅"周阿毛为他打刀,塾师董少堂为他们写文告。比较开明的地主也没有受到暴力的打击,恶霸须纪常的哥哥须纪棠平时对农民较好,"千人会"在打烂须纪常家的时候就没有触犯连墙隔壁的须纪棠家。

"千人会"禁止抢夺财物,就是他们所捣毁的几家恶霸地主的家财,也分毫不取。

因此,"千人会"不仅有广大农民做自己的基础,而且能够获得其他下层群众的同情和支持,更壮大了自己的力量和声势。

---

[1] 尤巷在王庄镇南约三里许,即周天宝的家乡。此次我们曾到过这里进行采访。

但是"千人会"毕竟是农民群众自发性的组织，有着不可克服的弱点：第一，没有明确的政治目标，他们除了要求减租、抗租之外并没有提出更明确的反封建的纲领和口号。而且在他们之中，反封建的要求也是不一致的，有的主张抗租，有的只主张减租；有的主张发动反霸斗争；有的还主张和地主谈判。第二，没有严密的组织，人数虽然众多，但行动极为散漫。第三，没有武器和战争经验，孙二、孙三、樊文涛等虽然勇敢多谋，但毕竟未临行阵。所以当斗争发展到最高潮，势必遭敌人军队的进攻时，"千人会"在政治上提不出进一步行动的口号，在军事上也没有严密的准备，这些弱点都被躲在附近的恶霸王品南等所窥破了，他们就猖狂起来，发动反攻。

当时，王品南等一方面派遣爪牙向农民为程老敬说情，欺骗农民释放周天宝，留下程老敬的狗命。一方面派人向常熟城里官方告急。须纪常也派人向无锡军政分府哭诉。两处的军队都来了，常熟路近先到，领头的是杀人魔王常熟的军警头目钱老三，他带了几条枪船到王庄的附近；秦毓鎏也派遣配备新式武器的"锡军"到达了离王庄不远的张泾桥，他们都害怕"千人会"的伟大力量，不敢深入。直到宋济生送去情报，探明"千人会"没有枪炮之后，11 月 30 日，钱老三才硬起头皮冲进了王庄。"千人会"听到消息，毫不惧怯，准备迎敌，但是已经措手不及，没有战阵经验的群众在敌人的枪弹下，纷乱起来，少数人因此死伤，敌人遂乘隙攻入，王庄的街道狭窄，无险可守，孙二、孙三、樊文涛等立即率众向无锡境内撤退。接着无锡方面的军队，也侵入王庄；江阴方面也派兵助阵，大肆搜杀。"千人会"起义就此失败。

无恶不作的地主和资产阶级的联合势力，杀害了周天宝，追捕孙二、孙三、樊文涛等"千人会"的领袖,驻兵王庄二个多月,抢掠农民财物,淫辱妇女,犯下了滔天的罪行[1]。

尽管敌人如此残酷,农民群众始终没有屈服,敌人用尽威胁利诱的恶毒手段,追问被捕的农民说:"你们的领头人是孙二、孙三、樊文涛吗?"群众说:"不错,我们初二、初三掼糯稻。"[2]用这样巧妙的回答来掩护"千人会"的领袖。铁匠周阿毛拒绝为敌人制造枪刀,敌人也无可奈何。在群众掩护下,孙二、孙三、樊文涛始终没有被捕,他们化整为零地继续进行斗争,一直成为当地地主阶级的严重威胁。

经过"千人会"起义的打击,地主阶级被迫让步,实行减租,这是"千人会"斗争的胜利结果。

三、结　语

"千人会"起义的历史说明了一个问题,即辛亥革命没有解决中国的农民问题。毛主席教导我们,"中国的革命实质上是农民革命","中国有百分之八十的人口是农民,……因此农民问题,就成了中国革命的基本问题,农民的力量,是中国革命的主要力量"[3]。中国的民主革命如果撇开了农民,就一定不能解决中国的任何问题。要发动农民,就必须满足农民的土地要求,必须彻

---

[1]　据周阿大说,反动军队在搜捕他时,把他家里的鸡子和大米都吃光了;赵金书说,他被反动军队捉去后就和许多其他被捕的人都出了一块二毛钱才得放回家;蔡老太说,反动军队下乡强奸妇女,吓得她们都不敢住在家里。
[2]　据过望春等调查所得。
[3]　《毛泽东选集》第2卷,第685页。

底摧毁腐朽的阻碍社会生产力发展的封建剥削制度。

领导辛亥革命的资产阶级革命党人虽然提出了"平均地权"的口号，但是没有实行"耕者有其田"的具体措施。他们不敢也不愿进行彻底的土地改革，甚至采取反对的立场。这就决定了他们不愿和不能发动农民，而且敌视农民运动。因此，辛亥革命显得异常软弱，只是赶跑了一个皇帝，而封建势力并未受到严重的打击。地主阶级渐渐从恐惧、惊惶中镇定下来，转而乘机窃夺政权。软弱的中国民族资产阶级，在这个决定性的时刻，向地主阶级妥协，并联合发动对农民运动的进攻。

无锡、江阴、常熟三县的"光复"经过正是辛亥革命的缩影。"千人会"起义的遭遇也只是当时遭受地主和资产阶级镇压的全国无数农民起义中的一个罢了。毛主席说过："国民革命需要一个大的农村变动。辛亥革命没有这个变动，所以失败了。"[1]领导辛亥革命的资产阶级革命党人为什么不要农村发生变动呢？毛主席指出：民族资产阶级是具有两面性的阶级，"一方面，民族资产阶级受帝国主义的压迫，又受封建主义的束缚，所以，他们同帝国主义和封建主义有矛盾"，他们在反对帝国主义和反对封建主义上有一定的积极性。"但是又一方面，由于他们在经济上和政治上的软弱性，由于他们同帝国主义和封建主义并未完全断绝经济上的联系，所以，他们又没有彻底的反帝反封建的勇气"[2]。特别是在民众运动高潮的时候，他们就动摇起来，甚至充当反革命的助手，向革命的民众开刀。

---

[1]《毛泽东选集》第 1 卷，第 17 页。

[2]《毛泽东选集》第 2 卷，第 634 页。

辛亥革命的历史雄辩地证明：中国的民族资产阶级不愿也不能领导农民取得民主革命的彻底胜利。这一历史使命就必然地落在中国工人阶级及其先锋队中国共产党的肩上。只有中国工人阶级及其先锋队共产党，才能坚决地领导农民，团结农民，建立巩固的工农联盟进行彻底的反帝反封建的斗争，取得新民主主义革命的伟大胜利，并进一步走向社会主义的道路。王庄农民的经历，正是全国的缩影。他们经历了千辛万苦，终于在共产党的领导下，取得民主革命的胜利。什么王小七、须纪常等大小吸血鬼都一个个被打倒下去了。农民分得土地后，在党的领导下，通过合作化的道路，走进了人民公社的天堂。

王庄的农民们回忆到中华人民共和国成立前的牛马生活，就更加热爱人民公社，他们唱道：

公社如天堂，天堂在王庄，过去苦王庄，现在胜天堂。[1]

（原载《扬州师院学报》1960 年第 7 期）

---

[1]《王庄文艺》所辑《山歌》之一。

太平天国的反帝爱国精神

——纪念太平天国革命110周年

一百一十年以前,1851年1月11日,在广西紫荆山区的金田村,点燃了革命的星星之火,不到三年,燃烧到了长江流域,燎遍了中国的大地,形成了近代中国革命的第一次高涨,这就是伟大的太平天国革命。

太平天国革命是一次农民革命。地主阶级对于农民的残酷的经济剥削和政治压迫,仍然是这次革命爆发的根源。但是,它不是爆发在别的时候,而是在鸦片战争结束之后的不到十年,它不是爆发在别的地方,而是在受外国资本主义侵略最早的中国南部。显而易见,太平天国革命也是外国资本主义侵略所引起的反抗。

在鸦片战争以后,西方国家的资本主义工业品大量输入中国,使中国的小农业和家庭手工业密切结合的自然经济加速解体,使中国的广大农民加速破产,正如马克思所说:"那时就来了英国人,用武力夺得了五大商港中的自由贸易权。……中国市场上就被充满了英国和美国的便宜的机器制造品。以手工劳动为基础的中国工业,竞争不过机器工业。于是稳固的中国就遇到了社会危机。"[1]这个危机首先发生在遭受外国资本主义侵略较早

---

[1]《马克思恩格斯论中国》,第212—213页。

的华南沿海地区。

由于外国资本主义的侵入,鸦片战争后国内的封建剥削也加重了。清政府在战争中消耗了大量军费,战后又负担巨额的赔款,加之外国鸦片和工业品开始大量输入,中国白银不断外流,造成严重的银荒现象。清朝统治者为了填补战争赔款及对外贸易的亏额,便加重对农民租赋的剥削,而各级地方官贪污勒索现象,又日趋严重,也正如马克思所说:"旧捐税更加繁重而难以担负,旧捐税外又加上新捐税。"[1]这种情形,必然促使农民反抗清朝统治的斗争更加尖锐,特别是在受到侵略最早、清朝的反动统治削弱得最厉害的华南地区,已经成为农民革命爆发的火药库。

所有这些,都证明了马克思的著名论点,即"引起风潮(指太平天国革命——引者注)的直接原因显然是:欧洲人的干涉,鸦片战争,因鸦片战争所引起的现时国家制度之震动,银子外溢,因外货输入所引起的经济平衡性之破坏以及其他等等。鸦片不曾发生催眠的作用而倒发生了惊醒的作用"[2]。确是这样,外国资本主义、帝国主义侵略中国越厉害,中国人民的反抗越强烈,这个近代中国历史的辩证的法则,已经被鸦片战争激起太平天国革命的事实所体现出来了。

太平天国革命并没有打到外国的领土上去,太平军也并没有开罪过任何一个外国人。太平天国的领袖们一直坚持平等的外交关系,一直要求所有各个外国在太平军和清朝军队的战争中严守中立,不干涉中国的内政。他们也欢迎外国和中国进行公正通

---

[1]《马克思恩格斯论中国》,第42页。
[2]《马克思恩格斯论中国》,第171—172页。

商。他们非常有礼貌地接待过英、美等国派往太平天国地区"访问"的官员，把这些人叫作"洋兄弟"。然而太平天国的所有这些努力都没有能够丝毫改变西方资产阶级干涉中国革命的政策，等到准备一成熟，他们就公开撕掉了伪装的"中立"面具，除用自己的军队参战之外，还大规模武装中国的反动派，组织了数以万计的"洋枪""洋炮"队向太平军进攻。

西方资本主义国家为什么要进攻太平天国革命呢？马克思说明了这个道理。他写道："当英国引起了中国革命的时候，便发生一个问题，即这个革命，过些时候，对于英国以及——经过英国——对于欧洲会发生什么影响？这个问题是不难回答的。""我们常常叫读者注意1830年以来英国工业空前发展的情形。当时在最惊人的兴旺当中就已不难看出若干日益迫近的工业危机的明显征兆。……如果有一个大市场忽然缩小，则危机之到来必然加速。而现时中国的起义，对于英国正有了这样的影响。"[1]"中国革命将把火星抛到现代工业制度的那装满着炸药的地雷上，并引起早已成熟了的总危机的爆发，这种危机，当它传播到英国国境以外去的时候，就会直接在欧洲大陆上引起政治革命。"[2]反动的西方资产阶级，便竭力扶助风雨飘摇中的清朝，悍然出兵干涉中国的内政，屠杀了成千成万的中国人民，绞杀了太平天国革命。毛主席指出："帝国主义侵略中国，反对中国独立，反对中国发展资本主义的历史，就是中国的近代史。历来中国革命的失败，都是被帝国主义绞杀的，无数革命的先烈，为此而抱终

---

[1]《马克思恩格斯论中国》，第43—44页。
[2]《马克思恩格斯论中国》，第48页。

天之恨。"[1]太平天国的历史，正说明了这个事实。

太平天国是怎样对待西方资产阶级的武装干涉的呢？在用谈判、劝告等和平方式未能阻止西方资产阶级的进攻之后，太平天国革命的英雄们毫不犹豫地立即用革命的暴力来反对反革命的暴力，英勇地反抗外国侵略者的进攻。当 1860 年李秀成在苏州接到美国强盗华尔所组织的"洋枪队"在松江地区蠢动的警报的时候，他马上拔剑而起，痛骂一声"洋鬼子"，挥兵直杀到上海的近郊，接连两次歼灭了这支国际劫掠队。1862 年李秀成再次向上海进军时，吓得美英法侵略者躲在租界里不敢出动，连清朝的反革命军阀也承认"夷人之畏长毛，实与我同"（左宗棠语）。凶恶无比的美国强盗华尔最后成了太平军的刀下鬼。他的副手另一个美国强盗法尔师德做了太平军的俘虏。1863 年，金坛一战，英国强盗戈登身受重创，他所指挥的"常胜军"实际是太平军手下的常败军。指挥"常捷军"的法国强盗勒不勒东、买试勒都在浙江被击毙，日意格也曾经被太平军所击伤。所有这些，都说明了仗着"洋枪""洋炮"向中国人民疯狂进攻的外国资本主义侵略者被手持长矛大刀的太平天国革命军打得落花流水的事实。太平天国重创外国干涉者的历史，证明了美英法强盗及其走狗都是可以击败的，真正有力量的是中国人民。虽然太平天国所以在最后失败，是由于农民阶级的局限性，以及在当时历史条件下还不可能得到无产阶级坚强的领导，以致不能够在最后战胜内外反动势力的结果。然而，必须指出，太平天国革命的失败，毕竟是由于资本帝国主义者所绞杀的。

---

[1] 《毛泽东选集》第 2 卷，第 651 页。

　　太平天国革命虽然失败，这不过是中国革命的暂时挫折。奴役中国的帝国主义及其走狗是反动的，它们终究要灭亡；反对帝国主义及其走狗的中国人民是进步的，终究要赢得胜利。太平天国虽然失败，中国人民的爱国主义精神是永远不灭的。在太平天国之后，义和团奋起反抗帝国主义的侵略。义和团运动失败了，继之而来的是资产阶级领导的反对帝国主义走狗清朝的辛亥革命。由于中国民族资产阶级的软弱性，他们不能够领导中国的民族民主革命取得胜利，所以辛亥革命也失败了。1919年的五四运动揭开了中国无产阶级所领导的新民主主义革命的序幕。1921年，"中国产生了共产党，这是开天辟地的大事变"[1]。从此中国人民在中国共产党的领导下，以马克思列宁主义为武器，"第一仗打败了帝国主义的走狗北洋军阀，第二仗打败了帝国主义的又一名走狗蒋介石在二万五千里长征路上对于中国红军的拦阻，第三仗打败了日本帝国主义及其走狗汪精卫，第四仗最后地结束了美国和一切帝国主义在中国的统治及其走狗蒋介石等一切反动派的统治"[2]。"我们现在正处在帝国主义制度进一步地加速崩溃、全世界人民的胜利和觉醒不断地向前发展的伟大新时代"[3]。太平天国革命时期，美英等资本主义强盗横行霸道、压迫中国人民的历史，已经一去不复返。今天，亚洲、非洲、拉丁美洲各国人民反对帝国主义的怒潮，正以风起云涌之势，一天天地高涨。全世界人民最终埋葬帝国主义制度的日子，已经愈来愈接近了。

（原载《光明日报》1961年1月5日）

---

[1]《毛泽东选集》第4卷，第1518页。

[2]《毛泽东选集》第4卷，第1518页。

[3]《列宁主义万岁》，《红旗》1960年第8期，第27页。

辛亥革命时期江苏光复情况简介[1]

　　1911 年 10 月 10 日武昌起义的枪声震撼了全国,江苏的局势立即发生了急剧的变化。这里的官方向北京清廷的告急电文说:"苏省自闻鄂警,市面颇为岌岌。近闻车站、电局均不用官局钞票,且排拒龙圆,只收英洋。似此举动,诚恐扰乱现状,牵动全省市面。"镇江"现洋一空,织户万人停机待食,势将酿事"。"沪市危迫,朝不保暮。鄂乱虽只一隅,而风声所布,全国震动,危象迭见。鄂事吃紧,政府正在全力注重军务,惟上海为商务枢纽,金融状况又为国家人民命脉所关,万一力尽溃决,长江一带不待暴动,已无善地。各国领事已分电驻京公使,请赐维持。"[2]有人记苏州的情形说:"此间金融仍无流通望。机匠已什百成群,铤险可虑。"[3]这里的大绅士大商人"尽一切办法","以十五万元由晋生、永丰、永生三庄担任流行票维持市面;以五万元筹备现洋,设一临时质缎局陆续应质,接济织机"。他们连夕会议,商量这些解救"眉急的方案"[4]。其他各地的情形也同样严重。有个江阴人写道:"彼时最棘手者是

---

[1]　本文集编者按,此文发表时,作者署名"扬州师范学院历史系中国近代史乡土资料调查队",篇后注"祁龙威执笔"。

[2]　程德全:《抚苏电稿》第十册。

[3]　叶昌炽:《缘督庐日记钞》辛亥年九月初二日记。

[4]　清末苏州商总会档案。

地方财政。金融机关已完全停顿，内外汇划不通，市上银元绝迹，仅有少数的铜元、银角流通，维持零星买卖而已。纵有公共机关平时储存生息，到此时也是一概调拨不通。""最难处理的是军事。江阴……有江防，有要塞，有常驻的湘军。彼时之军饷已断，发饷之日期已届，军心浮动，军官彷徨。"[1]同时，人心反清，到了极点，官方披露："前日上海时事报馆登载革军战败一条，即时有千百人前往攻诘。人心如此，良可慨痛。""自武昌失陷，苏省人心惶惶，谣言四起，既虑革党之抅煽，又防伏蛮之窃发。""溧阳县……监犯反狱脱逃四十六名，并拒伤弁勇。""丹徒县监犯时思蠢动……察视镣已有砍断者。"镇江"张镇所留探员方悬芝，在三十八标二营兵士所驻竹林寺中发现军火，恐子弹到手，黉夜扑城"[2]。

　　革命风暴来临的时候，江苏的清朝官吏已经无法对付当前的这种严重局面了。两江总督张人骏和江宁将军铁良已经准备带着眷属逃命，有不少文武官员也在作逃跑打算。江南提督张勋是企图顽抗的：他仗着手下的一支几千人的反革命军队，又认为有津浦铁道做退路，打赢了好保全清朝的"东南半壁"，自己做曾国藩第二；打输了也好大抢一下，北逃了事。这期间，以江苏巡抚程德全的态度最为狡猾。他既不准备逃跑，把地方和政权交给别人；也不准备负隅顽抗。因为他善观风色，知道这样干是不济事的。当他接到武昌起义的警报之后，他一方面紧紧抓住江苏的反动政权，全力镇压人民的起义；一方面和豪绅张謇等勾串起来，再三怂恿清廷立宪，以抵制革命。但是时势发展得很快，等不到他们在

---

[1]　章砚春：《江阴光复记》。

[2]　《抚苏电稿》第十册。

"立宪"一题上大做文章,江苏的革命已经是箭在弦上了。上海是当时革命党活动的中心。这时上海的"光复"已经成熟。如果上海的制造局、吴淞口等被革命军所掌握,那么长江下游清朝的水陆两军,便断了军火物资的补给。新军第九镇驻守在南京、镇江等地,正在准备响应革命。武汉和上海的革命党人已经分头到江苏各地进行活动,如武汉派遣的苏良斌,上海派遣的柏文蔚、章梓都到了南京;李竟成从上海到了镇江;柳成烈、张通兴从上海到了苏州。他们联络的主要对象是工商界出身的知识青年、军队和汉族的官绅。程德全和他的部下看到这种情形,知道清朝大势已去,用他们自己的话来说就是"知军国之事,已无可为"[1],江苏的"人心思乱"[2],如果他们要想在苏州公开顽抗,必然要遭受来自上海和镇江的革命军的夹击;苏州的新军一标,虽经程德全的事先布置,他自信"尚属可靠"[3],然而听他话的只是一些高级军官,多数士兵还是掌握不住,一旦发生战事,弹药军饷不继,兵变的可能性是很大的;最使他们感到害怕的是苏南新遭大水,各地的民变蜂起,战事一发生,便给农民手工工人等广大劳动群众以起义的大好机会,苏南的反动秩序便会立即瓦解,地主和资本家都将葬身在人民革命的怒涛之中。

对于人民大起义的恐怖情绪,是江苏的地主资本家所共有的,一册常熟地主的日记说:"至目前切迫之事,为家乡治安问题。饥馑之后益以世变,无业游民乘机窃发,恐所不免。"[4]无锡有个

---

[1]　朱熙:《云阳程公六十寿序》,《云阳程氏家乘》卷二。
[2]　《抚苏电稿》第十册。
[3]　《抚苏电稿》第九册。
[4]　徐兆玮:《棣秋馆日记》宣统三年九月十四日记。

资产阶级分子后来也说："初无锡之未复也，士大夫恐骤发难，地匪或乘机勾外盗，扰害地方。"[1] 连当时的资产阶级革命党人也是这样想的。例如同盟会员秦毓鎏在无锡起义，对"怙恃兵众，负固不服"的清朝无锡知县孙友蓂，不首先发兵进攻，却把主要兵力去"巡行道路，用靖地方不轨"[2]。另一个革命党人林述庆在镇江部署起义时，第一条措施就是派兵"保持租界治安，严防失业机匠作乱"[3]。他们很怕工农运动；他们幻想得到一些表面比较"开明"的官绅的"合作"，实现"和平光复"。当然这就给了封建买办势力以破坏革命的机会。

在上湖"光复"的前夜，苏州的大地主大商人已经大肆活动。张一麐、潘祖谦等在革命党与程德全之间往来游说，拉拢双方"合作"，实行"和平光复"。程德全也派遣他的爪牙朱熙等到上海试探革命党人的态度。上海的某些革命党人正在害怕程德全的兵力，现在听说程德全有倒向革命的"默契"，他们都喜出望外地幻想得到他的"合作"。

当革命党人在上海发难的时候，正在观风的程德全尽管内心焦急到废寝忘食，但是表面上却装得很镇静，"态度殊从容，署内外防卫不异平时"[4]。他连续接到了上海道刘燕翼的"告急"电报，但他并不发兵到上海去进攻革命党，也不逮捕业已被他发觉的埋伏在苏州的革命党人，以便向革命投机。同时，他仍旧指示刘燕翼勾结上海的各国领事，将革命"妥为解散"；并仍和北京清

---

[1]　钱基博：《无锡光复记》。

[2]　《无锡光复记》。

[3]　林述庆：《江左用兵记》。

[4]　参据尚秉和：《辛壬春秋·江苏篇》及程德全次子程世模口述。

廷电报往来,以留下自己的退路。直到上海已经"光复",苏州的局势到了非变不可的时候,程德全才于 11 月 5 日在苏州宣布脱离清廷而"独立"。

苏州"和平光复"的一幕,是这样演出的。事前程德全和各方面都已经联络好了。他召集官属开了一次会,除左宗棠的后人江苏藩司左孝同等少数人反对脱离清廷之外,其他官员都赞成程德全的主意。在苏州"光复"的那一天早上,按照程德全的布置,驻在城外的军队,"袖缀白布",先后进城,再达巡抚衙门,"要求"程德全宣布"独立",并"推戴"程德全做"中华民国军政府江苏都督"。程德全表示"无可如何"而接受了。于是在全城拔去了龙旗,插上了白旗。为表示革命必须破坏起见,用竹竿挑去了巡抚衙门的几片檐瓦,这样苏州就算是"光复"了[1]。

"光复"后的江苏省都督府,是由以下一些人组成的,都督程德全是原来清朝的江苏巡抚,巡警道蒋懋熙、财政司长应德宏、司法司长江绍烈等都曾任清朝司道;统带军队的是刘之洁、章驾时、朱熙等人,都是原来清朝的武官。可见这个"新政权"仍然掌握在一批旧官僚的手里。

江苏都督府的一切"紧急措施",都是为着保护半殖民地半封建社会的反动秩序的。程德全首先传檄各府州县官学他的模样,紧抓住各地的反革命政权,"仍照常办事,毋庸稍涉疑虑"。同时要竭尽全力镇压人民的起义,"迅速会同绅商各界,筹议组织民团,俾与军队联络声势,保卫治安。如有大帮匪徒乘机骚扰,妨害

---

[1] 参据《辛壬春秋·江苏篇》、郭孝成:《江苏光复纪事》、孙筹成:《苏州光复的回忆》及钱伟卿口述。

安宁,立即报告本都督府,当随时派拨兵队前往剿办"[1]。他将挂着"革命"旗帜的军队,去进攻人民的革命,朱熙《云阳程公六十寿序》一文曾经代他招供了这些罪状:"时苏常各属假托名义,揭竿图掠者,日有所闻。公简劲旅四出,相机剿抚,不旬日而乱定。"对于中国人民的最凶恶的敌人帝国主义,程德全是竭力保护的。他的第一道告示即宣称:"外人相处以礼,一团和气不侵。"又颁布了"伤及外人者斩"[2]的军律。他严令广大人民,连一件自卫的武器都不能保有。如果"私藏军火,军法应干斩决"[3],但同时却把大批武器发给各地地主商人所组织的"民团"和"商团",以加强反革命的武装力量。苏州商务总会留下的档案里,就有大量关于这方面的记载,兹摘录几条为证:

宣统三年九月十九日致军政府函:

> 城内商团现已组合两中队,日夜巡防,应需枪械,请给五响紧口毛瑟快枪二百五十二支,公举商团代表邹宗淇、叶赞元面领。

同年十月初五日致督练公所函:

> 今据陈墓镇商团代表金纪常、丁鹏、王兰舫等缴价请领来福枪十支、火药五十磅、铜火两千颗、子药三十斤,又林明墩子弹五百粒,以备该镇团防应用。

---

[1] 南京博物院藏程德全给各府州县的通令。
[2] 《江苏光复纪事》。
[3] 南京博物院藏《程德全布告》。

同年十月初九日致督练公所函：

> 据昭文县梅李商务分会牒请代为具领来领福枪二十
> 支，并火药五十磅、铜帽二千颗、铅子十斤，以备该镇商团
> 应用。

经过程德全等这样在苏州搞"和平光复"的结果，这里的反革命政权的性质是丝毫未变，反动的社会秩序是原封未动。帝国主义分子和大地主大商人的利益得到了保护，人民起义遭受了镇压。苏属的地主豪绅们都异口同声歌颂程德全的"功德"，有人写道："此间秩序整齐，皆食雪楼（程德全字——引者注）先生之福。然崔蒲时有不靖，莠民亦肆谣言，倘当事稍一迟回，几何而不为皖省也。"[1]他们指使小儿们唱道："苏城光复苏人福，全靠程都督。"[2]

继苏州之后，不少苏南北州县也都"和平光复"了。常州是"市面毫无动静"[3]，松江是"市面安堵如常"[4]，太仓是"人心异常安靖"[5]，奉贤是"市面照常"[6]，川沙是"全境翕然无事"[7]，丹阳是"地方获庆安谧"[8]。据说吴江只劈去了一颗清朝县官的

---

［1］《棣秋馆日记》宣统三年十一月十二日记。

［2］苏州胡觉民口述。

［3］郭孝成:《江苏光复纪事》。

［4］《江苏光复纪事》。

［5］《江苏光复纪事》。

［6］《江苏光复纪事》。

［7］《川沙县志》卷二十三《故实志》。

［8］《丹阳县续志》卷八《兵事》。

印信[1]，江阴枪毙了几个监犯[2]，其他没有什么变动。各地掌握政权的人，南通是张謇；如皋是当地巨绅沙元炳。常州军政分府都督虽由同盟会员何健充任，但实权仍在绅士的手里[3]。江阴的政权落入地主兼资本家吴增元的手中，民政、军政两长还是由原任清朝的江阴的文武官员连任[4]。常熟的新政权操在绅士丁祖荫等手中，原任清朝的文武官员继续掌握着一部分实权，而无锡、松江，尽管由同盟会会员秦毓鎏、钮永建出任新政府的主脑，但在新政府内部都混入了一些反革命的角色。有些参加新政权的比较激进的资产阶级革命党人，如常熟的庞檗子，因"得罪"了原来的清朝知县（翁有成，民国的常熟司法长）竟被哄走[5]。被称为"庞吠不惊"[6]的某些州县的"光复"，就是这样不彻底的。

由于一些反革命分子混入了新政府，因此，他们就利用新政府的名义，扩充武装力量。请看《常熟民政署报告》的部分纪录：

　　　　呈都督，请领前膛枪分给城镇乡团防。（辛亥十月初
一日）

　　　　呈吴淞军政府，任阳镇领枪，请给护照。（初三日）
　　　　呈吴淞军政府，徐市黄炳元领枪，请给护照。（初四日）
　　　　呈请上海民政总长，南乡团防请给护照。（初八日）

[1]　吴江费璞庵口述，他是吴江光复后的第一任民政长。
[2]　据江阴郑志先口述，他是同盟会会员，光复江阴的当事人之一。
[3]　顾峤若：《常州辛亥革命事略》。
[4]　《江阴光复记》。
[5]　萧蜕：《庞檗子传》及《棣秋馆日记》宣统三年九月三十日。
[6]　《辛壬春秋·江苏篇》。

呈请上海民政总长李,浒浦、梅李孙志英等购办手枪,请给护照。(十二日)

呈沪都督,东城乡请领枪弹。(十三日)

照会沙洲钱名琛等,办团自卫。(十四日)

呈沪都督,白茆冯华奎备价领枪。(十八日)

正在这时,渴望摆脱封建枷锁的广大农民,到处燃烧起农民反封建的火焰。

就在苏州邻近的无锡、常熟、江阴三县边区爆发了波澜壮阔的"千人会"起义。"千人会"是农民自发性的反封建组织。它出现在"光复"前夜苏南大水的时候;辛亥革命加速了它的发展。三县边区方圆二十里范围内的农民都纷纷参加了这个组织。"千人会"的主要领袖是佃农做裁缝的孙二、孙三兄弟俩,还有贫苦塾师樊文涛。孙氏兄弟打得一手好拳棒;樊文涛足智多谋,略通文理。周天宝和杜海云也是这个组织里的积极分子。"千人会"的斗争锋芒针对着三县边区的一小撮恶霸地主,实行武装抗租。11月28日,常熟军政府掩捕了"千人会"领袖之一周天宝,就触发了这次大起义。在第二天黎明,"千人会"的武装群众像潮水般奔向三县边区的地主堡垒王庄。他们大快人心地把王庄乡董王品南,地主宋济生、宋昌先、须纪常等的住宅、义庄、仓房等踏烂了,在大街上张贴起都督孙二、孙三和军师樊文涛的联衔布告,宣布他们起义的主要目的是抗租,把群众进一步发动起来。"千人会""打王庄"的斗争,震动了三县的地主豪绅。混入三县新政权的反动分子都派兵镇压这次起义。

在携带新式武器的三县军警的进攻之下,"千人会"损失很大,孙二、孙三、樊文涛率众向顾山一带撤走了。他们化整为零,继续斗争,坚持了很久,充分表现了农民革命的坚韧性。这次起义虽然失败。但也取得了相当胜利,迫使当地地主向农民让步,减收"半租"[1]。

"千人会"事件,仅仅是当时苏南无数农民起义的一例;在江阴,发生过苏士桥农民火烧章义庄的斗争[2],在无锡,发生过新安乡农民捣毁张家仓房的斗争[3],常熟发生过支塘和大义桥农民的聚众抗租[4]。正如常熟民政长丁祖荫所说的:"乡民相率抗租,秩序岌岌不可保。"[5]但这些起义结果都是被各地的地主豪绅以"除暴安良""维持秩序"为名镇压下去了。

与苏州等地"和平光复"的同时,在南京、镇江地区,革命党人策动新军第九镇举行了起义,在苏北地区爆发了大规模的自发性的兵变和民变。

新军第九镇辖十七、十八两协。镇司令部统十七协驻南京,辖三十三、三十四两标。十八协司令部统三十五标驻镇江,所属三十六标驻江阴。全镇合马、步、炮、工、辎重各营约一万人。新军的士兵多数是失业破产的农民和手工工人,具有强烈的革命性。它的中下级军官一直到正副目,很多是受过资产阶级民主主义思想影响的知识青年。自革命党人赵声任三十六标教练、三十

---

[1] 本调查队:《辛亥革命时期无锡常熟江阴边区农民起义调查记》,载《扬州师院学报》1960 年第 7 期。
[2] 郑志先口述。
[3] 《无锡光复志》。
[4] 《常熟民政署报告》。
[5] 丁祖荫:《一行小集》。

三标标统等职后，就在第九镇中散布了不少革命的种子。

武昌起义后，三十六标从江阴移屯镇江，分一个营驻南京，直属于镇司令部。于是南京新军以步兵七营合骑、炮、工程、辎重等营共六千余人与铁良的旗兵、张勋的江防营、王有宏等的巡防营、胡令宣的徐州镇标等旧军约万人相对峙；镇江新军步兵五个营约二千五百人与京口副都统载穆所统的旗兵、江防营、巡防队、象山炮台守军等旧军约四千人相对抗。另有分驻镇江南京间的盐枭出身的徐宝山部新胜营水师几个营，则摇摆在革命与反革命之间，企图乘机扩张自己的势力。

在第九镇的高级军官当中，有不少人是反对革命的。各营管带之中，有倾向与反对革命的两种人。队官以下则倾向革命的人就比较多了。受武昌起义和各地响应的影响，加上革命党人的活动，第九镇的起义已经到了一触即发的时候。新军虽比敌人的人数少，但战斗力远比张勋等部下的反动军队为强；何况响应革命，兵以义举，得到人民的支持，胜利本来是可操左券的。但是当时在南京、镇江一带活动的某些革命党人，并没有依靠人民彻底消灭敌人的打算，而把希望寄托在南京绅商仇涞之等向总督张人骏、将军铁良的游说，希冀实行"和平光复"。他们在新军之中，也没有深入到具有强烈革命情绪的士兵和下级军官中去，进行宣传和组织工作，做好起义的准备；而注重于争取高级将校的工作。当时犹豫动摇的九镇统制徐绍桢，虽然没有公开抗拒革命的洪流，但他暗中部署，企图撤换一批比较激进的军官，并借口顾虑"糜烂地方，殃及人民"，"始终持重"，"犹豫不发"[1]。这样，就使

---

[1] 谌秉直：《辛亥革命江苏起义回忆录》。

第九镇的倾向革命的广大将士,处于群龙无首的局面,并失去了起义的有利时机。徐绍桢对于张勋对新军的逼迫是一让再让,他缴出了全军的子弹,仅留每人五发,又退出了南京城,把主力移屯秣陵关以免新军在城举事;甚至保护张勋派来的间谍,算是"文明对敌"[1],这无疑是把九镇新军放在敌人的俎上,听候屠刀的宰割。在南京活动的革命党人苏良斌等看到张勋等气势汹汹,"和平光复"的幻想已经破产,才决定于11月7日午夜,策动一部分巡防营士兵在城内起义,并密告徐绍桢,盼望他率部响应。这时上海、苏州、常州等地"光复"的消息已经传到第九镇军中,鼓舞了士气,再加张勋部下的一再挑衅,使官兵们"益怒不可遏,一夜之中,枪剑军刀,均自行开口",连徐绍桢也不得不表示"赞成"起义了。但由于徐绍桢的态度犹豫和行动迟缓,所以苏良斌等在城内的起义,没有得到九镇新军的及时赴援而迅速失败。9日,徐绍桢下令进攻雨花台,新军虽无枪弹,但士气旺盛,几次呐喊冲锋,终因敌人炮火猛烈,伤亡过重,经过一昼夜的苦战而失败。徐绍桢发令退屯镇江待援,实则他自己已经弃军逃到上海去了。幸而在这时,镇江的新军已经得手,李竟成、林述庆等"光复"了镇江。

李竟成,扬中大路镇人,世代是农民。少年时与赵声同窗读书,以后追随赵声参加同盟会,亲历黄花冈之役。赵声死后,他返归江南。武昌起义后,上海同盟会总部派他回镇江设机关部于城外的三益栈,与各军秘密联络,策动响应。

林述庆是新军三十六标第三营的管带,和赵声、柏文蔚等都有关系,武昌起义后,也受同盟会的密令,进行活动。

---

[1]《江苏光复纪事》。

他们的活动也是一面争取清军响应，一面联络地方士绅，希图"和平光复"；对于劳动群众的起义，则没有予以积极支持。驻镇新军中的一部分正副目高骞、胡抱一等对革命有很大热情。经过李、林和他们的一番努力，把镇江的各支驻军，除旗兵外，都先后争取过来了。

镇江的旗兵系八旗的六、七两甲，都是蒙古籍，约一千五百人，虽然配备武器甚夥，然因过着长期的腐朽生活，士气低落，毫无斗志，特别是因为他们长期欺压人民，为镇江人民所切齿，一旦与新军交战，被消灭是可以肯定的。京口副都统载穆眼见大势已去，镇江的炮台、险要等战略据点又已被革命党所控制，一支支驻兵都已呼唤不灵，旗兵内部人心涣散，就是要想作困兽斗，发动一场绝望的战争，也是不可能了。于是他顺水推舟，接受革命党的通牒，由镇江绅商居中作保，以保全旗营生命财产为条件，向革命党缴械投降。其他清朝的官吏早已逃散，于是镇江就在 11 月 7 日也是不发一枪一炮而"和平光复"了[1]。

镇江的"和平光复"是在革命党人掌握着占优势的武装力量的基础上实现的，因而与苏州的情形不同。"光复"后的兵权是在革命党的手中，林述庆开府建号为镇军都督，不受程德全节制。但是，他们并未发动工农群众起来粉碎这里的半殖民地半封建的反动秩序，反而把"光复"后的地方政权交给豪绅杨振声等掌握，所以镇江的革命还是和苏州等地的情形一样，仅是推翻了清朝的统治。镇江一"光复"，长江中下游的清朝海军舰队已

---

[1] 参据李良庚、王幼丞、严奉之的口述和高骞回忆录，李良庚是李竟成的堂兄弟，参加过光复镇江的活动。王幼丞是三益栈的小老板。严奉之是蒙古族人，驻镇江八旗兵的后代。

成瓮中之鳖，便纷纷向镇江军政府投效，革命声势更盛，南京日益孤立，与镇江一江之隔的淮扬各地的"光复"，也提到日程上来了。

武昌起义后，两淮地区政治局势的特点是革命党和清政府的力量都比较薄弱，在全国革命高涨的影响下，爆发了大规模的兵变和民变。

11月6日，爆发了震撼苏北的"清江兵变"。这是由十三混成协所发动的。十三协是袁世凯训练起来的北洋军的一支，受江北提督段祺瑞统辖，全军六千多人。出兵的成员复杂：有从北洋来的旧军；有从徐海地区招募的新兵。后者大部分出身农民和其他贫苦人民。这次兵变是士兵们对清廷忿恨情绪的发泄；也是受资产阶级革命影响的中下级军官从中策动的结果。在武昌起义前早已酝酿；武昌起义后，段祺瑞调往湖广，新任提督杨慕时尚未到官，十三协由淮扬海道旗人爽良兼管。11月4日，十三协辎重营的一部分士兵首先进攻道台衙门，把爽良赶跑了。5日傍晚，全协士兵发动起义。第二天黎明，进攻清河县城。清朝的文武官吏被迫开门迎降。士兵们打开了裕宁官钱局和各个钱庄、当铺，走进一些地主富商的家里，把财富分给贫民，并向他们宣告，"年来迭灾，尔等苦甚，而官不之顾，今当以其得者各自振抚之"。但由于士兵们缺乏明确的政治目标，最后都散走了。这次兵变，摧毁了清朝在清江的统治机构，打乱了这里的封建秩序[1]。离开清江不远的淮安也大受震动，到处燃烧起农民起义的火焰。在淮

---

[1]《江苏光复纪事》，《清河县志》卷十六。许榮臣：《清江浦失陷始末记》。

安城北河下镇的农民首先行动起来,大伙儿分取地主富商家的粮食[1]。城东刘伶台、落伽山,城西大五庄等地的农民起而响应。打击地主富豪的暴动,是"无日无之"[2]。落伽山农民起义的声势尤为浩大,曾经击溃了山阳的地主团练,击毙了他们的指挥官[3]。继清江兵变之后,在扬州,爆发了以孙天生为首的"定字营"兵变。孙天生原来是扬州的手工工匠,被迫失业而成为游民,因反抗清朝而流浪江湖,和同盟会接了关系。武昌起义后,他以革命党"坐探"的身份回到扬州,利用原来的秘密社会关系,积极鼓动驻军酝酿起义。11月7日,就是镇江"光复"的那一晚上,孙天生发动驻在扬州城南静慧寺的"定字营"部分士兵,杀官起义,鼓噪入城。盐运使旗人增厚听到枪声,慌忙穿窬而走;"一府两县"也各谋生路。在几个小时内,像一阵狂风似的摧毁了清朝在扬州的全部统治机构。当晚,孙天生把盐运使署的库银分给了军队和贫民,并把大清银行打开;散钱满地,招呼贫民任意拾取;又下令放走了江都、甘泉两县的狱囚。扬州的老人们至今还唱道:"扬州城,新旧十二门。9月17日来了一个孙天生,鼓三更,进衙门,库银元宝四下分,打开监狱门,放走众犯人,宣统江山坐不成。"生动地描绘出当时事变的情景。次日天明,孙天生以革命军府扬州都督的名义,发表了大快人心的文告,通令人民安居乐业,"三年不完粮","诸捐杂税全免",还禁止奸商抬价:米每石价不得超过三元(时已超过七元),猪肉每斤百文。……这个文告代表了扬州下层群

---

[1] 据当地玛洪文等口述。

[2] 淮安徐锦芝口述和汪纯青:《辛亥淮安光复纪实》原稿。

[3] 《辛亥淮安光复纪实》。

众的要求[1]。在"清江兵变"和扬州孙天生起义的直接影响下，东台也发生了以刘凤潮为首的缉私营兵变；泰州、兴化、盐城、阜宁各县的清朝防军都跃跃欲动[2]；淮北的板浦、海州等地出现了大股人民武装"啸聚数千"，"揭竿起来"控制海州的龙沟一带，声势浩大[3]。徐州府属的丰县、沛县、砀山等县都被人民起义军所攻占[4]。两淮广大地区的反动统治在自发性的民变和兵变打击下，陷于瓦解状态。

面对这种情形，当地的封建反动势力竭力进行挣扎。清江的地主商人勾结十三协的一部分反动军官，捧出袁世凯部下的骨干十三协参议蒋雁行做江北大都督，原住江北提督杨慕时做民政长，宣布"清江光复"，"纠合旧巡防军队四出镇慑"，企图稳定业已动摇的反动秩序[5]。但是，据淮北盐商向镇江军政府的"告急"书中所说"清江名虽独立，糜烂已达极点……所有军队两三营，心志不一，颇不可恃"[6]云云。《辛壬春秋》也说："都督蒋雁行无力统驭，以故江北糜烂为江苏最。"所以淮扬各地的官绅纷纷向江南的资产阶级革命党人"告急"。扬州的盐商代理人方尔咸、周树年等，得到镇江军政府的许可，招引新附革命的清军统领徐宝山到

---

[1] 关于扬州孙天生起义的资料文献已发表过的有扬州张羽屏、周无方两人的回忆录。未发表过的有吴佩：《扬州辛亥革命事略》和钱伟卿的回忆录，还有很多口头资料。

[2] 《辛壬春秋·江苏篇》、任冶丞：《兴化县光复纪略》和周梦庄：《辛亥盐城光复记》。

[3] 《江左用兵记》和辛亥十月初二日《申报》。

[4] 《辛亥革命》第七册《江苏民清军交战清方档案》。

[5] 《清河县志》卷十六《杂记》。

[6] 《江左用兵记》。

扬充当他们的保护人。徐宝山（一名怀礼），本里下河的盐枭头目。一度附会康梁变法，传檄反对那拉氏政府。1900 年，为防止义和团运动在东南蔓延，两江总督刘坤一，招降徐宝山，收编他的羽党成为"缉私营"。他和方尔咸等早有勾结，垂涎扬州的盐税已久。武昌起义后，徐宝山顺风转舵地归附了革命党人李竟成，以获得扬州的地盘为交换条件。当时革命党人是反对苏北人民的自发性起义的。他们支持原来的反动势力，把革命拉回到"有秩序"的范围里去。于是由镇军都督林述庆发令，李竟成亲带徐宝山的徒子法孙组成"决死队"渡江进攻孙天生。在孙天生起义后的第三天，徐宝山、李竟成率军侵入扬州城，以"假革命"的罪名，逮捕和杀害了孙天生及其军民七十余人。从此徐宝山便由扬州绅商拥戴，经革命党认可，成立"军政分府"，并扩大兵力，攻下泰州、东台、兴化等产盐和屯盐地区，稳定了扬州八大盐商的危局[1]。

当林述庆派出的另一支臧在新支队在北上"光复"清淮途中，淮安发生了周实、阮式被杀事件。原来，在武昌起义后，周实、阮式都返归淮安，策动响应，组织当地的一部分中小学生和回来的旅外学生，以"维持治安"为名，成立"巡逻队"，周、阮分任正、副队长。在"清江兵变"和农民起义的惊涛骇浪中，淮安知府刘名誉已卷款潜逃，留下山阳知县姚荣泽和豪绅阮师凝、顾震东等在进行挣扎。他们竭力反对农民运动，在这一点上，是和周实、阮式等革命党人的态度一致的。周、阮率领的"巡逻队"，即充当了地主团练镇压农民运动的配角。但是这里的封建官绅是反对资产阶级革命的，他们表面和革命党人"合作"，实际却在寻找时机，

---

[1]《江都县新志》卷七《徐宝山传》和扬州戴酉士口述。

阴谋一举扑灭革命势力。11 月 14 日，淮安宣布"光复"。姚荣泽并未交出政权，淮安并未成立新的政府。11 月 17 日，姚荣泽突然派兵惨杀周实、阮式，并解散了他们所领导的"巡逻队"；响应周、阮而准备在城郊起义的农村会党首领徐寿春等也被捕杀。11 月 18 日，臧在新带的镇江革命军到达淮安，质问周、阮被杀事件。反动官绅受到蒋雁行的庇护，臧在新也就含糊了事。镇江"民军"在淮安并未打击封建反动势力，却帮助蒋雁行镇压人民起义，使清淮地区的农民运动遭受了挫折[1]。

与地主和资产阶级的联合势力在淮南进攻人民起义的同时，江南的革命党人正组织"苏浙联军"，进行"光复"南京的战争。

在新军第九镇南京起义失败之后，徐绍桢逃往上海，求援于苏浙沪三都督。上海同盟会总部决定合三处兵力，会攻南京。从 11 月底到 12 月上旬，浙军统领朱瑞率三千人，洪承典率沪军敢死队六百人，黎天才部淞军六百人，苏军统领刘之洁率三千人，还有朱葆诚率领的北伐先锋团等，先后抵达镇江，合林述庆部镇军三千人组成江浙等处联军，以徐绍桢为总司令。张勋则集合南京的旗汉清军企图顽抗。形势是完全有利于革命方面的。第一，广大人民是积极支持革命军的。例如革命党在上海组织敢死队时，"一时闻风兴起，踊跃参加者，为数很多。内有青年学生、工厂工人和世家子弟，甚至能诗能画的龙华寺和尚名希能者，亦自动参加"[2]。有个常熟地主写信给友人说："敝处校中一教习，私出入敢

---

[1] 周人菊：《周烈士就义始末》、阮式一：《先兄梦桃先生行述》和郭孝成：《江苏光复纪事》。

[2] 《辛亥革命江苏起义回忆录》。

死队,学生数人均投入北伐军,阻之不得。人心愤激如此……"[1]
至于南京人民,遭受张勋压迫,"日居涂炭、伫望新军,如解倒
悬"[2]。人心向背是战争胜负的决定因素。第二,上海的制造局、
长江的海军舰队都归革命党掌握,淮扬又被镇军所控制。南京清
军的弹饷不继,孤立无援,退路也有被切断的危险,"各兵士皆不
欲出战",只等联军攻城,"即将降伏"[3],张勋的负隅顽抗显然是
不可能持久的。但是,江浙联军内部的矛盾极其深刻。第一,以
宋教仁等为首的革命党人,把联军的总指挥权交给犹豫动摇的徐
绍桢之手,公举他做联军总司令;又一度要"公举"程德全。程
德全这些人,对"光复"南京的革命战争态度是消极的。第二,联
军的作战计划一直受帝国主义的干预。帝国主义一面公开支持
张勋作战,如报载,"南京下游江中现有民军兵舰来往巡弋,对于
某国轮船一艘尤为注意,闻该船载有大批军火,欲图驶近南京,接
济张勋"[4]云云;一面又假意赞助江浙联军,从中干预作战计划。
请看林述庆《江左用兵记》的记载:

> 回头,见内室(徐绍桢司令部的内室——引者注)堂中
> 列一桌,桌上堆落花生,某国人四五,围桌剖食。……余不
> 谙某国语,……中有能英语者,然不能译。余欲询战法为
> 参考,遂换能某国语者为译。某国人拂桌布图,陈说一番,
> 约与徐(绍桢)布置略同。(某)国人询余布置如何? 余漫答

---

[1]《棣秋馆日记》辛亥年十一月十二日记。
[2] 辛亥年十月初六日《申报》。
[3] 辛亥年十月初二日《申报》。
[4] 辛亥年十月初五日《申报》。

云："……亦与君等同意。"

时攻城炮运到……余遂率护官卫兵至铁路。登火车时，车上有西人，使译者告余，将有所言。余屏从人，同至僻处，乃云："按我国军律，武员若参与他国军谋，应革职监禁五年。然我愿密进其一得之愚于君。此两重炮关系南京得失，不可不加意慎重。揣今日情形，天保城必得，明日以巨炮攻城，破宁必矣。我为君计，炮兵阵地勿太近城，若配在岔路口东北端高地，用间接射击法攻城，可免为敌夺取之患，君意如何？"余曰："蒙君教示，感甚。但余与君所定阵地微有不同，薄暮时已选定一处，在岔路口东西南簏了树端高地。就炮兵阵地原则论，似较君所定者或利多害少。"

据同书揭露，那些"某国人"帮徐绍桢策划的作战方案，实际是叫江浙联军打没有准备好的仗；那几个"西人"给林述庆选择的炮兵阵地，实际上是离城过远、运输极不便利的地方[1]。帝国主义企图使革命军失败的阴谋，是不容抵赖的。

双方一交手，联军的士气极为旺盛，尤其是以工人、学生为主力的沪军敢死队、北伐先锋团等，还有革命党人朱瑞所带的浙军，打得最为出色；镇军也很勇敢，把南京周围的战略据点天保城、幕府山等地很快地夺了过来。南京已经在联军的炮口之下。柏文蔚、李竟成指挥的镇军江北支队，也向浦口猛攻，准备切断张助的退路。联军之所以能够取得这样的胜利，是和南京人民的积极支持分不开的。这也有《江左用兵记》为证：

---

[1] 以上均见《江左用兵记》。

　　……再进数百密达，过余营，存余兵约一队，各武装，一乡民年六十余，导向天保城进发。令停止，询何往？答云："攻天保城目兵，血战竟日，饥渴不堪，子弹将馨，吾侪将往接援。"余勉励数语，目兵气益壮。嘱护兵赏老民银二元，老民为余言敌况颇悉，若甚望民军获胜者。……

　　余见曳炮者官长目兵将近百人，附近村民亦来相助，有一村妇在焉……

　　正当军民合力歼灭张勋残部时，帝国主义连忙出头干涉了。驻南京的美国领事借口"人道主义"，力阻联军发动攻城的最后一战，并代张勋接洽假投降[1]。于是程德全也就公然下令"撤围江上水师，自惠民桥以上，无得邀击"[2]。就在他们的公开掩护下，张勋的败残人马，便安然无恙地向徐州撤走了。

　　徐州早在11月18日宣布独立，由萧县豪绅段书云为政务总长，曾任十三协协统的徐占凤为军政长，原任徐海道的林开谟为民政长，富绅张佐鼎为财政长。这个"独立"，完全是迫于形势，是不可靠的。段书云一面是徐州"独立"政府的首脑；一面仍然是清朝的津浦铁路南段督办，和北京一直保持电报往还。等到张勋的败残人马逃过徐州时，段书云便亲到车站欢迎，把他留下来了。"于是独立之名义取消，宣统之年号复用"，"徐州复入于清"[3]。

　　张勋盘踞徐州将近四个月，残酷镇压徐属各县的人民起义，

---

[1]《江左用兵记》。
[2]《云阳程公六十寿序》。
[3]《江苏光复纪事》。

并大肆抢劫商民。直到 1912 年春林述庆指挥的北伐军进攻徐州，张勋才狼狈逃往山东去了。这是辛亥革命的最后一战，也是江苏最后一地的光复。

南京光复之后，在革命阵营中曾经发生过许多矛盾和斗争。

斗争的第一个回合，是争江宁都督一席。徐绍桢以为自己是总司令，光复南京的首功，当然非己莫属，企图做宁军都督。结果革命党人林述庆先进了南京，便以江宁都督名义布告安民。徐绍桢和江浙诸将纷纷表示反对，声势汹汹，几乎要动武。林述庆向同盟会总部请示，宋教仁叫他让位给程德全了事[1]。

斗争的第二个回合，是争临时政府首脑。江浙诸将攻击同盟会中坚黄兴是"江阳败将"，反对他做临时政府的大元帅，胁迫他让给程德全。《章炳麟自编年谱》说："克强欲自为大元帅，代表多屈从之。……江苏都督部总务厅湖南章驾时闻之，怒曰：'南方倡义，可录者两大功耳！'发难自武昌，下江宁者程公之力，黄兴何故得先之？若然，吾将举兵攻兴。克强大惧，让大元帅于雪楼，雪楼初反正，尚不能制顾忠琛（黄兴信人，时掌握江苏一部分兵力——引者注）亦不敢受。"[2]

斗争的第三个回合，是关于江苏全省的政权问题。孙中山就任临时大总统后，任命程德全做内务总长，另委和同盟会早有关系的武进巨绅庄蕴宽做江苏都督，这是对程德全"明升暗降"的办法。程德全就"称疾辞职"，在上海"养病"，但是仍通过他的亲信应德闳、章驾时等操纵苏州的军政大权。南京临时政府结束后，

---

[1] 《江左用兵记》。
[2] 《章炳麟自编年谱》。

庄蕴宽跟着辞职,江苏都督一席虚悬,便由章驾时控制的江苏军政厅召集苏州绅商,叫他们联名要求程德全回任。没等到南京留守黄兴的答复,1912 年 3 月 27 日,在苏州的阊门外就突然发生了一次预先布置好的"兵变",乱兵洗劫了许多商户,全城惶惶不安。于是"吁请"程都督回任坐镇的呼声嚷成一片。程德全也便以"苏难未已"为辞,而"扶病"回苏就职了[1]。就在程德全回苏后不到一个月,苏州突然发生了惊心动魄的"洗城会"事件。"洗城会"本名"洗程会",暗示反对程德全。这个秘密组织是由革命党人柳承烈和苏州工商界的知识青年蒯际唐、蒯祖同兄弟等所领导的。他们接受同盟会的密令,拟以朱葆诚所率领的北伐先锋团为主力,联络四十五标的一部分新军,举行武装起义,驱逐程德全,举柳承烈为代理江苏都督。上海同盟会总部密运弹药支援他们。不幸消息泄露,蒯氏兄弟等被捕牺牲,柳承烈逃奔上海,北伐先锋团被迫解散。团长朱葆诚、营长吴炳生等被捕。程德全恶毒地宣布他们的"罪状"是要洗劫苏州城,诬之为"洗城会"[2]。苏州市民大多不了解这事的真相。而在大地主大资产阶级的文字记载里,则一致对这些被害的革命青年极尽污蔑之能事。朱熙《云阳程公六十寿序》说:"蒯氏'洗城会'变起,公黄夜遣兵禽治首要,解散先锋团,苏城复全。"这是一手遮天地掩盖事实真相的说法。

就在程德全在苏州大杀革命党人的同时,扬州军政分府都督徐宝山,借口"政令统一",通电要求撤销革命党人黄兴的南京留守府和陈其美的上海军政府,要求把他们所掌握的政权交给反动

[1] 以上参据《清末苏州商务总会档案》《云阳程公六十寿序》和《江苏光复纪事》。

[2] 苏州胡觉民口述。

派。请看这个游民头目出身、杀人如虎的封建军阀说得多么漂亮，多么好听：

> 查军政府与军政分府之设，本为光复之初一时权宜之计。若循此日久，不图变计，互为长雄，争端迭见，或为权利，或为私仇，原因各有不同，贻害地方则一。宝山苏人也，姑就苏论，江苏一省，有军政府三苏州、上海、清江是也；有分府二，扬州、常州是也；有留守府一，南京是也。论阶级，则以留守为最尊，然号令行于军队而不及省外；论名分，则以江苏都督为最正，然权限且不能及于分府，遑论清江与上海乎！以故数月之间，系统不明，政令歧出，下级官吏既觉无所适从，各属人民亦徒淆于观听。一省如此，全国可知。宝山眷怀时局，忧心如捣，谨先自请取消扬州分府，以为统一倡。[1]

徐宝山的这个通电，揣中了窃国大盗袁世凯的心，他立即下令照办，"（民国元年）五月：陈其美、蒋雁行来京，上海军政府及分府皆废。六月，南京留守府亦废"[2]。于是江苏全省的政权就被反动派所"统一"，革命党仅在徐州、南京、镇江、上海等地留下一部分军事力量了。

最后，革命党发动的"二次革命"也失败了。当宋教仁被袁世凯所暗杀，孙中山号召反袁，敦促黄兴到南京起兵的时候，程德全首先反对。他竭力拒绝黄兴在南京起义的要求；到了反对不了

---

[1]《辛壬春秋·江苏篇》。
[2]《辛壬春秋·江苏篇》。

时,他便带着所部亲信,悄然跑往上海去了。黄兴立即追到他的上海寓所,发现程德全反对讨袁的通电已经起草好,无论黄兴如何对他劝告,丝毫不能够改变程德全拥袁的态度[1]。革命党在南京、上海等地起义时,程德全马上指使他在苏州的旧部陆军第二师,控制苏常一带,切断京沪之间的联络[2]。控制着淮扬一带的另一封建军阀徐宝山,已通电表示要帮袁世凯对革命党作战。后来徐宝山虽然被炸死,但是他的部下仍然配合张勋渡江,攻击镇江的革命军[3]。随着"一次革命"的失败,资产阶级革命党人在江苏的地盘和军队也就是辛亥革命所遗下的仅存的一些胜利果实,便全部失掉了。

然而,辛亥革命在江苏产生了深刻的影响。尽管有些顽固分子,力图挽救清朝的覆亡,维持君主制的统治;但是都成了泡影。《棣秋馆日记》说:"共和政体南省狂热已久;……即以项城之毅力亦难挽之使回。断言之,即专制政体决不容于今,是也。"由此可见,"民主共和国"的观念已经深入人心。这个影响,是不可泯灭的。

(原刊《江海学刊》1961 年第 8—9 期)

---

[1] 钱伟卿、程世模口述。

[2] 《云阳程公六十寿序》。

[3] 钱伟卿口述。

论辛亥革命时期的社会主要矛盾^[1]

1911 年的辛亥革命，离现在已经整整半个世纪。时代早已发生了巨大的变化，中国人民的革命和建设事业的伟大成就，远非辛亥革命时期的人们所能想象。但是，纪念这次革命的业绩，研究这次革命的历史，对现实政治生活仍有重大的意义。为此，我们对于当前史学界聚讼纷纭的辛亥革命时期的社会主要矛盾问题，发表粗浅之见，以供讨论时的参考。

关于这一问题，目前有几种不同的看法。有人认为辛亥革命时期的社会主要矛盾是封建主义与广大人民群众之间的矛盾；有人认为从义和团运动结束后，已由中华民族和帝国主义之间的民族矛盾为主，逐渐转化为人民大众与帝国主义的忠实走狗清封建统治阶级之间的矛盾为主。两种提法不同，但都认为国内阶级矛盾是当时的社会主要矛盾。另外有些人认为，辛亥革命时期的社会主要矛盾仍然是帝国主义和中华民族之间的矛盾；还有人认为辛亥革命时的社会主要矛盾应该是中国人民和帝国主义及其走狗国内反动派之间的矛盾。两种说法不同，但都否认国内阶级矛盾是当时的社会主要矛盾。我们认为，辛亥革命时期的社会主要矛盾是中国人民大众和帝国主义走狗清朝封建统治者之间的国

---

[1] 本文集编者按，此文发表时，作者署名"祁龙威、张锦贵"。

内阶级矛盾。

一

探讨一下中国近代社会主要矛盾发展变化的规律,是解决本问题的关键。

从鸦片战争到辛亥革命前夜,帝国主义发动了一连串的侵略中国的重大事变:中英鸦片之战,英法联军之役,武装干涉太平天国革命,中法甲申之战,中日甲午之战,庚子八国联军之役。经过这些事变,帝国主义一步一步地侵入中国,国内封建统治阶级一步一步地投降帝国主义,中国一步一步地沦为半殖民地半封建社会。一部包括辛亥革命在内的中国近代史,就是帝国主义勾结国内封建势力一步深入一步压迫中国人民的历史,也是中国人民一步提高一步地进行民族民主革命、反抗帝国主义及其走狗的历史。正如毛泽东同志在《中国革命和中国共产党》一文中所说:"帝国主义和中华民族的矛盾,封建主义和人民大众的矛盾,这些就是近代中国社会的主要的矛盾。……而帝国主义和中华民族的矛盾,乃是各种矛盾中的最主要的矛盾。这些矛盾的斗争及其尖锐化,就不能不造成日益发展的革命运动。伟大的近代和现代的中国革命,是在这些基本矛盾的基础之上发生和发展起来的。"[1]

在中国近代史的全程中,这些基本矛盾的性质和过程的本质是没有变化的。但是,由于被这些基本矛盾所规定或影响的许多

---

[1]《毛泽东选集》第2卷,第625—626页。

大小矛盾，在一定的条件下，其中有些是激化了，有些是暂时或局部地解决了，或者缓和了，又有些是发生了，因此，过程就显出阶段性来。

在中国近代史的各个阶段中，只有一种矛盾是主要的矛盾，由于它的存在和发展，规定或影响着其他矛盾的存在和发展。在不同的历史阶段，主要矛盾和次要矛盾的地位往往发生变化。这种变化，取决于帝国主义列强侵略中国的形式和国内阶级关系的变化。根据《矛盾论》的分析，中国近代史上出现过三种不同的主要矛盾和非主要矛盾的复杂关系。

当帝国主义派兵进攻中国，中国人民以民族战争的形式反抗帝国主义的侵略时，封建统治阶级中的大部分人，为了维护自己的利益，也暂时站在民族阵线的一边。两次鸦片战争、中法战争、中日战争、义和团运动等时期都有过这种情形。这时的社会主要矛盾是帝国主义和中华民族的矛盾。

当帝国主义采用政治、经济、文化等比较温和的形式进行压迫的时候，国内封建统治阶级投降帝国主义，二者勾结成隐蔽的联盟。帝国主义躲在幕后，支持国内反动派对人民打内战；或者是帝国主义列强各自支持自己的走狗进行混战，因而"显出了内部矛盾的特别尖锐性"。辛亥革命就是国内阶级矛盾暂时上升为主要矛盾的例子。北洋军阀混战就是统治阶级内部矛盾暂时上升为主要矛盾的例子。在这种历史阶段，国内阶级矛盾或者是反动统治集团内部的矛盾成为社会的主要矛盾，中国内部的其他矛盾以及帝国主义与中华民族的矛盾，都处于次要和服从的地位。

当国内革命战争发展到根本上威胁帝国主义及其走狗国内反动派存在的时候，帝国主义就用分化革命阵线或者公开出兵的办法镇压中国人民的革命运动。从而出现帝国主义和封建主义结成公开的联盟,站在一个方面,中国人民大众站在另一个方面,民族矛盾和国内阶级矛盾二者结合起来,成为一个主要矛盾。太平天国后期,帝国主义和封建主义公开联合出兵镇压太平军,太平军英勇反抗,就属于这种情形。

我们必须看到,在中国近代史的全程中,两大基本矛盾的性质和过程的本质是没有变化的。尽管帝国主义侵略中国的形式有变化,但是它们对中国的侵略是一贯的、不断深入的。在中国近代史上,帝国主义始终是中国人民最凶恶的敌人。即使是在某些历史阶段,国内矛盾上升到了主要的地位,它也是出现在民族矛盾深刻化的基础之上。辛亥革命是《辛丑条约》签订的直接结果,北洋军阀混战是帝国主义在中国争霸的反映,这些都是显而易见的。在帝国主义侵略中国的过程中,国内的阶级关系是有变化的,但是封建统治阶级的对外卖国、对内压迫人民是一贯的,他们始终扮演了帝国主义走狗的可耻角色。即使是在民族战争时期,封建统治阶级之中,总会出现一批公开叛国的汉奸;它的当权派虽然暂时站在民族阵线里,然而这是极不稳定的,他们最后总是向帝国主义投降,破坏中国人民的抗战。中国人民的革命斗争,尽管有时直接反对帝国主义,有时与国内反动派交战,但是反帝反封建的基本性质并未变化。

我们也必须看到,在中国近代史的不同阶段上,两大基本矛盾的地位是有变化的。尽管帝国主义侵略中国越来越深入,但是它们对中国的侵略毕竟有激烈的军事进攻或者是政治、经济、文化等比较温和的形式上的差异。国内封建统治阶级一贯是帝国主义压迫中国人民的帮凶,但是他们也有从自己的利益出发和帝国主义发生冲突的时候；他们和帝国主义结成的反革命联盟，有时是隐蔽的，有时是公开的。中国人民的反帝反封建的斗争是近代史上的一条红线，但是也有民族战争和国内战争等区别。因此，在中国近代史上，从民族矛盾和国内阶级矛盾的发展程度来说，是直线上升的、不断深化的，民族矛盾是个最主要的矛盾。从这两大矛盾斗争的开展程度来说，是波浪式的，是各自低一阵、高一阵，再低一阵、再高一阵，互为主次的。在某些历史阶段，国内矛盾暂时上升到了主要的地位，虽然仍是发生在民族矛盾深化的基础之上，然而毕竟不是帝国主义与中国人民在直接交锋，而是由它们的走狗国内反动派在打内战，民族矛盾暂时缓和了，国内矛盾特别尖锐化，这也是显而易见的。

总之，帝国主义和中华民族的矛盾，封建主义和人民大众的矛盾，是近代中国社会两个主要的矛盾。帝国主义和中华民族的矛盾是最主要的矛盾。这是对中国近代史全程的概括。有时民族矛盾成了社会主要矛盾；有时国内阶级矛盾或者是反动统治集团内部的矛盾特别尖锐，上升到了主要矛盾的地位；有时民族矛盾与国内阶级矛盾合而为一，成了社会主要矛盾。这是对各个历史阶段的具体分析。这二者是互相统一的。

我们了解了近代中国社会主要矛盾发展变化的规律，才能具体分析辛亥革命时期的社会主要矛盾问题。

二

辛亥革命是继义和团运动后的又一次革命高潮。为了探讨辛亥革命时期的社会主要矛盾，可以从义和团运动说起。1900 年的义和团运动,是在帝国主义瓜分中国的狂潮下发生的。以农民为基本力量的中国人民大众抗击了八个帝国主义的武装进攻,封建统治阶级中的大部分人暂时站在民族阵线的一边,中国人民的斗争锋芒直接指向帝国主义。因此,民族矛盾成为当时的社会主要矛盾,国内阶级矛盾降到了次要和服从的地位。义和团"扶清灭洋"的口号,便是这种斗争形势的反映。

义和团运动的铁拳粉碎了帝国主义直接统治中国的迷梦,使它们认识到瓜分中国是不可能的,结果只会遭到更大的打击。经过一番钩心斗角之后,帝国主义列强共同决定,维持清政府的统治,形式上保持中国的"独立",实质上对中国建立帝国主义列强的共管。清政府为了维护自己的统治地位,就完全投降了帝国主义,并依靠帝国主义的支持和帮助来压迫中国人民的革命运动。1901 年《辛丑条约》的签订,正是清政府完全投降帝国主义的标志。

1901 年到 1905 年期间,帝国主义虽已被迫停止瓜分中国,但分割边疆的活动仍在进行。美、日勾结与俄国争夺东北;英国、俄国争夺西藏,激起了东北和西藏人民的强烈反抗。全国人民举行了拒俄、拒法和反美运动。在运动中,资产阶级起了一定的领导作用。同时,各地农民纷纷起义。1901 年和 1902 年,直隶中部和南部农民起义,提出了"反清灭洋"和"扫清灭洋"的口号;四川群众起义,举起了"灭清剿洋兴汉"的旗帜。1903 年,广西农民反清起义,迅速控制了南宁、梧州、柳州、浔州等广大地区,坚持至1905 年才告失败。1904 年,江西乐平爆发了会党首领夏廷义领导的农民抗捐斗争,发展到列阵和清军交战。同年,在河南的汝州、鲁山一带,贵州的仁怀县,安徽的宿州,江西的袁州,浙江的金华等地,也都发生会党发动的农民反清起义。这些事实表明,农民从清政府出卖义和团的事实中得到沉痛的教训，感到要反对帝国主义必须首先推翻清政府的统治。与农民斗争风起云涌的同时，资产阶级小资产阶级及其知识分子也加紧反清斗争。章炳麟的《驳康有为论革命书》，邹容的《革命军》，陈天华的《猛回头》《警世钟》，赵声的《歌保国》等先后发表，都散播了强烈的民主主义思想。许多爱国组织和革命小团体也纷纷出现。除早已成立的"兴中会"外，秦力山等组织"国民会"，秦毓鎏等组织"军国民教育会"，蔡元培等组织"光复会"，黄兴等组织"华兴会"，张难先等组织"科学补习所"等，都以推翻清廷为宗旨。这一时期的历史表明：民族矛盾虽进一步深化，但其激化的程度已比义和团运动时期趋向缓和，国内阶级矛盾日益尖锐，逐步上升为社会主要矛盾。农民仍然是反帝反封建的主力，但单纯的农民运动正在逐步让位给资产阶级革命。

从 1905 年起，帝国主义仍然采用"和平"的形式进行侵略，侵略的程度比前大大加深。清政府继续执行对外投降、对内镇压的反动路线，充当帝国主义的忠实走狗。在政治上，帝国主义继续通过清政府统治中国人民。清政府则高唱"预备立宪"，阴谋抵制革命；积极编练新军，准备垂死挣扎，通过这些措施来为外国主子卖力。在经济上，帝国主义在勒索战后赔款的同时，大肆进行投资活动，占领矿山，强筑铁路，组织银行团，贷款给清政府。清政府继续执行"量中华之物力，结与国之欢心"的卖国政策，以满足帝国主义的贪欲。帝国主义还在中国有计划地从多方面进行文化侵略活动。特别是美国，不但在 1901 年开办东吴大学，并于 1908 年 6 月由国会通过一部分庚子赔款"退还中国案"。其实，美国不是要退还这笔钱，而是把这笔钱用来麻醉中国人民，使类似义和团运动的事件"难以再生"。清政府立即派专使前往"致谢",并陆续兴办学校,派人留美。以上事实证明,帝国主义成了幕后统治中国的"太上皇",清政府成了"儿皇帝",二者紧密勾结,压迫中国人民。

这时人民群众掀起一次又一次的斗争,据不完全统计,1909年群众反抗斗争一百一十三次,1910年猛增至二百八十五次。其中有直接反帝的,如反教会斗争;但更多的是进行如火如荼的抗捐抗税、反饥饿斗争,直接打击帝国主义的走狗清政府。孙中山等人也加紧活动,连续举行多次武装起义,为推翻清政府而斗争。为了扑灭革命的怒火,清政府于1911年4月和美国为首的四国银行团订立《币制改革和东三省实业借款合同》,借款一千万磅。5月,又与四国银行团订立《川粤汉铁路借款合同》,借款六百万磅。为了取得借款,清政府宣布了名为"国有"、实为出卖全国路权给帝国主义的"铁路国有"政策。这个政策激起全国人民的强烈反抗,使各种反清力量集合起来。保路运动成了辛亥革命的导火线。

辛亥革命是以国内革命战争的形式进行的。武昌起义后的一个多月内,各省纷纷独立和全国工农群众的自发斗争,汇成了辛亥革命的高潮。清政府土崩瓦解,中华民国成立,帝国主义和封建主义的统治面临着严重的危机。帝国主义的侵略本质决定了它们必然干涉中国革命。采用直接干涉或间接干涉只不过是形式上的差别。它们曾经妄图进行武装干涉。德国曾准备以炮舰帮助清军与武昌革命军作战;日本也有过派兵干涉的打算;英国曾派舰赴汉准备协助清军阻止革命军渡江,但却始终没有敢于轻举妄动,直接参加反革命的战争。这是由于义和团运动对它们的教训非常深刻，生怕直接出兵干涉，激起中国人民的更大反抗。又因辛亥革命发生于第一次世界大战的前夜，1911 年 7 月开始的"第二次摩洛哥危机"尚未完全结束，意大利又于武昌起义前十天发动了掠夺的黎波里的战争。帝国主义列强的相互矛盾，牵住了它们的手脚。武昌起义后，全国迅速出现的革命高潮使清政府完全束手无策，也使帝国主义不敢进行战争挑衅。它们以"中立者"和"调停人"的虚伪姿态出现，干涉中国革命。在政治上、经济上，伺机加紧对革命党人施加压力；并造成"非袁则不承认"的气氛，千方百计支持新走狗袁世凯，逼迫革命党人最后向袁交出胜利的果实。因此，辛亥革命始终是一场国内革命战争，始终没有发展到和帝国主义直接交锋的地步。

在辛亥革命时期，中国人民大众与帝国主义走狗清朝封建统治者之间的国内阶级矛盾的存在和发展，规定和影响着其他矛盾的存在和发展。

举例来说，当时，中国资产阶级内部存在着革命派与改良派的矛盾。从同盟会成立前后起到武昌起义爆发为止，两派展开了反清与保清的争论，革命与立宪的争论。它们之间的矛盾是随着国内阶级矛盾的激化而激化的。武昌起义后，随着清政府的土崩瓦解，改良派里的大部分人顺风转舵地向革命投机。他们被迫收起"君主立宪"的滥调，也高呼几声"共和万岁"，就算作"革命党"了。于是情况为之一变，两派之间的矛盾暂时缓和下来了。

满汉统治集团之间也存在着矛盾的。武昌起义前，满洲贵族为了加强自己的统治，企图镇压人民的革命运动，实行皇族集权，拥有实力的汉族官僚受到排挤，于是满汉统治集团之间的矛盾便一度激化。武昌起义后，面对革命形势的迅速发展，载沣被迫退位,袁世凯上台组阁。于是情况一变,满汉统治集团之间的矛盾也缓和下来了。

辛亥革命时期,国内阶级矛盾已经成为社会主要矛盾,它规定或影响着民族矛盾的发展。随着国内阶级矛盾的不断尖锐化,帝国主义虽然没有发动大规模的武装干涉,但是局部的军事行动是有过的。如武昌起义后,英、日帝国主义曾陈兵长江,对革命军施加压力。1912年,为了支持袁世凯反对革命党定都南京,帝国主义派兵在秦皇岛登陆,制造华北的紧张局势。由此可见,在这个阶段内,民族矛盾在某种程度上的激化现象,是受着国内阶级矛盾的影响而发生的。这场国内阶级斗争的开展,中国人民大众与清朝(以后是袁世凯)封建统治者之间的谁胜谁负的问题,不仅决定着国内封建主义的命运,也决定着帝国主义统治中国的命运。因为封建主义是帝国主义统治中国的支柱。在这个意义上说,辛亥革命时期的国内阶级矛盾对民族矛盾起着决定的作用。

由此,可以得出结论,中国人民大众与帝国主义走狗清朝封建统治者之间的国内阶级矛盾,是辛亥革命时期的社会主要矛盾。

三

有些同志对毛泽东同志的有关著作的理解是值得商榷的。毛泽东同志曾说:"帝国主义和中华民族的矛盾,封建主义和人民大众的矛盾,这些就是近代中国社会的主要的矛盾。……而帝国主义和中华民族的矛盾,乃是各种矛盾中的最主要的矛盾。"这是对半殖民地半封建中国社会历史全程的概括。他指出,辛亥革命时期"显出了内部矛盾的特别尖锐性",这是对一个特定阶段的具体分析。这二者是不相排斥的。有些同志把这二者对立起来，认为既然民族矛盾是近代中国社会最主要的矛盾，那么，辛亥革命时期的社会主要矛盾就不可能是国内的阶级矛盾。这种说法，是值得商榷的。

毛泽东同志在《唯心历史观的破产》一文中说：

> 反对英国鸦片侵略的战争，反对英法联军侵略的战争，反对帝国主义走狗清朝的太平天国战争，反对法国侵略的战争，反对日本侵略的战争，反对八国联军侵略的战争，都失败了，于是再有反对帝国主义走狗清朝的辛亥革命，这就是到辛亥为止的近代中国史。[1]

这说明了辛亥革命时期社会的主要矛盾是中国人民大众和帝国主义走狗清朝封建统治者之间的国内阶级矛盾。

毛泽东同志又说：

> 辛亥革命是革帝国主义的命。中国人所以要革清朝的命，是因为清朝是帝国主义的走狗。[2]

这说明了辛亥革命时期国内阶级矛盾的特别尖锐化是民族矛盾加深的反映。这是一个完整的结论。有些同志只引其中"辛亥革命是革帝国主义的命"这一句话，作为否认国内阶级矛盾是

---

[1]《毛泽东选集》第4卷，第1517页。
[2]《毛泽东选集》第4卷，第1517页。

辛亥革命时期的社会主要矛盾的论据，这是值得商榷的。

有些同志引证《矛盾论》的分析，指出辛亥革命是反对帝国主义和封建主义的联盟。他们断言帝国主义是这个联盟的盟主，因此，国内阶级矛盾当然不是当时的社会主要矛盾。这里没有指出帝国主义、封建主义结成的联盟有公开与隐蔽的区别；中国人民的斗争锋芒有直接或间接指向帝国主义的区别，这会影响到社会矛盾地位的变化。所以在分析辛亥革命时期究属以何种矛盾为主时，应当进一步指出辛亥革命不是反对帝国主义、封建主义公开的联盟，而是反对二者隐蔽的联盟。辛亥革命的历史表明：一方面，帝国主义、封建主义结成隐蔽的联盟，而由清朝封建统治者手握屠刀上阵镇压人民的反抗；一方面，人民大众反对帝国主义封建主义隐蔽的联盟，而直接和帝国主义的走狗清朝封建统治者交锋。显而易见，当时的社会主要矛盾是国内阶级矛盾。

参加争论的同志都对毛泽东同志在《矛盾论》里说的辛亥革命时期"显出了内部矛盾的特别尖锐性"一语做了解释。我们认为，毛泽东同志在这里所说的"内部矛盾"，是区别于外国帝国主义与中华民族的矛盾而言的中国内部的矛盾。辛亥革命时期的"内部矛盾的特别尖锐性"，当然是指中国人民大众和帝国主义走狗清朝封建统治者之间的国内阶级矛盾的特别尖锐性。有的同志把这个"内部矛盾"理解为包括民族矛盾在内，从而否认国内阶级矛盾是辛亥革命时期的社会主要矛盾。这种说法，也是值得商榷的。

由于对毛泽东同志著作的理解不同，产生了论点的差异。所以，我们在提出自己看法的同时，对有些同志对毛泽东同志有关著作的解释表示异议。

（原载《江海学刊》1961 年第 10 期）

辛亥革命江苏地区史料述略[1]

《抚吴文牍》

程德全撰。稿本。作者次子程世安藏。内分奏、咨、札、批、函、电稿六种，反映了光复前夕江苏工农群众的反清斗争，革命党人的秘密活动，以及程本人怂恿清廷立宪、镇压革命等情形，富有史料价值。

《云阳程公六十寿序》

朱熙撰。原文载《云阳程氏家乘》卷二，程世安藏。作者是程德全的部将。他在这篇文章里竭力歌颂程德全的"功德"，把程打扮成为江苏人民的"救星"，从中可以看出程德全在江苏一贯使用反革命两手的罪状。

《棣秋馆日记》

徐兆玮撰。稿本。常熟县图书馆藏。徐字少逵，常熟人。清光绪间进士，官翰林院编修。武昌起义后，他回乡干预地方政务，曾任民政副长。此系其日记的一部分，述辛亥革命时京津及苏南地区的政治情形甚详，是研究辛亥革命的重要资料。

---

[1] 本文集编者按，此文发表时，作者署名"扬州师范学院历史系中国近代史乡土资料调查队"。

《赵烈士事略》

佚名撰。原载《江苏革命博物馆月刊》第二卷第十四期,镇江市图书馆藏。清末编练新军,第九镇驻苏南为革命党所注目,纷纷投身入伍,播下了革命种子,成为以后光复镇江、南京等地的重要力量。这一工作是由丹徒赵声所发动的。据《江苏革命博物馆月刊》的编者陈去病说:"此文得之林焕廷先生业明,颇为详尽。不知谁氏所作。"可与章士钊的《赵伯先事略》相参证。

《歌保国》

不注作者姓名。无锡市博物馆藏。七言韵语,辞气慷慨,可与《猛回头》《警世钟》相媲美。考章士钊《赵伯先事略》说:"时排满之论,起于江湖,愚喜昌言,而伯先则谋济事,尝秘草'七字唱本',激劝士卒,号'保国歌',文辞肫至,读者莫不感泣。余为印布数十万份。"据此可以断定这是赵声鼓吹革命之作。

《清末苏州商务总会档案》

稿本。苏州市工商联合会藏。内分会议记录、函稿等种,反映辛亥革命时期苏州的社会情况与豪绅富商的动态颇详:如武昌起义后,苏州金融的混乱、工农群众的酝酿起义与官绅富商的联合镇压、程德全勾结绅商篡夺革命果实的阴谋活动等。

《辛亥光复苏州之回忆》

孙筹成撰。原载《辛亥革命文献展览会纪念册》,民国三十六年铅印本,南京图书馆藏。作者系程德全部将,记苏军四十五标"奉命起义"的经过独详,揭露了程德全布置"和平光复"的内幕。

《常昭水灾闹荒日记》

佚名撰。抄本。扬州师范学院历史系藏。常熟旧分常熟、昭文两县。辛亥革命爆发前夕，苏南大水，民变蜂起，常昭农民"抢米"风潮尤为激烈。本文对此记载颇为翔实。据内容推断，似出自当时官绅之手。

《常昭光复纪事》

佚名撰。抄本。南京图书馆藏。排日记载常昭光复的经过较详。关于常熟光复的情形，传说纷歧。本文系时人日记，比较可靠。

《庞檗子传》

萧蜕撰。原载《庞檗子遗集》，民国六年铅印本。常熟图书馆藏。庞檗子原名树柏，曾参加南社，与陈去病、柳业子等相结纳，一度任职上海同盟会机关部。当时在常熟。他是唯一与革命党有关系的人物。庞檗子和其他资产阶级革命党人一样，表现了在民主革命时期的两面性：一方面他反对民众起义，力主"和平光复"；一方面又比较激进，主张减免捐税，因而触犯了当地的反动势力，结果被赶走。再经"二次革命"的失败，他便消极起来，走上了"厌世"的道路。在当时某些资产阶级革命党人中，他的经历是很有代表性的。

《常熟民政署报告》

丁祖荫编。民国元年铅印本。常熟县图书馆藏。丁祖荫字芝荪，常熟豪绅，光复后任民政长，卸任后编印民政署档案以自表其"保护桑梓之功"。颇多关于农民起义的资料。

《民政长日记》

丁祖荫撰。稿本。作者任常熟民政长时，有日记若干册。中华人民共和国成立后，大部分由江苏省博物馆收藏，少数藏扬州师范学院历史系。

《光复队纪事》

无锡钱业商团光复队一周纪念会编。民国元年铅印本。无锡市博物馆藏。述无锡资产阶级的子弟兵——"钱业商团"光复无锡的经过，可补钱基博《无锡光复志》的缺漏。

《秦毓鎏自书履历》

原件藏江苏省博物馆。此系革命党人秦毓鎏自书其参加革命的历史，主要部分是关于无锡光复的经过。

《锡金军政分府档案》

原件藏江苏省博物馆。颇多关于锡金军政分府镇压人民起义的资料。按无锡原分无锡、金匮两县。

《江左用兵记》

林述庆撰。原载《江苏革命博物馆月刊》。详记光复镇江、南京和北伐等颠末，写出了人民的支持革命军和革命军的英勇战绩。从这一史料里，可以看到帝国主义干涉辛亥革命的罪状；也可以看到钻进革命内部的旧官僚、旧军阀程德全、徐老虎等篡夺革命果实的丑行。

《回忆镇江光复》[1]

高骞撰。高骞安徽人，新军第九镇正目，参加光复镇江之役，曾任镇军炮台司令。1956年，他向苏州文管会自述当年见闻，留此笔录。对镇江光复前革命党人的秘密活动、光复时的军事部署等都有生动的叙述。1958年，高骞病死苏州。他的这篇遗稿现藏扬州师范学院历史系。

---

[1] 本文集编者按，《回忆镇江光复》，谌秉诺撰，为《辛亥革命江苏起义回忆录》部分内容，稿藏南京太平天国历史博物馆。本篇名，当作《智取象山炮台》，高骞撰。这两篇均收入《辛亥革命江苏地区史料》。

《清江浦失陷始末记》

许棨臣撰。稿本。淮安陈畏人藏。清江浦即今淮阴市，为江苏重镇，清代驻重兵于此。武昌起义后，清江驻军十三混成协受革命影响，举行武装暴动，摧毁了这里的清朝统治机构，苏北地区大受震撼，自发性的兵变和民变更如火如荼地发展起来。"清江兵变"是清淮地区社会矛盾的大爆发，也是苏北光复的起点。许棨臣，清内阁中书，亲历这次惊心动魄的兵变。他的记载对淮扬道奭良等多不满语，暴露了清朝官僚机构的腐朽，有一定的史料价值。

《周烈士就义始末》

周人菊撰。附载周实《无尽庵遗集》，民国元年铅印本。淮安县文化馆藏。周实，清末淮安山阳县人，出身破落世家，曾参加南社，与柳亚子等相结纳。武昌起义后，与同里阮式奉命光复淮安，被当地的反动势力所残杀，于是周、阮齐名，号"二烈士"。作者曾追随周、阮革命，所述比较真切。

《先兄梦桃先生行述》

阮式一撰。附载《阮烈士遗集》，民国二年铅印本。淮安县文化馆藏。梦桃阮式字，作者系其胞弟。

《秋梦录》

王孝煃撰。原载《南京文献》第五号，民国三十七年铅印本。作者亲历南京光复前后事变，排日记载，可见历史概貌。

《徐州光复前后》

韩范山撰。徐州为江苏最后光复的一个地区。徐州光复也是辛亥革命的最后一战。情形错综复杂，向无专门记载。韩席筹、韩范山昆仲，都亲历辛亥革命，且与光复徐州有功者出任第一任民政长的韩志正（元方）有关系。本文是由韩席筹老人授意乃弟执笔。

《故先锋团团长朱葆诚烈士纪念碑》

钮永建撰。碑石在昆山县亭林公园内。朱葆诚，昆山人，毕业于保定陆军学堂骑兵科，任职新军第二十三混成协，驻苏州，秘密加入同盟会。光复苏州之役，他起了不小的作用。后组织北伐先锋团，参加光复南京之战，旋北伐至徐州而返。北伐先锋团后被程德全所解散，朱葆诚被捕系狱。二次革命失败时，于苏州遇害。碑文于民国十八年上石，有史料价值。

《武进光复之回忆》

吴樵长、吕叔元撰。抄本。常州市董纨庵藏。作者均为常州光复的当事人，此系他们的遗作。内容分"光复前之准备""光复时之波折""光复后之设施"等部分，比较完整。

《通州财政处辛亥九月份帐略》

辛亥年铅印本。南通管劲丞藏。关于南通光复的经过，迄无专门记载，这本小册子的前面有"说略"一段，叙述了吴淞光复军光复南通及以后南通的一些具体情况。

《太仓县临时民政署大事录》

徐福埔撰。稿本。太仓汪绍楣藏。作者系清末太仓州参议会参议员。光复后任职太仓县民政署，于民国元年撰成此稿。内分"光复原起""临时机关之始末""军事司令部""公共民团"等篇，述太仓光复的经过颇详。其中有沪军都督府与吴淞军政分府争夺太仓的材料，反映了同盟会与光复会分化的事实，可供研究。

《匏庵诗剩》

汪曾荫撰。民国十九年铅印本。太仓县文化馆藏。卷二有新乐府两首，反映了光复后程德全在江苏搜括人民的情形。

《追忆录》

殷葆诚撰。民国十九年铅印本。常州市吴咏笙藏。作者江阴人，辛亥革命时，方任职南京高等师范学堂，目击南京光复，记载比较真切。

《江苏新闻》

民国元年南京发行。南京图书馆藏有九至十月的残报几十页，中有徐州"匪乱"的报道。

《通报》

民国元年南通发行。管劲丞老人藏有残报十余期，中有南京赣军兵变及南通丝鱼港农民抗捐暴动等资料。

以上书目，系仅就我们接触到的一些新出和比较稀见的一部分史料，其他记载都未著录。

（原载《江海学刊》1961年第10期）

乾嘉史学初探[1]

乾隆之世是清朝的鼎盛阶段,也是中国历史上重要的一页。据《东华录》《户部则例》《三通》《会典》等书记载,乾隆三十一年的全国耕地面积共七百四十一万四千四百九十五顷五十亩有奇,较之康熙二十四年增加了一百三十三万六千六十四顷有奇。又据《东华录》的资料,乾隆五十八年的全国人口总数已超过了三亿,几乎是顺治初年的三倍。显见这时的社会经济是比前繁荣的,农民与地主之间以及满、汉地主集团之间的矛盾都不似清初阶段那样尖锐化。除了西北、西南、台湾等边陲尚有警烽之外,国内的大部分地区处在一个相对的和平时期。乾隆朝的强盛,不仅统一了全国,也扩大了中国对四邻的影响,对西方资产阶级的东侵起了阻挡的作用,保卫了东亚和全国的安宁。

从有利于清王朝的封建统治出发,在经济发展和政治稳定的基础上,乾隆皇帝大力收罗文士,一开博学鸿词科,二开阳城马周科,三开经学科。他也很重视搜集著述,编纂书籍。《永乐大典》的缮写,《四库全书》的编纂,武英殿的刻书,都是一时盛事。某些廷臣疆吏,如朱筠、方苞、秦蕙田、毕沅之流,也门多食客,家富

---

[1] 本文集编者按,此文收入吴泽主编:《中国史学史论集》(二),上海人民出版社1980年版。

藏书。《五礼通考》的编纂，《续资治通鉴》的撰成，都成为当代的巨著。统治阶级的这些活动，在客观上促进了学术文化的发展。

清初顾炎武、黄宗羲等诸大师的穷经朴学，给后人以深厚的影响，启发了乾隆时期的学者。

有了以上这些主要因素，所以当乾隆之世，人才辈出，著述成林，流风所被，迄于嘉庆，在中国学术史上，展开了"乾嘉时代"的一页。

乾嘉学者本顾炎武"博学于文"之训，举凡经学、史学、文字、音韵、天文、地理、算法、律吕、金石、版本、目录等，都是他们研究的对象。多数的乾嘉学者都重视考证，其风也开自清初顾炎武。《四库全书·日知录提要》说："炎武学有本原，博赡而能贯通，每一事必详其始末，参以证佐，而后笔之于书，故引据浩繁，而抵牾者少。"炎武于《音论》一书中自述研究毛诗音韵的方法说："列本证、旁证二条：本证者，《诗》自相证也；旁证者，采之他书也。二者俱无，则宛转以审其音，参伍以谐其韵。"这是一种比较合乎科学的治学方法。到了乾嘉时期，考证之法大盛，正如梁启超《清代学术概论》所说"夫无考证学则是无清学也，故言清学必以此时期为中坚"。

乾嘉时期的史学，大致可以分为三派：一派着重采集文献，它的主要代表是全祖望；一派着重整理古籍，它的主要代表是钱大昕；一派着重评述作史义法，它的主要代表是章学诚。兹就对这三大史家的生平及其主要著作的初步研究，试图勾画出一幅乾嘉史学的概貌。

一

全祖望（1705—1755），字绍衣，浙江鄞县人。"以选贡入成均,举顺天乡试。……会诏举博学宏词,尚书赵殿最以其名荐。乾隆元年,成进士,选庶吉士。是年试词科,以先入馆例不预。次年散馆归进士班。补外。遂归。……晚年,两广总督延主端溪书院,将特疏荐之。因语诸生曰:'是以说经为媒也。'托疾辞归。……卒年五十一。学者称谢山先生"[1]。综观他的一生,宦途不达,讲学终身,未登寿考,志行比较耿介,生活也比较清苦,他身死之日,家属及其门人四出借贷,最后至于卖掉了全部遗书,才能营葬。全祖望的生平如此崎岖,终于成为一代史学巨子,固然是受时代的影响,但更重要的是依靠自己的努力。

清代史学盛于浙东,而浙东言史学者,都以明遗民黄宗羲为不祧之祖。他生长余姚,曾师事刘宗周,屡起兵抗清。晚年主讲鄞县证人书院,高业弟子有鄞人万斯大、斯同兄弟。宗羲鉴于明亡之故,极力提倡读史,尝论:"明人讲学袭语录糟粕,不以六经为根柢,束书而从事于游谈,更滋流弊。故学者必先穷经,然拘执经术,不适于用;欲免迂儒,必兼读史。"[2]他有志纂辑明史,以寄故国之思。所撰文章颇多有关明代史事。《南雷文定凡例》说:"余多叙事之文,……所载多亡国之大夫,……有裨于史事之缺文。……"此外,他编纂《明儒学案》,历叙明代理学的发展。

继宗羲志事者首推万斯同,他熟读明十五朝实录,几能成诵。清廷开局修明史,斯同以布衣充当了主要顾问。

全祖望私淑黄万,也以采辑明史为职志。他因去明未远,所以通过对耆老的访问,能够得到比较可信的明史资料。如《年谱》

---

[1]《鄞县志·人物传》。
[2]《清史列传·黄宗羲传》。

说："先生有族母为冰槎尚书（按即张煌言——引者注）女，……年八十余矣，先生从之问遗事，……后卒成尚书神道第二碑。"再如他到扬州，登梅花岭，凭吊史可法衣冠墓，听到不少遗闻传说，而后写了一篇专叙史可法死事的《梅花岭记》。全祖望所搜集的明史的文字资料是极丰富的。有官方档案，如桂王庚寅所辑的《粤中板授官簿》。有当事人的记录，如张肯堂之孙茂滋所著《余生录》及《蒙难纪言》。有传状，有诗文。至于稗官野史则是多不胜举，单据《鲒埼亭集》所载，即有《国史唯疑》《勺中志略》等四十余种。这些资料，有的是我们现在能够看到的，有的是已经失传，幸赖全祖望的转述而保留了其中的精华。

全祖望仿黄宗羲的先例，用碑传记序等形式把大量明代史事记录下来。他每写一文，不仅搜罗宏富，而且经过严密的抉择，即如他写张煌言的神道碑，参考了张煌言的全集，综合各种野史所记，加上他族母的口述，订正了黄宗羲所撰张煌言墓志的疏误。他说："黄先生作苍翁志，但据《北征录》为蓝本，大段疏漏，不止误以尚书为侍郎也。"[1]他《与赵谷林辨啸台集中纪苍水事迹书》，专门指斥吴农祥所作张煌言传之讹，以为"郢书燕说，混淆信史"[2]。全祖望认为："明末纪述，自甲申以后，萤光爝火，其时著述者捉影捕风，为失益多。兼之各家秉笔不无所左右袒，虽正人君子或亦有不免者。后学读之如棼丝之不可理。"[3]故而他不遗余力地进行考核，连对一个人的生卒年岁也不轻易放过，一一驳

---

[1]《鲒埼亭集》卷九《明故权兵部尚书兼翰林院侍讲学士鄞张公神道碑铭》附《旧寄万编修九沙札》。

[2]《鲒埼亭集外编》卷四十三。

[3]《鲒埼亭集外编》卷四十三《与史雪汀论行朝录书》。

正各家著述的讹误,经过他所整理的明季文献就比较可信。

浙东学派一贯主张"言性命者必究于史""史学所以经世"。但由于所处的时代不同,所以各人的表现也就不同。章学诚曾说:"浙东之学,虽源流不异,而所遇不同。故其见于世者,阳明得之为事功,蕺山得之为节义,梨洲得之为隐逸,万氏兄弟得之为经术史裁。授受虽出于一,而面目迥殊,以其各有事事故也。"[1]他们的立身行道有此变化,必然反映在历史研究上。黄宗羲、万斯同处鼎革之际,抱故国之思,都以史学为反清斗争的工具。全祖望虽私淑黄万,然生当乾隆之世,无明亡之痛,且食清之禄,所以他的采集文献,表扬明季"忠臣义士",乃是为了"崇名教""正人心",并非出于反清复明的民族意识。全祖望遭受当权者的倾挤,贫病终身,又受宋明理学的思想影响,所以他认为凡人的贵贱寿夭都是命所注定,连天对此也是无能为力的。天所操纵的乃是"千百世之是非",以"华衮斧钺"施人"于盖棺以后"。生前的贵贱寿夭是"一时之祸福";身后所被的华衮斧钺才是"一定的祸福"[2]。史家的职志就是执行天意,以华衮施颜回,以斧钺施盗跖。为封建统治阶级服务的"名教""人伦",就是行使华衮斧钺的准则。他极力表彰历史上的"忠臣""义士""孝子""烈女",贬斥历代的"叛臣逆子"。如美新的汉臣扬雄,降金的宋臣张邦昌,降清的明将洪承畴,投明的清臣佟元甲等,都是在他的笔伐之列的。

至于历代的农民起义和农民战争,如明末李自成、张献忠所领导的农民反封建斗争,则都被全祖望污蔑为"盗贼",为"流

---

[1]《章氏遗书·文史遗义》卷五《浙东学术》。
[2]《鲒埼亭集外编》卷四十八《原命》。

寇"，反映出他的阶级本质。尽管全祖望主张历史家不当有"门户之见"[1]，才能写出信史，然而他无法认识和克服自己的阶级偏见，也就不可能写出真正的信史。因此，他尽瘁于明史三十余年，搜集到大量资料，并经过严密考证，而论明亡之故，乃因崇祯帝不与清联和，不得"专力于萑苻"，兵分力弱，以致有煤山之变，宗社为墟[2]。这个论断显然是错误的。明代之亡，是因它本身的腐朽，是遭受了农民大起义的冲击，这是当时社会矛盾发展的必然结果，绝非由于明廷对清的一时失策，也绝非崇祯皇帝一人所能逆转的。

由上述可见，全祖望对明史的研究是有贡献的，他给后人提供了丰富和比较可信的资料；但因历史条件和阶级地位的限制，决定他不可能对明代的历史作出正确的结论。

全祖望的著作甚富。《鲒埼亭集》三十八卷，内有《明故权兵部尚书兼翰林院侍讲学士鄞张公神道碑铭》《梨洲先生神道碑文》《亭林先生神道表》《二曲先生窆石文》《陆桴亭先生传》《万贞文先生传》《刘继庄传》等有关明清之际史事及清初学术思想的重要文章。《鲒埼亭集外编》五十卷，内除碑传外，多记序题跋，如《梅花岭记》《钱忠介公全集序》《跋梨洲先生行朝录》《题岭表纪年》等，也都是有关明史的文章。他与人的书信中也有讨论史事的，如《奉答陆聚帱编修论三藩纪事帖子》《与卢玉溪请借钞续表忠记书》等皆是。《鲒埼亭集》正、外编是在作者身后分别刊本的，所以有一文两见等舛误。《经史问答》二十卷，都是作者与

[1]《鲒埼亭集外编》卷二十九《汰存录跋》。
[2]《鲒埼亭集外编》卷二十九《明庄烈帝论》。

人讨论经史古籍的记录,也以精博著称。在最后几年里,全祖望曾补纂黄宗羲及子百家所纂的《宋元学案》,又七校《水经注》,皆钩沉用力,惜均未成书。

章学诚曾总结浙东学术说:"梨洲黄氏出蕺山刘氏之门,而开万氏兄弟经史之学,以至全氏祖望辈尚存其意。"[1]郑性对全祖望说过:当代"知黄氏之学者",只有你一个人了[2]。可见浙东后学都奉为继黄万而起的一代宗师。所以梁启超说"黄宗羲、万斯同以一代文献自任","其后斯同同县有全祖望,亦私淑宗羲,言文献学者宗焉"[3]。

二

钱大昕(1728—1804),字晓徵,号辛楣,自署竹汀居士,晚称潜研老人,江苏嘉定人。乾隆十九年进士,历官内阁中书、翰林院侍讲学士、詹事府少詹事、广东学政等。曾被旨修《热河志》《续文献通考》《续通志》《一统志》诸书。秦蕙田纂《五礼通考》,特与商订。钱大昕无意久沉宦海,有志穷经朴学。乾隆四十年丁忧回籍后,遂不复出仕,讲学著述以终。他晚年自题像赞说:"官登四品,不为不达。岁开七秩,不为不年。插架图籍,不为不富。研思经史,不为不勤。因病得闲,因拙得安。亦仕亦隐,天之幸民。"[4]正概括了他的一生。

---

[1]《文史通义》卷五《浙东学术》。

[2]《鲒埼亭集》卷十一《梨洲先生神道碑文》。

[3]《清代学术概论》。

[4] 附见《潜研堂文集》目录。

钱大昕的交游很广，都是同时的名流学者。通经服古之风，成了他所处的环境。吴派经学家惠栋、沈彤、江声，皖派经学家戴震、段玉裁、王念孙，史学家邵晋涵、洪亮吉、王鸣盛，校勘学家顾广圻、黄丕烈，桐城文学家方苞、姚鼐，以及达官显宦中的毕沅、秦蕙田、王昶等，都与钱大昕有交谊。他曾与纪昀同修《热河志》，一时"馆中有南钱北纪之目"[1]。大昕弟大昭，从子塘、坫，"一门群从，皆治古学，能文章"[2]。

客观的种种有利因素与钱大昕的主观努力相结合，因而他的学问极为淹博，对于经、史、训诂、音韵、地理、算术、氏族、金石等靡不究心，皆能有所发明。段玉裁作《潜研堂文集》序，称颂他"于儒者应有之艺，无弗习，无弗精"。此说不为过誉。

钱大昕强调读史，以救当时学风之弊。"尝谓自惠戴之学盛行于世，天下学者但治古经，略涉三史，三史以下，茫然不知，得谓之通儒乎！"[3]他的名著《廿二史考异》是"有为而作"的。据自编年谱说，从十八岁起，他就对考证史事发生兴趣。是年"始授徒坞城顾氏，其家颇藏书，案头有《资治通鉴》及不全《二十一史》，晨夕披览，始有尚论千古之志。读东坡戏作贾梁道诗，辄援《晋书》以纠其失。中年见浙中新刊《查注苏诗》，已先我言之。然居士年未弱冠，考据已有与前辈暗合者矣"。从此便开始了《廿二史考异》的著作过程。自序说："余弱冠时好读乙部书，通籍以后尤专斯业，自史汉讫金元，作者廿有二家，反复校勘，虽寒暑疾疢，

[1]《竹汀居士年谱》。
[2] 江藩:《汉学师承记》卷三《钱大昕传》。
[3]《汉学师承记》卷三《钱大昕传》。

未尝少辍,偶有所得,写于别纸。"[1]四十岁时,始系统编次,"岁有增益,卷帙滋多",到五十五岁,成书百卷。六十七岁开始校刊,七十岁全部竣事[2]。可见这部书是钱大昕大半生绩学的结晶。

在全书中,以《唐书》和《宋史》部分为最多,兹举后者为例,以说明钱大昕考史的方法及其成就。

他考史的第一步是发现各种记载的矛盾,进而解决这些矛盾。他主要采取以下几种方法:

(一)以不同的版本互校,订正刊本的错误。如监本《宋史·地理志》:"乾德三年,平蜀,得州府四十八。"武英殿本改作四十六。钱大昕说:"以注考之,实四十六州。《五代史·职方考》亦云四十六。"他断定监本是错的。

(二)以本书的纪传表志互校,发现差异,判别是非。如《宋史·太祖纪》:"开宝元年八月,命昭化军节度使李继勋等征北汉。"同书《李继勋传》作"昭义军节度使"。官名纪传异书。钱大昕据当时情况判断,"昭义者,潞州军号。泽潞与北汉接境,故命为前军都部署。纪作昭化者误"。

(三)以其他记载校正本书之误,分类举例如下:

以古籍原本订《宋史》引文之误。如《宋史·天文志》说:"《晋志》以织女渐台辇道皆属太微垣,以河鼓左旗右旗天桴属天市垣。"钱大昕检《晋书·天文志》无三垣之说,因而断定:"修《宋史》者不加详考,辄云《晋志》某星属太微垣,某星属天市垣,诬甚矣。"

---

[1]《潜研堂文集》卷二十四《廿二史考异序》。
[2] 参据自序及年谱。

以同时的分国史互校，以订本书之误。如《宋史·孝宗纪》："淳熙十五年二月，金遣使蔡克忠等来吊祭。"《金史·交聘表》作蒲察克思。钱大昕认为："蒲察，女真氏也。当从表。"

据宋人所著的杂史订《宋史》之误。如《真宗纪》："乾兴元年二月庚子，大赦天下。癸卯，上尊号曰应天尊道钦明仁孝皇帝。"王偁《东都事略》作"二月庚子朔，大赦天下，诏自今中外所上表，咸去称号，群臣请上尊号曰应天尊道钦明仁孝皇帝，从之"。二书所记不同。钱大昕认为宋真宗尊号原有二十二字，至是诏去尊号，又因群臣之请，才只称八字。《宋史》略去了"诏自今中外上表去称号"一语，便与上文发生抵牾。

据宋人所写的诗文、碑传、笔记以订《宋史》之误。如《洪迈传》谓洪迈卒于淳熙二年，年八十岁。钱大昕认为洪迈《容斋续笔》自称乾道己丑，年四十七。迈既寿至八十，其卒当在嘉泰二年。《宋史》本传必有错误。

以宋代方志校正《宋史》。如《度宗纪》："咸淳三年六月壬戌，加授吕文德少傅，马光祖参知政事，李廷芝兵部尚书，并职任仍旧。"《景定建康志》："六月六日，三省同奉御笔，马光祖除参知政事，寻具辞免。再奉御笔，马光祖可依前观文殿学士任旧任。"二者所记不符，钱大昕认为《建康志》由光祖幕僚之笔，较可信，可据以订《度宗纪》之误。

以金石文字校订《宋史》之误。如《外戚传》："孟忠厚……起复镇海军节度使。"钱大昕见绍兴府城隍庙石刻尚书省牒后题"镇潼军节度使判绍兴军府事孟忠厚"名，镇潼为华州军号，因此他断定《宋史》是错了。

此外，钱大昕还做了一番笺释的工作。如《艺文志》六，兵书类有陶弘景《真人水照》十三卷，钱大昕说："《唐志》作水镜，宋人避讳（按宋翼祖名敬，敬镜音近——引者注）追改。"《贾黯传》："以人菡啖之。"钱大昕说："菡读如矢，《说文》'菡粪也'。"《王巩传》："登魋山，吹笛饮酒。"钱大昕说："魋山本桓山，史家避讳（按宋钦宗名桓——引者注）改。"

他又补苴了《宋史》的一些阙漏，如补列传失书的诸臣年寿有寇准、欧阳修、张载、韩世忠、陆九渊等七十余人。

对体例的失当处也有所论列。

综观钱大昕著《廿二史考异》，对二十二部卷帙浩繁的史籍做了一次系统的细密的考证工作，校订了很多传写和刊刻上的讹误，驳正了不少注释者的舛错，并勘出了各史家的疏漏，给后来的读史者以很大的帮助。自序说："廿二家之书，文字烦多，义例纷纠。舆地则今昔异名，侨居殊所；职官则沿革迭代，冗要逐时。欲其条理贯串，了如指掌，良非易事。"这是他耗费了几十年心血的结果。

钱大昕考史的精神是值得后人发扬的。

第一，他能够持之以恒，不中道而废，几十年如一日。他曾笑宋人读司马光《资治通鉴》，未尽十纸，已欠伸思睡。正因为钱大昕愿意长期努力，认真细读数量十倍于《通鉴》以上的廿二史，还参考了大量其他书籍，单以《宋史》为例，他引用六十余种书与《宋史》相对勘；以后他作《诸史拾遗》时，补订《宋史》九十条，又增加了二十多种参考书。这种"用心专而为日久"的治学精神是值得后人取法的。

第二，他不剽袭他人成果，不以诋诃古人为猎名的手段。《廿二史考异》自序说："间与前人暗合者，削而去之。或得于同学启

示,亦必标其姓名。郭象、何法盛之事,盖深耻之也。"又说:"世
之考古者,拾班范之一言,摘沈萧之数简,……驰骋笔墨,夸曜凡
庸,余所不能效也。"他不盲从,也不固执己见。王鸣盛见大昕所
著书有驳顾炎武、胡渭等清初诸大师之处,以为冒犯前哲,特贻书
相规劝。大昕不以为然,复信说:"愚以为学问乃千秋事,订讹规
过,非以訾毁前人,实以嘉惠后学。"[1]他《与梁耀北论史记书三》
说:"仆于读史,择善而从,非敢固执己见。"[2]钱大昕考史的态度
是极为严肃的。他言必成理,事必举证,举证必先抉择。例如他
考证历史人物的先代世系,从不引证家谱,因为颜师古早就说过,
"私谱之文,出于闾巷,家自为说,事非经典,苟引先贤,妄相假托,
无所取信,宁足据乎!"[3]这种"实事求是"的精神也是我们所当
借鉴的。

　　但是,在《廿二史考异》中也流露出钱大昕的陈腐观点。例
如,《宋史·宰辅表》:"(景定)三年九月辛未,资政殿学士沈炎
薨。"钱大昕拘执于大夫书卒的"春秋大义",认为"此书薨,误
也"。这是很无谓的。

　　钱大昕著作等身,除《廿二史考异》外,有《潜研堂诗文集》
《十驾斋养新录》及《养新余录》《补元史氏族表》《补元史艺
文志》《元诗纪事》《金石文跋尾》《三史拾遗》《诸史拾遗》等
多种。

　　《十驾斋养新录》廿卷是他的读书札记,略仿顾炎武《日知
录》体例,对经学、小学、史学、官制、地理、姓氏、典籍、金石、词

[1]《潜研堂文集》卷三十五《答王西庄书》。
[2]《潜研堂文集》卷三十四。
[3]《十驾斋养新录》卷十二《家谱不可信》。

章、术数、儒术等都有精密的考证。阮元誉之为："凡此所著，皆精确中正之论，即琐言剩义，非贯通原本者不能，譬之折杖一枝，非邓林之大不能有也。"[1] 钱大昕于七十二岁时编定是书，于七十六岁时始付枣梨。后有所得，续为《养新余录》三卷。

《三史拾遗》及《诸史拾遗》各五卷乃是《廿二史考异》的续作。大昕死后，由其门人李赓芸编集刊行。因未经大昕手定，故有的与《养新录》相重出。

钱大昕补苴《元史》的著作，也有一定的价值。

清代学者对钱大昕的学问评价很高。皖派大师戴震对同时学者多所訾议，独推重大昕，以为当代第二人。盖震自负为第一人。其实，如以戴、钱的学术相比，戴识见精审，独创一派，斯在钱上，至于博洽渊深，特别是对于史学的研究，则犹稍逊色。

钱大昕同时的考史家不少，王鸣盛著《十七史商榷》、赵翼著《廿二史札记》，都很著名。他们对纪传较用功夫，对志表则稍疏略，对文字、训诂、音韵、术数等学科，也缺乏精深的研究。因而都不及钱大昕的功绩之巨。至于洪亮吉著《东晋疆域志》等，则是限于对局部史事的补苴，都不及大昕贯通。故论乾嘉时期的考史家，当以大昕为代表。

三

章学诚（1738—1801），号实斋，浙江会稽人。羽冠便好读史，能列举其中利病得失，曾寓居北京，依内阁学士朱筠。筠多藏书，

---

[1] 阮元：《十驾斋养新录序》。

好宾客，戴震、邵晋涵、洪亮吉辈都居门下。学诚因得遍览群籍，结交名流，学大进，也从此知名。乾隆四十一年，举顺天乡试。明年成进士。历主保定莲池书院等讲席。纂修《和州志》《永清县志》《亳州志》等方志。五十三岁时，往依湖广总督毕沅，助编《续资治通鉴》，又主修《湖北通志》，并成《常德府志》。晚年目盲，仍著作不辍，口授他人代书。卒年六十四。

学诚所著书由刘翰怡合刻为《章氏遗书》，其中以《文史通义》为学诚最主要的著作。全书分内外篇，内篇五卷泛论文史，外篇三卷专谈方志，另有《校雠通义》三卷，讨论甄别书籍部次条别的义例，可与《文史通义》相发明。

章学诚比全祖望、钱大昕都稍后起。这时候，惠戴二派大倡通经服古，把大批学者束缚在三代秦汉的小天地里，知古而不知今。钱大昕提倡读"二十二史"，开拓了考证的领域，一时考史者如蜂而起，对历代史籍，有擘绩补苴之功，但又以此为"尽天地之能事"，知纂辑而不知撰述[1]。从黄宗羲一直到全祖望的"文献学"，囿于明代国史的范围，到此也成了强弩之末。章学诚应时而起，大论作史的原理和体例，尤尽力纂修方志，把史学推向前进了一步。

章学诚认为史学是经世的工具，经学就是史学。他引证孔子所说："我欲托之空言，不如见诸行事之深切著明也。"这是孔子作《春秋》的目的。《诗》《书》《礼》《乐》《易》也都是"先王之政典"，"三代学术知有史而不知有经"，"六经皆史也"。"后人贵

---

[1]《文史通义》卷二《博约中》。

经术以其即三代之史耳。"[1]章学诚的这番议论是针对着惠戴学派的尊经而不读史的偏向而发的。这在当时是进步的。第一,章学诚强调学问所以经世,反对当时不少人所奉行的"为学问而学问"的错误方向,无疑是正确的。第二"六经皆史"之说尽管有它的片面性,然而从扩大史料范围的角度来看是有意义的。

章学城不仅提出六经皆史,而且认为"盈天地间,凡涉著作之林,皆是史学"[2]。依他之见,一切文字资料都是历史家研究和采集的对象。史料的范围扩大了,原来的作史体例也必须相应改变,于是章学诚大胆提出了"史为例拘,当求无例之始"的意见。所谓"无例之始",乃指"《尚书》因事命篇,本无成法"。就是说作史是根据内容来确定形式的,而不能用形式来限制内容。他说:"纪传行之千有余年,学者相承,殆如夏葛冬裘,渴饮饥食,无更易矣。然无别识心裁可以传世行远之具,而斤斤如科举之程式,不敢稍变;如治胥吏之簿书,繁不可删。……曷不思所以变通之道欤?"因此,他打算"创立新裁,疏别条目,较古今之述作,定一书之规模"[3],所谓"载诸空言,不如见诸实事"。章学诚本想重修《宋史》,因格于当时"功令",不能实现,遂致力于方志。

方志之作,由来已久,如唐李吉甫《元和郡县志》、宋范成大《吴郡志》等皆是。到了清代康雍乾嘉之际,各省府州县普遍设局修志。对于纂修方志,当时存在着一连串的问题:一是方志的概念问题,时人都以方志归诸地理,纪昀纂《四库全书》,即以方志入地理类。二是方志的内容问题,当时学者如戴震等都认为:

---

[1] 参据《文史通义》卷一《易教上》;卷五《浙东学术》。

[2] 《章氏遗书·报孙渊如书》。

[3] 以上均见《文史通义》卷一《书教下》。

"夫志以考地理，但悉心于地理沿革，则志事已竟"，不必"侈言文献"[1]。三是方志的体例问题，究竟怎样编纂方志？章学诚一一提出了解决这些问题的创见，为"方志学"的发展开拓了宽广的道路。

章学诚认为"志乃史体"[2]，国史之与方志，犹《春秋》之与百国宝书。国史综纪一国，方志专载一方，就是这样区分的。方志既归历史，则不当"但重沿革，而文献非其所急"。经过激烈辩论之后，他的这些见解才逐渐为时人所接受。

关于修志体例，章学诚总结前人作史的经验，提出了"三家之学"的理论与"三书并立"的方案。他说："六经皆史也。后世袭用而莫之或废者，惟《春秋》《诗》《礼》三家之流别耳。纪传正史，《春秋》之流别也；掌故典要，官礼之流别也；文征诸选，风诗之流别也。……马史班书以来，已演《春秋》之绪矣；刘氏《政典》、杜氏《通典》，始演官礼之绪焉；吕氏《文鉴》、苏氏《文类》，始演风诗之绪焉；并取括代为书，互相资证。"[3]由此他主张把方志分为三书：一"通志"（包括大事记及人物），二"掌故"（典章制度），三"文征"（有史料价值的诗文）。三者之外别为"丛谈"。这样就大大地丰富了方志的内容，使国史不能容纳的大量史料得在方志中保留下来。

学诚也重视考证，强调史家必须言之有征，"是故文献未集，则搜罗资访，不易为功。……及其纷然杂陈，则贵抉择去取"[4]。

[1]《文史通义》卷八《与戴东原论修志》。
[2]《文史通义》卷八《答甄秀才论修志第一书》。
[3]《文史通义》卷八《答甄秀才论修志第一书》。
[4]《章氏遗书·与陈观民论湖北通志书》。

但是，他反对风靡一时的为考据而考据的偏向。

章学诚的最杰出之点，是他的"史学所以经世"的思想，这是从和惠戴学派的斗争中成长起来的。原来，清初顾炎武、黄宗羲并为一代大师，虽宗尚异趣，但都谈经世致用，他们之间互相推服，不立门户。顾炎武见到了黄宗羲的名著《明夷待访录》，曾盛赞为"三代之治可复"。乾隆之世，惠戴并起，推阐顾炎武"理学即经学"之说，大倡尊古博文，隆汉而抑宋，一时学者从风，共尊炎武为"开国儒宗"而黄学稍晦。全祖望承黄万宗传，而兼祀炎武，不与惠戴立异，惠戴学者也重视他的考据之功。因此浙东学派还没有与吴皖经师割席。等到章学诚出，始如异军突起，鸣鼓扬旛与惠戴相角胜。他曾嘲笑惠戴学者宗顾而"不知同时有黄梨洲氏出于浙东，虽与顾氏并峙，而上宗王刘，下开二万，较之顾氏，源远而流长矣"。他曾比较浙东史学与吴皖经学，认为各有特点，"浙东贵专家，浙西尚博雅"，但以浙东为优。他说："圣如孔子，言为天铎，犹且不以空言制胜，况他人乎！故善言天人性命未有不切于人事者。三代学术知有史而不知有经，切人事也。后人贵经术以其即三代之史耳。近儒谈经，似于人事之外别有所谓义理矣。浙东之学，言性命者必究于史，此其所以卓也。"[1]乾隆三十八年，章学诚遇戴震于宁波，议论不合。时震"名久著于公卿间"，对学诚盛气相凌，学诚也兀傲不屈。学诚事后撰文说："戴君经术淹贯，……而不解史学。"[2]对钱大昕等的考史工作，在章学诚看来也不是史学。他说："史学所以经世"，"整辑排比谓之史纂，参互

---

[1] 以上均引《文史通义》卷五《浙东学术》。
[2] 《文史通义》卷八《与戴东原论修志》。

搜讨谓之史考，皆非史学"[1]。在当时来说，章学诚能够这样指出史学与政治的关系，强调学术不能脱离人事，反对惠戴学者的脱离政治，脱离实践的偏向，确属陈义甚高，难能可贵的了。

时人曾把章学诚比唐代评史家刘知几，学诚以为"刘言史法，吾言史意，……截然分途，不相入也"[2]。章学诚的史学思想比刘知几更进步。

在章学诚的著作中也夹带着不少糟粕。如他反对在方志中叙述帝王，以"严名分"。他修《永清县志》，列《皇言》一目，但不收明以前的帝王谕旨，认为必须"内本朝而外异代"。这些都反映了他的陈腐的观点。这是可以从当时的历史条件和章学诚的阶级地位得到解释的。

在乾嘉时期，史学界主要进行了三大工作，一是纂辑明史；二是整理古籍；三是编修方志。全、钱、章三大家继清初诸大师而起，分别担当了这些工作的主将，启发了同时的学者。全注重收集文献；钱专事擘绩补苴；章高谈义例，昌言经世，各有所长，不能相掩。自是而后，言明代文献者多以全为宗师。唐鉴著《清学案小识》，徐世昌编《清儒学案》，也都是继承黄全编纂宋元明三朝儒学案的遗绪。考史之风盛于三吴，当推钱大昕提倡之功。至于言方志者，莫不以《章氏遗书》为准绳。总之，在中国史学史上，乾嘉一代的影响是不可磨灭的。

（原载《江海学刊》1962年第1期）

---

[1]　以上均引《文史通义》卷五《浙东学术》。
[2]　《章氏遗书·家书二》。

关于《张謇日记》[1]

最近在南通出现的《张謇日记》是一部珍贵的史料。这部日记的出现，是史学界的一个新的收获。兹就我们所见，来谈谈《张謇日记》的史料价值。

一

张謇写日记是从二十二岁开始的。《年谱自序》说："謇年二十有二，始有日记。"是年为清同治十三年，岁次甲戌（1874）。他在这一年的谱上也记着："是岁始有日记。"

张謇写日记是有事则书，无事也必须写个日子。壮年勤笔，所记较详，暮年精力衰颓，日记便愈益简略，但始终不辍。四十二岁时，因遭父丧，日记曾中断了一百多天。这在日记里曾有交代：

> 光绪二十一载太岁在乙未，四十三岁。正月元旦。自上年九月十八日亥正闻赴京邸，二十日寅正启行南奔；由天津与叔兄归里治丧；十一月十五、六日，受吊；十二月十九日启殡，权厝于外曾祖墓侧；至百日剃发设祭，户庭几筵，触

---

[1] 本文集编者按，此文发表时，作者署名"祁龙威、姚能"。

绪增痛，无日记。岁除之先，贫迫弥甚，约略所贷一岁之中几及六千余番。意绪荒忽，亦无日记。

张謇身经二代。在民国元年（1912）以前，他的日记奉清正朔，用阴历。民国建元之后，仍用阴历，但附阳历相对照。

民国十五年（1926）八月二日（阴历六月廿四日），张謇病逝前的廿二天，他还记着当时天气变化的情状：

大风急雨瞬过，凉，热度低至八十五度。

这就是他最后一天的日记，从此绝笔。

除《癸卯东游日记》外，这部将近五十四年的《张謇日记》尚无刊本。除了他的儿子张孝若撰《南通张季直先生传记》时曾经引用外，未见他人征引。这部日记现已分散，我们仅能看到它的大半部，即作者三十二岁的日记一册，四十至七十五岁的日记十四册，其他部分尚待访寻。

二

《张謇日记》与《张季子九录》《啬翁自订年谱》（为《张季子九录·专录》中的一种，本文为便于说明问题，所以把它抽了出来，与《九录》相提并论）及《南通张季直先生传记》均有密切关系。

他在日记里留下了不少诗文草稿，有的仅写上一个题目。以后自定《张季子九录》时，即以日记为底本，在眉头标上△号或○号（表示须抄）及"查抄"等字样。

《啬翁自订年谱》实即日记的缩本。自序说：

> 謇年二十有二，始有日记，至于七十，历四十有八年，
> 视读古史殆易数姓。此四十八年中，一身之忧患学问出处，
> 亦尝记其大者，而莫大于立宪之成毁。不忍舍弃，撮为《年
> 谱》，立身行己，本末具矣。

年谱至七十而止，日记则迄其卒年。

张孝若撰《南通张季直先生传记》以日记为主要蓝本。他在
《大魁》《韩事笔谈及善后》《却聘》《中日战事》《创办师范》《考
察所得》《筹计教育实业各事》《苏省铁路》《运动立宪经过》《师
友》等节中，都征引乃父日记。

尽管《张謇日记》的不少内容已经发表，但是它仍有极高的
史料价值。

《九录》所辑，均系张謇的著作，很少记其活动。张孝若所引
仅是日记的一小部分。年谱撮日日记以成书，不仅详略不同，而
且已经修饰，颇失真意。兹就中日甲午战争、戊戌变法、义和团运
动、辛亥革命等几个重大历史事件，把张謇的日记与年谱作对比，
以显示日记的资料价值。

年谱记甲午中日战争甚略：

> 光绪二十年甲午(1894)，四十二岁。
>
> 六月……二十六日，太后万寿朝贺；日本以是日突坏
> 我北洋兵舰二。
>
> 七月一日，上谕声罪日本。朝议褫海军提督丁汝昌，李

鸿章袒之，朝局大变。······

八月十八日，随班贺太后加徽号，朝鲜正使李承纯、副使闵泳喆犹进贺表。闻我军溃平壤，退安州，日兵扬言，分道入寇。

九月，翰林院五十七人合疏请恭亲正秉政；又三十五人合疏劾李鸿章；余独疏劾李战不备、败和局。

日记则所述颇详：

五月二十九日，闻朝鲜事大棘。······

六月······六日，闻朝鲜事，言人人殊。上常熟师书。

七日，为叔衡拟《历代边事》类目。

十日，为萧小虞拟《条陈东事疏》。

十三日，上常熟书。

十七日，上常熟书。

二十一日，诣常熟师。

二十六日，卯刻诣太保殿恭行朝贺礼。晤叔衡、止潜、仲弢，知中国兵东渡，为日突击，坏二船。

二十七日，上常熟书。······

七月一日，见声罪日本上谕。······

二日，上常熟书。

四日，天津焦某寄来朝鲜图。

七日，有叶军败讯，未是确否。

九日，······与叔衡诣乙盦，诣常熟。

十七日，与子培、子封、叔衡、仲弢、道希谈。

十八日,见常熟,知朝局又变,可为太息痛恨于无穷矣!诣意园。

二十二日,与道希、仲明讯。连日大雨,已成灾象,南中又旱,天时人事,俱可忧也……

二十三日,改定《治兵私议》上下、《治兵余谈》三篇。……

三十日,闻有褫海军丁说,此天下之公论也。大快!

八月一日,闻津护丁尤力,真目无朝廷矣!朝真无人哉!

三日,……褫丁之说不实。

十五日,知十三日平壤战讯,先是马玉昆战小胜,嗣欲据一冈阜,日兵大至,乃互有损失云。又闻法人助日。……

十六日,随班入贺上皇太后加徽号礼。朝鲜正使李承纯、副使闵泳喆犹奉表而来也,为之感喟无已。

二十一日,闻东军溃平壤、退安州讯。安州如何可据耶!

二十二日,诣省翁师疾。芸谷、叔衡来谈。

二十七日,闻倭有三万人号称九万三道入寇之警。

二十八日,闻政府之昏愦把持如故也。与意园诸人会于山西馆。

二十九日,闻常熟奉懿旨至津诘问,而言者以为议和,颇咎常熟,且有常熟颇受懿旨申饬主战之说。其实中国何尝有必战之布置耶!常熟处此固不易,要亦刚断不足。

九月一日,芸谷领衔合翰林院五十七人上请恭邸秉政奏。是日,上召恭邸,太后延见六刻之久,有令总理海军之命，人心为之一舒。芸谷入见，上甚忧劳，且谕北洋有心误事。北洋之肉，其不足食也。

三日，闻常熟返。

四日，叔衡领衔合翰林院三十五人上请罪北洋公折；余单衔上推原祸始，防患将来，请去北洋折。均由掌院代奏。

五日，与子培、仲弢、叔衡申议联络英、德。

六日，定联络英、德之议。

七日，由芸谷领衔合翰林院四十二人上奏，召见与名之樊恭煦，奏对殊不餍人意也。

九日，知点景处方且催工，为之喟然！

十一日，闻浙人有上恭邸书，请上忍辱受和者，发端先引明与我朝事。

十二日，知昨闻果实，领衔者编修戴兆春，主稿者孙宝琦，与其事者孙宝瑄、夏敦复、夏偕复、姚诒庆、汤寿潜、陈昌绅等十四人，皆杭、嘉、绍人。军机徐用仪嗾之云，或谓军机孙毓汶之子桤嗾之。

十五日，……诣常熟。归后子培、叔衡、仲弢、子封来谈。

十六日，……与常熟讯。

十七日，晚诣子培，与仲弢、叔衡议，请分道进兵朝鲜。……

以两书相较，显然不同。

第一，年谱除对李鸿章稍有訾议外，于清政府无微词。日记斥李鸿章卖国甚力，一则曰："真目无朝廷。"二则曰："北洋之肉，其不足食。"还指责"政府之昏愦把持如故","中国何尝有必战之布置","知点景处方且催工",揭露了以那拉氏为首的反动统治的腐朽。

第二,年谱不言帝后矛盾事。日记透露了"懿旨申饬主战","上甚忧劳,且谕北洋有心误事"等消息。

第三,年谱极少叙述张謇本人的活动。日记历叙他与帝师翁同龢的往来,又与帝党文廷式等人的会议活动,极力主战等情形。

由此可见,日记的史料价值远在年谱之上。

两书对戊戌变法的叙述也有不同之处。年谱上记载:

> 八月……袁世凯护理北洋大臣。

日记:

> 八月……十日,闻袁世凯护北洋。是几反侧能作贼,将祸天下,奈何!

年谱:

> 逮文廷式。

日记说:

> 十六日,闻查拿文廷式之电谕,康事与芸阁无涉,何以及之?

有些日记的内容被年谱删去的，现在看来都是很重要的史料。如在戊戌年闰三月，张謇与文廷式等在上海联络日本进行组织"亚细亚协会"的活动：

> 七日，道希、眉孙、太夷约同会小田切万寿之助于郑陶斋寓。日人以甲午之役，有豪毛之利，启唇齿之寒，悔而图救，亟连中、英。又以为政府不足鞭策，为联络中国士大夫振兴亚细亚协会之举。盖彻土未雨之思，同舟遇风之惧也。独中朝大官昏昏然，徒事婤婀耳！预会者凡二十人。日人言则甘矣，须观其后。
>
> 十日，道希复置酒。闻日廷又遣其大臣来沪，图兴协会。

又如同年四月，顽固派攻击帝师翁同龢。

> 九日，闻王御史（鹏运）弹张荫桓，语侵虞山甚。
>
> 八月……二十一日，闻荣禄有密电，事大可骇，新宁持正论云。

不难看出这是顽固派"废立"的阴谋。
还有维新党人流亡的消息：

> 十一月一日，寿伯莆、李柳溪自日本回，知文道希在日本。

再对照两书对义和团运动的记载。

年谱载：

> 庚子六月……闻匪(指义和团——引者)陷天津,聂士成阵亡。

日记上说：

> 六月……二十六日,得梅生讯,知天津不守(八国联军陷天津——引者),聂士成阵亡。聂未可亡也。

年谱：

> 八月……请新宁联合南皮劾罢端、刚,李疏具不上。

日记上说：

> 八月……十五日,再谒新宁,请奏请罢斥端、刚,以谢天下。
>
> 十六日,新宁以请罢端、刚,电商合肥、南皮联衔。
>
> 二十一日,合肥北上,法人为之保护。请罢端、刚疏具而未发,闻须至京相机电上,此真所谓揖让救焚。

从以上几则看来,显然是年谱含糊,日记清晰,日记所载的有些关于义和团运动的重要内容也不见于年谱。如：

> 六月……十四日，恕常自山东回，言本初（指袁世凯——引者）黑瘦，意徘徊南附，拥兵自卫。
>
> 八月……三十日，闻端仍总理军机，前后朝旨时有矛盾，祸未已也。
>
> 九月……十日，得虞阳（指翁同龢——引者）讯，知开议和款，西人力持今上回京签字之说。

两书对辛亥革命的叙述也有出入而以日记为胜。如日记载张謇于南京光复后十二日才剪辫，极示留恋之情：

> 辛亥十月……二十四日，去辫发，寄退翁，此亦一生纪念日也。

年谱改作"去辫发，寄家"一语，便不见他的真实情意。
又如日记说：

> 十一月……十五日，与孙中山谈政策，未知涯畔。

年谱改作"孙文自海外回，晤之"，抹去了张对孙的评语。
日记说：

> 十二月……十一日，汪精卫极盼以和局成就为人民幸福，此君解事，可喜。

年谱改作"旋见汪精卫"，别无他语，为汪的妥协论调进行掩饰。

日记说：

> （壬子二月）二十六日，孙中山解职，设继清帝逊位后数
> 日行之，大善。

年谱改作"南京临时政府解散"。又掩盖了自己反孙拥袁的观点。

又如张謇与章炳麟等合组统一党，两人意见颇有分歧。日记上说：

> （壬子三月）二十日，连接章函电，槎桠特甚，乃知政治
> 家非文章之士所得充。
> 二十一日，统一党开职员会，章太炎惑于谬说，意气
> 甚张。

年谱上删去这段，便看不到张章之间的矛盾。

从上举事例表明，《张謇日记》虽已经作者"撮为《年谱》"刊行，但仍有不少重要内容尚未公开于世，所以弥足珍贵。

三

《张謇日记》记事颇简略，文多隐晦，需辑录其他资料以相印证。关于这一点张孝若早已言之。他在乃父传记的《中日战事》节里写道：

　　那时候朝内外很传说光绪帝决心要战的意思，是出于翁公；而翁公决心要战的意思，是出于我父。……我查阅我父那年从四月到九月的《日记》，是记着六月初六、十三、十七、廿七、廿八，七月初二，九月十六的七天，都有信给翁相的；六月廿一，七月初九、十八，八月廿二，九月十五的五天，都和翁相见面的。……可是这十二天，只记会见和通信；而会见的时候，讲些什么？通信的里边，写些什么？一个字都没有记载。

　　为此，张孝若曾摘引翁同龢的日记以相印证。

　　张謇历时既久，朋友众多，在他的日记里，多用表字或别号，需要注释。即如上举甲午中日战争一段，称文廷式为道希、为芸阁（时而作谷）；称沈曾植为子培、为乙盦；叔衡乃丁立钧字；仲弢乃黄绍箕字；子封为沈曾桐；意园即盛昱；止潜指濮子潼……类此者多。对有些大官僚则仅称其里居，如称刘坤一为新宁，张之洞为南皮，袁世凯为洹上之类。他称翁同龢则曰"常熟"；二则曰"虞山"，或曰"虞阳"；三则曰"瓶庐"；四则曰"松禅老人"，屡有变化。还有些地方性的人物：如称"唯一"系指昆山巨绅方还，"健庵"系指如皋富豪沙元炳……如不加注释，读者会有困难。

　　《张謇日记》的内容也有讹误，需要校勘。例如他在光绪卅年八月的日记里摘抄的翁同龢甲午、乙未、戊戌日记与原文颇有出入，大致有三种情形：

　　一种是省略不当，影响内容。如翁书原文云："（甲午七月）十八日，……文云阁、张季通先后来，谈时事，可怕也，然耸人骨，抵晚始去。"张抄省略为"张季直来,谈时事,可怕也,然耸人骨,抵晚始去"。便不见了文廷式的活动。

一种是日期颠乱。如翁书云:"(甲午九月)初七日,……张謇折参合肥。"张抄误为九月初八日。又如翁书云:"(乙未三月)初八日,……观电旨,予唐景崧者不惬意,因与秉笔者削去廿余字,彼在汤火中忍不援手哉!"张抄误为三月初六日。

一种是文字脱误,使原意不明。如翁书云:"(甲午十二月)朔,……酆都道士孟雷飞者,妄称有秘术破倭,阅其词极俚,斥去未见。"张抄脱去道士的"士"字,便令人不解。

由此可见,对《张謇日记》的整理工作是完全必要的。现在我们正在进行这项工作,迫切盼望各有关机关、历史专家、社会耆老支持我们,给以指引和帮助,并协助访寻《张謇日记》的前半部,以期成为完书。

(原载《江海学刊》1962年第5期)

关于乾嘉学者王念孙

王念孙经历乾嘉之世，这时的学术文化比较发达。乾嘉学者研究的主要对象是经学。他们的主要功绩是考证。经过乾嘉学者的整理笺释，使流传数千百年以来舛误讹乱的遗经古籍，厘然可读。王念孙为乾嘉的晚出经师之一，他承继和发展了前人的业绩，又吸收了同时学者的成果。他的考证之功达到了前所未有的高峰。

一、学术渊源

王念孙的经学，传自皖派大师戴震。戴震与惠栋同为当世儒宗，形成经学中的皖吴两派，而风尚异趣。吴派囿于汉学的门户之见，惟汉必尊，惟古必信，正如念孙长子引之所说："见异于今者则从之，大都不论是非。"[1]皖派则提倡"实事求是"。戴震曾说：学者当"不以人蔽己，不以己自蔽"[2]。吴派重淹博，皖派重精审。段玉裁颂戴震："东原师之学，不务博而务精，故博览非所事，其识断审定，盖国朝之学者，未能或之过也。"[3]

---

[1]《王文简公文集》卷四《与焦理堂书》。
[2]《戴东原集》卷九《答郑丈用牧书》。
[3]《经韵楼集》卷五《与胡孝廉世琦书》。

戴震本顾炎武"读九经自考文始,考文自知音始"[1]之教,以识文字、通训诂、晓声韵为说经的途径。故其成业,精于小学。从戴震问业者,有段玉裁、孔广森、任大椿等,都以专精著称。王念孙也北面师事震,与引之父子相承,成为戴学的后劲。

念孙终身信奉戴震的治学态度与治学方法。他以谓"诂训之指,存乎声音。字之声同声近者,经传往往假借。学者以声求义,破其假借之字而读以本字,则涣然冰释;如其假借之字而强为之解,则诘鞫为病矣。故毛公诗传,多易假借之字而训以本字,已开改读之先。至康成笺诗、注礼,屡云某读为某,而假借之例大明。后人或病康成破字者,不知古字之多假借也"。他又说:"说经者期于得经意而已。前人传注不皆合于经,则择其合经者从之。其皆不合,则以己意逆经意而参之他经,证以成训,虽别为之说,亦无不可。必欲专守一家,无少出入,则何邵公之墨守,见伐于康成者矣。"[2]王念孙的这番议论是有意义的。第一,他提倡"就古音以求古义"的方法,揭开了古书多假借字的"秘奥"。第二,他强调"实事求是"的态度,给吴派经师们的"墨守"思想以有力的打击。正因为念孙能够坚持和实践这些正确主张,所以他在学术上有了辉煌的成果。

念孙终身苦学,其主要成就有三个方面:一、古音;二、训诂;三、校勘。兹略述其要。

---

[1]《亭林文集》卷九《答李子德书》。
[2]《王文简公文集》卷三《经义述闻序》。

二、古韵二十二部

清代言古音者，首推顾炎武。炎武据《毛诗》《周易》谐韵，考证古音，作《古音表》，同韵相从。分为十部。江永继起，作《古韵标准》，分古音为十三部。段玉裁作《六书音韵表》，分古音为六类十七部。孔广森作《诗声类》，分古音为阳声九部和阴声九部，共十八部。戴震虽为段、孔之师，然其对古音的研究，成书较晚。他作《声类表》，分古音为七类二十部。念孙继承和发展了前人和同时学者的成就，分古音为二类二十一部。他《答江晋三论韵学书》说明了自己早年探讨古音的经过：

> 念孙少时服膺顾氏书。年二十三，入都会试，得江氏《古韵标准》，始知顾氏所分十部，犹有罅漏。旋里后，取三百五篇反复寻绎，始知江氏之书，仍未尽善，辄以己意重加编次，分古音为二十一部，未敢出以示人。

这时，不仅戴、孔二家之书尚未行世，连段氏之作也还未被念孙所见。同书又说：

> 及服官后，始得亡友段君若膺所撰《六书音韵表》，见其分支、脂、之为三，真、谆为二，尤、侯为二，皆与鄙见若合符节。[1]

---

[1]《王石臞先生遗文》卷四。

念孙所分古音二十一部,详见所著《古韵二十一部通表》。其条例见于《与李许斋方伯论古韵书》:

> 不揣寡昧,僭立二十一部之目而为之表。分为二类:自东至歌之十部为一类,皆有平上去而无入;自支至宵之十一部为一类,或四声皆备,或有去入而无平上,或有入而无平上去,而入声则十一部皆有之,正与前十类之无入者相反。[1]

从上述,可见王念孙的初分古音为二十一部,是在顾、江二家的基础之上发展起来的。他的析支、脂、之为三,真、谆为二,尤、侯为二,是与段玉裁的发明相暗合。至于分至、祭、盍、缉四部,则又段氏之所未及。

乾隆五十四年,段、王始会晤于北京,讨论古音,有合有不合。念孙《答江晋三论韵学书》言之甚详:

> 己酉仲秋,段君以事入都,始获把晤,商订古音。告以侯部自有入声;月、曷以下非脂之入,当别为一部;质亦非真之入;又质、月二部皆有去而无平上;缉、盍二部则无平上而并无去。段君从者二(谓侯部有入声及分术、月为二部),不从者三。[2]

---

[1]《王石臞先生遗文》卷四。
[2]《王石臞先生遗文》卷四。

这些争论，也反映了对古音分部之精密，段不如王。念孙的独立祭部，实际也为戴、孔二家所不及。

王念孙的古音研究是不断进步的。他曾一度相信段玉裁古无去声之说，改至、祭二部的韵目为质、月。后又与江有诰讨论，肯定古有四声。晚岁从孔广森书之说，分东、冬为二，共分古音为二十二部[1]。江有诰分古音为二十一部，大致与念孙暗合[2]。其后章炳麟分析古音，尽本念孙之说，仅从脂部分出了队部[3]。王国维曾对清朝一代的古音研究，做了总结：

> 古韵之学，自昆山顾氏，而婺源江氏，而休宁戴氏，而金坛段氏，而曲阜孔氏，而高邮王氏，而歙县江氏，作者不过七人，然古音二十二部之目遂令后世无可增损。[4]

可见王念孙对古韵分部之精，在清代已经达到了顶峰。小学是说经的基础，而古韵学又为研究古代语言文字的基础，这是清代经师的经验总结。王念孙在经、小学方面的造诣特深，是和他对古韵的分部之精分不开的。

三、《广雅疏证》

王念孙精通训诂，对《尔雅》《说文》皆有所阐述。后见邵晋

---

[1]《王石臞先生韵谱合韵谱遗稿后记》，北京大学《国学季刊》五卷二号。
[2]《江氏音学十书·廿一部韵体》。
[3]《国故论衡》上《二十三部音准》。
[4]《观堂集林》卷八《周代金石文韵读序》。

涵作《尔雅正义》,段玉裁作《说文解字注》,便辍不为而别撰《广雅疏证》一书。

《广雅》,魏清河张揖字稚让撰。钱曾《读书敏求记》说:"张揖采苍雅遗文,不在《尔雅》者为书,名曰《广雅》,皆言广《尔雅》之作,所以续《尔雅》也。"隋曹宪为作音释,因避炀帝名,改称《博雅》。

念孙所以疏证此书,是因它在训诂学史上占着重要的地位。自序说:

> 昔者周公制礼作乐,爰著《尔雅》。其后七十子之徒、汉初缀学之士,递有补益。……卓乎! 六艺群书之钤键矣。……魏太和中,博士张君稚让继两汉诸儒后,参考往籍,遍记所闻,分别部居,依乎《尔雅》,凡所不载,悉著于篇。……盖周秦两汉古义之存者,可据以证其得失;其散逸不传者,可借以窥其端绪,则其书为功于诂训也大矣。

他与刘台拱书也说:

> 是书虽不及《尔雅》《方言》之精,然周秦汉人之训诂皆在焉。若不为校注,恐将来遂失其传。[1]

念孙作《广雅疏证》,始于四十五岁,"日以三字为率,寒暑无

---

[1]《王石臞先生遗文》卷四《与刘端临书》第一通。

间,十年而成书"[1]。其过程略见他与刘台拱各书：

> 自去年八月,始作《广雅疏证》一书。……念孙将以十年之功为之。自八月至今,始完半卷,而正讹补缺已至一百五十余条。

> 《广雅》积误已久,有明本之误,有宋、元本之误(以《集韵》所引知之),有隋、唐本之误(以曹宪音知之)。又汉儒笺注谶纬及小学诸书,今多亡失,训诂无征。疏通证明,大非易事。自前岁仲秋至今,甫完两卷,衰病如此,惧不能成也。

> 《广雅》仅成四卷,又以体例中更,重加改订,至今尚未完毕。似此迁延,恐终不能成书。

> 自四月派巡南城,忽忽靡暇,《广雅》七卷后竟不能成一字,奈何![2]

从以上几封信里,可见王念孙的疏证《广雅》,是遭到了种种困难的。一是版本多误；二是参考资料不足；三是身体衰病；四是体例变更；五是时间少。加上《广雅》包罗万象,有古语,有方言,有天文地理,有礼仪风俗,有虫鱼草木,……念孙引据群籍,殚精竭虑,并与钱大昕、刘台拱等讨论,长子引之助之,终于撰成《广雅疏证》九卷,附引之所作一卷,共十卷。另有《曹宪音义校本》三卷。以后念孙又作补正一卷。

念孙首先"据耳目所及,旁考诸书",校正《广雅》的刻本。

---

[1]《高邮王氏六叶传状碑志集》卷四《石臞府君行状》。
[2] 以上依次见《王石臞先生遗文》卷四《与刘端临书》四通。

凡字之讹者五百七十八,脱者四百九十一,衍者三十九,先后错乱者一百二十三,正文误入音内者十九,音内字误入正文者五十七。经过念孙的校勘,使《广雅》在基本上回复了本来面目。

念孙疏证《广雅》的基本方法是"就古音以求古义",并搜括汉以前经传诸子训诂,转相证明。兹举例以明之。

《广雅·释诂篇》云:

> 商、甬、经、长,常也。

《疏证》:

> 《说苑·修文篇》云:"商者,常也。"

这是"商"读为"常"之证。念孙根据声近假借的原理,又说明了"商"为什么与"常"通,且引书为证:

> 常、商声相近,故《淮南子·缪称训》:"老子学商容,见舌而知守柔矣。"《说苑·敬慎篇》载其事,"商容"作"常枞"。《韩策》:"西有宜阳常阪之塞"。《史记·苏秦传》:"常"作"商"。

他用同样的方法疏证了"甬"字和"长"字。

> 甬之言庸也。《尔雅》:"庸,常也。"
> 长者,《大雅》"文王"笺云:"长犹常也。"常、长声相

近，故汉京兆尹长安，王莽曰：常安矣。

念孙没有疏证"经"字，因为"经"读为"常"乃是人们所习知。

《广雅疏证》一书，不仅对《广雅》有疏通证明之功，而且达到了搜罗三代秦汉古训的目的。正如阮元所说："先生……综其经学，纳入《广雅》，……凡汉以前仓雅古训，皆搜括而通证之。……此乃偕张揖之书以纳诸说，实多张揖所未及知者，而亦为惠氏定宇、戴氏东原所未及。"[1]人们从此得借《广雅疏证》读通许多古书。章炳麟曾说："念孙疏《广雅》，以经传诸子转相证明，诸古书文义诘诎者皆理解。"[2]其子引之总评此书为"校订甚精，援引甚确，断制甚明，尤善以古音求古义，而旁推交通，辟先儒之闳奥，作后学之津梁，为自来训诂家所未有"，"学者比诸郦道元之注《水经》，注优于经云"[3]，确非过誉之词。

嗣后，俞樾、王树楠等先后疏证《广雅》，都是对念孙所著的拾遗补阙罢了。

念孙另作《方言疏证补》一卷，系戴震《方言疏证》的续作，其精核在戴书之上。

四、《读书杂志》

念孙精于校勘。年三十，在朱筠幕中，即与筠及汪中同校《大戴礼》。其后每读古籍，辄有校本。年臻耄耋，犹目览手记，孜孜

---

[1]《揅经室续二集·王石臞先生墓志铭》。

[2]《訄书·清儒》。

[3]《石臞府君行状》。

不已。《读书杂志》八十二卷,是他毕生校勘的结晶。内分《逸周书》《战国策》《史记》《汉书》《管子》《晏子春秋》《墨子》《荀子》《淮南子》《汉隶拾遗》,共十种。其中以《汉书杂志》《墨子杂志》的成书时间为较早,其他多系念孙晚年之作。除《逸周书杂志》《战国策杂志》《汉书杂志》外,其他皆有自序。其次序系念孙于临终前手定,乃是他的绝笔[1]。

念孙校勘古籍,采取以下几种主要方法:

以古本校正流行本之误。如《管子·形势篇》:"蛟龙得水而神可立也,虎豹得幽而威可载也。"念孙认为"当依明仿宋本及朱东光本作托幽,此涉上句得字而误,后形势解正作托幽"。

据前人引文以正今本之误。如《淮南子·原道篇》:"昔者,夏鲧作三仞之城,诸侯背之。"念孙据《艺文类聚》《太平御览》所引,断定三仞乃九仞之误。他举《初学记》居处部引《五经异义》说:"天子之城高九仞,公侯七仞,伯五仞,子男三仞。"鲧是当时的天子,筑城当为九仞,可见唐宋人引作九仞是对的。

据古训以辨文字之讹误。如《墨子·尚贤》中,有"故虽昔者三代暴王桀、纣、幽、厉之所以失措其国家,倾覆其社稷者"等语。念孙认为"措字,义不可通,当是损字之误"。他举《大戴记·曾子立事篇》:"诸侯旦旦,思其四封之内,战战惟恐失损之。"以与《墨子》的"失损其国家"相比喻。又指出损为扐之借字,《说文》"扐有所失也",故《墨子·非命篇》作失扐。

念孙对待前人和同时学者校勘的成果,极为严肃。第一,不剿袭。如《史记杂志》中有与钱大昕《史记考异》、梁玉绳《史记

---

[1] 《石臒府君行状》。

志疑》同者，一从刊削。第二，不盲从。如《逸周书》有"扬举力竞"语。卢文弨认为"力竞，疑力竞之讹。竞盛也，强也"。念孙认为"竞古通作竞，不烦改字"。他举《墨子·旗帜篇》："竞士为虎旗"等为证。第三，择善而从。他据顾广圻校本作《荀子杂志补遗》即是一例。自序说：

> 余昔校《荀子》，据卢学士校本而加案语，卢学士校本则据宋吕夏卿本而加案语。去年，陈硕甫文学以手录宋钱佃校本异同邮寄来都，余据以与卢本相校，已载入《荀子杂志》中矣。今年，顾涧蘋文学又以手录吕、钱二本异同见示，余乃知吕本有刻本、影抄本之不同，钱本亦有二本。不但钱与吕字句多有不同；即同是吕本，同是钱本亦不能尽同。择善而从，诚不可以已也。

《读书杂志》涉及古史、诸子、汉碑等各个方面，考订衍文、脱语、讹字共四千八百九十六条。念孙的校勘工夫，为同时学者所倾倒。孙星衍见其所校《管子》，"叹其精确"[1]。卢文弨读念孙所校《大戴礼》，认为"足以破注家望文生义之陋"[2]。阮元以为《读书杂志》"一字之证，博及万卷，析心解颐，他人百思不能到"[3]。

段玉裁尝论校书分做二步，"必先定其底本之是非，而后可断其立说之是非。……何谓底本？著书者之稿本是也。何谓立说？

---

[1]《石臞府君行状》。
[2]《抱经堂文集》卷廿《与王怀祖庶常论校正大戴礼记书》。
[3]《王石臞先生墓志铭》。

著书者所言之义理是也"[1]。由于历史条件和阶级地位的限制,王念孙只可能做到第一步,即定底本之是非,而不可能断立说之是非。然而正因为他做好了第一步,就为后人做第二步者提供了条件。因此,他的校书的历史功绩是值得肯定的。

五、《经义述闻》与《经传释词》

章学诚曾说:"王怀祖氏自言所得精义,不暇著书,欲求善属辞者,承其指授,而自著为书,不必人知所著本于王氏。"[2]可见念孙的读书心得至多,绝非仅见于以上诸书。其子引之撰《经义述闻》与《经传释词》,即承念孙指授,引而申之。

《经义述闻》系说经之作,依《易》《书》《诗》《周官》《仪礼》《大小戴礼》《春秋左氏内外传》《公羊传》《穀梁传》《尔雅》之序编次。取名"述闻",以志父训。同时有方东树著《汉学商兑》,力排汉学;但见《经义述闻》,大为赞叹,以为"实足令郑朱俯首,汉唐以来,未有其比"[3]。

《经传释词》专门解释经传助语,共一百六十字。章炳麟颂之为"明三古辞气,汉儒所不能理绎"[4]。

王念孙父子的学术成就,反映出时代所赋予的影响。他们的著作是有缺点的,脱离现实,支离破碎,清末李慈铭已讥之为"微

---

[1]《经韵楼集》卷十二《与诸同志书论校书之难》。
[2]《文史通义》外篇三《与邵二云论学》。
[3]《汉学商兑》中。
[4]《訄书·清儒》。

失之专"[1]。然而,他们的长期苦学的精神以及"实事求是"的态度与方法,足为后人所借鉴。他们在小学和校勘等方面的成就,在当时有继往开来之功,到今天还是一份丰厚的遗产,为我们提供了有利的条件。舍其糟粕,取其精华,这是我们对待前贤、对待高邮王氏之学的应有的态度。

（原载《学术月刊》1962 年第 7 期）

---

[1]《越漫堂随笔》。

从《张謇日记》看中日战争时的帝后党争

——张謇甲午日记笺余

> 嗟乎！晚清朝政之乱，表病在新旧，本病在帝后。始于宫廷一二人离异之心，成于朝列大小臣向背之口，因异生误，因误生猜，因猜生嫌，因嫌生恶，因恶生仇，因仇生杀。恶而仇，故有戊戌之变；仇而杀，故有庚子之变。[1]

> 自甲午而有戊戌政局之变，由戊戌而有庚子拳匪之变，由庚子而有辛亥革命之变，因果相乘，昭然明白。以三数人两立之恩怨，眩千万人一时之是非，动几甚微，造祸甚大，经言治国平天下始于正心诚意，是固儒者事矣。[2]

这是张謇对清季历史所作的总结。他把清代衰亡之故，归结为慈禧太后与光绪皇帝之间的个人恩怨，而且倒本为末，以新旧之争为表，帝后之争为根，这种历史观点当然是反科学的。但是，帝后党争确是牵缠着清代的末叶，从这一点说，张謇的话，也反映了历史的事实。

张謇并不是这幕历史剧的观众，而是剧中的重要角色，他曾

[1] 张謇：《文录》卷十五《四川忠县秦太公墓表》。
[2] 《啬翁自订年谱》卷上。

在甲午中日战争时扮演了帝党的智囊。

甲午年是近代中国历史的一个转折点，也是张謇个人历史的转折点。这年，日本发动了进攻朝鲜和中国的战争，使中国面临空前严重的民族危机。这年，慈禧太后筹备举行"六旬庆典"，标志着以她为首的封建统治达到极其腐朽的时候。就在这年，张謇"大魁天下"，成为帝党的宠儿，被卷进了反对日本侵略和慈禧太后腐朽统治的旋涡。张謇在甲午年的历史与帝后党争息息相关。他在这一年的日记，主要就是帝后两党争论抵抗与投降日本的大事记。

一

帝后两党之争是外国资本帝国主义侵略中国过程中的产物。从第二次鸦片战争结束后所建立的叶赫那拉氏王朝是植根于对外卖国、对内压迫人民的基础之上，逐渐形成了一个以她为首的最腐朽、最反动的官僚、军阀集团，这就是"后党"。随着中华民族的危机日益深重，封建统治阶级发生分化。从光绪初年起，在清政府内部涌现出一群"忧国忧民"之士，他们对外反对列强的蚕食，对内不满意后党统治的腐朽。这是一个比较开明的封建官僚集团，时人号曰"清流"。尚书李鸿藻为之魁。侍郎黄体芳、宝廷，京卿张之洞、张佩纶、陈宝琛等都是其中的骨干。这是"前辈清流"。甲申中法事起，前清流主战，成了朝野舆论的中心。战后在后党的打击与分化下，李鸿藻失势，黄体芳、宝廷、陈宝琛先后去官，张之洞、张佩纶投入浊流，前清流瓦解。"后辈清流"接踵而起，帝师尚书翁同龢从中主持，盛昱、文廷式、王仁堪、黄绍箕、丁立钧及沈曾植、曾桐兄弟等一部分京朝中小官吏都是其中之杰。1889年（光绪十五年），"皇帝亲政"，给后清流带来了希望，他们企图拥护光绪皇帝革新朝政、挽救危亡，于是形成了"帝党"。

对外国资本帝国主义的侵略本质，帝党也是无知的。他们把中国的积弱，完全归咎于某些廷臣疆吏的"贪庸误国"。他们也不能够明白这是半殖民地半封建的社会制度在政治上的反映，而以为救亡与革新之要在于延揽英才。当19世纪的最后三十年，列强正在蚕食中国"藩封"和边境的时候，促使帝党注重边事。如李文田、沈曾植等大究西北史地，丁立钧著《历代边事》（一名《边史》）通过翁同龢"进呈皇帝乙览"，这种风靡一时的学术动向，是当时的形势使然，也是帝党提倡的结果。于是曾随吴长庆在朝鲜军营立功，以熟悉朝鲜的形势著名的"通州才子"张謇便成了帝党主角翁同龢所赏识和罗致的对象。史言"同龢长于政事文学"[1]，屡任教习庶吉士，数充会试及顺天乡试正副考官，以延揽人才为己任。当张謇在朝鲜军营初露头角的时候，翁同龢即经过吴长庆与通声气。故而张謇呈翁诗云："十年辽海军，苦辛狃泥泽。公与幕府笺，问讯辄书尾。"[2]

1885年，即中法战争结束的一年，越南沦亡，边事日急；也是"朝政失纲"，封建统治阶级内部加速分化，前清流瓦解与后清流踵起的时候。张謇入京应顺天乡试，得翁同龢的拔擢，以第二人中式为"南元"。因志同道合，始与盛昱、文廷式、黄绍箕、沈曾植、丁立钧等论交。

---

[1]《清史列传》卷六十三本传。
[2] 张謇:《诗录》卷三《奉呈常熟尚书》四首之二。

以上诸人除盛昱外，余皆先后出翁同龢门下。是时，张謇在京和他们往还，讨论时事，主要是朝鲜问题。他自述曾与盛昱"谈朝鲜之危，不亟图存，必为人有。因以前策示之，共太息而已"。又为昱"拟陈朝鲜事"[1]，要求清廷整军备战，保护朝鲜，以固中国东北。

此后，张謇曾于1886、1889、1890、1892年四应礼部会试，虽经翁同龢等极力提拔，但都因布置未密，认错考卷而误中了他人。

甲午年因太后"六旬庆典"而举行"恩科"会试，帝党预定拔置张謇为状元。在殿试时，翁同龢派收卷官黄思永坐等张謇缴卷，黄发现张的卷子有某些疏漏立即为之修补，然后径送到翁的手里。八个阅卷大臣的半数是帝党，翁同龢发议于先，李鸿藻、汪鸣銮、志锐附和于后，公认翁所阅的"一卷为最"[2]。余人不加可否，只有东阁大学士张之万一人反对。因为他是阅卷大臣的首席，按惯例状元出于首席之手。最后，张之万也"勉如翁意"[3]。这就是张謇"大魁天下"的真相，也是晚清科场中的一段公开的秘密。

以上种种，都是张謇甲午日记"状元及第"一段的重要注脚。

二

从《张謇日记》看来，当光绪二十年六月初，张謇才授官翰林院修撰不久，中日之间的战火已经迫近眉睫，他立即为帝党策划对日战争，直到同年九月丁父忧南归为止，他的活动过程大致可

---

[1] 《啬翁自订年谱》。

[2] 《翁文恭公日记》光绪二十年四月二十三日记。

[3] 王伯恭：《蜷庐随笔·科举丛话》。

分三个阶段:

(一)从六月初到六月底,张謇通过翁同龢推动清廷对日宣战。

(二)从七月一日清廷对日宣战到八月中旬平壤溃败之前,张謇积极为翁同龢策划战局,力争在朝鲜境内取胜。

(三)从八月下旬到九月中,张謇会同文廷式、丁立钧等发动翰林院诸人,连续上书皇帝,要求改组政府、撤换统帅、反对议和、策划反攻。

现在先说它的第一阶段。

见于《张謇日记》的,在甲午年的六月,正是清廷对日宣战的前夕,张謇曾五上书翁同龢和一次与翁会见(翁张往还的实际次数不止此)。由于翁、张在甲午战时往还密札的先后被发现,所以当年连张孝若也无法读懂的这段《张謇日记》,现在我们已经可以为作笺注了。

《张謇日记》说:

> (甲午年六月)六日,闻朝鲜事,言人人殊。上常熟师书。

原函[1]略云:

> 朝鲜事起以来,宣南士大夫所闻,言人人殊。甚者至谓日本兵逾万,早据汉城,胁王立"向非中国藩属"之约;而中

---

[1] 此函即中华书局行将出版之《张謇致翁同龢密信》第一件,原件无月日。兹考定为甲午年六月六日所作。

国之兵，狃于庆典，不开边衅，翔翔海上，已将朝鲜八道拱手授之他人者。其謷者乃谓朝鲜已无事。无从确探，至用愤闷。姑就所闻，策划其事，私于左右，以备采择。谨具别纸，伏乞钧览。

张謇代翁同龢策划：（一）朝鲜必救。他主张对日本"大张旗鼓，攻其所必救"，不仅可以制日本，而且借以慑列强。（二）慎选将领。他认为叶志超"沾染官场习气，且夸诞恐不足当大事"，而以聂士成"有勇毅之气"，刘永福为列强所惧，可以任用。（三）扩充兵力。他主张利用哥老会力量。（四）起用湘将为直督以分淮系兵权，令李鸿章出驻威海，居中调度，张謇认为此人"暮气虽甚"，然可"鞭策而用之"。（五）筹饷。他幻想"得懿旨以庆典款拨用"，以鼓舞士气。还要求拨用那拉氏的历年搜括所得二千万两，以充军费。

六月十三日，翁同龢"奉派会议朝鲜事"，成了光绪帝在枢廷的代言人，是日，张謇又写信给翁。《张謇日记》：

十三日，上常熟书。

原函[1]略云：

前以不得东事确状，不胜愤激，粗有陈说，不复知其过

---

[1] 此函即《张謇致翁同龢密信》第二件，原件无月日。兹考定为六月十三日所作。

当否也。昨稍稍得闻一二。奔走上谒,值师未归,所欲陈吐,无由上达,谨申前说未竟与更应求慎者,一毕其愚。

张謇代翁同龢策划的是:(一)派海军游弋中国、朝鲜、日本海面,伺虚攻击,使日本"牵掣顾忌","不敢分兵扰我边海"。(二)派陆军由水陆两路援朝鲜:一由水路运兵援牙山;一调旅顺防军出大同江口,以后营留屯平壤,前锋径壁汉城,与海军夹击。(三)起用前新疆巡抚刘锦棠与李鸿章分任督师,使兵权不为淮系所独揽。(四)调派与朝鲜人地相宜的庆军旧部张光前军等令当前敌。

张謇此议,大多为翁同龢所采纳。《翁文恭公日记》:光绪二十年六月十四日记,"张季直函论东事"。当日作复[1]:(一)派海军主动出击,须细考南北洋舰队实力。(二)分旅顺防军赴朝鲜,已建此议。(三)很多人反对起用刘锦棠(按当时建议起用刘锦棠的不仅张謇,曾经军机处讨论),当再向皇帝陈请。

《张謇日记》:

十七日,上常熟书。

此函[2]为翁策划:(一)以威海卫与台湾为海军基地,请移北洋大臣驻威海,派刘永福防台,相机进击日本。(二)于陈宝箴、陈湜二人中择一为台湾巡抚。(三)令旅顺防兵刻日进据大同江口

[1] 此信见《中日战争》第四册,第575页。原件无月日,兹考定为六月十四日。

[2] 《张謇致翁同龢密信》第三件。原件注明时间为六月十九日,当是发信的日子。

而攻平壤，因已有平壤失陷之谣。（四）以刘铭传帮办北洋，刘锦棠帮办南洋。

张謇又于二十一日往晤翁会谈。两人的日记可相印证。

《张謇日记》：

> 二十一日，诣常熟师。

《翁文恭公日记》：

> （同日），张季直来，饭而去。

正当张謇力劝翁同龢部署对日主动进攻而被后党掣肘，大半流为纸上空谈的时候，狡狯无比的日本强盗却先发制人，不宣而战了，这就是惊心动魄的丰岛事件。

《张謇日记》：

> 二十六日，卯刻诣太保殿恭行朝贺礼。晤叔衡、止潜、仲弢，知中国兵东渡，为日突击，坏二船。
> 二十七日，上常熟书。晤子培、仲弢、叔衡。作大课赋。

太保殿当是太和殿之误。光绪二十年六月二十六日，系光绪帝二十三岁生辰，故行朝贺礼。清军东渡被袭，即六月二十三日发生的丰岛事件，清广乙兵舰及租运清军的英国商轮高升号被日舰击沉。于是朝野舆论大哗，帝党一致要求对日宣战。张謇立即写信给翁同龢[1]，为筹划八点：（一）明降谕旨，对日宣战。（二）朝王被虏，亟立大院君李昰应或其长子载冕为朝鲜之主。（三）令左宝贵、卫汝贵之军疾趋汉城，会叶志超军进攻。（四）即以台湾布政使唐景崧为巡抚，唐与刘永福相习，以后容易合作。（五）革丁汝昌职，薄惩李鸿章"调度乖方"之罪，所谓"鞭策而用之"。（六）起用刘锦棠统湘军北来，以援淮军并分淮势。（七）重赏严罚，以励将士。（八）拨"庆典款"以充军费。

第二天，张謇又写信给翁，对前信作了补充。《张謇日记》：

二十八日[2]，上常熟书。誊大课卷。

信中主张：（一）令援朝之兵速进，"驻大队于平壤，以偏师驻韩京四五十里之内，坚与相持，遥为牙军声援，而时出奇兵，相机以攻略之，以能占地势（原注：须居高临下）为上（原注：此次陆军由鸭绿江口而不由大同江口，计程远六七百里，计日迟十日，宜倭之偬矣）"。（二）"卫汝贵之军，下不信服其上"，深恐遇敌即溃，宜令李鸿章"就其军选一为下所服者率数营为先锋"。

他指出：中国北洋舰队的装备不弱于日本海军，丰岛之役所以失利，乃因"我兵未有必战之心，防之疏而应之迟，不得为败也"。

由于日本的步步进逼，激起了中华民族反抗情绪的日益昂

[1]《张謇致翁同龢密信》第六件。原件注明六月二十六日，当是张謇于补记日记时写后了一天。

[2]《张謇致翁同龢密信》第七件。原件注明六月二十七日，当系张謇补记日记时写后了一天。

扬，一时清议占了上风，堵塞了后党的投降论调。当张謇与翁同龢往还频繁的同时，其他帝党中人也纷纷主战。如六月初十日，侍读学士文廷式奏《朝鲜事机危迫条陈应办事宜折》，痛责"李鸿章立功之始借资洋人，故终身以洋人为可恃，而于中国治法本源、军谋皆旧法不甚留意；至今日而天下之利权归于赫德，北洋之兵权制于德璀琳，故一有变端，旁皇而罔知所措"。他大声疾呼："朝鲜之事，有争无让，事在不疑，尤望宸断始终坚持，不为浮议所惑，则各邦不至环而生心，此治乱之大关键也。"[1]六月十五日，礼部右侍郎志锐奏《倭人谋占朝鲜事机危急请速决大计折》总结对日交涉的历史教训，他呼吁再不能对日妥协。"综计中日交涉以来，于台湾则酬以费，于琉球则任其灭，朝鲜壬午之乱，我又代为调停，甲申之役，我许以保护。我愈退，则彼愈进；我益让，则彼益骄。养痈贻患，以至今日，夷焰鸱张，贪惏无已，一误再误，则我中国从此无安枕之日，可不虑哉！"他指斥统兵赴朝的叶志超、丁汝昌"首鼠不前""纵敌玩寇"，以至舆论有"败叶残丁"之诮，"应请严旨"督责云云[2]。

　　客观形势的推移与帝党的努力迫使那拉氏也不再不虚伪表示赞成对日作战而减少了宣战的阻力：《翁文恭公日记》：六月十四日，"是日军机见起，上意一力主战并传懿旨亦主战"。到了七月一日，清政府终于下谕对日宣战。《张謇日记》：

　　　　七月一日，见声罪日本上谕。

[1]《清光绪朝中日交涉史料》第1132件。
[2]《清光绪朝中日交涉史料》第1169件。

张謇的愿望实现了第一步,也就结束了他扮演帝党智囊的第一阶段。

中日战争正式开始后,张謇积极为翁同龢策划军事。《张謇日记》:

> 二日,上常熟书。

原函[1]略云:

> 闻陆战一负一胜,负不必惧,胜不足喜也。此时似宜电购穿板铁甲二艘,闻德厂有造成者,似一月可到。此于实事则为将来游弋之资,于虚声则示日本以不轻于和之势。及此借用庆典款为较易成,用亦归实。能行似好(原注:此时士大夫至于贩夫走卒,为直捣日本之说者居多,日人刺探不能无所闻。若再添购铁甲,明无直捣之说,而隐有若作直捣之势,或亦可掣日人之心,俾不为我海边之扰。)……

正当张謇仍然希冀在军事上争取主动时,驻在朝鲜牙山的叶志超部清军已经有被敌人消灭的危险了。于是他极力为翁同龢策划救援牙山驻军之计。《张謇日记》:

> 四日,天津焦某寄来朝鲜图。

---

[1]《张謇致翁同龢密信》第八件。

这册地图就是张謇为翁同龢所访觅，供研究牙山战事的急需的。按，《翁文恭公日记》：

（初五日），张季直函送地图。

当即上达"朝鲜图"。再看他们之间的往来信函，就更加清楚了。初三日夜分，张謇写信[1]给翁同龢，指斥李鸿章派遣的援朝诸军"迟发十日而又不由大同江进，此为定计决计后一大错"。他"为叶军计，只有坚壁待援，……以极安闲应之"。他又"为援叶军计"，左、卫、丰、马四军正从义州趋平壤，沿途当有战事，"必应选韩民为导，更番屯扎，步步为营，节节前进"。并添派张光前率庆军旧部三千人由大同江口登陆，与左、卫、丰、马合势。张謇认为只需"援军日集"，牙山之军就能"胆壮而守志亦坚"。至于缺少粮饷，"韩民必能接济"。他根据壬午之役的经验，清军所至，朝鲜人民"无不欢声载路"；肯定他们必然支持清军抗击日本侵略的。所堪担心的是军火不足。大同江口是战略要地，他认为"必须以死力争之，以全力守之"，并抢占元山津以为犄角。

初四日，张謇函送朝鲜图（次日翁才收到）。当晚，翁也有信给张[2]，焦虑牙山战事：

……乐浪以东，步步荆棘，势难长驱，牙军殆哉！忧心如捣。元山，检地图不得，极闷。……

---

[1]《张謇致翁同龢密信》第九件。
[2]《中日战争》第四册，第575页。

当夜戌刻,张謇接函后立即作书致翁,建急救牙军之策。他主张急令援朝之军由黄海道长渊县登陆进发,先据海州,次据开城,以解牙山之围。实际上,叶志超部早已于六月二十七日败于朝鲜之成欢驿。由于淮系将帅的讳败饰胜和电讯不通,所以翁同龢于七月初五日才接获这项情报,他立即函告张謇[1]。

> 闻牙山初八日一军皆歼,彼以数舰来袭,我以甲仗唱凯而归。此友人书言之,官电无一字也。……

《张謇日记》:

> 七日,有叶军败讯,未知确否。

即从翁信得此未经政府证实的消息。于是张謇救援牙山清军的一番苦心设计,竟成画饼。九日,他偕丁立钧往见翁同龢。《张謇日记》:

> 九日,与叔衡诣乙盦,诣常熟。

《翁文恭公日记》也说:

> (初九日),张季直、丁叔衡同来。

---

[1]《中日战争》第四册,第575页。原件无月日。兹考定为七月五日所作。

据张謇于十日致翁信函推断，九日三人谈话的主要内容仍然是救援叶军。因闻叶军已退屯公州，所以他们商量派轮舰进锦江口接济叶军饷械，或将之救出。

朝鲜境内的战事方殷，日舰进扰威海卫与旅顺的警报又接一连二传来，北京大为震动。翁同龢于十一日傍晚致函张謇[1]：

> ……昨日卯，彼以廿一舰扑威远，无所得，转而成山，又驶而东南。今早扑旅顺（原注：此传闻却确。）入我堂奥。远则断鸭绿，窥渝关；近则逼津沽。而我陆军则单极、疲极，如何，如何！日内必有一突。泄泄梦梦，又将如何也！

"泄泄梦梦"，是指枢臣中的某些人。他在当天的日记上写着："威海告警，而同僚无忧色。"张謇接此严重消息后，于十二日连写两信给翁[2]。一方面，他分析日本兵力不足，此举"大半用意在虚声"，劝枢廷勿惊惶失措；一方面，他警告枢廷勿蹈咸丰庚申（1860）英法联军陷京津覆辙，必须加派陆海军固守渤海沿岸。直到这时，由于那拉氏还没有公然出面反对帝党对日作战，所以翁、张等人都对她抱有幻想，以为她居住深宫，对时局不很了然，如果能够使她明白民族危机这样严重，她会代主战派做主，使局势发生根本好转的。张謇曾告翁同龢：

> 海氛如此，禧圣尽知之否？此根本之计也。

---

[1]《中日战争》第四册，第572页。

[2]《张謇致翁同龢密信》第十四件、十五件。

翁复信[1]：

> 根本之计,日夕筹此至熟也。

正当他们函件往还,费尽心机,幻想使这个曾经被她的党羽吹嘘做"中兴宇宙"的"女圣人"了解外情,出主意挽救时局的紧张关头,那拉氏突然抛头露面表现反对帝党的行动了。《张謇日记》：

> 十八日,见常熟,知朝局又变,可为太息痛恨于无穷矣!诣意园。

原来,随着战事的失利,帝党对前线败将的不满情绪日甚一日。尤其是对于海军提督丁汝昌。他统率着号称实力不弱于日本海军的北洋舰队,而一不能直捣日本;二不能救牙山之军;三不能固渤海防务,以巡海为名,行避敌之实,为舆论所切齿。当时帝党极想把他撤革,而兵权操于李鸿章之手,必须用皇帝的谕旨强李执行。而起草谕旨的军机处又为后党孙毓汶、徐用仪所把持,翁同龢等不得发舒,因而帝党必须同时展开反对孙、徐和弹劾丁汝昌的斗争。当由瑾、珍二妃的哥哥,也是翁门健将的志锐出马放第一炮。他于七月十六日上《奏参孙毓汶折》,附《奏请议处贻误军机之丁汝昌等片》,要求立将孙毓汶逐出军机并将丁汝昌于军前正法。这一下意味着帝后两党争夺中枢的大权,那拉氏就再

---

[1]《中日战争》第四册,第572页。

也"安详"不下去了。《翁文恭公日记》：十七日，"昨志锐劾孙、徐把持折呈慈圣御览，奕劻面对七刻。今日上以原折两公，温语慰劳，照旧办事，仍戒饬改过云云"。显然这是那拉氏亲自出马，支持其羽党继续把持中枢，帝党为其淫威所压制的实录。所以十八日的翁、张会谈是相当激动的。在座的尚有文廷式。《翁文恭公日记》：十八日，"文云阁，张季直先后来，谈时事，可怕也，然耸人骨"。可与《张謇日记》相印证。

在七月的最后几天，帝党向后党又一次发动了攻势，把火力对准丁汝昌。二十五日，侍郎长麟奏请特简主将督办征倭军务，他指斥丁汝昌"退缩不前，巧猾推宕，并未在海中一战"。御史高燮曾奏请整顿海军，更易提督并简大员帮办北洋军务，御史易俊奏丁汝昌贻误军机请饬李鸿章遴员接代。二十六日，侍读学士文廷式奏请振刷军士激励帅臣折也"请旨特撤丁汝昌"。二十八日，御史安维峻奏请谕丁汝昌来京声明其贻误军机之罪。正如军机处奏所说：丁汝昌"迭经诸臣劾奏，几于异口同声"[1]。军机处在会议这项处分时，争论是相当激烈的。《翁文恭公日记》："廿五日，……于易、高两折参丁汝昌，予与李公（指李鸿藻）抗论，谓不治此人罪，公论未孚，乃议革职带〔戴〕罪自效。既定议，而额相（指大学士额勒和布）犹谓宜令北洋保举替人，乃降旨，予不可。孙君（指孙毓汶）谓宜电旨不必明发，予又不可。……退时午正，极费口舌，予亦侃侃，不虑丞相嗔矣。"二十六日，内阁即明发上谕："……海军提督丁汝昌，着即行革职，仍责令戴罪自效，以赎前愆。倘再不知奋勉，定当按律严惩，决不宽贷。……"同日，军机

---

[1]《清光绪朝中日交涉史料》第 1461 件。

处又电寄李鸿章,令酌保替人,"候旨简放"。不料那拉氏于二十七日出面干涉了。《翁文恭公日记》:"(廿七日),昨丁汝昌革职之旨呈诸东朝,以为此时未可料以退避,姑令北洋保替人来再议,事格不行矣!"仗着太后的撑腰,李鸿章便公开顶撞皇帝的谕旨,于二十九日复奏"海军提督确难更易"。在后党的淫威之下,软弱的帝党又被迫让步。八月一日,清廷由寄李鸿章,允免对丁的处分。这事关系黜陟将帅,实质是帝后两党争夺兵权的斗争,在《张謇日记》里有着生动的反映:

> (七月)三十日,闻有褫海军丁说,此天下之公论也。大快!
>
> 八月一日,……闻津护丁尤力,真目无朝廷矣!朝真无人哉!
>
> 三日,……褫丁说不实。

随着帝党对后党斗争的初步失败,前线局势也急转直下。八月十六日,清军溃于平壤,叶志超、卫汝贵等弃军潜逃,朝鲜沦亡。

这一天,北京还不知前线败状,那拉氏正在为表彰自己"功德",加上徽号而举行"朝贺礼"。朝鲜前线的枪炮声与北京宫廷的鼓乐声同时响起了不协调的节奏。张謇触景悲慨,写在他的日记里:

> 十六日,随班入贺上皇太后加徽号礼。朝鲜正使李承纯、副使闵泳喆犹奉表而来也,为之感喟无已!

当后党燕乐正酣的时候，平壤败讯却无情地传来了北京。《张謇日记》：

> 二十一日，闻东军溃平壤、退安州讯。安州如何可据耶！

在平壤陷落后两天，清北洋海军也败于大东沟，丁汝昌率残军遁归旅顺。"败叶残丁"之谛、卫汝贵遇敌即溃之言至是均验。于是战火蔓延到了中国边境，帝后两党之争更加激烈，张謇扮演帝党智囊的活动也转上了新的阶段。

八月二十二日，光绪帝促令因病休养的翁同龢强起销假，力疾入朝商量军事。当天，张謇赶往翁处省疾，接着与文廷式、丁立钧会谈，均见《张謇日记》。

> 二十二日，诣省翁师疾。芸谷、叔衡来谈。

尽管张謇没有说明他们之间会话的内容，但据翁同龢于八月二十一日给张謇的信有"将不易，帅不易，何论其它？"[1]等语及以后帝党的一系列活动看来，他们商讨的主要问题是如何改组军事统帅部。从前线不断传来的警报，催促帝党加紧对这事的行动，《张謇日记》：

> 二十七日，闻倭有三万人号称九万三道入寇之警。

---

[1] 《中日战争》第四册，第574页。

> 二十八日，闻政府之昏愦把持如故也。与意园诸人会
> 于山西馆。

张謇也没有说明他和盛昱等人在山西会馆议论的内容，我们
可把另一个有关人物叶昌炽的日记相参证：

> 廿八日，木斋晨来约联名递封事，请起用恭邸……因昨
> 日南、上两斋先入告，伯葵前辈召对，圣意欲得外廷诸臣协
> 力言之也。
>
> 廿九日，同署诸君集议于全浙馆……道希属稿，列名者
> 五十七人。[1]

当帝党会议频繁，欲将对时局有所作为时，后党的投降活动
也在进行。八月二十八日，那拉氏面令翁同龢往天津晤李鸿章与
商请俄使"调停"事。她不派别人而派翁去，明明是嫁祸于人，要
帝党为她承担卖国之罪。翁不肯受命，直言顶对："臣为天子近
臣，不敢以和局为举世唾骂也。"[2]那拉氏心生一计，表面叫翁去
向李"诘问"淮军败衄之罪，使翁不得不去。去后再下"密谕"令
李、翁商量和局，使翁无法脱身。此事当即传播外廷，一时议论纷
纭，人心异常混乱。《张謇日记》：

> 二十九日，闻常熟奉懿旨至津诘问，而言者以为议和，

---

[1]《缘督庐日记钞》。按，木斋即李盛铎。
[2]《翁文恭公日记》。

颇咎常熟，且有常熟颇受懿旨申饬主战之说。其实中国何尝有必战之布置耶？常熟处此固不易，要亦刚断不足。

于是帝后党争更复杂化了。在天津，翁、李二人钩心斗角；在京师，文廷式等人要求起用与那拉氏有宿怨的恭王。《张謇日记》：

> 九月一日，芸谷领衔合翰林院五十七人上请恭邸秉政奏。是日上召恭邸，太后延见六刻之久，有令总理海军之命，人心为之一舒。芸谷入见，上甚忧劳，且谕北洋有心误事。北洋之肉，其不足食也。

关于起用恭王奕䜣，是帝党挽救时局的重要策略。他们以为恭王是当时宗室中最具"勋望"，也是最有资格与那拉氏抬杠的人物。把此老拉上台，预示朝廷将有极大改革，一足以振人心，二足以压后党。起用那天，令人记起当年他密令丁宝桢杀安德海的故事，李莲英等相率踉哭于太后之前，哀告："恭邸得政，奴辈必死。"[1] 确实使人心大为兴奋。其实，奕䜣与那拉氏虽有仇隙，但同样腐朽。人们误会把从 1884 年以后十年间，由于半殖民地半封建社会制度的发展而导致的清朝政治的日益腐败，透过于那位氏的于这年把奕䜣逐出军机。这种历史性的错觉就是帝党对奕䜣一度极大向往以及日后极大失望的根源。

接着，帝党又上奏要求罢斥李鸿章。《张謇日记》：

---

[1] 文廷式：《闻尘偶记》。

四日,叔衡领衔合翰林院三十五人上请罪北洋公折;
余单衔上推原祸始,防患将来,请去北洋折。均由掌院代
奏。[1]

帝党这样做,虽然不能够把李鸿章真的扳倒,但是揭露了他
的卖国的种种罪状,打击了后党的投降路线。

摆在帝党面前的最大难题是如何重行组织兵力,挽救当前
战局的问题。帝党的答案是不正确的。他们不能够认识人民是
反对帝国主义斗争的力量的源泉,却幻想通过赫德与汉纳根做桥
梁,求助英、德,以抗日本。张謇是这事的主谋者。他的日记说:

五日,与子培、仲弢、叔衡申议联络英、德。

六日,定联络英、德之议。

七日,由芸谷领衔合翰林院四十二人上奏,召见与名之
樊恭煦,奏对殊不餍人意也。[2]

同时,侍郎志锐独上"联英制倭"一折以相呼应。帝党此举
大为失策。"联英"拒日,反招来了英国公使劝降。又给后党以攻
击的借口,她们居然"正经"起来,以"爱国者"自居,责难帝党将
是"引狼入室"的千古罪人。

帝党进行了以上种种活动,虽给后党以一定程度的打击,但
政权、兵权都不在己手,终于对后党奈何不得。那拉氏是卖国的

[1] 上奏时间应为九月七日,张謇误记。
[2] 上奏时间应为九月九日,联衔人数应为三十八人。

老手,她主意已定,决计向日本投降。因清议对她不利,就指使党羽制造"忍辱求和"的谬论,为她粉饰。《张謇日记》:

> 十一日,闻浙人有上恭邸书,请上忍辱受和者,发端先引明与我朝事。
>
> 十二日,知昨闻果实,领衔者编修戴兆春,主稿者孙宝琦,与其事者孙宝瑄、夏敦复、夏偕复、姚诒庆、汤寿潜、陈昌绅等十四人,皆杭、嘉、绍人,军机徐用仪嗾之云,或谓军机孙毓汶之子桢嗾之。

显然这是和英国公使的劝降相配合的。

面对后党投降活动的嚣张,帝党也会议频繁,力图挽回。《张謇日记》:

> 十五日,诣常熟。归后子培、叔衡、仲弢、子封来谈。[1]

《翁文恭公日记》可相参证。

> (十四日)晚,张季直来,危言耸论,声泪交下矣!

《张謇日记》:

> 十六日,……与常熟讯。

***

[1] 翁、张日记对同一次会晤的日期,相差一天,可能是张謇误记。

张謇写给翁同龢的这封信至今尚未发现,但从翁的复信里,也可以窥见他们当时所商量的某些内容。

> ……来件奉徼。此语吾辈未见,或有所避耳。嘤鸣岂不念? 但薄力无济。河中相对何益? 昨译署夜分始散,想知之。……[1]

"译署会议"即恭王与英使于总理各国事务衙门会议对日求和事。

为了扭转战场清军的颓势,抵抗投降主义的逆流,张謇等建议分路反攻朝鲜。《张謇日记》:

> 十七日,晚诣子培,与仲弢、叔衡议,请分道进兵朝鲜。

他们建议,兵分三路,均进朝鲜:"一路自吉林渡图们江取咸镜道是为东路,以依克唐阿及奉军当之;一路自义城至平壤取平安道是为中路,以宋庆、董福祥当之;一路自大同江取黄海道是为西路,以刘铭传及聂士成诸军当之。"[2]这是熟悉朝鲜形势的张謇与他的挚友们的又一次"纸上谈兵"。兵权仍在后党之手,各级指挥部的腐朽如故,将帅奔避不遑,要发动这样大规模的反攻是不可能的。

九月十八日,张謇在北京接到了父丧的凶耗。二十日,他南

---

[1]《中日战争》第四册,第 574 页。
[2] 冯煦:《蒿庵类稿》卷十一《请斥和议疏》。

归奔丧。这个偶发性的家庭事故使张謇暂时跳出了帝后党争的漩涡。他的甲午年的日记也从此中断。

三

甲午中日战争时期的帝后党争，是封建统治阶级内部的开明集团与腐朽集团的斗争，是抵抗派与投降派的斗争。从当时来说，帝党是比较进步的。由于阶级地位的限制，帝党虽为社会上层的清议所归向，但是他脱离广大人民。帝党虽然爱国，但幻想依靠某几个帝国主义以反抗其他帝国主义。帝党虽然反对后党的腐朽，但仍匍匐于太后之前，以乞求她的"仁慈"。这些就是构成帝党失败的主要因素。

在张謇丁忧出京之后，这幕令人气闷的历史剧仍在继续上演。威海战败、马关签约、赎辽东、弃台湾，光绪皇帝"天颜憔悴"，翁同龢与李鸿藻"相对欷歔"[1]。于是台谏清议益愤不可忍。御史安维峻上疏公开指斥那拉氏"主和"，名为"归政"，实仍"把持万几"，令皇帝不得舒展。那拉氏也公开打击帝党。黜瑾、珍二妃，谪志锐，安维峻遣戍，……帝党不甘败，于是和正在兴起的资产阶级改良主义运动结合起来，积极筹变法图强之计。1895 年，文廷式、丁立钧、沈曾植等联合陈炽、康有为等开强学会于北京。稍后，黄绍箕、张謇等联合康有为开强学会于上海。帝党与资产阶级改良派的日益结合，催生了戊戌维新运动。

（原载《江海学刊》1962 年第 9 期）

---

[1]《翁文恭公日记》乙未四月初四日记。

常熟太平天国守军的叛变始末[1]

1863年常熟太平天国守军的叛乱，是后期太平天国内部矛盾的爆发，是苏南保卫战失败的起点。事发一隅而关系全局。揭露这个历史的疮疤，对研究太平天国史，总结单纯农民战争失败的教训，都有一定的意义。近数年来，我积累了一些关于这方面的史料，旋经排比，屡弃其稿，今删其要，以公同好。

一、叛变的酝酿

1860年，太平军第二次击破清朝的"江南大营"，乘胜席卷苏常。1861年和1862年之交，又攻下了浙江。随着这些胜利，革命队伍愈益扩大，可是大批的地主、商人、降兵、游民等危险分子也愈来愈多地混进了革命的内部，带给农民军以堕落的影响。

李圭《思痛记》卷上说：

> 杀戮之惨，蹂躏之酷，无日无之，……但如行此类事，大抵以湘、鄂、皖、赣等籍人，先充官军或流氓地痞，裹附于

---

[1] 本文集编者按，此文收入北京太平天国史研究会编：《太平天国史论文选》(1949—1978)上册，生活·读书·新知三联书店1981年版。

贼，或战败而降贼军，积赀得为老兄弟者居多。其真正粤贼，
则反觉慈祥恺悌，转不若其残忍也。

撇开地主阶级对农民革命污蔑的意义，以上资料是在一定程
度上反映出后期太平军内部不纯的严重性，潜伏下以后几次大叛
变的祸胎。

常熟是太平军在苏南最后攻克的一个城市。当它的近邻州
县都已经被太平军所攻克的时候，常熟的地主团练仍在负隅顽
抗，邻境的地主武装也依赖常熟以为声援。清朝的督办江南团练
大臣庞钟璐，就是常熟的"在籍阁学"。他所凭借的地主团练主
要有以下几支：

王元昌部，盘踞在常熟西北乡和江阴东南乡，以江阴的祝塘
镇为据点。

杨宗濂部，盘踞无锡东北乡，以何塘桥镇为据点。

华翼纶部，盘踞金匮东南乡，以荡口镇为据点。

徐佩瑗部，盘踞长洲北乡和常熟南乡，以长洲的永昌镇为
据点。

他们从江阴东乡至太仓西乡结成了一条以常熟为中心、以长
江为后方的弧形防线，企图挣扎。

1860 年 9 月，太平天国骁将黄文金指挥大军，从江阴向常熟
猛进，杨宗濂部团练首先瓦解，王元昌也望风而逃，庞钟璐狼狈万
分地逃奔江北，最后到上海去了。广大人民的欢迎太平军和太平
军作战得智勇无敌，连地主分子的记载，也不能否认这些事实。
如柯梧迟《漏网喁鱼集》说："逼捐勒缴之户，皆有奚为后我之说；
土匪皆有箪食壶浆之心。"陆筠《海角续编》记载了英王派遣战士

男扮女装混进常熟城为内应,黄文金冒烈火跃马过湖桥等故事。太平军就是这样地攻破了常熟县城。

革命的发展是不平衡的。当时常熟东、西、北三乡的地主团练都受到太平军的扫荡,只有南乡和长洲、金匮等县毗连的一个袋形地区,由于地理和人事等因素的凑合,没有受到革命的冲击,徐佩瑗、华翼纶和另外几支地主团练还侥幸地保全着地盘和实力。他们不久便和太平军内部的反动势力相勾结起来,从内部来破坏革命。

1860 年 10 月,黄文金奉命西去,常熟的地方政权即落入一个以叛徒钱桂仁为首的危险集团的掌握。

钱桂仁,安徽桐城人。他和地主阶级有千丝万缕的关系。他的死党有:

骆国忠,安徽凤阳县人,"咸丰初,全家陷贼,被胁至江苏"[1]。

水营统将董正勤,安徽巢湖人。原来是盐枭头目。太平天国革命时,巢湖帮盐枭在苏南地区有很大的实力,曾受清朝两江总督何桂清的收编,在东坝和太平军打仗。太平军攻克苏常时,董正勤等纷纷投降太平军,但仍和清军私通。

操纵民政的胡昌銮,桐城举人。江苏候补知县。在苏州"被掳"[2],充当钱逆的谋主。

常熟绅士曹敬和钱福钟,原来都是举兵反抗太平军的团董,以后却被钱逆礼聘为幕中决策的上宾。

就在 1860 年的冬天,经曹敬的撮合,钱桂仁和徐佩瑗搭上了

---

[1] 谢永泰:《凤阳县志》本传。
[2] 龚又村:《镜镮轩自怡日记》卷十九。

关系。同时,徐佩瑗和另一个叛徒苏州守将熊万荃也开始勾结。

熊万荃也是个别有来历的人物,传说他的父亲曾在江苏做过清朝的地方官,他本人也做过寿州知州,所以他控制了苏州的政权以后,行动就非常可疑。潘钟瑞《苏台麋鹿记》卷下说:"万荃之在苏也,各路乡镇白头团勇四起,其尤著者,永昌徐氏、周庄费氏,扼守最固,熊皆致书与之约,各不打仗,仍各自团练,并亲至面订要约,实欲预留地步。"再经徐佩瑗的拉拢,熊万荃又亲至荡口镇"招降"了华翼纶。

在徐佩瑗等的巢穴,是不受太平天国直接治理的。

徐贼在伪降后,"受检点衔,兼理民政,旋升爵抚大侯,主收相城一带钱粮,运送解苏"[1]。太平天国政府并不派人直接在那里征粮施政。在 1861 年 5 月间,有人目击徐贼"所居七八十里人家,……贼不敢犯,至今完善"[2]。

华贼霸占的荡口,也是这种情形。熊万荃面许"附近各乡造册征粮,均归本地人办理,不派长发一个,乡民不愿留发者,听其自便"[3]。

熊万荃同样答应土匪头目费玉成所盘踞的"周庄一镇及附近乡村在十里内者不得设官设卡,所有征收传唤等事,当设局承办,往来供应亦由局内派人,城中一切不问"[4]。

这些一块一块的白色小据点,正是清朝进行反革命活动的好场所。从太平军攻克苏州之日起,徐佩瑗一直和清政府保持联系,

[1] 陶惟砥:《相城小志·杂记》。
[2] 姚济:《小沧桑记》。
[3] 华翼纶:《锡金团练始末记》。
[4] 陶煦:《贞丰里庚甲见闻录》卷上。

经常派人"至上海投递公文"[1]，通风报信。1861 年 2 月，江北的清朝军营密令华翼纶"连络各主管民团者，以便届时内应"[2]。为此，华贼曾微行到永昌和徐贼秘密商议。清朝的帮办江南团练杨庆麟等也从上海潜入周庄，传达号令。同年 4 月，在徐佩瑷的接待下，奉清政府差遣的常熟绅董徐云涛，公然从上海回到常熟南乡，"募勇""捐银"[3]，支持清政府的反革命战争。

通过徐佩瑷等的拉拢，钱桂仁、熊万荃等都和上海的清朝官方交上了关系。

当时在上海的清朝官方，虽由江苏巡抚薛焕和江南团练大臣庞钟璐作主，而实际掌权的是和外国资本主义侵略者有密切关系的署布政使兼上海道吴煦，为吴煦策划军事的是流亡在沪的苏州知府吴云。

他除了派遣大批间谍，无孔不钻地到处进行诱降活动之外，更主要的是紧扣三条穿进太平军内部的黑线：一条是徐佩瑷；一条是"巢湖帮盐贩"，他们当时分成三股，一股充当清军水师，一股在周庄"两边办"，一股系钱桂仁、熊万荃部下的太平军"水营"；一条是太平天国昆山守将李文炳，他原来在上海参加刘丽川起义，中途叛变充当清朝的武将和太平军在东坝等地打仗，1860 年在苏州伪降太平军窃取了昆山的政权。

从近年发现的吴云所写给吴煦的两封"密禀"里，可以看见他利用这三条黑线来进攻革命的邪恶活动。

---

[1]《吴清卿太史日记》。

[2] 华翼纶：《锡金团练始末记》。

[3]《镜穰轩自怡日记》卷二十。

顷沈殿魁、勇魁于十二日自周庄动身回来，面禀沈勇魁与葛继洪同赴苏城，……时因陇西（按指李文炳）回昆山不在省中，见陇西之管文案者伪军政司范姓（原注：系陇西心腹），此人籍隶苏州，曾充中军营稿书，与沈勇魁认识。说及陇西确有反正之心，常与范姓私议，所以迟疑不决者，一则因省城踞贼尚众，其大股有三：一两湖人、一两广人、一巢湖人，内维两广人可以通气，然亦只广东人（按李文炳及所部多广东人），而广西则尚多隔阂；此外两湖人率皆陈盲（按指留守苏州的太平军主将陈坤书）心腹；至巢湖人亦不相属也，恐众寡不敌，未敢轻举，此陇西之迟疑者一也。又恐出来之后，抚宪不能相容。疑惧之心总不能释，并以孔方（按指钱桂仁）曾有谕单，而其具禀之后未荷批复，传闻之词更多不一，是以进退游移，此陇西迟疑者二也。……据范姓云"能得巢湖帮联结，则陇西胆子愈壮，事必可成"等语。……常熟之董正勤亦曾到周庄，其人与葛继洪皆是东坝盐贩，且均巢湖人，现与董姓同赴孔方处会议去矣。[1]

顷勇目王鸿（原注：永昌已赏渠五品军功，想尚能事也）自苏回沪，述悉徐戊卿（按即徐佩瑗，佩瑷之弟）业已动身，日内即可抵沪。熊万荃已授伪前军主将，……伪职在陈逆之上。[2]

经过这三条黑线的交错牵引，到1861年的秋季，相当于安庆

---

［1］《吴煦档案中的太平天国史料选辑》，第75—77页。
［2］《吴煦档案中的太平天国史料选辑》，第78页。

保卫战失败的前夕,在苏福省的太平军内部已经结成了一个暗藏的反革命集团,它的主犯是:钱桂仁、熊万荃、李文炳以及钱桂仁的结义兄弟太仓守将钱寿仁。

这个反革命集团控制着苏州、常熟、昆山、太仓四个城市。苏州系忠王统帅部的所在,昆山、太仓则接近上海前线,太平军都驻重兵;只有常熟的革命力量比较薄弱,仅留为数不多的广西老战士镇守着福山口,其他都是钱桂仁部下的喽啰。而且常熟北滨长江和清朝声气相通;南乡港汊交横,为徐佩瑷等大小地主武装所盘踞,对常熟城起掩护的作用。因此,尽管当时叛徒们都把视线集中在苏州,并妄图各地同时并起;然而他们的主观是和客观相矛盾的,最有可能首先实现叛变阴谋的,却只有常熟。这个原来被苏南反革命当作退兵一战的据点,以后又成为反革命反攻苏南的缺口,显然不是偶然的。

就在 1861 年的秋天,和这个反革命集团有关的各方面都在准备发动叛乱。

江苏巡抚薛焕奏请"分派水陆各队由高资、靖江、镇江同时进攻"[1]。镇江清将冯子材也奏"派劲旅一千四百余名,赴上海听薛焕调用"[2]。

徐佩瑷伪装为太平军采办军用物资,亲到上海向清政府领取饷银军火,在钱桂仁的掩护下,经过常熟的沿江港口,运往永昌老巢。

各地农村中地主分子组织的"暗团",也大为猖獗。如常熟

---

[1] 同治《东华续录》卷一咸丰十一年八月丁巳"上谕"。
[2] 同治《东华续录》卷一咸丰十一年八月丙寅"上谕"。

南乡的"野塘苏军帅惠嘉局,通图团练,每户日给三百钱,暗为他时接应。莫城王局亦铸军器,藏以待时"[1]。

1861年9月,安庆陷落,湘军骎骎东下,使苏南的反革命势力更加猖狂;同时,他们也生怕湘军"一到苏常",自己的战功"不显"[2]。所以他们企图利用湘军东下的声势,而在湘军东下之先,发动叛乱,夺取苏州。

1862年1月,忠王统率大军正在进攻杭州,留守苏州的主将陈坤书也率军前往江北,愚蠢的反革命势力误认为叛变的机会到了。再加吴煦、吴云等都是浙江省的大地主,更急于策动苏南地区的叛乱来牵制忠王对浙江的进攻。叛徒李文炳、熊万荃、钱桂仁对忠王耍两面派手法:一方面"遵令"率部调赴浙江前线向清军作战;另一方面却"先后托故回苏,即与徐氏兄弟密约举事"[3]。徐贼佩瑗立刻亲赴上海,领取了一批军火饷银赶回老巢布置。上海清朝官方也特别紧张起来。吴煦以江苏藩司名义密令费玉成"准备船勇堵御荡娄一带援贼"[4]。吴云赶到泖塔,派吴大澂到周庄候信。杨庆麟也从长渠到周庄,将密调盛泽的土匪头目孙金彪"之众为外应"[5]。只等待李、熊等叛徒在苏州起事,大小反革命分子便纷纷响应了。

李、熊等叛徒原定在1862年2月20日在苏州等地同时暴动,

---

[1]《镜穉轩自怡日记》卷二十。

[2]《两罍轩尺牍》卷十二《复李某》。

[3]《两罍轩尺牍》卷十二《致周韬甫主政》。

[4] 陶煦:《贞丰里庚甲见闻录》卷上。

[5]《贞丰里庚甲见闻录》卷上。

后知忠王攻克杭州,"即欲回苏"[1],便提前到 17 日的夜里发动,不料忠王大军的前队已经在这天早上赶到了苏州,于是"内外悚然,俱不敢动"[2],清政府白白地花去了十几万两饷银,酝酿已久的一次大叛变顿成泡影。

当时安庆虽已陷落,而天京尚未被围;湘军坐困皖南,连救援浙江尚无力量,更不可能立即东进苏州;至于薛焕部下的"松沪各防兵将,积习相沿,既不能苦战以挫凶锋,复不肯坚守以遏要隘"[3];冯子材镇江之军也是自保不足;而忠王方从"江西、湖北招兵"归来,又攻克了浙江,"部辖百余万众"[4],声势浩大。这样的力量对比,决定了叛变必然失败。如果李、熊等叛徒冒险发动的话,便加速了他们的死亡。所以这次叛变的流产,从一方面看来是反革命的阴谋暂未得逞;但从另一方面看来却是保全了这些叛徒的狗命,使他们能够在革命内部继续暗藏下去,继续破坏革命。然而徐佩瑗在老巢调兵遣将,周围数十里风声鹤唳,"各乡贼卡贼馆均已逃散"[5],常熟南乡和徐贼通气的各地乡官,都接徐贼密令,"速备枪船,兼捐军饷"[6]。连太仓、常熟边界也"沸沸扬扬",有"上海、通州、永昌约日进兵,以冀克复"[7]的消息。这些逆迹已被忠王发觉而下令追究:"凡永昌徐氏船只过往,一概拿

---

[1]《两罍轩尺牍》卷十二《致周韬甫主政》。

[2]《贞丰里庚甲见闻录》卷上。

[3] 李鸿章:《西兵退出嘉定折》。

[4]《忠王自述》。

[5]《两罍轩尺牍》卷十二《致吴晓帆》。

[6]《镜檋轩自怡日记》卷二十。

[7]《漏网喁鱼集》。

解,远近民团无不惊骇,谓大祸即在顷刻矣。"[1]但是结果出乎人们的意外;忠王立即为徐贼表明心迹,"谓徐某之剃头赴沪,系为采买军火,解往杭州,以备攻打之用,早经禀明办理。各卡馆未悉根由,见徐某剃头,误会有异志,以致群相疑惧。现已查明,无庸再究,徐氏船只,仍照常放行"[2]。这个"破绽"之所以被掩饰过去,是因李、熊、钱三贼的逆谋尚未暴露,他们还能骗取忠王的信任,为徐佩瑗掩盖已暴露的马脚。而且徐佩瑗确曾被迫把自己向清朝领到的一批军火"并长龙船十号"交给忠王,参加进攻杭州的战役[3],使熊逆等可以借口为他进行狡辩。李、熊、钱三逆掩护了徐佩瑗,也保全了自己,继续从内部破坏革命。

接受这次革命的教训,"栖保上海"的江苏官绅虽然仍对这些插进革命心脏的利箭抱有最大希望,"谓吴中有可乘之机……三端:曰乡团(按指徐佩瑗等团练),曰枪船(按指费玉成等流氓武装),曰内应(按指李、熊、钱等叛逆)"[4]。但是也认为如果没有强有力的外援,这些力量就不能够发生作用,而且有被消灭的危险。因此,他们无耻地进一步求助于"洋兵",同时也不得不哀求曾国藩派兵东下。

当时,中外反革命已经联合发动对革命的进攻。

上海会防局的成立,华尔洋枪队的扩大并取名"常胜军",法国洋枪队在浙东的出现(后称"常捷军"),英法海军在上海、宁波等地的参战,……都是外国侵略者大举进攻太平天国的标志。

---

[1]　《两罍轩尺牍》卷十二《致周韬甫主政》。
[2]　《两罍轩尺牍》卷十二《致周韬甫主政》。
[3]　《海角续编》。
[4]　黎庶昌:《曾文正公年谱》。

以曾国藩为首的湘淮军阀也以安庆为大本营,分道向苏浙进兵。

英王陈玉成不幸在皖北战败,被叛徒出卖牺牲。

与大局恶化的同时,暗藏在苏福省太平军内部的反革命集团已在加紧准备叛乱。

在1862年的上半年,李、熊、钱反革命集团的力量配备发生了变化。

最会耍两面派手法的李文炳,最后受到了两方面的打击。在第一次叛变流产后,为掩盖自己的反革命面貌,假意向忠王"自首"了清朝官方派遣副将冯日坤对他进行诱降的"内幕";但是结果反而引起忠王的怀疑。所以当清军攻占嘉定之后,太仓、昆山成了最前线的时候,忠王特派亲信将领刘肇钧率军驻守昆山,既堵截清军,也监督李文炳的行动。在忠王统帅部的压力下,李贼被迫和清军作战,就引起反革命内部的极大纷扰。不少人都深恨李文炳"反复"和指摘薛焕、吴煦等的"上当",以后吴云因此下台,冯日坤也即因"以办理苏州内应为名,与苏贼广东人李绍熙(按即李文炳)勾通接济"之"罪"而被清朝处死。于是徐佩瑗就在苏昆边区故意透露李文炳暗通清军的消息,熊万荃故意立即转报忠王知道,使忠王大为震怒,1862年的夏天,忠王下令把李文炳剖心而死。

熊万荃的鬼祟行为也逐渐引起忠王的怀疑,而被调离苏州,令驻守平湖、乍浦之间。从此,他再不能和徐、钱等贼联成一片,同谋叛乱。

徐佩瑗把清朝发给他的大炮及长龙船等战具,被迫交给忠王带去进攻杭州时,曾被浙江巡抚王有龄夺获奏报清廷;再加忠王曾公布徐贼到沪为太平军采买军火云云，更使清廷怀疑徐佩瑗和李文炳一样，并非"真心反正"，而是为太平军骗取清朝的饷银和军火。他在老巢的残酷搜括，不仅农民遭殃，也触犯了某些地主分子的利益，所以吴中"士大夫"对他的"毁誉参半"[1]。曾国藩也说："徐佩璋与其兄徐佩瑗前以团练得名，后以骚扰失望，久处贼中，形迹可疑，为良为匪，亦复众论纷歧。"[2]所以在李鸿章接任江苏巡抚之后尽管徐佩瑗"叠次投禀，请为内应"[3]，并亲至上海，请求派兵接应，却被李鸿章斥退，"派捐一百万，仅允十之三"[4]，表示清朝官方已经不信任他了。

从此，叛乱的中心便从苏州转移到了常熟；叛乱的主脑从李文炳、徐佩瑗二贼转移到钱桂仁身上；随着湘淮势力的到达上海和吴煦、吴云等浙江派官僚集团的下台，代表清朝官方向钱桂仁等发号施令的丑角，也改由李鸿章来扮演了。

当李鸿章于1862年4月统率湘淮军到达上海前后，太平军在苏南战场仍占优势，曾国藩向清廷奏报过这种情形。就江浙局势论，他说："惟江浙贼势浩大，尽占富庶之要区，广收官军之降卒，财力五倍，人数十倍，若非慎以图之，不特苏浙难克，即皖南、江西且有疆土日蹙之虞。"[5]以上海一地论，自太平军攻克宝山、奉贤、南汇、川沙之后，"已岌岌可危"[6]，"李鸿章一军甫抵上海，

---

[1]　李鸿章：《复奏降将江胜海等情形片》。

[2]　《查复薛焕吴煦参款片》。

[3]　《复奏降将江胜海等情形片》。

[4]　《镜穰轩自怡日记》卷二十一。

[5]　《筹办江浙军务折》。

[6]　同治元年二月初二日《遵旨通筹全局新》。

新集之卒,只堪自守,不能远征"[1],所以曾贼认为"舍借助洋兵,实别无良策"[2]。但是"洋兵"也是纸老虎,正如左宗棠所说:"青浦嘉定二处,发逆麇至,夷兵遮道,夷人之畏长毛亦与我同,委而去之,真情毕露。"[3]正在这时,不幸突然发生南汇太平天国守军一万余人的叛变。

　　1862年5月的南汇大叛变,是苏浙太平军的第一次大举叛乱事件。它的发生是因太平军的内部不纯。据李鸿章奏报:太平军叛将刘玉林、方有才等"半系败兵被胁",本非"甘心从逆"[4]。经过南汇团董华宗茂的居中"输情"[5],他们发动了叛乱。南汇叛乱给浦东太平军带来了极其不利的影响:第一,由于"南汇一城居浦东各县之腹地,握川沙、奉贤之腰脊",故人一占领此城,则浦东各厅县的太平军便"首尾不能相顾"[6]。第二,川沙守将汪有为等是叛徒刘玉林等的同党,虽因川沙的革命力量较强,汪贼不敢响应,但故意"不战而走"[7],掣动了整个浦东的战局。第三,南汇叛军一万余人,几乎十倍于当时在浦东的淮军兵力,而且"汇城积粮甚富,可资降卒口粮"[8],给李鸿章凭空增添了一支主力,帮助他夺取了浦东全境。

　　浦东的易手,改变了松沪战争的局势,李鸿章不得不承认:

----

[1] 《筹议借洋兵剿贼折》。

[2] 同治元年二月初二日《遵旨通筹全局折》。

[3] 转引自曾国藩:《议复调印度兵助剿折》。

[4] 李鸿章:《招抚南汇城贼并克复川沙厅折》。

[5] 张文虎:《光绪南汇县志》卷二十二《杂志》。

[6] 《招抚南汇城贼并克复川沙厅折》。

[7] 陈方瀛:《川沙厅志》卷六《兵事》。

[8] 李鸿章:《朋僚函稿》同治元年五月二日《上曾相》。

"自四月杪太仓失利，西兵退出嘉定。忠逆二十万众麇集沪松之交，诸军望风而溃，鸿章几有岌岌难支之势，幸浦东各厅县剿抚兼施，以次收复，局势较展"[1]，使李贼无后顾之忧，能够用全力来撑拒西来的太平军。他的亲信幕僚钱勖也侥幸地说："浦东渐定，以故松沪贼虽张而浦东无与援应者。"[2]

由于天京被围，忠王不得不从松沪前线撤兵而去，中外反革命便乘隙再度攻陷了青浦。钱桂仁和李鸿章之间的勾结，也就从这时开始。以下是李贼本人的供状：

> 常昭踞逆钱百顺（按即钱桂仁）桐城人，密托程学启乞降，所部二三万，存饷二十万，可支数月，俟嘉定克复，我军进昆山，便以城来归。……苏州、吴江各小股亦有求抚者。忠贼西上，留守者遂多携贰。若上游战守稳持或小挫其锋，此间便有可乘之机。[3]

等到是年10月，忠王在天京城外进行破围战失败和中外反革命再度攻陷了嘉定，叛乱的时机已经成熟了。于是钱桂仁便令董正勤屯兵常熟东门外，从江上水路和李鸿章联络。

二、叛变的爆发及其对苏南战局的影响

在常熟太平天国守军叛乱的前夜，中外反革命虽以上海为基

---

[1]《朋僚函稿》同治元年六月三日《复曾沅浦方伯》。
[2]《吴中平寇记》卷一。
[3]《朋僚函稿》同治元年闰（八）月二十七日《上曾相》。

地,开始对苏南太平军发动攻势,然仍不能越雷池一步。第一,由于反革命的兵力不足,松沪防线甚长,守且不足,更难抽兵进攻。李鸿章曾向清廷诉苦:"臣军分守浦东西各城,既不能并归一处,前敌兵力本单,……疲乏损伤,无队可换,……若我以孤军深入,而贼以四面来抄,坚城阻于前,粮食断于后,此危道也。"[1]第二,"苏常附近州县",太平军皆驻重兵坚守,"昆山、太仓,相为犄角,尤为苏州门户",如敌人"舍太而图昆",太平军可绕嘉定攻入敌人的后方,如敌人"舍昆而图太",太平军可绕青浦以截断敌人的退路。所以李贼经过"左右筹思,尚不敢轻进贻误",只能等待"上游诸军攻剿得手,使该逆奔救不遑,然后乘其敝而蹙之,以收前后夹击之势,庶无进退狼顾之虞"[2]。钱桂仁等的"投诚献城",给了李贼以"可乘之机",他喜出望外地立即派遣部将周兴隆潜入常熟,密约"举事"[3]。

周兴隆曾经在常熟太平军里鬼混过一个时期,和钱桂仁等早有关系,据他以后向常熟人民厚颜无耻地宣布"本协镇前将兵常昭,熟识被胁将士人民"[4]云云,正是招供了自己是个叛徒的身份。他在投奔上海清军之后,被李鸿章从薛焕"旧部中磨拭而得"[5],令充"管带亲兵水师游击"[6]。钱桂仁向李鸿章投降,主要就是通过他和董正勤的牵线。

[1] 同治元年十一月十八日《复奏近日军情折》。
[2] 同治元年十一月十八日《复奏近日军情折》。
[3] 李鸿章:《收复常熟昭文攻克福山浒浦折》。
[4] 《镜穋轩自怡日记》卷二十一,同治元年十二月初四日记。
[5] 《朋僚函稿》同治二年正月二十三日《复曾沅帅》。
[6] 《收复常熟昭文攻克福山浒浦折》。

1863年1月，他携带少数心腹，从上海经长江混进常熟，先到东门外毛家场师帅毛蓉江家。毛蓉江的劣迹，详见无名氏《前营伪乡官传》云："右师帅毛蓉江，毛家场人，监生葵村之子。性最黠，得内兄王鲤庭扶助，早为里中巨擘。自授职以来，外沉默而内尖刻，所辖之地，民无遗利。"[1]他和钱桂仁、徐佩瑗等逆贼深相勾结，所以周兴隆先到他家落脚，再由"毛引周至新塔基水营"[2]，找到了老相识董正勤，一起进城会见钱桂仁，决定在1863年1月19日发动叛乱。不料忠王突然从天京回到苏州，扣留了正在苏州进行反革命活动的徐佩瑗。钱桂仁慌忙以向忠王祝寿为名，到苏搭救徐贼的狗命，并诱骗忠王到常熟阅兵，准备把他害掉。结果出钱逆的意外，当他刚离开常熟，他的最亲信的部将骆国忠为夺取钱逆的财产和"反正"的"首功"，抢先在1863年1月16日发动了叛乱。

当晚骆国忠、董正勤等设计诱杀了一批忠贞于农民革命事业的广西老战士。叛徒之间也自相残杀，钱桂仁的私党被杀了不少。扰攘到了天明，周兴隆、骆国忠才强迫全城剃发，正式宣布叛变并令全部精壮"分守四门及水陆来路"[3]，以抗拒从苏州来攻的太平军。同时派兵攻占了福山等沿江口岸，打通和清军联络的水路；再派兵向太仓前进，企图和钱寿仁会合，打通与清军联络的陆路，这支兵在半路上被太平军击散了。

"钱寿仁在太仓知事机已泄，旋率所部二千脱出"[4]，投奔上

［1］《镜穇轩自怡日记》卷二十一。

［2］《海角续编》。

［3］谭嘘云：《守虞日记》。

［4］李鸿章：《收复常熟昭文攻克福山浒浦折》。

海清军。叛徒们所预定的常熟、太仓同时叛乱,与嘉定清军连成一片的军事计划成了泡影。

忠王李秀成在苏州接获常熟叛乱的警报后,立即派遣亲信大将慕王谭绍光督兵讨伐,并严令钱桂仁戴罪立功。徐佩瑗部团练得讯出动袭击,这支号称最凶横的地主武装被太平军打得落花流水,少数残兵败将渡过昆承湖逃奔上海去了。

在踢去了永昌徐氏这块绊脚石之后,慕王立即指挥大军猛攻常熟东南二门,击毙董正勤。

经过十几天的激战后,太平军包围了常熟城并夺回了福山等口岸,截断了从常熟通向上海清军的水路。再过几天,忠王从各地调集的援兵先后赶到,并亲临督战,革命声势浩大,叛徒们望风胆落。

就当时苏南地区和常熟战场双方力量的对比来说,太平军是完全有可能把叛军消灭的。当时李鸿章部下的湘淮军总数不过一万人,"分守浦东西各城,力量已单,更无进援游击之师"[1]。美英侵略者之间又正在争夺"常胜军"的指挥权,这支本来腐朽透顶的国际劫掠队,现在的士气更低落了。所以李鸿章企图凭借"常胜军"炮火威力,夺取昆、太二城后打开和常熟叛军之间通路的梦想,固然不能实现,即使他退一步想进攻太仓以牵制太平军的兵力,给叛徒们鼓气,结果也是遭到了可耻的失败。他几次三番派遣水陆军会合"常胜军"在福山登陆,都被太平军打退了。最后不得不把自己的几张王牌:刘铭传的"铭军"、潘鼎新的"鼎军"(这两支淮军新由法国教练"洋枪")等都派赴福山上游的

---

[1]《朋僚函稿》同治元年十二月二十一日《复吴仲仙漕帅》。

西旸港,在"夷船火轮船"的掩护下登陆[1],侧面进击福山;另调"常胜军"搭轮船从正面攻入。虽然侥幸在福山扎下了营垒,但是仍然不能解常熟之围。李鸿章承认:太平军"自福山至(常熟)县城连营数十里,层层阻隔,声息难通。……贼垒更坚,贼援甚广,我军水陆不过四五千人,竭力攻打,实虞众寡不敌"[2]。他还害怕把为数不多的兵将都吸聚在昆、太和福山前线之后,"上海数十里内,空虚之至, ……若大股十万上下分投并至,诚有溃决之患矣"[3]。可惜太平军没有派兵猛袭松、沪,没有使攻入福山口的敌军不战而走。

常熟叛军的主力不足一万人,久战之余,力量愈来愈削弱。虽然叛军拥有"可支一年"的粮食,但是"困守月余",军火油盐等物资已告匮乏。再加"降众心志不一",尽管叛徒们用尽一切卑鄙毒辣的手段防止"内变",然而仍然发生西城外石营头段守将杨某的起义,石营因此被太平军所攻占,而使叛徒们更狼狈了。周兴隆、骆国忠不断散播"援军云集"的谣言来"安定"人心,结果援军的踪迹杳然,欺骗再也不能发生效果。到1863年的3月初,他们向李鸿章哀告:"守陴将士,精力疲惫,设使西北门地雷轰发,众必惊乱,恐有不测。"[4]显见太平军围攻常熟叛军的战争已经行将胜利结束;不幸由于大局的变化,使太平军自动撤常熟之围。

原来,忠王正在常熟前线督战时,因天京危急,不得不提兵西

---

[1] 佚名:《庚申避难日记》。
[2] 《筹援常昭折》。
[3] 《朋僚函稿》同治二年二月四日《上曾相》。
[4] 李鸿章:《复奏降将江胜海等情形片》。

去,并奉天王诏旨,"冒雪"渡江进入皖北,企图与沃王张乐行、扶王陈得才之军会合后,再解天京之围,而把苏浙一带地方交会王、慕王、听王三将防守。会王蔡元隆固守太仓,听王陈炳文继续进攻常熟,慕王谭绍光留守苏州。由于在苏南地区的太平军已因忠王远征而大为削弱,指挥又不统一,所以对上海清军采取守势,也减轻了对常熟叛军的压力。据叛将向李鸿章报告:"图城之贼作长垒,人数不过二三千,分堵福山、杨林、白茅、徐六泾各口,亦不过二万余人。"[1]因此,太平军就未能够迅速攻破常熟和击退侵入福山口的中外反革命军。最后由于浙江战场的警报频传,迫使听王全军回救杭州,而于1863年4月初结束了围攻常熟叛军的战争,使李鸿章获得了意外的"胜利"。

这次叛变大大地改变了苏南战场的形势。李鸿章得意忘形地说:"常熟为苏州饷源,福山为江海门户,易守难得,……吾力能保常、福,即进取苏常根本也"[2]。原来局处上海一隅,仅能自守的中外反革命军,从此能够悬军深入苏福省的腹地,据常熟以拊苏州之背,而且可以夹攻昆太,就在他们占据常熟后的两个月内,先后攻陷了这两个屏蔽苏州的城市。常熟叛军所搜括的"米粮可支一年,银钱累数十万,子女玉帛称是"[3]。李鸿章就利用这些财力,用洋枪洋炮武装骆国忠部叛军,编做李鸿章部淮军的一部,又加强了刘铭传部淮军的实力。钱寿仁(改名周寿昌)、徐佩瑗、费玉成、孙金彪等部下匪军也先后编隶淮军。等到昆山陷落,李鸿章即"分路规取苏州":"由昆山进苏州为一路,以程学启所

---

[1]《朋僚函稿》同治二年正月二十三日《上曾相》。

[2]《朋僚函稿》同治元年十二月十五日《复曾沅浦》。

[3]《朋僚函稿》同治元年十二月十五日《上曾相》。

部陆军当之；由常熟进江阴、无锡为一路，以李鸿章、刘铭传所部陆军当之……由泖淀进吴江、平望、太湖为一路，李朝斌水师当之。"[1]如果没有常熟太平军的叛变，李鸿章便不可能在短时间内部署这样的大攻势的。

还在这次叛乱之前，徐佩瑗部匪军已经从常熟南乡蔓延到西北乡的徐市、鹿苑等地，攻击江阴边境的杨舍堡，企图蚕食江阴。江阴的地主分子也跃跃欲动，准备"响应"[2]。1863年6月继昆山陷落之后，李鸿章、刘铭传部淮军即以常熟为基地侵入江阴边境，法国强盗毕乃尔和吕加用"洋炮"轰破了杨舍堡城，打开了江阴的门户，把进攻的矛头指向江阴城。同时，李鸿章利用华翼纶等团练力量牵制无锡太平军，使无锡、江阴的太平军彼此不能相顾。9月，淮军攻陷江阴，守将广王李恺顺企图渡江和南通的斋教起义军会合，不果，而退往常州去了。接着淮军便从常熟、江阴攻入无锡的东境。

本来，曾国藩、李鸿章都很忧虑苏南太平军一旦遭受中外反革命的东西夹攻时，会"并出南岸各口就食于里下河州县，而狼、福江面辽阔，巨浸泊天，一经偷渡，阑入通、如，即成噬脐之患"[3]。自从常熟叛乱和江阴陷落之后，便把苏南太平军的"北窜之路"堵塞断了。等到中外反革命军攻陷吴江，切断了苏浙之间的通路；又进攻无锡从侧面威胁苏州的时候，苏福省的根本重地苏州即陷入反革命的重围之中。

由于骆国忠等叛徒受到清政府的"破格恩赏"，使苏福省太

[1]《分路规取苏州折》。

[2]《江阴忠义录》。

[3] 李鸿章:《复奏通靖等处江港请饬严防折》。

平军内部的堕落分子都"从而生心"。1863 年 12 月再一次通过"巢湖帮"的牵线,由巢湖帮盐枭出身和一度混进太平军的清将郑国魁勾诱的结果,以纳王郜永宽等为首的苏州太平天国守军十余万人发动了叛变。这次叛变是常熟叛变的继续,使苏南战场的太平军迅速瓦解。太平军保卫苏南地区的战争,就在外敌当前和腹心腐烂的严重情况下,不幸地惨败了。

(原载《扬州师院学报》1962 年 9 月总第 15 期)

戊戌政变后"帝党"在东南的活动

——《张謇日记》笺余

　　在甲申中法战争前后,中国封建统治阶级内部因外国资本主义侵略的影响分化为开明与腐朽两派。光绪十五年(1889)"皇帝亲政"后,开明派拥护光绪帝,企图改革,反对以慈禧太后为首的腐朽统治,形成了帝党("后党"是从第二次鸦片战争结束后所形成的以叶赫那拉氏为首的最腐朽、最反动的官僚、军阀集团)。甲午中日战争促使两党决裂,帝党日益与资产阶级维新派接近,催生了戊戌维新运动。戊戌政变成为两党的决战,帝党败北。政变前后,在后党打击下,帝党要角翁同龢、汪鸣銮、志锐、文廷式、张謇等纷纷被迫离京,多数逗留在东南各省,过缙绅生活,以"在野之身",继续与后党斗争。

　　光绪二十四、五年间(1898—1899),他们与逃亡国外的康梁保皇主义相呼应,反对后党的"废立"阴谋。

　　从中日战时起,后党即潜谋"废立"[1]。这并不如后党所宣传的,仅是爱新觉罗氏的家务纠纷;而是她们企图消灭帝党与瓦解维新运动的毒辣措施。政变之际,与缇骑四出、搜杀维新志士的

---

[1]　后党"废立"之谋,始于中日战争时。文廷式走山海关,乞督师刘坤一借争和约奏止之。见黄濬:《花随人圣庵摭忆》。

同时,后党不断散播"帝病"的消息,朝野恼惧,旦暮不测。《张謇日记》言之如绘:

> （戊戌八月）七日,闻太后临朝之电（自注：初六日事）。
>
> 八日,闻严拿康有为,有为逃入英船之电（自注：是日,勤政殿行礼）。
>
> 十一日,连日京电不通,有非常变故之谣。
>
> 十二日,闻初十日皇上有疾召医之电,并密电拿梁启超。
>
> 十三日,闻复六卿,拿治徐致靖、杨深秀、杨锐、林旭、谭嗣同、刘光第、康广仁之电。
>
> 十五日,……有徐、杨六人已罹刑戮之谣,访之果确,惟徐永远监禁。……
>
> 十六日,闻查拿文廷式之电谕。康事与芸阁无涉,何以及之?
>
> 十七日,闻续催医生之电谕。

出乎后党的意外,"废立"遭到了帝国主义干涉。他们伪装"支持"中国维新,企图乘机渔利。《张謇日记》:

> （八月）九日,闻各国船集天津,诘译署,问上病状。

帝国主义这样做,影响了某些督抚的态度;特别是当时疆臣中有"资望"最高也最富于统治经验的两江总督刘坤一,他善观气色,知道后党的这种一时冲动,将对清朝封建统治不利,故表示反对。张謇风闻其事，他在日记上写道：

> （八月）二十一日，闻荣禄有密电，事大可骇，新宁持正
> 论云。

刘坤一的这种态度，当然博得帝党的欢呼。这时，翁同龢、汪鸣銮都已经"削籍"幽居，志锐僻处西北，文廷式匿迹海隅，帝党中人没有陷于"党锢之祸"，而且能够怂恿刘坤一阻止后党"废立"的，只有正在江苏创办"实业"的张謇了。他的日记说：

> （八月）二十四日，介汪笃甫、王寿芸恳新宁《上太后训
> 政保护圣躬疏》。

推动通州知州与海门厅同知出面要求总督上奏，这是张謇聪明的做法。这篇疏稿，实际即出张謇之手。他后编《啬翁自订年谱》对此作了补充：

> 光绪二十四年戊戌，四十六岁。……八月……为新宁
> 拟《太后训政保护圣躬疏》，大意请曲赦康梁，示宫廷之本
> 无疑贰，此南皮所不能言。刘于疏尾自加二语曰："伏愿皇
> 太后皇上慈孝相孚，以慰天下臣民尊亲共戴之忱。"

帝国主义的干涉与实力派疆臣的反对，迫使后党暂缓实行废立，而别图"良策"。于是皇帝的"病症"也不治自痊。《张謇日记》：

（十月）十九日，上疾有瘳。

但是，后党决不甘心就此罢休，所以到明年，皇帝"病重"的可怕消息又传开来了，这不能不引起帝党诸人的莫大关切。《翁文恭公日记》：

（己亥六月）廿一日，……昨见报纸传太医方，辗转不能寐。

后党的阴谋，使帝党中的某些激进人物大为愤慨，于是霹雳一声，在是年九月，发生了轰动中外的常熟沈鹏告讦三凶事件。同邑金鹤冲《暗泾杂录》[1]记其经过：

沈北山初名棣，字诵棠，改名鹏。应顺天乡试，中举人。登进士榜，授翰林院编修。清寒耿介，翁文恭公极称之，时尚未娶也。常州费氏（按指费念慈）闻翁公之称，乃以女妻之，非其偶也。光绪甲午之秋，京师患旱而东国之事亟，朝政腐败。萍乡文道希等议具疏以谏，我邑张隐南鸿为疏稿而不果上。稿为北山所得，岁己亥，乃增损之，用以告讦三凶，三凶者，荣禄、刚毅及太监李莲英也。北山乞掌院学士徐桐代上，徐不可。北山匿之，顶其匿而至徐所。文恭公时已去位家居。其从子（当作从孙，指翁炯孙也）之在京者夺之，盖恐人之疑文恭指使也。于是我乡人之官于京师者，咸

---

[1]《暗泾杂录》多记常熟掌故，尚未刊行，稿存予箧。

促北山归里，而三凶之疏已为天津《国闻报》所载。北山出京，有广东人赠川资者，重其直也。归后，政府阴令拘之苏州狱中，逾年始释，而北山得心疾矣。宣统元年秋病没。邑人孙希孟为《轰天雷》(评话)以纪北山事云。

据《棣秋馆日记》[1]所引张鸿与徐兆玮书，此事酝酿已久，本拟由鸿具疏，后改沈鹏出名，确为反对后党"废立"。张鸿，光绪进士，系翁同龢侄孙婿。沈鹏《告讦三凶疏》发表后，张鸿曾自京归常熟，与翁同龢谈国事。《翁文恭公日记》：己亥十月初十日，"张隐南侄孙婿自京归省亲，晤谈近事"。又据孙雄《沈北山墓表》[2]摘载《告讦三凶疏》稿，以"保护圣躬"为中心。可见此事虽发生在北京，并非如《缘督庐日记钞》所记，徐桐谓为翁同龢所直接指使；但毕竟沈、张都与翁有瓜葛，他们此举，实际上代表了"幽居"东南的翁同龢等帝党首脑的主张。

是年十二月，经过一番对反对派的镇压之后，后党正式宣布立端王载漪之子溥儁为大阿哥，为"废立"的初步。《张謇日记》：

（己亥十二月）二十六日，……闻今上有立端王子溥儁（自注：宣宗元孙，惇邸之孙）为子，承穆庙后嗣统之诏。岁晏运穷，大祸将至，天人之际，可畏也哉！

二十七日，见《申报》《新闻报》《中外日报》，昨说果确，并有明正元旦内禅，改元"普庆"之说，亦有"保庆"之

[1]《棣秋馆日记》，常熟徐兆玮撰。徐，光绪进士，曾官翰林院编修。他的日记尚无刊本，稿藏常熟县图书馆。
[2] 孙雄：《旧京文存》。

说。海内人心益惶惶已。

正当后党兴高采烈、庆祝"建储"的时候,东南维新志士经元
善、蔡元培等百余人联名通电,要求那拉氏"归政"。上海报纸登
载这项消息,曾株连翁同龢[1]。

同时,有吴彦复要求那拉氏"归政"之电。彦复,提督长庆子,
以父荫为部曹,为刚毅排挤去官,与帝党诸要角有千丝万缕的关
系,时寓居上海[2]。

"己亥建储"也为刘坤一所反对,他上疏"乞退",有"以君臣
之礼来,以进退之义止"语,以去就与后党争。刘坤一的这次上
奏,是否曾受帝党怂恿,尚无资料作证。但是,就在上奏之后不到
两个月,张謇的《奉送新宁督部入朝诗》有"戊己堂堂两奏传"之
句,对他这次上奏大为赞叹[3]。刘坤一也以《留别江南诗》四首
寄给翁同龢[4],算是对居住林下的帝党首脑的临去秋波。不难看
出,他们之间在反对后党"废立"问题上,是暗通声气的。

从帝后两党看来,保全光绪帝,等于保存了维新运动的根子,
因而帝党在东南的活动,把后党刺激得发疯起来,阴谋下毒手把
帝党中人一网打尽,张謇曾风闻其事。他的日记说:

（庚子三月）七日,……得彦升讯,述鄂谣,甘陵之祸见
及,以意度之,妄也。

---

[1]《翁文恭公日记》庚子年,第6页。
[2] 陈衍:《石遗室文集》卷一《吴保初传》。彦复名保初,一字君遂。
[3]《张季子九录·诗录》卷三《奉送新宁督部入朝诗》。
[4]《翁文恭公日记》庚子年,第11页。

八日，……翔林来，亦以鄂谣之故。

他后为何嗣焜序遗文[1]，也追记此事：

> 戊戌、庚子之间，国事鼎沸，謇在江宁，君在上海，相与皇皇奔走，诣当事陈说利害得失，若救室家之焚而不得水者；而谋弋謇者方谣诼百出，君时为之危，既见謇绝不一顾，又以是相壮。

又据张謇题翁同龢与汪鸣銮手札诗序所说，当庚子义和团运动中后党乘机在京杀戮许景澄等帝党官僚的同时，"造为翁门六子之谣，冀以尽除异己"。"六子"以汪鸣銮为首，中有志锐、文廷式等，张謇最后。直到八国联军侵入北京，刚毅等死去，后党的这项阴谋才成泡影[2]。

庚子义和团运动高潮时，帝党在东南扮演洋务派督抚刘坤一、张之洞等的配角，参与策划"东南互保"。《啬翁自订年谱》：

> 五月，北京拳匪事起，其势炽于黄巾、白波。二十二日，闻匪据大沽口，江南震扰。江苏巡抚（当作巡阅长江水师大臣）李秉衡北上。言于刘督，招抚徐怀礼，免碍东南全局。爱苍至宁，与议保卫东南。陈伯严（三立）与议迎銮南下事。……与眉孙、爱苍、蛰先、伯严、施炳燮议，合刘、张二督

---

[1] 何嗣焜遗文四卷，名《存悔斋文稿》，武昌刊本。上有宣统元年五月张謇序，《张季子九录·文录》不载，当是编辑时遗佚。

[2]《张季子九录·诗录》卷八《观汪氏所藏翁文恭与郎亭侍郎手札》小序。

保卫东南。予诣刘陈说后,其幕客有沮者,刘犹豫,复引予问:"两宫将幸西北,西北与东南孰重?"予曰:"无西北不足以存东南,为其名不足以存也;无东南不足以存西北,为其实不足以存也。"刘蹷然曰:"吾决矣。"告某客曰:"头是姓刘物。"即定议。电鄂约张,张应。

眉孙(或书梅生),武进何嗣焜字[1]。施炳燮时参刘坤一幕府。爱苍(或书蔼苍),福州沈瑜庆字,葆桢子,时任正阳关督销[2]。蛰先,山阴汤寿潜字。其中陈三立曾参与戊戌变法,而被后党斥革。沈瑜庆、汤寿潜、何嗣焜均昵于张謇。沈与汤又同出翁同龢之门,沈、翁关系尤密。何嗣焜创办南洋公学,沈瑜庆投资大生纱厂,汤寿潜也在浙江办实业,对"国是"与翁、张有共同主张。他们都是帝党或接近帝党的人。

另一个帝党名士沈曾植也预闻此事。王蘧常《沈寐叟年谱》云:

(庚子)五月,自里北征,而荤毂拳乱卒作,公停于上海,

---

[1] 何嗣焜事迹详见其婿刘垣(厚生)所撰:《清故诰授中宪大夫国史馆列传花翎盐运使衔分省补用知府武进何公墓表》。拓本,常州董绶庵老人藏。中有"庚子八月,联军入京师,乘舆西幸,朝命不行,公时居上海,与通州张謇、山阴汤寿潜忧伤奔走"云云。

[2] 沈瑜庆事迹详见陈三立:《散原精舍文存·诰授光禄大夫贵州巡抚沈敬裕公墓志铭》(辑入《碑传集补》卷十五)。中有"拳匪乱,东南互保之约成,公首奔走预其议"云云。所著《涛园集》载与翁同龢往来各诗。翁被逐回籍后仍与交密,《翁文恭公日记》:己亥十月初五日,"沈蔼苍赠金并诗",即是一证。

主沈涛园。痛北事不可救，以长江为虑，与督办商约大臣盛杏孙（宣怀）、沈涛园、汪穰卿（康年）密离中外互保之策。力疾走金陵，首决大计于两江总督刘岘庄（坤一）；来往武昌，就议于两湖总督张香涛（之洞）；而两广总督李少荃（鸿章）实主其成，订"东南保护约款"凡九条。

时人公认，这次为刘坤一决策的主要是张謇，而克服张之洞游移的便是沈曾植。

帝党首脑翁同龢"身在江湖，心来魏阙"。他"幽居"故乡常熟，仍与帝党其他要角保持联系，特别是在庚子年，他们之间往来频繁，引人注意。单据《翁文恭公日记》所载，这年到常熟拜访翁同龢的帝党中人，即有沈曾植、汪鸣銮、费念慈、濮子潼、志钧、沈瑜庆、沈曾桐、王仁东等，张謇也和他有信使往来[1]。庚辛之际，至常熟访翁的帝党人物，还不止此。如丹徒丁传靖记其先辈丁立钧轶事云：

> 庚子（当作辛丑春），至常熟省视翁协揆。协揆平日以公辅期公，见公病状，为之失声太息，留公剧谈数日，语及国

---

[1]　沈曾植访翁同龢，见《翁文恭公日记》庚子年，第20页。汪、费访翁，见同书，第25页。汪鸣銮第二次往访，见第53页。濮子潼往访，见第55页。志钧往访，见第64页。沈瑜庆、沈曾桐、王仁东偕往，见第69页。按王仁东字旭庄，《翁文恭公日记》误书作"旭东"。翁、张信使往来，见同书，第54页。又见《张謇日记》。

事,相对呜咽。[1]

翁同龢对"东南互保"极表赞成,见之于他致费念慈的密信:

> 西蠡先生足下:帖画想收到。中秘不可悉读。窃疑一家之言,安能使天下闻风。此中委曲,必有故,此说经者所当探讨。三君觥觥,洵可折角。新刊《三礼图》亦佳本,须勤购之。长江散帙,所指系传是本耶?孝章所收至博,得其赐本,一抵千百,有所获,不吝频示。走寡陋不学,近见毗陵抄本,粗慰眼;顷得一书曰《平津记》,首尾不具,殊草草也。阴晦,起居安胜不次。无诤顿首。初八日。

书中多隐语,他的门人孙雄为作笺释:

> 按"三君觥觥,洵可折角",当指刘忠诚、张文襄与袁项城三人,联结互保东南之约。"新刊《三礼图》",盖指聂仲芳中丞缉椝,时方为苏抚也。"长江散帙"及"传是本"云云,当指徐怀礼。徐字宝山,党羽甚众,横行长江下游,人皆称之曰"徐老虎",时刘忠诚方与苏绅合谋招抚,俾为其用,故函中及之。下一函云:"江湖间如无鬼者尚多,以术笼之,可消隐患",亦即指此。"孝章"谓盛杏孙尚书宣怀。毗陵抄本,不知所指何人。《平津记》,盖谓新得寿州孙文正手函

---

[1]《京江丁氏传略汇录·补记恒斋公轶事》,原书藏镇江市博物馆。丁立钧字叔衡,光绪六年进士,散馆授编修,亦翁门高弟。曾任沂州知府。庚子时,方主讲江阴南菁书院。见《丹徒县志撮余·丁立钧传》。

也。"无诤"二字之别号，惟此函一见。[1]

帝党虽然怂恿刘、张等督抚实行"东南互保"，但他们盼望时局发展的前景，是与刘、张等洋务派官僚同床异梦。

在八国联军侵入京津之前，他们幻想依靠洋务派疆吏的实力，使光绪帝摆脱后党的掌握。陈三立怂恿刘坤一"迎銮南下"，与康有为致各埠保皇会公函"迎上南迁"的计划不谋而合。此策不成，张謇等人计议求刘坤一公推李鸿章统兵北上"勤王"，指挥聂士成军攻剿义和团并清除端、刚。《张謇日记》：

> （庚子六月）七日，闻合肥行次香港。非公推此老入卫两宫，殆无可下手。与梅生、小山（缪荃孙字——引者注）谈。蔼苍邀谈于一品香。饭罢，即附轮旋通。
>
> 八日，至厂。与新宁说帖，申公推合肥统兵亟北，内卫外戡。

同书录张謇于庚子七月二十二日《与刘督部讯》云：

> 比上一笺，乞公与南中疆帅，公推合肥总统各路勤王之师，入卫两宫。其时德使虽被匪戕，聂提督一军无恙。私心窃计，以张魏公戡定苗、刘之功望之合肥也。……

---

[1] 孙雄：《瓶庐师言行私记》，抄本，南京图书馆藏。瓶庐，翁同龢室名。费念慈，字屺怀，号青藜，武进人。光绪十五年进士，授翰林院编修。为翁门高弟，与文廷式、江标等关系均密。见吕景端：《药禅室随笔》。

苗、刘即指端、刚等后党势力。此策又不成，八国联军侵入京津，帝党又幻想帝国主义支持光绪帝复辟。《张謇日记》引翁同龢写给他的信，曾吐露这种思想：

> （庚子九月）十日，得虞阳讯，知开议和款，西人力持今上回京签字之说。

在"复辟"的共同目标下，文廷式、吴彦复等帝党名流联络唐才常等资产阶级维新派，在上海共开"国会"[1]。但是，帝党反对利用会党力量的自立军起义，故《张謇日记》诬唐才常为"谋以会匪之为，行复辟之事"。这反映出地主阶级开明派与资产阶级维新派之间的分歧，也表明帝党在当时除了依附刘、张等洋务派疆吏之外，再也没有伸展自己手足的余地。

别有用心的英、日帝国主义异常"关怀"帝党在东南的活动。还在戊戌政变前夕，日本政府曾派人勾引文廷式、何嗣焜、郑孝胥、张謇等于上海组织"亚细亚协会"。《张謇日记》：

> （戊戌闰三月）七日，道希、眉孙、太夷约同会小田切万寿之助于郑陶斋寓。日人以甲午之役，有毫毛之利，启唇齿之寒，悔而图改，亟连中、英。又以为政府不足鞭策，为联络中国士大夫振兴亚细亚协会之举。盖彻土未雨之思，同舟遇风之惧也。独中朝大官昏昏然，徒事婥婠耳！预会者凡二十人。日人言则甘矣，须观其后。

---

[1] 钱仲联：《文云阁年潜》，稿本。

政变以后，文廷式、吴彦复均亡命日本，受其"庇护"[1]。

庚子义和团运动时，总税务司英人赫德忽嘱苏州税务司客讷格函递名片向"在籍编管"的帝党首脑翁同龢请安，翁同龢也诧为奇事[2]。

英、日帝国主义企图利用帝党的阴谋，是极为露骨的。

随着义和团运动失败，资产阶级革命日益兴起，维新运动已经过时，伴随"新旧之争"的帝后党争也失去了它的灵魂而成为尾声。这时那拉氏被迫"变法"，逗留东南的张謇、沈曾植、黄绍箕等帝党名流，为挽救垂危的清朝统治，于是纷纷成了帮助刘坤一、张之洞等策划"新政"的座客，吹起清末"立宪运动"的前奏。

（原载《文汇报》1962 年 10 月 18 日）

---

[1]《文云阁年谱》及《石遗室文集·吴保初传》。

[2]《翁文恭公日记》庚子年，第 67 页。

略论 1864—1868 年的捻军战争

一、太平天国灭亡后农民战争的新形势

1864 年 7 月太平天国灭亡后,国内形势的基本特征是:

第一,全国农民革命的主流已被中外反革命绞杀,但余波仍在起伏地发展着。陈得才、赖文光等率领的太平军正从西北奔向鄂豫皖地区,和在浙江、江西等地的李世贤等及转战西北的梁成富等率领的太平军遥相呼应;以张宗禹、任柱、陈大喜等为首的捻军和宋景诗的山东农民军余部尚在中原继续坚持斗争;西南各兄弟民族的起义尚未失败;西北各兄弟民族的起义则正在蓬勃发展。此外,全国各地还有不少小股农民和少数民族的起义,此起彼落地出现。

第二,中外反革命正在开始建立半殖民地的统治秩序,庆祝"同治中兴"局面的出现。然而随着反革命的胜利而到来的是满、汉、湘、淮各个反动集团之间矛盾的尖锐化:清朝的中央集权主义与湘、淮军阀主义的斗争;湘系内部曾系与左系的斗争;湘、淮两系争夺权利的斗争;湘军的哗变与瓦解等,原来在镇压太平天国过程中所酝酿而隐蔽的反动统治内部的危机,现在都发作起来了。

第三,从全国来说,反革命已占绝对优势;而各地反革命与革

命力量的对比却是不平衡的,东南各省敌人力量比较强大;西南各省双方力量暂时平衡,西北和中原各省反动势力比较薄弱,革命力量尚在发展。

这个形势决定了太平天国革命运动的余波必须担负起反抗中外反动势力联合建立半殖民地统治秩序的任务,而他们在东南已很难发展,在西南尚可和敌人暂时对峙,在中原和西北则有可乘之机。

这样就出现了以后两三年间,李世贤等太平军在闽粤边境的苦斗;赖文光等率领捻军在中原进行歼灭僧格林沁满蒙骑兵队和击败湘、淮军的大战;西南苗民、回民等少数民族起义军继续抗击敌人;西北各民族起义的开展等局面,而捻军战争尤有重要的意义。

二、捻军战争成为太平天国革命在北方的延续

太平天国天京被攻破后,余下在长江南北的两支主力已因反革命的阻击而无法会合起来,这两支太平军就以不同的方向进攻敌人的薄弱地区,找寻不同的同盟军而继续斗争。

扶王陈得才、遵王赖文光等率领的太平军自 1862 年冬奉忠王令第二次远征西北,"招足人马,限二十四个月回来解救京城"[1]。他们从湖北向陕西猛进,"一路滔滔,攻无不克,战无不胜"[2],于 1863 年 10 月,占领陕南的重要城市汉中,又一次为陕

[1]《李秀成自述》。
[2]《赖文光自述》。

西的回民起义创造了有利条件。

1864 年春夏间,陈、赖大军从汉中东下经河南与捻军会合进入湖北,威震武汉,前锋突入皖北,图解天京之围。不幸天京已于 7 月 19 日被敌攻陷,消息传到东援天京的太平军里,一时"人心散离"[1],不少动摇分子投降敌人,遂有是年 11 月的陈得才部兵变、陈得才服毒自杀的事件发生。

在这个严重关头,赖文光和捻军进一步结合起来,捻军领袖"任化邦、牛宏升、张宗禹、李蕴泰等誓同生死,万苦不辞"[2],统一在赖文光的领导下,为"复国"而奋斗。从此,捻军战争已在一定意义上成为太平天国革命的延续。

从 1864 年 8 月,捻军开始了围歼僧格林沁的战争。

此时中原形势是有利于捻军的。自太平天国灭亡后,清朝积极夺取湘、淮军的指挥权,引起曾国藩、李鸿章等汉奸军阀的强烈反对,他们一度对中原地区的"发捻交讧"采取隔岸观火的消极态度。李世贤等太平军的活动,湘军的兵变,也牵制了湘、淮军的兵力。中原离海远,侵略者不可能直接干涉,所以僧格林沁所率领的满蒙骑兵队成为当时清军"剿捻"的唯一得力部队。僧军军纪极坏,僧格林沁对各省文武官任意指挥,甚至棍敲鞭打,部下对他也极怨恨,所以他的作战是完全孤立的。捻军作战勇敢,有各地农民起义力量的支援,再加指挥灵活,完全有可能歼灭这支曾经两次屠杀雉河集人民,和捻军有着血海深仇的满蒙骑兵队。

从 1864 年 8 月,赖文光指挥捻军骑兵运用"打围"战术,候

---

[1]《赖文光自述》。
[2]《赖文光自述》。

东忽西地来去引诱僧军，使它疲于奔命地尾追，不断陷入捻军的天罗地网，一批一批地被消灭，僧格林沁的得力悍将恒龄等都被击毙，两军力量的对比也不断地发生变化。战争从鄂、豫、皖边区逐步发展到河南省西部和北部，直到黄河沿岸。1865年4月，捻军由宋景诗担任先锋，从考城突入山东，经曹县、成武、定陶向东南飞进，到江苏的赣榆、海州，又转向西北，再入山东，直到水套地区，联合当地农民军，准备与僧军决战。

经过捻军的不断打击，把贪功躁进的僧格林沁刺激得像疯了一样，他强迫士兵不顾一切地追赶捻军，看看赶不上，便抛下步兵只带五千骑兵一昼夜狂奔了三百里，不断有人马在路上倒毙。

5月18日，赖文光等统率大军把僧格林沁层层包围在菏泽城西的高楼集。张宗禹亲放大炮，把僧军轰散。一部分僧军临阵起义，僧格林沁当夜死在菏泽县西十五里的吴家店麦田里。他的满蒙骑兵全部覆灭，几千匹战马都变成了捻军的战利品。一时捻军有北渡黄河、直捣京津之势。

也就在这期间，中外反革命已完成了大举攻捻战争的准备。

第一，长江下游的太平军全已失败，南下闽粤的李世贤军也告失利，江浙富庶之区的反动秩序已经相对稳定，准备好了"剿捻"战争的基地。

第二，由于捻军起义高涨的威胁和外国主子的督责，满汉湘淮各个封建集团之间的矛盾也缓和下来，由曾国藩统带配备大量洋枪洋炮的湘淮军北上"剿捻"。

为了支持清朝防守京津心脏地区，由英国军官指挥的"天津洋枪队"赶到山东的阳谷县，把守黄河北岸。有法国人教练开花炮队的淮系潘鼎新部"鼎军"和原来在上海保护英国官商的"戈登洋枪队"(不是"常胜军",也因由戈登训练,故称"戈登洋枪队")由英国轮船载运北上,经天津转往黄河北岸增援。

老奸曾国藩看到捻军流动不定,计划在济宁、周家口、徐州、临淮四镇驻防重兵;企图把捻军"圈制"在苏鲁皖豫边区的十三府州(淮、徐、海、兖、沂、曹、济、归、陈、卢、凤、颖、泗)之内。不料捻军主动南走,回雉河集装旗聚众后即西进河南,倏分倏合,忽东忽西,战火不时燃烧到山西、陕西、湖北、江苏、山东边境,曾国藩的"四镇设防"计划就此破产。捻军从湘、淮军手里夺到了大量"洋枪""洋炮",打得河南巡抚吴昌寿等叫苦连天,埋怨曾国藩无能。这个老奸巨猾的刽子手,在捻军的面前碰得头破血流了。

为了挽救失败的命运,曾国藩又决定在豫皖两省沿贾鲁河、沙河和淮河设防,企图把捻军逼到鄂豫皖边区。因这里山地多,水田多,可使捻军骑兵无法驰骋;再加长期战争,连年饥荒,捻军若被"圈制"在这里,就有绝粮的危险。然后再由新任湖北巡抚曾国荃和曾部大头目鲍超从湖北向北进攻,曾国藩亲统湘、淮军从北夹击,梦想即可把捻军消灭在这里。但赖文光等指挥大军于1866年9月从中牟、尉氏东进,冲破曾国藩的"河防"战略,突入山东的水套地区。直隶、山东两省震动,曾国藩的"圈制"战略彻底失败了。1866年10月,捻军又在河南省的许州分成东西两支:东捻军由赖文光、任柱等指挥,在中原继续斗争;另外派遣张宗禹等率领西捻军,西攻陕西,"往联回众,以为犄角"[1]。从此,这两支捻军就再没有会合了。

与东西捻军分军的同时,反革命方面也重新配备了力量。曾

---

[1]《赖文光自述》。

国藩被迫下台，李鸿章接任"剿捻"统帅。

东捻军在山东运河西岸吸住清军，策应西捻军进入陕西后，于 1866 年 12 月经河南攻入湖北，也准备分道向川陕进军，重建太平天国。

三、流寇主义导致了捻军战争的失败

1867 年 2 月，东捻军和湘、淮军在安陆附近的尹隆河决战，消灭了由法国人教练枪炮的刘铭传部淮军。可惜战争先胜后败，被鲍超部兵袭击，东捻军遭受了很大的损失。经过这次战斗，改变了东捻军的进军方向，虽然他们经河南突入鄂东，西趋枣阳，又北走河南，再入湖北，击溃了曾国荃部的主力，重到汉水沿岸，但已没有进军川陕的决心了。当东捻军逼近武汉时，汉口税务司法国人日意格组织的"洋枪队"曾出动把守汉口，干涉捻军的活动。是年 5 月，东捻军出湖北进入河南，再议进军方向。

这时他们有三个可能进军的方向：

1. 鄂、豫、皖边区——这里的地理环境和群众基础都对捻军有利，但经过长期战争，又因旱灾严重，不易解决粮食问题。

2. 陕西——可以和西捻军会合，并可与西北回民军联络声势，但那里也缺粮。

3. 山东半岛——1861 年以来，一直没有战争，号称"完善之区"；又正当麦熟，容易获得大批粮食。但这里三面环海，有被敌人包围的危险。

赖文光是一直主张进军西北的。但是东捻军的核心集团多数是被迫长期脱离生产的游民，在他们的头脑中存在着严重的

"流寇主义"思想。毛主席教导说:"流寇主义"就是不要或不重视根据地的思想[1]。这就是:在经济上不搞生产,专靠抢粮过活(所谓"因粮而食");在政治上不建立政权(所谓"捻无大志");在军事上到处流动(所谓"流窜无定")。这些都是游民意识的表现,是由他们长期脱离生产、浪荡江湖的生活方式所决定的。特别是在捻军战争的后期,被天灾人祸所逼迫而卷入起义的新破产的农民愈来愈多,他们饥饿"谋食"的自发意识,更加强了东捻军的"因粮而食"的倾向。所以当他们在河南可东可西的时候,就有来自山东郓城地区的农民,认为山东沿海连年丰收,而陕西则缺粮,要求赖文光等冒险东进山东半岛。

1867年6月,东捻军渡过运河,越胶莱河而到达山东半岛的尖端,这就给敌人以"圈制"的机会。

果然当东捻军在山东半岛活动的时候,李鸿章布置好了运河和胶莱河两条防线,企图把东捻军围歼在胶莱河北,胶莱河防万一被突破,则还有运河防线做外围。只要把东捻军堵住在运河之东,实行坚壁清野,等到冬季到来,"野无所掠",自不免饥寒交迫而"束手待毙"了。

6月底,东捻军逼近烟台,英法海军登陆布防,"天津洋枪队"也渡海赶来堵击。东捻军因发现敌人已在胶莱河布防,便停止进攻烟台,而于8月中冲过了胶莱河。

从1867年8月下旬到11月初,东捻军往来盘旋于山东、江苏两省,几次抢渡运河都因水涨和敌人堵击而没有成功。

从11月初旬开始,饥饿和寒冷的处境,以及由此而促成的部

---

[1]《毛泽东选集》第2卷,第2版,第409页。

分游民分子的叛变,大大地削弱了东捻军的战斗力,而且更无法克服军事上的错误了,从此连遭挫败。

在 11 月 19 日赣榆之战中,鲁王任柱被叛徒枪杀,使东捻军失去了一个最优秀的骑兵将领,最后只剩下千余名战士,由遵王赖文光率领,沿运河南下,于 1868 年 1 月在扬州附近的瓦窑铺失败,赖文光被俘牺牲。

赖文光是参加太平天国金田起义的广西老战士、后期的杰出大将,他文武双全,智勇兼备,一直在英王陈玉成指挥下在江北战斗,和捻军结下深厚的友谊。1864 年太平天国灭亡以后,他领导捻军,"披霜蹈雪"[1],继续高举起太平天国的旗帜,坚持斗争了三年半。他的流动战术,得太平军"初起之诀"(曾国藩语),给清朝以沉重的打击。凶悍军阀如僧格林沁、曾国藩等,不是成为刀下之鬼,便是望风而逃的败将。在农民战争史上写下了光辉的一页。在扬州,赖交光的英名轶事至今还流传人口。仙女庙的人民说他带领捻军经过时,"穿白袍,挂长剑,骑白马,面白皙,微须,和书生相似"。东捻军虽已溃败,但是仍严守纪律,把衣服和金银向老百姓换取食物,除杀过一个反革命军官外,没有伤人。在地主阶级的记载里也不得不承认赖文光"戒其下勿杀掠"[2]的事实。关于赖文光被俘的经过,统治阶级内部有过争论,一种说在战斗中被淮军将领吴毓兰所俘;另一种说是赖文光作檄痛骂淮军诸将而以吴毓兰较诸将"为愈",故自投其军中,以成其功[3]。实际都是反动派所捏造的。综合仙女庙和扬州市老人的传说,赖文光中了向

---

[1] 《赖文光自述》。

[2] 倪在田:《扬州御寇录》。

[3] 见李鸿章:《吴毓兰祠记》,原碑现存扬州市工人文化宫。

导的诡计,误走清军阵地,被扬州城守营所获,而吴毓兰冒以为己"功"[1]。

赖文光在垂败时,曾坚决拒绝了李鸿章的诱降。在被俘以后,李鸿章的弟弟李昭庆见到他"词气倔强,与李秀成情状相似"[2]。在牢里,写下了他的悲壮的《自述》。还写了很多诗篇,可惜都被反动派毁灭掉了。1868年1月10日,赖文光就义于扬州。

由梁王张宗禹率领的西捻军,自从和东捻军分军后,由河南向陕西进攻,在西安近郊大败清军,进兵至咸阳、同州、醴泉、三原、泾阳、延安等处。西北回民军也从甘肃进入陕西,响应西捻军。清朝派左宗棠率湘军入陕。左宗棠确定了"先剿捻,后剿回"的反革命军事方针,梦想在渭河沿岸围歼西捻军。结果西捻军突围进入陕北,粉碎了左贼的诡计。

1867年底,西捻军破绥德州,忽得东捻军告急书,便星夜驰援,用"围魏救赵"之计,大军渡黄河,经山西,进入直隶,围攻天津。北京戒严。清政府急调左宗棠、李鸿章等带兵入援,并无耻地向英法侵略者求助。英国驻华海军提督都克斯亲带舰队从华中赶到天津。会合那里的英法海军,出动"助剿"。由原来在"常胜军"的英国人薄郎、美国人巴非等指挥的"天津洋枪队"也出动布防[3]。没有根据地作战的西捻军,在中外反革命大举进攻下,经过多次战斗胜利之后,终于在1868年8月和东捻军犯了同样的

---

[1] 参阅1958年2月3日《光明日报》所载拙作《东捻军失败与赖文光被俘事迹调查简记》。
[2] 《李鸿章奏稿》。
[3] 参阅《光明日报》1955年10月13日所载拙作《外国侵略者对捻党起义的武装干涉》。

"流寇主义"的错误,被困在山东徒骇河与黄河之间,遭遇了与东捻军同样的命运。

西捻军领袖张宗禹,善于指挥战争,常能出奇制胜,"备战有暇,手不释卷"[1]。西捻军败后,张宗禹不知下落。皖北人民都希望他没有死,若干年后,尚传说在涡阳城北的吴桥集出现,随即"踏月而去,莫知所往"[2],像见首不见尾的神龙一样。

捻军战争之所以失败,在客观上是因为没有工人阶级的领导,加上太平天国灭亡后,敌人势力强大,农民战争走向低潮时期;在主观上是犯了"流寇主义"的错误。毛主席说过:"历史上存在过许多流寇主义的农民战争,都没有成功。"[3]1864年全1868年的捻军战争,也证明了这个马克思主义的正确论断。

（原载《历史教学》1962 年第 12 期）

---

[1] 王大球:《张宗禹传》,载《史学工作通讯》1957 年第 3 期。

[2] 《张宗禹传》,载《史学工作通讯》1957 年第 3 期。

[3] 《毛泽东选集》第 2 卷,第 2 版,第 409 页。

从奕䜣出入军机看前后"清流"的悲剧

清末同治光绪之交,随着民族危机的加深与国内阶级矛盾的激化,从封建统治阶级内部分化出一群比较开明而不当权的人物,他们对外要求反抗列强蚕食,对内主张整饬纪纲,评议时政,毛举鹰击,时人目为"清流"。

在中法战争前夜,封建统治阶级内部的矛盾进一步激化,"清流"也繁衍而为前后二辈。前辈以高阳李鸿藻为魁,张之洞、张佩纶、陈宝琛、黄体芳皆其中之"杰"。后辈奉常熟翁同龢为主,盛昱、王仁堪是其骨干。前者多北人,号"北派";后者多南人,号"南派"。后辈踵前辈而起,而较前辈为激进。稍后又加入志锐、文廷式、黄绍箕、丁立钧等,张謇最晚。光绪帝亲政后,他们以拥帝相标榜,人们称之为"帝党",以别于当权的"后党"。中日战争而后,"帝党"与新兴的资产阶级改良派相结合,催生了戊戌维新运动。

中法战争时期是前"清流"与"后党"冲突的顶点;中日战争时期是后"清流"与"后党"斗争的高峰。在两次民族危机中,封建统治阶级的内部斗争集中表现在争夺中枢大权。奕䜣在中法战时被逐出军机而在中日战时再入军机,正是前后"清流"分别主演的两幕失败悲剧的标志。

中法战前,清朝内部的政治情况极为复杂。当权派与不当权的"清流"之间有矛盾。当权派的慈禧太后、醇王奕譞与军机首领恭王奕䜣正在钩心斗角，恭王引前"清流"以为声援，醇王则靠近后"清流"与相牵制。疆吏将帅之中，有湘、淮两系的矛盾。淮系内部有李鸿章与张树声、吴长庆之间的矛盾，张、吴拉拢"清流"，李鸿章虽和"清流"经常反唇相讥，但也与张佩纶信使频繁，颇有交往。

法国帝国主义进攻的炮声，震动了清朝内部这种盘根错节的政治关系，也迫使各派各方对和战作左右袒。于是顽固的醇王、失意的湘系军阀、反对李鸿章的淮军将领、南北异趣的前后"清流"，组成了一个不合节拍的"主战"合唱队。剩下洋务派的两个老伴——奕䜣和李鸿章，哼起"主和"的靡靡之音。

民族运动的浪涛把"主战派"送占上风，压沉了"主和"的调子，给枢廷以深刻的影响，迫使奕䜣邀请奕譞共主时局，采取"备战求和"的政策。

军机大臣之中，宝鋆和景廉是伴食中书，李鸿藻、翁同龢均负时誉。在恭、醇二王矛盾的隙缝里，前"清流"魁杓李鸿藻以袒恭的策略，逐步舒展自己的权力。前"清流"的智囊张佩纶也插进了总理各国事务衙门，预闻外交、军事，一时炙手可热。他与陈宝琛力保徐延旭、唐炯担任前方军事。在某些意义上说，中法战争初期的清政府是"恭、李政府"，也可以说是前"清流"政府。对法外交稍趋强硬，是与前"清流"的左右枢垣有关。

但是，前"清流"的这种蜃楼幻景是托足于摇摇欲坠的恭王的权力之上，一朝恭王下台，便化为乌有。在"备战求和"的矛盾政策下，以素不知兵之徐、唐指挥腐朽不堪的桂、滇军，势必遇敌即溃。徐、唐败，株连张、陈，次及恭、李。正中"后党"之计。当前"清流"在中枢指手画脚的时候,没有发觉在自己的脖子上已经套上了一条被"后党"勒死的绳索。

光绪九年九月,前"清流"垮台的预兆出现了。云南巡抚唐炯闻中法议和,从前线"贸然撤兵",法军乘机进攻,几致崩溃。一时舆论大哗。接近后"清流"的内阁学士洪钧上本参去唐炯的顶戴,并轰击唐的保人张佩纶[1]。比较敏感的张佩纶也知前线的胜败,关系自身命运。他叮咛徐、唐"谋出万全","为公为私,相倚为命"[2]。这种挣扎,并未生效。

光绪十年三月,徐、唐败绩的奏报到京,张佩纶成了言路指摘的对象,他函告李鸿章:

> 此间自徐、唐逮问后,言者纷纷。可庄之介弟旭庄遍诣其相识之人,力诋鄙人(其意以论者多咎振轩,而张、王之交方睦,故归狱鄙人,以为振轩解纷)。日来盛庶子、赵侍御均有封事,盛文并及香老,至今不下。[3]

当时,除"后党"外,谁都没料到盛昱的"严劾枢臣"一疏,竟成了"后党"制造政变的根据。有人为李鸿藻作传,记其大略:

> 当是时,恭亲王眷衰,太后方意向醇亲王。会广督张靖

---

[1] 参据洪钧与潘祖荫(原件藏王益知先生处)及张佩纶:《涧于集·书牍》三《复李肃毅师相》。

[2] 《涧于集·书牍》三《复唐鄂生中丞》。唐炯,字鄂生。

[3] 《涧于集·书牍》三《复李肃毅师相》。可庄,王仁堪字。旭庄,王仁东字。振轩,张树声字。香老,指张之洞,号香涛。

达公以事因王中书仁东求解于张侍讲，猝不得见，又意相牾也。中书草疏诣宗室庶子盛昱，愤欲弹侍讲。庶子窜易其草，遽以劾军机。由是军机自恭亲王皆得罪，而公坐镌级，时十年三月也。[1]

事发于三月十三日，张佩纶称之为"十三大波"：

> 十三大波，固上有积怒，实盛庶子一疏激成。庶子一疏，又王旭庄因袒振轩、诋鄙人激成。其疏以荐徐、唐为鄙人罪，以信鄙人为高阳罪，以任高阳为恭、宝罪，不过逞其骂坐之锋，而不知酿成燎原之焰。[2]

"后党"把自己打扮得异常漂亮。"懿旨"斥责奕䜣等"因循日甚，每于朝廷振作求治之意，谬执成见，不肯实力奉行……"[3]又借口"屡经言者论列"，实际仅盛昱一疏，其余是布置的疑兵[4]。新的军机大臣同日袍笏登场，包括因循保位的礼亲王世铎和满怀谬见的孙毓汶。翌日又宣示："军机处遇有紧要事件，着会同醇亲王奕譞商办。"[5]一个由"后党"直接控制的政府成立了。这幕手段拙劣的戏法，立即为观众所识破。于是就有被"后党"

---

[1] 陈毅：《李文正公家传》，见《青鹤》第 2 卷第 21 期。

[2] 《涧于集·书牍》三《复李肃毅师相》。

[3] 《光绪东华续录》，中华书局版，总 1675 页。

[4] 《涧于集·书牍》三《复李肃毅师相》云："余子均未劾枢臣，及上所布疑阵。"《翁文恭公日记》："十五日，……张子青来，始知前日五封事皆为法事，盛昱、赵尔巽、陈锦、延茂二件，惟盛昱痛斥枢廷之无状耳。"可相印证。

[5] 《光绪东华续录》，总 1677 页。

利用了一下的后"清流"中坚盛昱,挺身而出,上疏反对这样的改组政府,结果得到了"应毋庸议"的答复。"后党"并借此晓谕"在廷诸臣,自当仰体上意,毋得多渎"[1],堵塞了所有反对者的嘴巴。宫廷流传,慈禧太后对盛昱的第二疏非常恼怒,一时忘形,破口大骂,揭下了自己的遮羞布。有胡思敬的笔记为证:

> 甲申五大臣之同日退值也,或云醇亲王奕譞倾奕䜣,或云毓汶倾同龢,疑莫能明。后询思南程编修,乃知为盛昱所劾。闻盛昱上奏时,置酒意园,诸名士毕集,谓五臣且受申斥,不疑遽罢也。薄暮见谕旨,举座失色。继任者为世铎……盛昱复历诋之,谓不及旧政府远甚,太后怒曰:"盛昱利口覆邦,欲使官家不任一人。"裂奏抵地大骂。[2]

政变发生后,被人指目的张佩纶托病请假,等候谴责。结果毫无牵涉,慈禧太后反而催令速出,奕譞亦频送秋波,大出张佩纶意外。他惊喜交集,致函李鸿章说:

> 恭、李黜,徐、唐逮,而鄙人独中流容与,如绵之受弹愈起,岂非咄咄怪事哉![3]

他幻想联翩,以为太后对己特别宠眷,奕譞有意与奕䜣转圜,将借之为弭缝内隙的桥梁。以一身而系天下安危,这把自负多才

---

[1] 参阅《光绪东华续录》,总 1682 页及盛昱:《意园文略》卷二。
[2] 《国闻备乘》卷二《光绪朝政府》。
[3] 《涧于集·书牍》三《复李肃毅师相》。

的张佩纶吊在半空中荡漾起来。于是他四出活动，不惜向奕譞献媚，力图恢复恭、李的职位，甚至对"主和派"妥协，盼望得到李鸿章的支持。尽管张佩纶已发现"事皆内断，译署不过奉行文书"[1]，自己已有位无权。但他从未察觉"后党"在掌握枢垣之后，还有借刀杀人的一着。

当时，"后党"感到棘手的是对法和战两难。求和则为"主战派"反对；战败将为"主和论"者揶揄。因此故意重用前"清流"的几员大将，先后派陈宝琛、张佩纶、张之洞上前方，为自己挡一阵，就借法国侵略者的刀锋来诛灭他们，既为投降主义扫清道路，又叫他们代承战败之罪。以后除张之洞善于逢迎而苟全禄位外，余人均难幸免。陈宝琛以徐、唐事株连降调。张佩纶以马江战败遣戍。黄体芳也以弹劾李鸿章主和得罪[2]。随着恭、李下台，覆巢安有完卵，前"清流"扫地尽矣！

中法战后将十年，又爆发了中日之战。民族灾难空前严重，封建统治阶级内部的斗争也突出尖锐。这时站在"后党"对面的是以翁同龢为首的后"清流"，就是"帝党"。"后党"主和，"帝党"主战。战争的不断挫败，助长了"主和论"。"帝党"深知欲阻遏投降逆流，必须扭转战局；欲使战事得胜，当先更易将帅；欲黜陟统兵大员，首在掌握中枢。因而斗争的焦点是争夺军机处。

这时操纵枢垣的是"后党"孙毓汶、徐用仪。翁同龢、李鸿藻虽奉旨会议军务，但不得舒展。"帝党"急先锋志锐上疏劾孙、徐把持，遭太后白眼，还迫使皇帝对孙、徐慰劳。于是"帝党"力谋

[1] 《涧于集·书牍》三《复奎乐山中丞》。
[2] 以上详见陈懋复等：《先文忠公行述》、陈宝琛：《沧趣楼文存》卷下《张篑斋学士墓志铭》、《浙江通志·黄体芳传》。

使奕䜣东山再起,幻想依靠这个与太后有旧憾的"宗室勋望"来改组政府,抵制"后党",挽救时局。

奕䜣以投降外交起家,久长军机,好货好色,早已声名狼藉,十年退隐,忽为物望所归,僵尸还阳,岂非怪事。这是由于人们目击十年来的朝政日非,国步阽危,误解为因奕䜣的被逐出军机所致。把十年间由于外国资本主义侵略而使中国社会半殖民地化加深的复杂现象,单纯归结为甲申政变的后果,这当然是一种历史性的错觉,然而却成为当时士大夫们片面理解时局的共同结论,也就是"帝党"要求起用奕䜣和获得舆论支持的重要原因。

光绪二十年七月,中日开战未久,"帝党"长麟即发出起用奕䜣的呼声,未得"后党"反响。八月底,前线败讯频传,形势急不容缓,李文田等又联衔"请饬恭亲王销假"。翁同龢、李鸿藻也合词而请"派恭亲王差使"[1],为太后所坚拒。于是"帝党"发动内外臣工上书,对"后党"施加压力。其事甚秘,只有预闻内幕的侍讲学士陆宝忠在自编年谱中略露鳞爪:

> 自甲申更换枢臣,十年来专以恒舞酣歌为事,强邻虎视,主人翁熟寐不知。……中秋后警报叠来,予与冶秋入直后,互论国事,以为欲挽艰危,非亟召亲贤不可。顾以资浅言微,恐不足以动听,踌躇数日。八月二十七日清晨,至万善侧直庐,与曹竹铭同年、冶秋往复相酌,谋诸李若农前辈文田,若老忠义奋发,愿不避谴责,联衔入告。即与同志诸人到若老宅,由伊定稿,即日缮写,傍晚封口,明晨呈递。列

[1]《翁文恭公日记》三三册,第89—90页。

名者为李文田、陆宝忠、张百熙、张仁黼、曹鸿勋、高庆恩。二十八日入直，宝忠独蒙召对，所宣示者不敢缕记。临出，上谓吾今日掬心告汝，汝其好为之。退至直庐，即往谒徐荫翁。荫老约同志拟折，到者只数人。翰林科道皆有公折，翌日同上。又次日，上召诘问南、上两斋之未列名者令其补递。于是传知宗人府，令恭亲王预备召见。[1]

这事由光绪帝亲自布置，"帝党"谋士文廷式、张謇等四出奔走，已经乞休的盛昱也参与策划[2]，利用舆论，迫使太后起用奕䜣。太后已看透奕䜣无大作为，便顺风转舵，表示同意。

奕䜣起用之日，"帝党"大快，谁知正是他们扫兴的开始。以后文廷式曾感慨地说：

> 恭邸起用之后，惟设督办军务处，授宋庆帮办军务，余无所建白。……上始向之殷，久之乃竟不足恃，天下之望亦愈孤。[3]

事隔十年，情变势移。原来奕䜣被"后党"指摘的"因循"，这时却为"后党"所欢迎。中法战时，奕䜣以"因循"下台，中日战时，却以"因循"上台，真是翻云覆雨，颠倒无常。这绝不是历

---

[1]《陆文慎公年谱》卷上。冶秋，张百熙字。徐荫翁，指徐桐，号荫轩。《为陆学士奏劾枢臣贻误军机请召用亲贤疏》，见周家禄：《寿恺堂集》卷二十二。可参证。周时客陆幕。

[2] 叶昌炽：《缘督庐日记钞》及《张謇日记》。

[3]《闻尘偶记》。

史的恶作剧,而是反映清朝封建统治的日益腐朽。奕䜣上台以后,在对日投降的道路上和西太后、李鸿章同流合污,这是他对"帝党"的主要答复,也是他的阶级本能的暴露。接着奕䜣的权位日隆,而他坐视"帝党"的倾跌不救。

光绪二十年十月,奕䜣奉"懿旨"督办军务。同月,"懿旨"降瑾妃、珍妃为贵人。十一月,奕䜣奉"懿旨"补授军机大臣,重入枢垣。是月,出志锐为乌里雅苏台参赞大臣[1]。以后《马关签约》,割地赔款,举国哗然,光绪帝与翁同龢相对唏嘘,而奕䜣因循自若。

前"清流"以依赖奕䜣而败,后"清流"在不同情况下蹈其覆辙,事非偶然,是由他们的社会地位所决定的。"清流"是地主阶级中的不当权派。他们既反对当权派,却又依赖当权派。他们脱离群众,无拳无勇,总想依靠当权派中的某些人去反对另一些人,把自己的地位架在当权派内部的矛盾之上。当权派内部的利害关系发生变化,"清流"便在高空失足。前一辈已经从奕䜣与慈禧太后的矛盾上跌下丧命;而后一辈还力竭汗喘地企图爬上去,以致也断筋折骨,症状不同,病源则一。争夺政权既告失败,主战也成虚声,以故前后"清流"终于先后成了中法、中日战争中"后党"投降路线的点缀品。

(原载《光明日报》1963 年 5 月 22 日)

---

[1] 孙雄:《旧京文存》卷八《裴建诚同年汝钦詹詹言序》云:"予又闻杨子勤前辈钟羲言,光绪甲午年,景庙欲以北门锁钥付之文贞,倚治兵事,东朝弗善也,出之乌里雅苏台。"志锐谥文贞。杨钟羲,盛昱表弟,熟悉当时朝政。

戊戌变法时期维新派和
"帝党"对帝国主义的幻想

——以亚细亚协会的活动为例

中口甲午战后,中国面临被瓜割的危机,列强在中国的争霸异常激烈。"三国干涉还辽"时,俄、德、法结成一伙,英、日结成一伙,展开竞争。《中俄密约》的签订,德国强租胶州,俄租旅大,法租广州湾,俄德法集团(实际主要是俄法集团)与中国的民族矛盾比较突出。英国虽然也强租威海卫,且在南方跃跃欲动,但表面似为抵制俄、德、法三国而起。至于日本虽因甲午战争的损伤未复,国力不足与西方列强相抗,但在对华侵略方面,也正在布局谋划,伺机而动。

当时的清政府内部,主要有三派势力:顽固派即后党,是封建统治阶级中的腐朽集团,是中央的当权派。洋务派,带有显著的买办性格,自从李鸿章的势力宣告破产后,刘坤一、张之洞为其主要代表,是长江流域的地方当权派。帝党,是封建统治阶级中的不当权派,他们要求反抗帝国主义的进攻,与后党争权。中日战后,帝党逐渐与新兴的资产阶级改良主义势力相结合,掀起了变法运动。

在对外关系上,后党与洋务派督抚都是卖国的老手,因南北地位不同,后党亲俄,刘、张则依附英、日。帝党与资产阶级改良派虽然要求民族独立,但是他们都脱离广大人民,都害怕帝国主义的"船坚炮利"。因而总想走"以夷制夷"之路。在当时来说,他们幻想联合英、日,以抗俄、法。尽管英国曾经发动过侵略中国的两次鸦片战争,中日甲午战争的血迹也尚未干,而帝党与资产阶级改良派则都已淡忘了这两个强盗的狰狞面目,幻想和他们握手言欢。幻想依靠英、日的武力,来招架俄、德、法三国的刀锋,并抵制后党,实现变法,使中国富强。结果是钻进了英、日帝国主义的圈套。

帝国主义列强是一丘之貉。对内压榨劳动人民,对外侵略弱小国家,这是帝国主义的本性。他们对中国时而行使暴力,时而伪装"和平",二者相互配合,目的是使中国变为他们的殖民地。至于说什么"支持"中国独立,"帮助"中国富强,这都是他们的谎言。谁相信他们,准会吃他们的苦头。历史的教训犹新,当日本对中国气势汹汹时,俄、德、法集团曾经以"维持"中国独立的"公正"姿态出现,"忠告"日本,放弃辽东。然而曾几何时,三国都以暴力租占了中国的领土。两个帝国主义集团的对华策略,似乎是轮换的,当俄、德、法集团对中国咄咄逼人的时候,日本却向中国的士大夫伸出了"友好"之手。

上海的亚细亚协会分会就是戊戌变法时期,国际帝国主义在华角逐中的产物,也是日本的侵华政策和中国士大夫们对日本帝国主义的幻想交感的结晶。

早在光绪二十三年(1897),有一个帝党官僚在芜湖和日本官员"联欢",他不顾日本帝国主义与半殖民地中国对立的事实,大谈什么"同文之邦,唇齿相依"等给日本涂脂抹粉的大道理,劝说日本"能弃仇修好，并力捍俄"，以"支持东方大局"。这些话正中日本的诡计，与会的日本文武官"连首肯以为实然"[1]。这个中国官员立即向帝党首脑翁同龢报告，盼望得到他的支持。

中国官方的这种动态，不久即得日本的反应。就在这年的冬天，正当德国强占胶州，英、日合唱"保护"东方商务，长江沿岸密云不雨的时候，日本参谋本部派遣陆军中佐神尾光臣携带助手宇都宫太郎，借名"游历"先到天津，旋往上海，嘱上海道蔡钧知会张之洞，要求到鄂会晤。来意叵测，引起张之洞的犹疑顾虑。但是这两个日本间谍一到武昌，与江汉关道等晤谈之后，顿使张之洞化忧为喜，对日本的"盛意"嗟讶不已。神尾光臣自称奉"其国陆军二等提督川上操六"之命，首先表示："前年之战，彼此俱误。今日西洋白人日炽，中东日危，中东系同种同文同教之国，深愿与中国联络。"宇都宫太郎接着补充"倭已与英联盟，倭顾助中，助有三法：一、用兵船，倭船足能敌俄、德现派来之船，但恐续到船多；一、用口说劝解，但恐不听；一、联英以助中，惟第三法尚易行"云云。这些鬼话使张之洞大为心折，他断言："大抵倭见俄日强，德日横，法将踵起，英亦效尤，海口尽占，中国固危，倭四面皆受强邻之逼，彼亦危矣。故今日急欲联英、联中，以抗俄、德，而图自保。彼既愿助，我落得用之。盖倭不能抗俄、德，英水师则能之。联倭者所以为联英之枢纽也。倭肯出力劝英与我联，则英不能非理要求，而我可借英之援助矣。我不与倭联，则彼将附英以窥长江矣。

---

[1]《袁昶日记》丁酉年，第57页，《上协揆虞山公书》（北京图书馆藏抄本）。袁时任芜湖关道。虞山指翁同龢。

倭人此举,利害甚明,于我似甚有益。"[1]说也奇怪,张之洞的这种心理,似乎被宇都宫太郎所窥破,他立即再见张之洞,密告:"伊此来实系奉其内旨而来,密商联交之事……力谏联英之利,不联英之害。"张之洞美之为"语又切实","颇有办法"[2]云云。说也奇怪,与此同时,有一个在上海的英国军官,也向刘坤一的部下表示"中国急图联英救危,英必乐从"[3]云云。一唱一和,非常合拍,使刘、张等人相信从今可得强大的英国的"保护",再加上一个日本"帮忙",长江流域的官僚们可以高枕无忧。张之洞抱着这种幻想急忙要求清廷实行联合英、日的政策,但后党这时的主要倾向是联俄,所以借口"连横为患"[4]拒绝了张之洞的建议。这事不仅为刘、张等洋务派官僚引为遗憾,帝党官僚陈宝箴、改良派领袖康有为等也认为可惜。康有为旋为御史杨深秀、陈其璋草疏再请联英、日,居然认为"英真救人之国",日本"与我唇齿",与俄、德有"还辽"之恨,"其来请联助,乃真情也"。康有为也震眩于"英海军甲地球",以为"若联英、日,则东西南三面如环珙,皆可晏然"[5]。这些愚蠢之见,当然徒被反对派后党所讪笑,而成为泡影;

---

[1]《张文襄公全集》卷七十九,光绪二十三年十二月初十日巳刻《致总署》。

[2]《张文襄公全集》卷七十九,光绪二十三年十二月初十日亥刻《致总署》。

[3]《张文襄公全集》卷一百五十四《致上海沈道台敦和》。又见盛宣怀《愚斋存稿》卷二十九,第27页,《岘帅来电》。刘坤一,字岘庄。

[4]《张文襄公全集》,光绪二十三年十二月二十日酉刻《致总署》,盛宣怀于十一月二十九日《寄岘帅》电云:"内廷信俄,则联英无望。"(《愚斋存稿》卷二十九,第27页)

[5]《康南海自编年谱》。

但是却告诉了日本帝国主义，即神尾光臣和张之洞的勾搭虽然没有结果，而在帝党和资产阶级改良派中，还可以进行阴谋欺骗活动。于是日本政府便指使驻沪领事小田切出面，利用原有的亚细亚协会组织，在中国的地主和资产阶级的"名流"中进行活动。

亚细亚协会本名兴亚会，由著名的侵略分子花房义质等发起，成立于1880年，以"同洲兴亚"为标榜。口蜜腹剑，实际是侵略中国的工具。小田切万寿之助是这会的骨干之一[1]。

光绪二十四年（1898）三月，小田切着手拉拢中国士人在上海组织亚细亚协会分会。他首先找到了帝党的在野政客文廷式，由文出头奔走，拉上了何嗣焜、郑孝胥、郑观应为协会发起人。何嗣焜与郑孝胥都是太常寺卿盛宣怀的机要幕僚。盛能左右刘、张，何、郑又能左右盛，颇具神通。郑观应是老牌的资产阶级改良主义者，于绅商中稍有声誉。其中郑孝胥曾充驻日公使黎庶昌的随员，与协会早有瓜葛，亲日思想特别浓厚。就在是年正月，他向何嗣焜大放厥词：

> 今中国事急，我辈匹夫虽怀济世之具，势不得展，固也。有机会于此，日本方欲联中国以自壮，如令孝胥游于日本，岁资以数千金，恣使交结豪酋及国中文人，不过年余，当可倾动数万人，下能辅中原之民会，上可助朝廷之交涉。脱诸戎肆毒于华夏，则借日人之力以鼓各省之气。兴中国，强亚洲，庶几可为也。[2]

---

[1] 东亚同文会编：《对华回忆录》。

[2] 郑孝胥光绪二十四年正月三十日日记（中国历史博物馆藏稿本）。脱，倘也，一语之转。

如果实行他的方案,就使日本成为亚洲的霸主,使中国成为日本的附庸,这和日本帝国主义所宣扬的"同洲兴亚"的目的不谋而合。可见小田切之所以物色这些人充当协会的发起者,是有种种因缘的。

上海的亚细亚协会成立于是年闰三月初七日,假郑观应寓所举行,由文廷式等四人主席。与会的日人是小田切及其翻译官,还有三井、三菱两个洋行的总办。华人之中,有帝党"名流"志钧、张謇……资产阶级改良主义者汪康年……富商严信厚等二十余人。经过小田切的一番甜言蜜语之后,到会者除个别华人将信将疑外,余均载歌载舞。当时的《大公报》像痴人说梦一样,宣称:"是会也,联中日之欢,叙同文之雅,诚亚洲第一盛事,兴起之转机也。"[1]

该会成立后先举议员二十四人,假郑观应上海寓所,每逢月朔会议。小田切自任会长,郑观应为副会长,入会官商"名流"百余人[2]。《郑孝胥日记》提供了协会活动的概况:

> 四月初五日,郑陶斋(郑观应别号——引者)来,言以明日公燕日本清浦、松平及盛京卿,准以十二点齐集张园。[3]
>
> 初六日,诣张园,集者二十余人。客有松平、清浦、稻垣

---

[1] 《湘报》第六十九号转载《大公报·兴亚大会集议记》。

[2] 郑观应:《盛世危言》后编卷二。

[3] 《张謇日记》:"闰三月十日,道希(文廷式字——引者)复置酒,闻日廷又遣其大臣来沪,图兴协会。"《盛世危言》后编卷二云:"日本总会长过沪,同人公燕于张园。"均可参证。

（日本派至暹罗公使）、盛京卿四人。

十三日，郑陶斋来，议协会章程。

十四日，拟协会大旨六条，送与郑陶斋。小田切来。

廿八日，晚赴亚细亚协会第一集，小田切未至，来者船津、永井二日人。

五月十三日，晚应郑陶斋之约于广福里，协会中欲举予为编报监督，予固辞，且言除编报员十人外，可不设监督。

中国的士大夫们如此兴高采烈，难道真的如日本帝国主义自己所宣扬的，它已懊悔不该发动侵略中国的战争，从今愿与中国"亲睦"了吗？难道日本帝国主义的本性已经变了吗？不，绝不是这样的。就在拟订协会大旨的时候，中日会员之间发生争论，中国会员要求规定："本会或遇同洲有失和之事，在会中人皆宜极力排解，使归亲睦。"小田切顾虑这一条束缚了日本侵华的手脚，主张删去，引起中国会员的反对，最后采取折中办法，注其下云："日本会员有不欲存此条者。"[1]实际是片面取消了这条的内容。请看这是"亲睦"的表示吗？就在上海的亚细亚协会分会成立不久，湖北沙市发生人民暴动，烧掉了日本的领事馆，这是日本帝国主义侵略中国所引起的怒火。口口声声表示悔不当初进攻中国的日本政府，顿时又和中国翻脸，日本驻华公使矢野立即向清政府提出五条要求，"惩凶"和"赔偿损失"之外，还企图在岳州、福州等地增辟租界。气势汹汹，刻不容缓。请看这是又一次"亲睦"的表示吗？这时张之洞对小田切抱有无限幻想，以为他"明白大

---

[1] 郑孝胥光绪二十四年闰三月十八日日记。

局"[1]，希望由他代表日本与张之洞谈判解决此案。谁知这个以"风雨同舟"为名，手创上海亚细亚协会分会的人，竟然和日本其他外交官吏一样，坚持了日本帝国主义的侵略要求。小田切也自知狐狸尾巴已露，特饰词"传闻者过"，"于中国无所损"[2]，以欺骗中国的会员。但已欲盖弥彰，枉费心机了。

日本在上海组织亚细亚协会的目的，究竟是什么呢？据小田切向郑观应透露，是为"帮助"中国变法，并建议中国聘请外国"退位之文部、户部尚书"，令"参知政事"，"振兴工商诸务"[3]。不久，郑孝胥与张之洞议论时局，即"劝俟伊藤博文来华，可荐为客卿"[4]。又不久，改良派即调郑入京，授官总理各国事务衙门章京，令接待伊藤。改良派打算聘伊藤为变法顾问。中国人民对伊藤博文是不陌生的。甲午战时他是日本的首相，《马关条约》即出于其手。他是侵略中国的重要凶犯。事隔数年，忽然对中国的变法运动热心起来，不是为了别的，而是企图使这个运动变质，走上为日本帝国主义所利用的歧途。上海亚细亚协会分会的成立，就是为伊藤的来华，起敲锣打鼓的作用。伊藤到达北京后几天，后党发动政变，他讨了一场没趣，废然而返。亚细亚协会所联系的帝党和资产阶级改良派中人，都因后党的缇骑四出而立栗畏惧，或逃或匿，不敢活动。上海的俄、法领事，又对协会"颇生疑忌"[5]。

[1] 《张文襄公全集》卷一百五十五，光绪二十四年四月十三日未刻《致总署》。
[2] 郑孝胥光绪二十四年六月初六日"日记"。
[3] 郑观应：《罗浮待鹤山人诗草》"赠日本驻沪小田切总领事论时事歌"小序。
[4] 郑孝胥光绪二十四年六月二十六日"日记"。
[5] 《盛世危言》后编卷二。

协会也就此停止活动。

戊戌变法时期日本亚细亚协会的侵华片段，教育了反对帝国主义的人们。这段历史说明，帝国主义的侵略本性是不变的，它们除了有暴力的一手外，还有假"和平"、装"亲善"的一手。如果对它们的"和平"与"亲善"，信以为真，就必然上当，为所愚弄，吃帝国主义的苦头。好结果是没有的。

（原载《光明日报》1963 年 7 月 13 日）

对"帝党"在义和团运动时期活动的剖析

1900 年的义和团运动,给了当时地主、资产阶级的各个政治集团以一次无情的检验,检验它们对待农民反帝爱国斗争的态度。这时,封建统治阶级内部有三派势力:掌握中央政权的是顽固的"后党";盘踞长江流域及东南沿海的是带有买办性格的洋务派,以两广总督李鸿章、两江总督刘坤一、湖广总督张之洞为代表;倾向维新的"帝党"是不当权派,从中日战争以后,其中有些人正向资产阶级转化,但从政治思想上说,基本上还是一群封建士大夫。对待义和团运动,三派的表现不同,而敌视则一。

"后党"行使反革命的两面手法:一面利用义和团"排外",对英、日等国的"袒护"中国维新运动泄愤;一面暗中向帝国主义求饶,为投降留下余地。八国联军进入北京后,后党就公开出卖义和团运动。

洋务派对帝国主义一边倒,他们不顾皇帝的"宣战诏书",公然与列强协议"东南互保",实行"两不相扰"。以后又串通后党,签订《辛丑和约》,大量出卖民族主权。

"后党"与洋务派一贯卖国,它们破坏义和团运动,并非怪事。乍看起来,令人诧异的是曾经在中日战争时主战、战后赞成维新、以"开明"著称的帝党,这时突然抛弃了"主战"的口号,堕落成为洋务派的仆从,参与"东南互保"的密谋。以后又与后党

"弃嫌就好"，策划"新政"的骗局。

一

清代末叶的帝、后党争，是封建统治阶级内部不当权派反对当权派的斗争，争论主要集中在对外问题上，帝、后之争也就往往转化而为"主战派"与"主和派"之争。

"帝党"不满意后党的苟安妥协，要求反抗外国的进攻。在民族危机日益深重的岁月里，帝党的这种主张，在客观上符合于人民反帝斗争的利益。不容否认，在中日战争中，帝党反对后党投降路线的斗争，具有一定的积极意义。

但是，"帝党"毕竟是封建地主阶级的一个政治集团，他们和广大人民处于对立的地位。"帝党"和"后党"、洋务派一样，对人民的反帝斗争怀着敌意。因为人民的斗争并不仅打击了帝国主义，必然同时触犯地主阶级各派的利益。

"帝党"还对人民的反帝斗争抱着鄙视态度。他们把帝国主义的船坚炮利高估为决定胜负的因素，而把广大人民的反帝斗争歪曲为"乱匪""肇事"，将为"国家""宗社"招揽灾祸。

以上这些，又说明了"帝党"的"主战"是有限度的。在人民的反帝斗争尚未大规模起来时，他们能够高喊抵抗外国侵略的口号；但一当人民的反帝怒潮到来，"帝党"便从清朝统治及自身的"安全"出发，宁愿充当当权派的仆从，向帝国主义妥协，共同反对人民的反帝爱国运动。

从中日战争以来的帝、后党争给当时的历史散布了烟雾。似乎是"帝党"的反对义和团，主要因为后党利用了义和团。事实真是这样吗？"帝党"从中日战后，与资产阶级维新派联合发起戊戌变法运动。随着变法的失败，"帝党"与维新派同受后党的打击。在帝、后新旧之争的激剧过程中，插进了帝国主义的魔爪，俄国支持后党；英、日与俄国争霸，故意"祖护"帝党与维新派。西太后一贯出卖民族利益，割地赔款，在所不计，但一当英、日等国阻挠"废立"，干涉她的"家务"，触及她的统治大权时，便冲动起来，进行"排外"。光绪二十六年五月（1900 年 6 月）"后党"对外宣战，主要是受义和团的压力，也有本身"排外"的要求。于是两派对外和战问题所持的态度，也便倒转过来，出现"后党"主战，"帝党"主和的离奇局面。等到"后党"原形暴露，公开出卖义和团时，两派便站在一边，合演反人民的丑剧。"帝党"在义和团运动时期的堕落，只能从它的阶级性格和当时的历史条件得到解释。

二

1. 充当洋务派的仆从，参预"东南互保"的密谋

"帝党"从戊戌变法失败后，多数遭到贬斥，暂时不可能和后党接近，于是依附洋务派，来表达他们反对义和团的主张。

洋务派之中，以长江流域的刘、张二督与"帝党"的关系较密。这是因为："帝党"人物多数是东南各省地主、商人的头面，他们需要托庇于刘、张，刘、张也需要他们的支持；在对外态度上，"帝党"和刘、张都亲近英、日；又共同反对义和团运动。

刘坤一久任封圻，富有反革命经验。他反对封建统治阶级内部分裂，力主帝后"慈孝相孚"，消弭党争。他反对维新，但"祖护"帝党。戊戌、已亥两次上疏反对"废立"，虽受英、日影响，也是刘坤一对帝后党争的一贯态度。所以他为帝党所亲。

张之洞以"清流"起家，和"帝党"颇多瓜葛。他又善于左右逢迎，戊戌政变之后，既向后党献媚，也不与"帝党"割席。

在义和团运动前夜，不少"帝党"人物以幕宾和僚属的身份包围在刘、张的左右。

张謇一手主持江宁文正书院，一手经营通州大生纱厂，很得刘坤一的宠信。陈三立侨寓江宁，出入刘幕。江督僚吏之中，道员沈瑜庆与"帝党"首脑翁同龢最亲，蒯光典以面斥后党大臣刚毅著名。与翁同龢为姻娅的常州豪绅恽祖祁，也为刘坤一所倚任。

"帝党"名流黄绍箕、沈曾植都是张之洞的僚友。张的主要谋士郑孝胥和"帝党"极密。

另一个洋务派官僚盛宣怀，时以督办铁路公司驻沪，与帝国主义列强均有勾结，一手操纵外交、商务。他的机要幕僚何嗣焜是张謇的密友。经营苏纶纱厂的翁门亲信费念慈，也在盛的脚下盘旋。

"帝党"和刘、张等洋务派官僚的关系如此纠结，等到义和团运动爆发，刘、张高喊"剿团"，"帝党"也害怕东南人民响应，危及自己安全的时候，便纷纷奔走于上海、南京、武昌之间，成为刘、张二督的入幕之宾，参与"东南互保"的密谋。

"东南互保"的发踪指使者是帝国主义，传递帝国主义意旨的是盛宣怀，出面与帝国主义"协议"的是刘、张二督，助刘决策者之一就是帝党要角张謇。他的"日记"虽很简略，但留下了不少重要线索，从中可以发现当时的某些真相。例如：

五月廿九日,蔼苍来,议保卫东南事,嘱理卿致此意。

蔼苍即沈瑜庆,时督办上海吴淞清丈工程局[1]。他这次从沪到宁,乃受盛宣怀的嘱托,劝刘坤一定计与各国"互保"。就在前一天,盛宣怀接清廷令各省"招拳民、御外侮"的电诏后,立即致电刘、张,力劝"须趁未奉旨之先",与各国定(已经酝酿多日的)"互保"之约[2]。当时刘坤一处于"朝廷"与"洋人"之间,左右为难,犹豫未决。盛急不可待,遂嘱沈星夜到宁,"再为陈说"[3]。沈找到了张謇,又通过刘的亲信幕僚施炳燮(理卿),一起助刘决策。张謇给刘坤一解除了一个心头疙瘩,他认为与各国实行"互保",不是违抗朝廷,而是维护朝廷。"刘蹶然曰:'吾决矣。'告某客曰:'头是姓刘物。'即定议。"[4]

"东南互保"的主要措施是压制东南人民响应义和团运动。当时长江沿岸的会党跃跃欲试,张謇急向刘坤一献计,招降盐枭头目徐老虎,以分化会党的力量。刘坤一便以"赦罪""赏官""收其徒使效用"三条件,收编徐的部众为"新胜营"[5]充当自己的鹰犬,专门破坏会党起义。为了加强镇压人民的兵力,张謇、恽祖祁都督促本籍官绅举办"团防"。

当张謇等人在刘坤一左右策划"东南互保"时,黄绍箕、沈曾

[1] 沈成式:《沈敬裕公年谱》。
[2] 《愚斋存稿》卷三十六。
[3] 赵凤昌:《庚子拳祸东南互保之纪实》。
[4] 《啬翁自订年谱》。"某客"指反对"东南互保"之江督幕客。刘自指其头云云,言如因此受清廷"严谴",愿以一身任之。又见章钰:《四当斋集》。
[5] 汤殿三:《国朝遗事纪闻》。

植也在张之洞的幕内，预闻这一卖国的勾当。有郑孝胥的日记[1]可证：

> 五月廿一日，南皮（张之洞）邀饭，座有子培（沈曾植）、星海（梁鼎芬）、仲弢（黄绍箕）。是日，英领事见南皮，询何部署？南皮以"保商务、靖内乱"自任。

据盛宣怀事后告人，这次张之洞的犹豫甚于刘坤一，助张决策的主要人便是沈曾植[2]。

必须指出，如果没有"帝党"分子的怂恿，刘、张等洋务派督抚还是会演出"东南互保"丑剧的；不过帝党分子的幕内策划，确起了促成的作用。帝党为什么这样自甘堕落，参与这一卖国勾当呢？归根到底，是因为他们敌视农民的反帝爱国斗争。

2．幻想依靠洋务派"复辟"，反对自立军起义

"东南互保"不过是内外反动派破坏义和团运动的初步，进一步还需全面"议和"，绞杀义和团运动。对"东南互保"的这种前景，帝党和资产阶级维新派都误会是"复辟"的良机。两派都把反对义和团运动与"复辟"连缀起来，他们幼稚地设想，西太后利用义和团"排外"，已经闯下了这场"滔天大祸"，再也不能继续统治中国，取而代之出面与列强"议和"的当然是光绪皇帝。一朝皇帝"亲政"，对内"剿拳"，对外"议和"，帝党便可以东山再起，维新派的"海外孤臣"也可以重游"魏阙"了。怎样使光绪皇

---

[1] 文中所引《郑孝胥日记》系据中国历史博物馆藏原稿。

[2] 王蘧常：《沈寐叟年谱》。

帝早脱后党的牢笼? 两派走着不同的道路: 帝党幻想依靠洋务派的武力,维新派则组织会党暴动。

就在"东南互保"定议的后一天,张謇和陈三立在南京密议"迎銮南下"[1]。他们纸上谈兵,准备鼓动江、鄂二督,派遣帝党或接近帝党的人,带兵北上,把帝后接到江南。届时皇帝"亲政",帝党袍笏登朝,"议和剿团",当然都不成问题了。内幕流传,据说刘坤一颇为所动,但张之洞不肯轻举妄动,后被李鸿章所悉,他大为讪笑,教训帝党分子道:"太后决不肯轻易南下,你们的美梦是不可能实现的。"[2]当时刘、张虽都亲英、日,但张善观风色,故对"复辟"之举,刘首肯而张狐疑。李本亲俄,昵于后党,且知太后"恃俄",必不肯"易西而南",走入英、日的势力范围,落入帝党之手。"东南三大帅"同床异梦,"迎銮南下"遂成泡影。

前策不成,"帝党"又把"复辟"的希望寄托在李鸿章、袁世凯的带兵北上。李、袁本来都是帝党的政敌,这时因为他们反对义和团比较出力,大受帝党欢迎。张謇为此赶到上海,与何嗣焜、沈瑜庆等一再密商,随即写信给刘坤一,劝他乘李鸿章"内召"之际,纠合东南督抚公推李"统兵亟北,内卫外戢"。又与沈曾植等计议派沈瑜庆和帝党急先锋吴保初随李北行。张謇等盼望李鸿章能亲提一军,攻打义和团与端、刚等顽固势力,清君之侧[3]。吴保初直接向李鸿章提出了这个主意。他又写信给袁世凯,鼓动袁

---

[1]《啬翁自订年谱》。《张謇日记》:五月三十日,"与伯严议易西而南事,江以杜云秋(俞)为营务处,鄂以郑苏堪(孝胥)为营务处,北上"。伯严即陈三立。

[2] 刘厚生:《张謇传记》。

[3]《张季子九录·政闻录》卷一《与刘督部书》。

从山东提兵"勤王"，"复辟"的要求更为露骨：

> 今日急务，首在勤王，速诛君侧之小人，复皇上之大位，还我圣君，速行新政，或有重睹天日之一日。[1]

洋务派是仰承帝国主义的鼻息行事的。尽管帝国主义之间矛盾重重，有的勾结后党，有的故意"袒护"帝党；然而它们都是志在奴役中国，所以宁愿支持极端腐朽的后党统治中国，决不真心支持稍图振作的帝党。尽管西太后一时冲动，"开罪"列强，有些国家吆喝她"归政"；但一当她拭涕"认罪"，下诏"剿拳"，愿意大量出卖民族主权时，列强又转怒为喜，继续维持后党的政权。帝国主义最终无意推翻"后党"，洋务派当然不会支持帝党"复辟"。即使一度受英国和"帝党"影响而心动的刘坤一，以后还是反复"母慈子孝"的老调，向西太后献媚。"帝党"企图依靠洋务派的实力，使皇帝"亲政"的计划，终归幻灭。等到绞杀义和团的目的已达，最后连"帝党"自己也不再坚持"复辟"的要求了。

以康、梁为首的资产阶级维新派和"帝党"一样，反对义和团，赞成"东南互保"，企图"复辟"。但是，由于社会地位不同，他们向来比"帝党"稍为激进。这时，他们又处于"非法"的地位，不能和"帝党"一样公开活动，在洋务派官僚之间穿针引线。维新派与后党的裂痕也比较深刻。他们准备组织会党暴动，"助外人剿团匪以救上"。尽管维新派谆谆告诫沿江会党"不可伤害洋

---

[1]《北山楼集·与东抚书》。袁世凯时为山东巡抚。

人"[1]，大为"东南互保"卖力；然而会党暴动总是有碍"东南大局"，给人民的反帝斗争造成时机。所以不仅为帝国主义、洋务派所不许，也为帝党所反对。

"帝党"对付维新派的手段相当狠毒。张謇献计招降与维新派有联系的青、红帮大头目徐老虎，主要是为防止东南人民响应义和团，同时也破坏了自立军起义。徐老虎曾以"两江两湖兵马大元帅"的名义，宣言北上讨伐后党，长江下游官绅为之谈虎色变。自被刘坤一招降之后，不仅分化了自立军的力量，而且刘坤一即利用他做引线，搜捕与维新派有关系的会党中人，并进攻大通自立军。徐老虎的双手沾满了"维新志士"的鲜血。以后唐才常在汉口被捕，一说是因"帝党"在野政客文廷式的告密[2]。

"帝党"为什么要破坏自立军起义呢？《张謇日记》说得很明白，他诅咒唐才常"以会匪之为，行复辟之事"。正说明帝党反对维新派组织会党暴动。因为会党暴动，将促成义和团运动在东南的蔓延。

从反对农民反帝爱国斗争出发，"帝党"把原来的政敌李鸿章、袁世凯引为朋友，把原来的朋友维新派当作敌人。正表明"帝党"的堕落，已经将近与"后党"同流合污的地步了。

3. 与后党"弃嫌就好"，策划"新政"骗局

"帝党"反对"后党"的斗争，是以维护清朝的封建统治和自身的利益为前提的。他们在中日战争时期主"战"，在戊戌变法时期赞成维新，在义和团运动时期主"和"，都服从于这个前提。

---

[1] 《平等阁笔记》卷四。
[2] 范文澜：《中国近代史》。

"后党"从维持本集团的腐朽统治出发，在中日战时主"和"，以后反对戊戌变法，又利用义和团"排外"，一贯站在"帝党"的反面。这种封建统治阶级的内部斗争是发生于民族矛盾、阶级矛盾的基础之上，它的发展变化是受这两个矛盾的发展变化所制约着的。在义和团运动前期，"帝党"反对"后党"，虽有旧憾，但主要是因为"后党"利用义和团"排外"。在他们看来，义和团运动将危及清朝与"帝党"的"安全"。"帝党"的参与"东南互保"、企图"复辟"，都和"后党"有极大分歧，归根到底，主要还是从反对农民反帝爱国斗争出发的。到了义和团运动后期，八国联军进入北京，后党公开出卖义和团以后，局势发生变化：一方面，帝国主义与国内封建主义之间一度紧张的关系缓和下来，内外勾结，共同绞杀义和团运动；一方面，中国人民（主要是广大农民）与国内封建统治的矛盾尖锐起来，人民斗争的锋芒，不仅指向帝国主义，同时指向清政府，正在酝酿"扫清灭洋"的起义。面对这种时局，帝党"愸焉忧清之将复"[1]，他们凄凄惶惶，再也不是搞"复辟"，而是千方百计地帮助后党稳定清朝的统治，收拾残破山河，谋求自身的"安全"。"后党"也抛弃了"废立"的阴谋，而强调"母子一心"，以掩盖帝、后的裂痕。于是在演出反对义和团大合唱的同时，两派"弃嫌就好"，共同布置"新政"的骗局。

　　"后党"是真打算维新，谋求中国富强吗？不是的，"后党"走在投靠帝国主义、绞杀农民爱国运动的亡国道路上，绝无使中国富强的愿望，只是企图把"新政"作为自己腐朽统治的遮羞布。在光绪二十六年十二月初十日的"变法上谕"里，"后党"首先斥

---

[1]《张季子九录·文录》卷十四《余府君墓志铭》。

责康有为的变法是"乱法";接着提出"中国之弱,在于习气太深、文法太密、庸俗之吏多、豪杰之士少",没有半句触及自己的腐朽统治,没有半点要求资产阶级民主的气息,这种"变法",明眼人一望而知是虚伪的。自诩为"有识之士"的帝党"名流",居然为这道"上谕"喝彩,居然为"条议新政"而忙碌起来。

光绪二十七年春间,张謇偕沈曾植、汤寿潜应刘坤一之邀跑到南京,起草"变法平议"。是年夏天,张、沈又应张之洞之邀跑到武昌,与黄绍箕等大谈"新政",张謇盛赞张之洞"容纳之量,为不可及"[1]。推阐"变法平议"之意,刘、张会奏了"育才兴学""整顿中法""采用西法"等二十七条。"帝党"对"后党"非常迁就,所拟"新政",一不"请上亲政",二不抄袭康、梁[2]。"帝党"此举既为西太后"拭涕"[3],也夹带了一些适应张謇等人依靠封建政权发展资本主义企业的要求。

在戊戌变法时期,"帝党"赞成"新政",反对"后党"的腐朽统治,有助于中国走向富强,是进步的;在义和团运动时,"帝党"赞成"新政",维护后党的腐朽统治,是个反人民的骗局。事隔三年,帝党在"变法"的道路上,从"进步派"变成"反动派"(从政治态度上说),这不是历史捉弄了他们,而是他们在政治上的堕落。

(原载《光明日报》1963 年 9 月 25 日)

---

[1]《张謇致徐乃昌书》(上海图书馆藏原件)。

[2]《张謇复吴保初书》(上海图书馆藏原件)。

[3]《张謇与沈曾植书》(上海图书馆藏原件)。他与沈商议应张之洞之邀去鄂,策划新政,有"何苦费工夫为他人拭涕耶"之语。"他人"指后党。结果二人还是去的。

帝党与戊戌变法[1]

一、帝后党争的由来

在第二次鸦片战争之后,以西太后为首的满洲贵族掌握了清朝的中央政权,以后逐渐形成了一个极端顽固腐朽的封建统治集团——"后党"。当时西太后面临着外国资本主义侵略和太平天国农民革命的双重威胁,她的反动的阶级本质决定她施行反动的内外政策,对外投降外国侵略者;对内勾结曾、左、李等汉族军阀,中外"合作",镇压太平天国革命。封建地主和资产阶级的史学家所歌颂的"同治中兴",实质就是清政府行使这种反动政策的结局。"同治中兴"后的后党统治发生新危机,内则西太后与恭亲王奕䜣争权;外则曾、左、李等军阀势力尾大不掉。为了加强"寡妇孤儿"的宫廷集权,后党有意利用"言路清议",以为"整顿纪纲"的工具。这就给"清流"以抬头的机会。

"清流"是封建统治阶级中的不当权派,中小官僚、文人、名士是它的主要成员。他们从封建统治和自身的利益出发,对外呐喊反抗外国侵略;对内攻击某些当权人物的腐朽。这是民族矛

---

[1] 本文集编者按,此文收入李文海、孔祥吉编:《戊戌变法》,巴蜀书社1986年版。

盾、阶级矛盾在封建统治阶级内部的反映。在民族危机日益深重的岁月里,他们的"清议"在客观上具有微弱的进步性,因而能够博取时誉,有"清流"之目。"清流"的社会地位决定他们虽反对当权派,却又依附当权派,他们虽然与当权派有矛盾,但有时又为当权派所利用,他们所以成为"清流",取得了一定的政治地位,一半也是当权派捧场的结果。

由于派系分歧和出现时间的早晚不同,"清流"有前后两辈之别,前辈以尚书李鸿藻为首,张之洞、张佩纶、黄体芳、陈宝琛等称其中之"杰";后辈奉同、光两朝的帝师翁同龢为魁,盛昱、王仁堪、文廷式、黄绍箕、丁立钧、张謇等都是其中的骨干。后辈的社会地位较低,又多两江浙闽人士,与资本主义的经济文化较有联系,较前辈稍为激进。前后"清流"之间,既有父子、师友等社会渊源,又因党同恶异而相互倾轧。前后"清流"内部的政见、风格也并不一致,以前"清流"为例,黄体芳是"贤良方正"之流,而张之洞乃是投机取巧的角色。

后党与前后"清流"的相互利用而又相互矛盾的关系,分别表现为两个阶段。在同、光之交,后党利用前"清流"的"清议",以为控驭"中兴功勋"、加强深宫集权的工具。张之洞、张佩纶、黄体芳、于荫霖等被称为"翰林四谏",他们反对外交上的卖国,指斥内政中的腐朽,煊赫一时。这固然是中国社会半殖民地化加深中的产物,也是后党利用他们的结果。后党在利用"清流"的过程中,不能不略给他们一些权力和地位,但一朝与他们发生权利冲突时,又把他们一脚踢开。张佩纶、陈宝琛等都在中法战争中,因"战败"遭谴,成了西太后与奕訢争权的牺牲品,前"清流"从此解体。后"清流"在不同情况下蹈了前"清流"

的覆辙。先是后党利用后"清流"的"舆论"，于中法战争时推倒了奕訢以及依附奕訢的前"清流"诸人，达到直接操纵政府的目的[1]；以后后党又厌恶后"清流"的"清议"咄咄逼人，对自己的腐朽统治不利，而加以打击。光绪十五年（1889），太和门失火，后"清流"疏参神机营"救护不力"，积怒的后党权贵益愤不可忍，于是王仁堪、盛昱等或被逐外任，或"以故休致"[2]。这个事件加深了封建统治阶级内部的当权派与不当权派之间的矛盾。就从这时起，光绪皇帝"亲政"，宫廷内部也存在实际当权的太后与名义执政的皇帝之间的矛盾，太后倾向腐朽，皇帝倾向开明，后"清流"以拥帝相标榜，遂形成了"帝党"，从此出现了牵缠清代末叶的"帝后党争"。随着中国社会半殖民地化的日益加深与封建统治阶级的不断分化，不满后党腐朽统治的士大夫日益增多，这就扩张了帝党的声势，帝后党争也日益剧烈。

帝后党争的核心是争夺政权，也反映出两派不同的政治主张，集中在对待日益严重的民族危机的态度上。在半殖民地的中国，帝国主义处于支配的地位，封建统治阶级内部的当权派总是与帝国主义有千丝万缕的联系，总是执行投降外交政策。后党曾经在中法战争时"主战"，反对奕訢"主和"，这不过是与政敌争权的姿态。等到推倒奕訢之后，后党便回复了一贯"主和"的原形。帝党从维护清朝封建统治较长远的利益出发，向往"康、乾之治"，要求反抗列强蚕食，不满后党的苟安妥协。因此帝后之争，往往

---

[1] 参阅拙作《从奕訢出入军机看前后"清流"的悲剧》，《光明日报》1963年5月22日。

[2] 王孝绮：《王苏州年谱》及杨钟羲：《意园事略》。王仁堪殁于苏州知府任。盛昱别署意园。

表现为和战之争。

帝党当然不认识帝国主义的侵略本质,在他们看来,当时民族危机的根源是由于"内政不修"。他们当然也不认识这是反映封建政权的腐朽,而片面地认为是因缺乏"忠义干济"的人才,遂以"延揽新进"为救时的要务。政权和军权被后党紧抓着,帝党有隙可乘的是主张科举。于是通过考试,翁同龢等帝党首脑有意拔擢文廷式、张謇等人,通籍京都,入居词馆,成为帝党的主要策士。

1894年发生的中日战争,把帝后党争推到了高潮。帝党主战,后党主和,两派的和战之争,正是帝后争权的反映。帝党的社会地位决定他们对后党的斗争极为软弱。他们脱离人民,虽然反对后党,却又不敢与后党决裂,自光绪皇帝以下,莫不屈服于西太后的权力,这就注定了帝党的失败。所以在中日战争中,帝党所要求实现的黜陟将帅、改组政府、阻止议和等反对后党投降路线的主张,都成为空想,还遭受后党反诬,被加上了"主战误国"的罪名。中日战争也就在帝党怯懦的怨声中告终。

截至中日甲午战争结束以前的帝后党争,乃是封建统治阶级内部的当权派与不当权派之间的斗争。两派比较起来,帝党稍为开明,特别是它们主张抵抗帝国主义的进攻,虽然无济于事,然而不能够否认这种言论举动在当时具有一定的进步倾向;帝党首脑翁同龢等"吐哺握发""弘奖风流",也给新兴的资产阶级维新派人以"游说公卿"掀起变法运动的机会。

二、帝党的维新倾向

中日甲午战争是近代中国历史的转折点。一方面,开始了帝国主义列强瓜分中国的狂潮；一方面，激起了中国人民救亡运动的高涨。战后资产阶级维新派打着"变法图强"的旗帜，走上政治舞台。帝党从维护清朝统治出发，也在探寻"富国强兵"的途径。

在中日甲午战争之前，帝党力图在封建主义的小天地内，为清朝祈求延命的灵丹。光绪皇帝、翁同龢等都幻想从古圣先贤的故纸堆中，找寻"救时"的"真理"。他们对西方的资本主义"文明"，抱有不同程度的抗拒性。盛昱曾著论反对修筑铁路[1]。张謇也从维持"织妇之利"的保守观念出发，劝阻盛宣怀在通州开办纱厂[2]。

中日甲午战争后，由于对日战争失败与《马关条约》签订的刺激；资产阶级维新运动兴起的影响；英、美等某些帝国主义国家又别有用心地吆喝清政府进行"变法"；赔款、还债等导致清政府财政困难；海陆军事瓦解后的练兵急务，这一切都迫使帝党中人不得不带着陈旧的脑筋而走向"学习西方"的道路。战后，翁同龢"锐意变法"[3]。翁门主要谋士沈曾植劝同龢开学堂、设银行。某些帝党和接近帝党的人，纷纷投身实业，兴办学校。如张謇、费念慈、杨宗濂等经营纱厂，何嗣焜创办南洋公学等皆是。在当时的历史条件下，这种转变是进步的。

在这个历史的转变关头，帝党人物的思想变化是不平衡的，一般来说，上层比较保守，下层比较敏捷。处于帝党下层，较有政治头脑的张謇是跑在前头的一个代表，分析张謇当时的思想，可以估价帝党"学西方"的水平还是很有限的。

---

[1]《意园文略》卷一《书铁路述略后》。
[2]《实业文钞》卷一《大生纱厂第一次股东会之报告》。
[3]《康南海自编年谱》。

光绪二十一年(1895),中日战争结束,戊戌变法开始酝酿。这时,张謇发起筹备通州纱厂,"以开风气而保利权"[1]。二十三年,他倡议仿西方国家之例,成立商会、农会。同年,又怂恿两江总督刘坤一筹办明算、方言两小学堂。经元善等在上海创办中国第一个女子学校,张謇也有赞助之功。他读了汪康年、梁启超所办的《时务报》,抚掌称快,以为"官民之情不通,天下事无可为者"[2]。这些都是张謇在中日战争后,要求发展资本主义的经济和文化,而且在政治上有一定"民主"倾向的事实。从这些内容看来,当时帝党某些人物的思想与康、梁的资产阶级改良主义是相当接近的。

但是,帝党在踏上资本主义这条陌生道路时,是踟蹰不前的。仍以张謇为例:

首先,对发展资本主义经济,张謇紧靠着刘坤一、张之洞等洋务派官僚盘旋,事事仰承官府鼻息。在大生纱厂筹备之际,他把通沪商人反对官股参加、反对官派委员的斗争当作"心腹大患"[3],抱定扬官抑商的主意,宁愿失掉商股,不愿拒绝领用官机。所以张謇所办的资本主义企业,虽系"商办"性质,但对官府有严重的依赖性。陆润庠、费念慈经营苏州的经、纶二厂,杨宗濂兄弟经营无锡的业勤纱厂,也都有类似的情况。

再从接受资本主义的文化来说,张謇和其他帝党人物一样,跳不出封建士大夫的"中学为体,西学为用"的圈子。他说:

---

[1] 《张季子九录·实业录》卷一《为纱厂致两湖张督部函》。
[2] 《张謇致汪康年梁启超书》,上海图书馆藏原件。
[3] 《张謇致恽祖祁书》,王益知先生藏照片。

今外夷之所谓政治、律例、公法、格致、植物、农、商、医、化、重、电、光、汽之学，其法骇荡耳目，而其意常与三代秦汉圣人贤豪之言往往而合。謇尝欲得渊颖有志识之士数十辈，端本经训，而各专一二家之言，以待世变而应天下之所乏。[1]

至于对待"民主"与"君主"之争，张謇是袒护"君主"的。他说：

人人言宜伸民权，而海内名人自南皮以下尚言须保君权，……是以为所恶于君权者，官毒害之也。欲保君权，须先去官毒，官毒不借君权不横，而二事实不相关。[2]

按照张謇的逻辑，有些东西是万古常青、永恒不变的。封建的君主专制制度不变，孔孟之道的"经训"不变。他打算在分毫不触动封建统治的基础上，依靠原有的封建政权，延揽人才，发展一些资本主义的经济和文化，这就是中国的"富强"之道。他虽然赞成通"官民之情"，但是他所说的"民"，实际是指一些忠于君主专制制度的地主豪绅而已。至于被康、梁等人所宣扬的变法的核心——"立宪"，这在当时的张謇头脑里，还找不到半点影子。张謇的这种思想，正是一个开始向资产阶级转化的封建士大夫的思想，代表着当时帝党人物思想的最高限度。以后由翁同龢所起

[1]《张季子九录·文录》卷十《江生祖母七十寿序》。
[2]《张謇致汪康年书》，上海图书馆藏原件。

草的、标志"百日维新"启幕的"明定国是"谕旨,实际就是这种思想的集中反映。

翁同龢对"西方"的理解更为有限。只需翻一下他在中日甲午战后几年的日记,便可看到他所谈论的"新法",不外是开办铁路、银行、矿务、练兵、学校等项目,没有接触到关于政治制度的改革。他所翻检的政治课本,仍然是《资治通鉴》一类的古书。一直到戊戌变法失败的后一年,翁同龢幽居林下,表面不问世事,实际他仍心系魏阙,注视时局的发展,偶读《淮南子·精神训》,忽有感触,在日记上写道:"其言变法而不知何由变,最切于时事。"[1]可见他直到这时还不懂得怎样变法。以后翁同龢临终自挽:"朝闻道,夕死可矣。"他到死所闻的"道",实际还是古代的"孔圣人"的封建正统之"道",而非当世的"康圣人"的资产阶级改良主义之"道"。

帝党的活动家之一文廷式,在光绪二十三年自言还没有找到变法的具体方案,反对"亟亟变法",实际是怀疑康、梁的变法主张。他说:

> 西法有极美者,亦有未尽善者,亦有因其国之旧俗而不得不然者,两三年来,海内言治者,皆知中国积弊极深,不可不速变法。顾如医者知病之笃,而论脉则工,立方则多不能洞中肯綮也。然病之深,命在旦夕,而求药非三年七年不得,岂能蕲其愈哉!善治病者有能延顷刻之命,以待三年七年之药,则可与言今日之治法矣。徒欲亟亟变法者,犹非国手

---

[1]《翁文恭日记》第38册,第44页。

之弈也。其延顷刻之命奈何？曰：明于各国之大势，明于五洲之性情，明于吾今日受病之处，与他日病愈之效，则可与言救急方矣。吾观天下未遇其人也。[1]

他对"西学"的理解，是"中学为体，西学为用"的另一种说法，也与康、梁的理解"西学"为"新学"者异趣。

心思神识之用，释迦之学尽之；耳目官骸之用，今西人格致之学尽之，然其端皆莫先于中国，所谓物生于东，而成于西也。[2]

以上又说明当时帝党与资产阶级维新派的思想还是有相当距离的。

总之，在中日甲午战后，帝党虽有维新的倾向，但是他们比资产阶级维新派保守，所以只能够在戊戌变法的运动中，充当维新派的配角，而且有时还拖维新派的后腿，这是有他们的阶级根源和思想根源的。

三、帝后党争与"新旧之争"的结合

中日甲午战后，帝党和维新派在反对后党、掀起变法运动的斗争中结成了联盟，这是有种种原因的。第一，如上所述，两派的社会基础和政治主张比较接近，又有变法和反对后党的共同目

---

[1]《罗宵山人醉语》，据钟仲联：《文廷式年谱》（稿本）。
[2]《罗宵山人醉语》。

标。第二,两派各有相互利用的需要,帝党利用维新派反对后党的勇气和变法的干才及其社会影响;维新派利用帝党的政治地位做进身之阶,康有为曾把翁同龢与自己的关系比作萧何与韩信,是很能够说明两派之间关系的。第三,在中日战前和战时,在反对后党投降主义的斗争中,康、梁与盛、文、沈、张等帝党中人早已结下密切的关系,这种关系到战后更进了一步。从此,帝后党争便与"新旧之争"相结合。

光绪二十一年六月,帝党与维新派合力利用《马关条约》签订后全国的民愤,把一贯坚持对日投降、阻挠新政的后党大臣孙毓汶、徐用仪先后逐出军机处。这事促进了变法运动。是年七月,帝党活动分子文廷式、丁立钧、沈曾植、沈曾桐等与康、梁开强学会于北京。十月,帝党黄绍箕等又与康有为开强学会于上海,张謇也应邀参加。

后党阴谋反击。同年十月,帝党大臣汪鸣銮、长麟突以"离间两宫"之罪被革职。同月二十一日,侍郎李文田于临终之前,执手密告文廷式:李鸿章与李莲英"日日相见,图变朝局"[1]。这种不测风云的宦海波澜和宫廷秘闻,都是变法运动受挫的预告。果然在是年十二月,强学会遭后党爪牙杨崇伊的弹劾而被封闭,海内"渐讳新政"[2],变法声浪一度低沉。

后党的第二手是打击帝党魁首也是变法的主持者翁同龢:首先罢毓庆宫入直,使他失去向皇帝"造膝独对"的机会。继而驱逐文廷式,外任丁立钧,以削去他的羽翼。张謇也是在被排挤之

[1]《闻尘偶记》。
[2]《康南海自编年谱》。

列的，他的日记说：

> 光绪二十二年四月八日，闻二月李鸿章临使俄时请见慈宁，折列五十七人请禁勿用，第一即文道希，李出京而御史杨崇伊抨弹道希之疏入矣。……告者曰："五十七人中，子名殊不后。"

这时京都朝士中已经有人预见"钩党之祸，近在眉睫"[1]。

后党对翁同龢的进一步打击，是使他在军机处孤立。自从孙、徐被逐后，军机大臣之中，分别站在帝后两个极端的，是翁同龢与刚毅。礼王世铎与钱应溥都是"委蛇奉公"，无所"偏党"。恭王奕䜣与李鸿藻既阻挠变法，又反对后党。他们曾联翁逐走孙、徐，而又忌翁在毓庆宫独对。在帝党和维新派看来，恭、李虽头脑陈腐，但"尚知大义"[2]，可与联合。光绪二十三年春间，李鸿藻身患重病，后党找到机会，由刚毅力荐孙毓汶再入军机，以便和他"房谋杜断"，狼狈为奸，结果没有达到目的。奕䜣则被西太后软禁在颐和园月余，从此噤若寒蝉，不敢"枝梧"[3]。

光绪二十四年春间，后党又利用言路，弹劾翁同龢"误国""纳贿"等罪状，以为逐他的张本。翁同龢的地位阢陧，牵动

---

[1] 叶昌炽：《缘督庐日记钞》。

[2] 梁启超：《戊戌政变记》。

[3] 汪大燮：《致菖陔六兄妹倩书》，王益知先生藏抄件。汪时为张荫桓西席，所闻如此。其略云："附闻近事数则，幸勿告人，亦可见时事之难也。……高阳病中风，虽不至死，但恐成痿瘫，恐不能出，而刚独在上前举济宁，亦是逢迎西意。……恭邸自春间在颐和园幽禁月余；已经丧胆。"高阳指李鸿藻，济宁指孙毓汶。

变法的命运。正在这时，变法运动已因帝国主义瓜分中国的刺激而到了高潮。

四、"百日维新"前后的帝党

在"百日维新"前夕，翁同龢身居中枢，主持变法。文廷式等人已经被迫在野，只能为变法呐喊助威，江南是他们活动的主要据点。张謇则因参加翰林院散馆试入京，而碰上变法的高潮，充当了翁门的智囊。

这时，帝党面临两大难题。一是外交问题。自从德占胶州湾，俄占旅顺、大连湾，英占威海卫，法占广州湾等事变接续发生后，身兼总署堂官的翁同龢挽救无术，被众谴责为误国的祸首。一是财政问题。中日战后，清政府因偿赔款而百计敛财，于光绪二十四年春间实行的昭信股票和药牙、铺税，尤为民害，一时怨声载道，翁同龢身任户部尚书也无可逃咎。这时的后党反而悠闲。它以李鸿章为桥梁，以《中俄密约》为纽带，把屁股紧坐在俄国的怀抱里，坚持对外投降的政策；把两手紧抓住政权和军权，坚持对内压榨的政策。后党冷眼看着帝党君臣对内政外交焦头烂额，而掩口窃笑。

帝党和维新派异口同声地呼喊变法是当时中国的唯一出路。但是依靠什么力量进行变法呢？依靠什么力量招架帝国主义列强，特别是当时锋芒逼人的俄德法集团的屠刀呢？他们的答案同样是错误的。帝党和维新派同样不依靠广大人民的力量和帝国主义斗争，而在"拒俄变法"的口号下，钻进了英、日帝国主义的圈套，幻想依靠英、日的帮助，实现变法，使中国富强。

光绪二十四年三月，梁启超、麦孟华等康门弟子在北京伏阙上书，要求联结英、日[1]。闰三月，帝党名流文廷式、志钧等，在上海和日本领事小田切以"同洲兴亚"为名，组织亚细亚协会。张謇也参与其事。亚细亚协会，本名兴亚会，是日本侵华的特务组织之一。小田切是这个组织的骨干，这时以支持中国维新姿态出现，在《张謇日记》上，有一条触目惊心的记载：

> 光绪二十四年闰三月七日，道希（文廷式）、眉孙（何嗣焜）、太夷（郑孝胥）约同会小田切万寿之助于郑陶斋（郑观应）寓。日人以甲午之役，有豪毛之利，启唇齿之寒，悔而图救，亟连中、英。又以为政府不足鞭策，为联络中国士大夫振兴亚细亚协会之举。盖彻土未雨之思，同舟遇风之惧也，独中朝大官昏昏然，徒事媕婀耳！预会者凡二十人，日人言则甘矣，须观其后。

甲午战争的鲜血未干，日本帝国主义正对中国磨牙欲噬，忽然"悔过"，伸出"友好"之手，真是摇身一变，魔鬼成了美人，无怪乎张謇疑信参半。历史证明，帝国主义的侵略本性是不变的。装"亲善"，假"和平"，不过是它们惯用的笑里藏刀之计。如果有人与帝国主义交欢，如同与老虎拥抱，这是无比的愚蠢，其结果只能被帝国主义所愚弄和利用。在"百日维新"的前夜，帝党和维新派已经选中了这条错误和危险的道路。

是年闰三月的中旬，张謇从上海到了北京，即忙于助翁同龢

---

[1]《梁任公年谱长编初稿》。

整顿税务,策划变法。翁、张的日记可以参证。

《张謇日记》:

> 二十六日,与虞山师笺,言间架税甚于昭信股票之弊。
>
> 四月一日,见虞山师,知户部亦因言官纠劾请停间架税。因请电传各督抚,缓则民间必有受州县书差之害者。师立时命舆至户部,曰:"改过不吝,我不以需贼事也。"
>
> 三日,上虞山《标本急策》,曰商、工、农。
>
> 十三日,作《留昭信票款于各省办农工商务奏》,并请免宁属米、粮捐。
>
> 十四日,作《农会议》《海门社仓滋事略》。
>
> 二十日,虞山师招谈,知江北米粮捐已停。

《翁文恭公日记》:

> 四月朔,张季直殿元服阕来散馆,晤谈,知江北纱布局及盐滩荒地两事,皆伊所创也。
>
> 十八日,看张季直诸种说帖,大旨办江北花布事,欲办认捐及减税二端;又欲立农务会;又海门因积谷滋事,欲重惩阻挠者。此君的是霸才。
>
> 二十日,晚约张季直小饮,直谈至暮,毕竟奇材。

统观张謇为翁策划的内容,没有超出他近年在通、海实践的范围,而以《农工商标本急策》为总纲。他所说的"农"是听绅民召佃垦荒,"成集公司用机器垦种"。"工"是奖励和推广工艺。

"商"是发展工业,官助商办,减免捐税。张謇以为"大本在农而入手在商","皆今日万不可缓之图",故称"标本急策"。这篇文章概括了当时张謇的"实业救国"思想,也就是某些封建士大夫的变法思想,即在不触动封建制度的基础上,依靠原有的封建政权,发展资本主义的工业和农业。其实这些话康有为早在公车上书时就说过,但是康有为同时提出的令海内举"议郎"的国会雏形,张謇却从未与翁说及,这表明当时的帝党中人并无实行资产阶级民主政治的要求。张謇的这些主张,博得了翁同龢的一再称赏,正表示他们对变法的观点相同。

一个偶然事件于此时发生,奕䜣病死,使"白日维新"提前揭幕。奕䜣之死,虽为变法扫去了一块绊脚石,然而也使帝党更加孤立,后党气焰更张。于是康有为遂上书翁同龢,"促其亟变法,勿失时"[1]。十八日,康有为草折《请定国是》交御史杨深秀、翰林学士徐致靖奏上。《翁文恭公日记》:

> 二十三日,上奉慈谕,以前日御史杨深秀、学士徐致靖言国是未定,良是。今宜专讲西学,明白宣示等因。并御书某某官应准入学,圣意坚定。臣对:西法不可不讲,圣贤义理之学尤不可忘。退拟旨一道。

翁同龢所拟的"谕旨",就是揭开"百日维新"序幕的《明定国是》诏书。这个诏书实际早已拟定,张謇于前一日已见之,他的日记可证:

---

[1] 《康南海自编年谱》。

　　二十二日,见虞山所拟变法谕旨。

　　这道谕旨的内容并不新奇,只是复述了"中学为体,西学为用"的老调,号召臣工士庶,"以圣贤义理之学植其根本,又须博采各学之切于时务者实力讲求,以成通经济变之才"。首先举办京师大学堂,以为各省之倡。没有提到政治改革。这主要不是由于翁同龢的胆怯,而是反映了帝党变法观点的局限性。二十五日,翁同龢即与张謇、黄绍箕拟定大学堂的办法。

　　尽管帝党对变法的要求如此有限,然而从后党看来,仍然是不能容忍的。张謇在这天的日记上写了一句"虞山谈至苦",显见其中大有文章。果然只隔了两晚,一声霹雳,后党突然以"揽权狂悖"之罪,把翁同龢一脚踢下了政治舞台。翻开张謇这时的日记,满纸都是悲痛和紧张的神情。

　　二十七日,见虞山开缺回籍之旨……所系甚重,忧心京京,朝局自是将大变,外患亦将日亟矣!

　　二十八日,晤弢甫(翁斌孙,同龢侄孙——引者)。是时,城南士大夫人心皇皇。

　　二十九日,恭诣乾清宫引见,瞻仰圣颜,神采涸索,退出宫门,潸焉欲泣。诣虞山送行,则已治装谢客。

　　三十日,有《奉呈瓶叟夫子解职归虞山》诗一首,……引朱子答廖子晦语,劝公速行。

　　五月八日,与仲弢诣瓶师。

　　十三日,寅初至马家铺,送瓶师。

等到六月三日，张謇也"拂衣去国"，仓皇南下。

翁同龢的被逐，固然使变法失去了一个重要支柱，维新派认为此系变法失败的一大关键；但是，也减少了帝党官僚对变法的束缚。在翁开缺的第二天，光绪帝召见康有为。从此"翁门"让位于"康党"，资产阶级维新派把变法推向前进，在某些方面超出了翁、张等人所规定的范围。

帝党与维新派做了变法的同路人，变法失败后又共罹患难，翁同龢以下俱遭谴有差，张謇也屡有拿问之谣，旦暮不测。直到庚子八国联军侵入北京，后党废立之谋成了泡影，翁、张等帝党人物才得免祸。

五、帝党与资产阶级维新派的分歧

帝党与维新派毕竟是两个不同的政治集团，对变法的主张也有激进与保守之别，所以在合作的过程中，必然要发生分歧。还在组织强学会时，康有为即不满丁立钧"畏谨"。他又訾议翁同龢对太后软弱，不能学唐代的张柬之。光绪二十四年三月，正当康有为在北京领导变法运动的时候，沈曾植劝读《唐顺宗实录》，从历史上的"钩党之祸"吸取教训，给他泼冷水。不久，沈曾植与文廷式遇于上海，他们评议变法，文廷式轻蔑康有为是"伧夫"；沈曾植则谤之为"草贼"，文说他"何能为"；沈谓其"终须大败"，又诋其"意气褊激"[1]。在"百日维新"中，维新派劝使光绪帝以严旨黜退阻挠新政之礼部六堂官，帝党黄绍箕谓过激烈，深致不

---

[1] 均见王蘧常:《沈寐叟年谱》。

满[1]。张謇在变法高潮之前,曾引康、梁、谭等为同道,书信互答,文酒流连;变法高潮来临时,便站在一旁对他们评头论足。《啬翁自订年谱》:

> 在京,闻康有为与梁启超诸人图变政,曾一再劝勿轻举,亦不知其用何法变也。至是张甚,事固必不成,祸之所届,亦不可测。

政变发生后,张謇极力和康、梁划清界限。同书说:

> 余与康、梁是群非党,康、梁计画举动,无一毫相干者。

又为其他帝党人物划清和康、梁的界限。日记:

> 八月十六日,闻查拿文廷式之电谕。康事与芸阁无涉,何以及之!

闻六君子被杀,张謇颇惜杨锐之死,而指斥谭嗣同"好奇论","谬妄已甚"。这和同时其他封建士大夫的一边为杨锐挥涕,一边诽谤谭嗣同"凶忽狡悍,死当其辜"[2],并无二致。张謇为什么对谭嗣同如此忍心? 不是为了别的,而是为了谭嗣同是维新派的左翼,在变法运动中比较激进,因而触怒了封建士大夫。

---

[1] 郑孝胥光绪二十四年七月二十一日日记述林旭语,中国历史博物馆藏原件。
[2] 《缘督庐日记钞》。

政变以后,帝党与维新派同样"保皇",但方法和目的都不相同。维新派极力揭露矛盾,痛斥后党,保护光绪帝是为保护变法的根子。帝党则掩盖矛盾,宣扬"母慈子孝",保护光绪帝是为保护清朝封建统治的安全。张謇为两江总督刘坤一所拟《太后训政保护圣躬疏》[1],即代表了帝党的这种主张。

六、结 语

综上所述,可见资产阶级维新派所掀起的戊戌变法运动,得到了帝党的附和与支持,发展成为具有巨大影响的政治运动。但是,两派又有分歧,变法运动越向前进,帝党与维新派之间的裂痕便越深刻。实际从"百日维新"揭幕以后,帝党已经基本上完成了它对变法的使命,政变促使两派分道,帝后党争也不再具有重要意义而到了尾声。

义和团运动爆发后,帝党被农民的反帝爱国斗争吓慌了手脚,急于和当权派弃嫌就好,张謇、沈曾植、黄绍箕等都帮助刘坤一、张之洞等遵"旨"策划"新政",不再进行反对后党的斗争。光绪三十年(1904),翁同龢死去。就从这年起,以他的门下张謇为首的帝党余孽居然掇拾康、梁的牙慧,呼朋引类,鼓吹已经过时的"立宪",妄图抵制资产阶级革命的洪流。这已违反了历史前进的方向,不能够和戊戌变法相提并论了。

（原载《新建设》1963 年第 9 期）

---

[1]《刘坤一遗集》,中华书局 1959 年版,第 1415 页。

略论洋务派"自强新政"的
反动性质

从第二次鸦片战争之后,在外国资本帝国主义的指使与支持下,一部分封建贵族和军阀进行了以"自强"和"求富"为口号的洋务运动。毛泽东同志曾这样教导我们说,一部中国近代史,是"帝国主义和中国封建主义相结合,把中国变为半殖民地和殖民地的过程,也就是中国人民反抗帝国主义及其走狗的过程"[1],洋务运动就是帝国主义与中国封建主义相勾结,把中国变为半殖民地和殖民地的一种手段和活动。洋务运动虽有某些资本主义的性质,但这是具有买办性、封建性的官僚资本主义,而不是民族资本主义。毛泽东同志又曾这样教导我们说,"为了侵略的必要,帝国主义给中国造成了买办制度,造成了官僚资本。帝国主义的侵略刺激了中国的社会经济,使它发生了变化,造成了帝国主义的对立物——造成了中国的民族工业,造成了中国的民族资产阶级"[2],"洋务工业"乃是前者,而不是后者。这本来是没有疑问的;洋务运动是代表帝国主义和国内封建主义利益、反对中国历史前进的运动。尽管这个运动在客观上带来了某些刺激中国社

---

[1]《毛泽东选集》第2卷,第602页。
[2]《毛泽东选集》第4卷,第1488页。

会进步的因素，但是丝毫不能够改变它反动的本质。

　　近年来，史学界有同志发表文章，要求全面估价洋务运动的性质，认为洋务运动"带上民族主义的色彩"[1]，"效法西方发展资本主义近代生产方式"[2]，"在一定程度上，它是反映和代表了当时中国社会发展的新方向"[3]的。这种论点是值得研究的。为了弄清历史的真相，有必要展开一场讨论。

　　本文专就洋务派"自强新政"的性质作一些探讨，请大家指正。

一、洋务运动发生的历史条件和洋务派的阶级性质

　　洋务运动发生于第二次鸦片战争结束以后。这时，帝国主义势力已经侵入，古老的封建中国开始沦为半殖民地；腐朽的封建统治，面临着帝国主义侵入和国内农民革命的威胁，走上了对外投降、对内继续压迫人民的道路；以太平天国为首的农民起义，正在蓬勃发展；斗争的锋芒，不仅对准国内的封建主义，同时对准帝国主义侵略者；中外反动势力逐步结成同盟，联合镇压农民革命。为了支持满政府"剿平发捻"，帝国主义侵略者必要用"洋枪""洋炮"武装清军。就在英国外交官吏威妥玛等的教唆下，一部分贵

[1]　黄逸峰、姜铎:《中国洋务运动与日本明治维新在经济发展上的比较》，《历史研究》1963 年第 1 期。

[2]　姜铎:《试论洋务运动中洋务、顽固两派论争的性质》，《文汇报》1962年 1 月 21 日。

[3]　《试论洋务运动中洋务、顽固两派论争的性质》。

族、军阀呼喊"借法自强"的口号，这就是洋务运动的嚆矢[1]。这些贵族、军阀也就成了最早的洋务派。他们在行将腐朽的封建尸体上，披上资本主义的外衣，妄图招魂复活。

这派的主要代表，在清政府中央是恭亲王奕䜣；地方军阀之中则以盘踞江苏的李鸿章和霸占闽浙的左宗棠为首。于是封建地主的当权派就分化为二：一是纯封建性的顽固派，主张继续"闭关自守"；一是带买办性的洋务派，主张"借法自强"。两派一起走在对外投降、对内压迫人民的道路上，后者更适应外国侵略者的需要。

顽固派和洋务派都不积极抵抗外国侵略。顽固派企图躲避与"洋人"打交道，继续以"孔孟之道"统治中国；洋务派企图依靠"洋人"，用"洋枪""洋炮"加强封建专制主义的统治。手段不同，反动的本质则并无二致。两派之间也因权利冲突和主张分歧而有争论，但这并不含有"守旧"与"维新"之争的意味。

不能认为洋务派挥舞着几件从"洋人"那里求乞得来的新武器，使用了几架新机器，便算是当时的维新派，代表了中国社会发展的"新方向"。这种看法是完全不对的。代表社会发展新方向的是革命的阶级以及为革命阶级服务的一切措施。两军交战，不能单从物质装备上的"新""旧"来区别两军所代表的方向。难道能说，手持"洋枪""洋炮"、拥有近代军事工业的洋务派是维新派；而千持长矛大刀、进行反侵略反封建的太平军，反而成了守旧派吗？尽管洋务派从"洋人"那里搬来了几件"新东西"，但是

---

[1] 威妥玛于第二次鸦片战争后，任驻华参赞，即导演"自强新政"不始于其进《新议论略》时。

它使用这些"东西"反对人民革命、阻挠历史前进,因此它和顽固派的本质一样,都是社会的腐朽势力,都是当时的反动派。

认清洋务派发生的历史条件及其反动的阶级本质,是考察洋务运动的性质的出发点。

二、洋务派的推行"自强新政"及其反动性质

洋务派推行"自强新政"的第一步是"练兵",所谓"自强之术,必先练兵"[1]。为了帮助洋务派练兵,英法等国派遣了大批军官,其中多数参加过第二次鸦片战争。他们采用了以下几种方式:

先是"借将练兵",即由"洋人"充当各级指挥官,自行招募中国勇丁,编制、操练、装备都是"洋式",薪饷都由清政府供给。例如,先是美国流氓华尔,后是英将戈登所编练的"常胜军",英将呋乐德克编练的"常安军"和"定胜勇",法国军官勒不勒东等编练的"常捷军",都是这种性质的部队,时人即称之为"洋兵"。清政府对这种"练兵"方式颇多顾虑,一因指挥权不在己手,二因饷额过高,三因戈登、勒不勒东等"洋将"与李鸿章、左宗棠等军阀经常争功竞赃而发生摩擦,于是常加限制。这些部队内部的"洋将"与"华兵"之间的矛盾也极为深刻,士气不振。太平天国失败的同时,便先后遣撤。

继而是"拨兵教练"。"洋人"只居"教练"名义,表面不预指挥之权,编制、饷章悉仍准清制。这种办法颇受奕䜣等满洲贵族的欢迎。1862年,奕䜣拨派"神机营"和天津驻防绿营,交给

[1]《洋务运动》第3册,第441页。

英将士迪弗立训练，叫作"天津洋枪队"，逐步发展至三千余人。英籍天津税务司贝格和原在"常胜军"中的英国军官薄郎等先后当过"天津洋枪队"的教练。以此为模样，清政府与英法公使协议，在各通商口岸拨兵"学习外国兵法"。拥有实力的湘淮军阀顾虑因此失去兵权，曾国藩密诫李鸿章"断不可多，愈少愈好"，李鸿章便以"本地练丁"等杂牌部队应数，由戈登、庞发分别统率的上海"英法教练勇"只发展至一千五百人；广州、福州等地的人数更少。

以上两种部队，都只能用以防卫通商口岸，不足用以深入腹地，充当"攻剿"农民军的主力。外国侵略者必须把湘、淮军武装起来，才能绞杀以太平天国为首的农民起义。于是他们就采用第三种方式，供给"教练"和武器，由湘淮军阀自行训练军队。就在联合攻击太平军的时候，原在"常胜军"和"常捷军"等军中的外国军官，纷纷携带枪炮，分别渗入李鸿章部淮军和左宗棠部湘军。"常胜""常捷"两军遣撤时，它们的枪炮队精锐，也即并入李、左两军。以后的李、左两军，实际是"常胜""常捷"等军的借尸还魂，而且实力超过了数倍。1862年春，初到上海的淮军，兵不满万，全部配备抬枪、劈山炮等旧式武器；到1864年太平天国失败时，就扩大到五万余人，拥有"洋枪"三四万杆和四支"开花炮队"，成了"剿捻"战争的主力。

以上三种练兵方式的递变过程，也是中外反动派互相勾结逐步深入的过程。不能认为这种变化是洋务派争取练兵"独立自主"的结果；恰恰相反，正是他们买办化加深的标志。戈登曾经说过，列强武装"中国军队"的方式，"应当是渐进地适合中国人（指反动派——引者）口味的"，这样，"他们将很心悦诚服听从支配"[1]。可见列强的"主动"推出军事指挥权，不过是"欲擒故纵"的阴谋。而且这也是表面现象，在淮军里，英国人白礼、法国人华乃尔等都充当炮队的"管带"，实际上仍掌兵权。左宗棠部湘军也有"洋弁"华阿哩等随队作战。

洋务派"自强新政"的第二步是"制械"，所谓"自强以练兵为要，练兵又以制器为先"[2]。为供应贵族、军阀部队屠杀人民的军火，外国侵略者又勾串他们开办军事工业。

1863年，教练淮军枪炮的英国军官马格里，在松江为李鸿章开办军火工厂，旋即移建苏州制炮局。1865年，李鸿章在上海雇募"洋匠"科而等设立江南制造局。同年，又将苏州制炮局移至南京，改建金陵机器局。

1866年，法国侵略者教唆左宗棠开办马尾船政局，机器、原料和技师都由法国包办供给，该局的正副监督也由原在"常捷军"的法籍税务司日意格和军官德克碑充任。

1867年，曾任外交官的英国人密妥士和"天津洋枪队"的教练薄郎，勾结三口通商大臣崇厚，建立天津机器局。

这些军事工业的主要特点是：第一，都受"洋人"操纵。从反动派的内部口角中透露出这层黑幕。李鸿章曾指摘左宗棠和崇厚："闽局专任税务司日意格，津局专任领事官密妥士，将成尾大不掉之势。"[3]其实他自己经营的军事工业，也受马格里等所把持。第二，生产的军火都不足以抵御列强的进攻。有人曾警告曾国藩"沪局造船造枪炮皆迟缓而不中用。轮船行走太慢，枪成者

[1]《太平天国史料译丛》，第246—247页。
[2]《洋务运动》第3册，第466页。
[3]《李文忠公奏稿》卷五《筹议天津机器局片》。

太少。……将来数年之后，欲靠沪局船炮以御洋氛，断不可恃"[1]云云。1875年，金陵机器局制造的大沽炮台大炮一再炸裂，尽成废物。由于受侵略者所操纵，生产的军火只能用以屠杀国内人民，不能用以反抗外国侵略，这就是半殖民地化军事工业的特征。

以上这些，就是在19世纪60年代，在镇压农民大起义的血泊里，外国侵略者扶植中国的封建贵族、军阀推行"自强新政"的主要内容。

外国侵略者这样做的主要目的是：第一，为了绞杀太平天国为首的农民起义，保护它们从两次鸦片战争中所夺取的特权；第二，为了推销"过剩"军火，获取高额利润，所谓"欲借购雇轮船器械因缘为利"；第三，为了加强对中国封建统治者的控制，使之成为自己驯服的走狗。

由此兴办起来的军队和军事工业破坏了中国人民革命，摧残了中国社会生产力，对中国历史的发展起了阻碍的作用。尽管也由此给中国人民带来了新的军事装备和技术，太平军和捻军等即从敌人手里俘获过来的枪炮，装备了自己，从事军火生产的中国工人，因此学会了使用机器的经验：这些都是刺激中国社会发展的因素；但这是"自强新政"的客观作用，是中国人民付出了巨大的代价所换来的。绝对不能以此归功于洋务派，掩盖"自强新政"的反动性质。

由此可见，在"自强新政"的启幕阶段，它的半殖民地化色彩和反动性已如此鲜明。以后李鸿章编练"北洋海军"，丁宝桢、张之洞等也都"练兵"，这都是在不同程度上照抄这篇老文章罢了。

---

[1]《曾文正公书札》卷三十三《复李中堂》。

在半殖民地中国，封建统治者一直遭受外国资本主义侵略和人民革命的双重威胁。他们的反动阶级本质决定他们一开始就把前者当作"肘腋"和"肢体"之患，而把后者当作"心腹"之害。他们从维护封建特权出发，始终害怕人民革命甚于外国侵略。虽因做奴才不如做主人，封建统治者也想向列强挣扎，喊出了"自强"的口号；但是人民革命将根本推翻他们的统治，故而又力图依靠外国主子来镇压国内的"叛乱"。随着中国半殖民地化的日益加深，外国资本帝国主义、封建主义与中国人民之间的矛盾日益深刻，中国封建统治者在对外投降、对内压迫人民的道路上也越走越远。"自强新政"发展一步，洋务派对列强的依赖和害怕列强"船坚炮利"的程度也进了一步。"自强"的假象越虚肿，洋务派的投降主义越发展。自从太平天国革命失败之后，民族危机日益严重，呼喊"自强"的洋务派却始终扮演外交上的投降派，拥有庞大新式陆海军的洋务派魁首李鸿章也就成了投降派的罪魁祸首。口号"自强"，实际卖国，这是一个必然决裂的矛盾，终于在中法、中日两次战争中，民族主义的浪涛把躲躲闪闪的洋务派的军队推上前线，一败再败，宣告了"自强新政"的破产。洋务派"自强新政"的破产，绝不是由于顽固派的阻挠，也不是因为外国侵略者炮火的薄情，而是由于它的反动的本质所决定的。

（原载《江海学刊》1963 年第 11 期）

从"东南互保"看洋务派破坏人民反帝斗争的罪行

一

义和团运动是近代中国农民反抗帝国主义斗争的一次高潮。这时,国际帝国主义正在瓜分中国,民族危机空前严重,广大农民奋起反抗,掀起了一场波澜壮阔的"灭洋"斗争。义和团运动虽然蒙上了落后的形式,然而并不能掩盖它的正义性质。正如列宁在《中国的战争》一文中所说,义和团所仇恨的"洋鬼子",不是指与中国人民友好的外国民众,而是侵略中国的外国资本家。经过义和团的奋击,迫使帝国主义暂时缩回了瓜分中国的魔爪。义和团的英雄行为,光辉地表现了中国人民高尚的爱国主义精神,获得了以列宁为首的国际工人阶级的赞扬与支持。

这时统治中国的封建地主阶级,内部分成三派:掌握中央政权的是顽固的后党;盘踞东南沿海和长江流域的是带有买办性的洋务派,以两广总督李鸿章、两江总督刘坤一、湖广总督张之洞为代表;倾向维新的帝党,是不当权派。这时中国已经有了民族资本主义经济和民族资产阶级,民族资产阶级的代言人康有为、梁启超等人打着"变法图强"的旗帜,走上政治舞台,与帝党联合,发起维新运动。经过戊戌政变,维新运动失败。后党阴谋销毁帝党和

维新派所拥护的偶像，企图废去光绪皇帝，另立端王载漪之子溥儁
为帝，遭到了英、日等帝国主义的反对。英、日帝国主义并非真的
支持中国维新而反对废立，只因后党"亲俄"，乃故意袒护帝党与
维新派，这事反映了帝国主义之间的矛盾。后党从封建专制的狭
隘利益出发，反对外国干涉清廷"家务"，产生"排外"思想，对义
和团的反帝运动，"剿抚"游移。随着义和团运动的发展，后党既
受帝国主义的不断呵责而更加怨望；又害怕义和团斗争的锋芒而
转图利用。于是后党的"排外"活动与义和团的反帝爱国斗争临
时凑合起来，给义和团以进入京津和迫使清政府对外宣战的机会。

洋务派是以投靠帝国主义来维持自己的经济利益和政治生
命的。他们一贯坚持"叩头外交"，吹嘘所谓"中外和好"，充当帝
国主义侵略中国的走狗。李鸿章的卖国资格最老，一手经办投降
外交有年。刘坤一乃湘军余孽。张之洞是投机官僚。他们都位
尊金多，生怕人民的反帝斗争损害了自己的一切，主张对外投降，
对内镇压，以维持自己的统治地位。对待义和团运动，李、刘、张
等自诩比后党的头脑"清醒"。他们完全站在帝国主义一边，刻
骨仇恨农民的反帝运动，故而一意主"剿"。1900 年春，刘坤一入
京"陛见"时，即向后党陈说他的"剿拳"主张。是年初夏，义和
团逼近京津时，李、刘、张等一再电劝朝廷，要求决心"剿办"。他
们污蔑义和团是"贻害国家"的"乱匪"，"袒匪"必"开罪"帝国
主义，清政府的"危殆即在旦夕"，力主"剿匪""保教"以销"外
衅"[1]。

帝国主义列强被中国农民的反抗斗争吓慌了手脚。为了反

---

[1] 见《张文襄公全集》卷八十，刘、张等致总署及荣禄电。

对中国的义和团运动,它们拼凑了一批海陆军队侵入中国。但单是依靠几万甚至几十万同床异梦的各个帝国主义的雇佣军,深入中国腹地,与数以万万计的中国农民作战,旷日持久,前途是非常危险的。因此,帝国主义在武装进攻义和团的同时,又使用他们惯用的分化策略,即拉拢中国的反动派,用以破坏义和团运动,李、刘、张等洋务派督抚遂成为帝国主义利用的主要对象。在帝国主义的嗾使下,当北方的义和团运动正在高潮,清廷被迫向帝国主义列强宣战的时候,东南督抚却一力"以保商务,靖内乱自任"[1],与帝国主义实行所谓"东南互保"。

帝国主义妄图乘机瓜分中国。俄国派兵侵入东北;德国打算并吞山东,并向苏北扩地;法国觊觎滇、桂;日本阴谋攫取福建;英国则想扶植李、刘、张为傀儡,在华南和长江沿岸建立殖民地国家。故而开始酝酿"东南互保"时,出面指使的是英国。英国政府一再示意刘、张将以武力协助他们维持东南"秩序",实际就是把东南置于英国的"保护"之下。同时,英国又教唆李鸿章在广东"独立"。继因帝国主义之间发生争执,法国驻沪领事白藻太等公开反对英国"保护(独占)长江",美国传教士福开森指使盛宣怀转告刘、张,勿听英国一国"保护",当改为接受列强共同"保护"。英国被迫让步,于是"东南互保"就从英国独占长江流域的阴谋,转变而为"中外互保"之局。

"东南互保"的发踪指示者是帝国主义,代帝国主义传递意

---

[1]《郑孝胥日记》云:光绪二十六年五月廿一日,"南皮邀饭,座有子培、星海、中弢。是日,英领事见南皮,询何部署,南皮以保商务、靖内乱自任"(中央历史博物馆藏稿本)。南皮指张之洞。按,同时驻南京英领事与刘坤一之间也有同样接触。

旨的是驻沪铁路公司督办盛宣怀，出头实行"互保"的是长江流域的刘、张二督，"四朝元老"李鸿章主持在上，山东巡抚袁世凯也有"应和之功"。这几个军阀、官僚凑合在一起是有政治渊源的。盛宣怀与各个帝国主义都有勾串，刘坤一、张之洞一贯依赖英、美、日，李鸿章亲俄、法，袁世凯正媚事德国。就由这一小撮反动派与帝国主义签订了"东南互保"。

帝党在这幕丑剧中，也扮演了不光彩的角色。张謇、沈曾植、陈三立等帝党名流，奔走沪、宁、武昌之间，充当刘、张幕内策划"东南互保"的谋士。他们抛弃了在中日战争时期"主战"的旗帜，转而向"主和"的政敌李鸿章献媚，连幽居林下的帝党首脑翁同龢也给李、刘、张暗致颂词[1]。他们赞成"东南互保"，虽然仍含有反对后党的因素，但主要是反对反帝斗争。这是他们的地主阶级本质。帝党幻想依靠李、刘、张、袁等的实力，"迎銮南下"，使光绪帝脱离后党的掌握。张、陈密谋于刘坤一，吴保初言之于李鸿章、袁世凯[2]，最后均一无结果。

资产阶级维新派做了"东南互保"的牺牲品。他们反对义和团运动，反对后党，幻想与帝国主义及刘、张等洋务派官僚合作，联络沿江会党，组织自立军，"助外人剿团匪以救上"，拥护光绪帝复辟，创建"新自立国"。当英帝国主义有意利用他们的"自立"运动以为独占长江流域、组织傀儡政权的工具的时候，刘、张二督

---

[1] 翁同龢致费念慈密札云："三君觥觥，洵可折角。"孙雄：《瓶庐师言行私记》（南京图书馆藏抄本）谓指"东南互保"事。三君指李、刘、张，"觥觥"，赞美之词。

[2] 《北山楼集》有《上合肥相国》《与东抚》二书，后者有云："今日急务，首在勤王，速诛君侧之小人，复皇上之大位，还我圣君，速行新政"云云。

对维新党人唐才常等组织自立会的活动几乎是视若无睹,张之洞甚至还和唐有交往。唐才常也力阻沿江会党的反帝暴动,对"东南互保"卖力。等到英帝国主义的政策一变,不再在长江流域组织傀儡政权,而自立军起义又将摇撼"东南互保"之局的时候,内外反动派便一齐翻脸,唐才常等在汉口英国租界被捕,做了张之洞的刀下之鬼。自立军起义的失败,宣告了资产阶级维新运动的破产,也是他们对帝国主义及其奴才抱有幻想的悲惨下场。

由上述可见,帝国主义搞"东南互保",主要是利用它们的走狗——洋务派,也利用了帝党和资产阶级维新派,在反对农民反帝斗争的一点上,它们凑合起来了。

二

1900年6月,刘、张派遣代表会同盛宣怀在沪与各国领事协议《中外互保章程》,第一条也就是"章程"的总纲,规定:"上海租界归各国公同保护,长江及苏杭内地均归各督抚保护,两不相扰,以保全中外商民人命产业为主。"[1]其余条文都是贯彻这条的一些具体办法,主要是"严拿匪徒"之类,这些规定始行于两江、两湖,不久推广及于四川、浙、闽诸省,两广、山东亦一体仿行。刘、张俨然以疆吏的"盟主"自居,向各省督抚发号施令。

"东南互保"的表面是中国东南各省的督抚与帝国主义列强共同"保护"各省中外"人民"的"安全"。其实质是中外反动派联合维持东南各省的半殖民地半封建的统治秩序,压制东南人民

[1] 《李文忠公全集·电稿》卷二十三。

的反帝爱国斗争，与八国联军进攻中国相配合，这是帝国主义破坏义和团运动的一个方面军。

刘、张等人实行"互保"的第一步就是严禁东南人民响应义和团运动。当义和团进入京津时，华北义和团曾扬言南下，长江中下游各省的会党跃跃欲试，东南地区的疆吏将帅之中也有人主张阻击侵入长江的外国兵舰，反帝斗争一触即发。这时的帝国主义列强，单是派兵进攻华北，已有相当困难，要同时在深广的长江流域作战，绝无如许兵力。何况这里是国际帝国主义特别是英帝国主义推销商品的重要市场，如果发生战争，对帝国主义极为不利。英国和其他帝国主义之间又相互牵制，猜忌重重。因此它们就假手刘、张等人竭力维持东南的"和平"秩序，以便自己用全力对付北方的义和团运动。刘、张等人完全仰承帝国主义的鼻息行事，竭力执行"保护"洋人的"协议"。刘坤一曾严令淮南北的官员不许义和团入境，"获匪即予正法"[1]。张之洞也三令五申，饬属"保卫"教堂及"洋人"，"如有造谣闹教之人，立即严拿正法"[2]。浙江、湖南等地人民的反洋教斗争，都遭到残酷的镇压。他们对会党采用收买和分化的办法。刘坤一听从张謇等地方缙绅的密计，以"赦罪""赏官"和收编部属为条件，招降了长江下游的盐枭头目徐老虎，使之充当自己的鹰犬，专门做破坏会党起义的勾当。巡阅长江水师大臣李秉衡主张抵抗帝国主义的侵略，他反对"东南互保"，亲赴江阴前线，扬言"遇外国兵舰即击"，诰事后党的江苏巡抚鹿传霖随声附和。他们的这种行动，有利于东南人

---

[1]《回当斋集》卷八《刘忠诚公神道碑文书后》。
[2]《张文襄公全集》卷一六〇，第 19 页。

民开展反抗帝国主义的斗争。盛宣怀得讯急报刘、张。刘坤一密令江阴水陆将士不听李秉衡指挥，"毋妄动招敌"，并拆除江阴炮台的装备。张之洞驰电李、鹿，极言"战必败"的谬论，力阻"决裂"[1]。李秉衡在东南站不住脚，不久遂以"勤王"为名，带兵北走。其他主战的地方文武也都受到压制与打击。

刘、张等人在"东南互保"幌子下，投降帝国主义，大量屠杀响应义和团起义人民的罪恶，已经如此露骨，事实昭彰。但是为了欺骗人民，掩饰自己的罪恶，他们却竭力宣扬他们实行与外国"互保"的"正确"。一则曰："力任保护"，"稳住各国"[2]。再则曰："两不相扰，以保全中外商民人命产业。"[3]三则曰："倘各国必欲以干戈从事，……自当尽力抵御。"[4]这就是刘、张等卖国贼为自己的诡辩。事实证明，这些都是他们的谎言。当时列强所以没有进兵东南，主要是因为害怕中国人民的反抗，也因为列强之间的互相牵制，并非由于李、刘、张向它们叩头的结果。以后日本派兵侵入厦门，"认真"执行"互保"章程的福建大吏就不曾把它"稳住"。俄兵侵入东北，模仿李、刘、张办法对俄国叩头的盛京将军增祺也不曾把它"稳住"。法、德两军侵犯保定，遵照李鸿章指示，开城接待的直隶藩、臬也不曾把它们"稳住"。恰恰相反，他们压制了人民的反帝斗争，给了帝国主义集中力量横行无忌地屠杀北方起义人民的机会。李、刘、张的谎言，是完全不能掩盖他们

[1] 参见《愚斋存稿》卷三十六，第3页及《张文襄公全集》卷一六〇，第39—40页。

[2]《愚斋存稿》卷三十五，第30页，《刘岘帅来电》。

[3]《愚斋存稿》卷三十六，寄李、刘、张电。

[4]《张文襄公全集》卷八十，刘、张会奏稿。

卖国投降的罪行的。

三

当时，中国的政局实在离奇。北京的朝廷已向帝国主义宣战，而李、刘、张等东南督抚却与列强结盟互保，拒不奉行皇帝的宣战诏书。李鸿章甚至公开指斥清廷通令各省"招团御侮"的上谕为"矫诏"。他们这样做，引起某些封建士大夫的不满。有人写信诘责张之洞说："夷狄之祸至于此极，臣子何以为生？而今南北判若两家，从古所未有也。"[1]也有人骂他们是"叛逆"，是"新党"。难道他们真的是背叛朝廷，与后党分家了吗？不，决不。他们对清朝、对西太后是"忠心耿耿"，始终不渝的。他们背叛的是伟大的中华民族，而不是反动的清朝统治；他们反对的是革命的义和团运动，而不是腐朽的后党。事实就是这样。

"东南互保"一开始，刘、张等人就故意宣称："钦遵谕旨办理"，其实并无此"旨"。张之洞在湖北刊刻告示，极力为后党解释，力言："此次北方战争"，"因匪徒滋事，以致各国生衅"，"本非朝廷意料所及"[2]。这个"告示"几乎是东南各省督抚晓谕军民千篇一律的蓝本。刘、张等人和历史上的一切反动派一样，说话都是惯会捏造根据的。他们把清廷的"谕旨"作了随心所欲的解释。清廷曾令各省督抚"选将、练兵、筹饷"，"相机审势"，"保守疆土，不使外人逞志"，"联络一气，共挽危局"。显然这是命令他们备

---

[1] 于荫霖：《悚斋日记》："闰八月初四日，文叔瀛前此致南皮信云云。"
[2] 见《张文襄公全集》卷一六〇。

战守土,抵抗外国的进攻。但经过刘、张等人的曲解,便成了"东南互保"的根据。他们说:如果和帝国主义开战,是万分冒险的。只有和各国"联络",把他们"稳住","长江以内,尚可使外人无从逞志"。这才是"联络一气","相机审势","保守疆土"的真实意义[1]。这样一说,刘、张等人便不是"抗旨"而是"遵旨",不仅为自己消除了"背叛朝廷"之"嫌",也为后党向帝国主义开脱对外宣战之"罪",留下日后投降的余地,这就是刘坤一所说的,"欲保东南疆土,留为大局转机"[2]。李、刘、张等的第二步也就是勾引后党,向帝国主义投降,全面破坏义和团运动。

后党本来也就是一个投靠外国帝国主义的卖国集团。西太后的对外宣战,乃因外国干涉"废立"而出于一时激动,特别是受到义和团的压力,"都中数万,来去如蝗","剿之则即刻祸起肘腋,只可因而用之"[3],并非出于她的本心。故而后党一面公开对列强宣战;一面秘密向各国求饶,"寄谕"与"明旨"两歧[4]。后党内部亦分化为两派:载漪、刚毅等因"废立"不遂而鼓动排外;奕劻、荣禄等则担忧后党的政治命运而暗中媚外。对东交民巷使馆"一面保护,一面攻打"[5]。这些矛盾情况使刘、张等人大为高兴。他们以此为据,竭力宣传太后此次有万不得已之"苦衷",对外宣战是完全出于被迫[6]。于是刘、张一边纠合东南疆吏

---

[1]《李文忠公全集·电稿》卷二十三《盛京堂来电》。

[2]《李文忠公全集·电稿》卷二十三《盛京堂来电》。

[3]《愚斋存稿》卷三十六,录五月三十日电旨。

[4] 见《张謇日记》。

[5]《愚斋存稿》卷三十七《寄袁中丞电》。

[6]《愚斋存稿》卷三十六《刘岘帅来电》。

"公举"李鸿章为"全权"，奏请在沪与各国谈判；一边与奕劻、荣禄频通声气，要他们护住使馆，以求日后帝国主义对后党的宽恕。由于义和团尚在京畿奋战，李秉衡等少数统兵大臣也欲背城借一，故而后党与刘、张等暂难公开合流，他们与帝国主义"停战言和"的阴谋也暂未得逞。等到是年8月，帝国主义联军攻陷北京，后党脱离了义和团掌握之后，时局急转直下，后党便与李、刘、张等公开合流，向帝国主义投降，签订《辛丑和约》，全面破坏了义和团运动。

签订《辛丑和约》的投降代表团，就由李、刘、张等"东南互保"的主犯担任了其中要角。李、刘、张等抱定签订"和约"的原则是：满足帝国主义的侵略贪欲，维持后党的腐朽统治，出卖义和团的爱国运动。他们首先向流亡西北的清政府传递帝国主义关于"剿拳"的意旨。尽管后党曾经一时"糊涂"，"祖匪仇洋"，然而帝国主义对后党与义和团一直是区别对待的。它们组织联军进攻中国时，就声明代清政府"剿匪"，而他们所要求的是清政府自行"剿匪"，像李、刘、张等东南督抚已经实行的那样，这也是"和谈"的前提。帝国主义这样说，李、刘、张等依样传，流亡西北的西太后政府便照样做。在几十天之前，后党曾经把义和团叫作保卫"社稷"的"义民"，现在居然一反其道，明降谕旨，改称之为开衅"友邦"的"拳匪"，咬牙切齿，命令地方文武"痛加划除"。从"祖匪"到"剿匪"，这是后党本来面目的恢复。义和团的反帝爱国运动就此被清政府出卖了。帝国主义列强本有勒令西太后"归政"的要求，经过李、刘、张等从中疏解，后党也有"悔祸"的表示，帝国主义就不再提。各国指摘荣禄部兵进攻东交民巷，拒绝他参与议和，且将有"不测之祸"。李、刘、张、袁、盛也一致为之辩护，并顺水推舟支持荣禄改赴行在，入长军机，以惩办"党拳仇外"的一批王大臣为交换条件，荣禄也就保持了炙手可热的地位。极端腐朽的后党集团继续掌握中央政权，固然是当时国际帝国主义侵华的共同政策，也是和李、刘、张等的竭力维持分不开的。于是庆、李对外，西太后、荣禄居中，刘、张参与会商，与帝国主义的代表"磋磨"，完成了拟订《辛丑和约》的罪恶勾当。

四

义和团的反帝爱国斗争与李、刘、张等实行"东南互保"，代表着当时中国两种势力对待帝国主义的两条路线：前者是广大的革命的人民对帝国主义坚决斗争的爱国路线；后者是一小撮反动的封建地主对帝国主义妥协投降的卖国路线。前者流芳千古；后者遗臭万年。尽管帝国主义、地主、资产阶级的史家们，颠倒是非，混淆黑白，他们竭力把义和团丑化为"肇事生非"的"乱匪"，把李、刘、张等美化为"旋乾转坤"的"功臣"，然而满天乌云，毕竟掩盖不住日月的光辉。就从某些帝国主义分子的嘴里也透露了义和团运动的一些真相。连八国联军统帅瓦德西也承认从这次"拳民运动"中，发现中国人民反抗压迫的无畏精神及其伟大力量。他承认列强不可能瓜分中国，承认德国不能够并吞山东，主要是怕人民的反抗[1]。由此可见，帝国主义之所以暂时缩回瓜分中国的魔爪，不是由于接受李、刘、张的求乞；而是由于接受义

---

[1] 见《拳乱笔记》。

和团打击的教训，害怕中国人民的斗争。恰恰相反，李、刘、张等的投降行为正是帮助了帝国主义达到绞杀义和团运动与进一步奴役中国的目的。功过是非，青史俱在，一切反动分子的诡辩是徒然的。

（《历史教学》1963 年第 12 期）

论清末的铁路风潮[1]

一、帝国主义掠夺中国铁路和清政府的卖路

大规模掠夺殖民地半殖民地国家的铁路修筑权,是帝国主义输出"过剩"资本与划分势力范围的一种形式与手段。列宁在《帝国主义是资本主义的最高阶段》一书内,统计过从1890—1913年间,"铁路发展得最快的,是亚美两洲的殖民地和独立国(以及半独立国)"。欧洲增加数是一二二〇〇〇公里,美国增加数是一四三〇〇〇公里,而资本主义极不发达的亚美两洲的殖民地和半殖民地等国家,铁道长度增加的总数是二二二〇〇〇公里。列宁指出:"大家知道,这是由五个最大的资本主义国家的财政资本统治一切,支配一切。在亚美两洲殖民地及其他国家建筑二十万公里的新铁路,就等于在收入有特别的保证,钢铁厂可以获得厚利定货等等特别有利的条件下,新投入四百多亿马克的资本。"[2]

列宁所举的"亚美两洲的殖民地和独立(以及半独立)国家",中国是其中重要的一个。从甲午中日战后,中国铁道长度的

---

[1] 本文集编者按,此文收入辛亥革命史研究会编:《辛亥革命史论文选》(上),生活·读书·新知三联书店1981年版。

[2]《列宁全集》第22卷,第267页。

增加和路线的分布,实质是帝国主义对中国投资增长和划分势力范围的主要反映。也便于倾销它们的"过剩"商品。

帝国主义列强掠夺中国铁路,在不同的历史阶段,有不同的表现。从中日战后至《辛丑和约》签订,列强展开了划分势力范围的角逐,强迫清政府订立不平等条约,各在势力圈内攫取路权,又以攫取路权作为伸展势力的手段;从1901年至1908年,因日俄战争的结果和国际上的其他影响,列强在华掀起了重行分割路权的斗争,如南满铁路的从俄国转入日本之手,京汉铁路的从比国投资改归英、法投资等皆是,又根据已订条约,修筑未办各路;从1908年以后,由于人民的强烈反抗和清政府的摇摇欲坠,列强便在美国所倡议的"门户开放,机会均等"的花招下,组成国际银行团,联合向中国投资,加强对铁路的掠夺。

帝国主义在华筑路,采取以下几种方式:

(一)直接投资。又有两种形式:

(1)外资筑路。外国政府或公司在中国筑路,在一定期限内,中国不得过问或备价赎回。如法国根据1895年中法会订《商务专条》内载"越南之铁路,或已成者,或日后拟添者,彼此议定,可由两国酌商妥定办法,接至中国界内"等语,于1898年强迫清政府"允准法国国家,或所指法国公司,自越南边界至云南省城修造铁路一道"。即以后筑成的滇越铁道。日本强筑的安奉铁路也是同样性质。

(2)华洋合办。清政府或华商与外国银行或公司合资筑路,所有建造经理一切事宜,都由外国银行或公司承办,在一定年限后,清政府始得备价赎回。如俄国修筑的中东铁路(又称东清铁路),德国修筑的胶济铁路,日本经营的南满铁路(原中东铁路南满枝路）等，都属这一形式。实际华股很少，有的并无华股，与纯系外资筑路无大差异。

帝国主义采取以上形式，掠夺中国铁路，给中国人民带来了严重的灾难。

第一，帝国主义修筑铁路所到之处，也是它们的军队、官吏、间谍等到达之处，肆无忌惮地虐待沿线人民。如滇越铁路通车后，法国即借护路为名，派兵侵入云南，地方官吏不敢阻止。日本在修筑安奉铁路时，强迫沿线农民无偿劳役，又践踏庄稼，强占土地，激起数千农民向东三省总督锡良请愿，锡良无可如何。

第二，帝国主义随着筑路而大量移民，强占村镇，开铺设埠。在日俄战后的几年间，中东铁路沿线是俄人的世界，南满铁路沿线是日人的世界。

第三，帝国主义随着筑路而掠夺沿线的矿山。如1898年签订的《中德胶澳租借条约》第四款规定："于所开各道铁路附近之处，相距三十里内，如胶济北路在潍县、博山县等处，胶沂济南路在沂州府莱芜县等处，允准德商开挖煤等项。"

第四，帝国主义任意抬高铁路装运费，刺激中国物价，影响人民生活。如胶济铁路开车八九年，车价上涨了五次。

帝国主义采取直接投资的方式在中国筑路，引起中国人民首先是沿线农民的强烈反抗，不仅阻碍工程，也摇撼清政府的统治。因此这种方式一般限制在沿边沿海，帝国主义武力控制所及的地区。《辛丑和约》以后，接受义和团运动的教训，为了深入掠夺中国的铁路，帝国主义就大量采用间接投资的方式，勾结清政府，实行"借债筑路"。清政府可以分得一部分利润，而必须代帝国主义承担政治上的风险。

（二）间接投资。也有两种形式：

（1）借款代筑。由借款国银行或公司代筑，并操经营管理之权。上设铁路局或公司，由清政府派员督办。盈亏与借款国资本家无涉。

（2）借款自办。由于中国人民反对外国"代筑"，帝国主义便在名义上给予中国"自办"，但在债务期间，必须由借款国人担任总工程司及总司账，实际仍操经营管理之权。

"借债筑路"的条件极为苛刻。1909 年的《时报》发表过一个《历次铁路借款办法比较表》[1]，可见大概。

从下表可见，这些铁路借款都有折扣；利息之外，又有银行酬金；通车后，债主分占余利；借款国还包办工程器材。显然这是外国资本家获取高额利润的"有效"办法。这些铁路借款一般都以路权抵押。即使不以路权抵押的，工程、账目也受外人掌握。在债务期内，实际仍是外国经营。

铁路借款的期限一般都在二十年以上。如京奉铁路的借款年份是 1898 年，偿款期间是 1905—1944 年。债务期间长达四十七年。沪宁铁路的借款年份是 1904 年，偿款期间是 1904—1953 年。债务期间长达五十年。

"偿债赎路"是清政府呼喊的口号，实际是难以实现的。

第一，在修筑时，洋工程司勾结清政府所派委的督办官员，虚糜款项，工费不敷，使清政府继续举债，难以清偿。如 1909 年夏，直隶人民揭发津浦北段总办李德顺等勾结德国帝国主义，"乘便营私"。按合同聘德工程司一人，而李增雇洋员至八十余人。一

---

[1]《东方杂志》六卷二期转载。

路名	款数	折扣	利息	还款酬银行费	抵押	总工程司	造路	管理行车	分余利	承办购料	查账管账
京汉	正线一万二千五百万佛郎	九扣	五厘	二毫五	以全路产业作抵	用借款公司所荐之总工程司	归借款公司管理	归借款公司承造	借款公司分余利二成	借款公司承办购材料	借款公司分管理账目
京奉	二百三十万镑	九扣	五厘	二毫五	同上	同上	同上	同上	不分余利	同上	同上
正太	四十万万佛郎	九扣	五厘	二毫五	同上	同上	同上	同上	借款公司分余利二成	同上	同上
沪宁	三百二十五万镑	九扣	五厘	二毫五	同上	同上	同上	同上		同上	同上
汴洛	四千一百万佛郎	九扣	五厘	二毫五	同上	同上	同上	同上	同上	同上	同上
道清	八十万镑	九扣	五厘	二蒙五	同上	同上	同上	同上	同上	同上	同上
广九	一百五十万镑	九四扣	五厘	二毫五	同上	同上	同上	同上	同上	同上	同上
津浦	五百万镑	九三扣	五厘	二毫五	以直隶山东江苏三省厘金作保	同上	归中国自行管理	归中国自行管理	借款公司分余利二成先提二十万镑给付	同上	借款公司查账
沪杭甬	一百五十万镑	九三扣	五厘	二毫五	以关内外铁路余利作保	同上	同上	同上	借款公司分余利二成先提六百万七十五千镑	同上酬劳三万五千镑	刊印中英文账目任人取阅

般路工用款一里约需银一万数千两,而李耗银每里三万两尚称不足。原借五百万镑不敷筑路之用,以至于 1901 年又向英、德续借四百八十万镑。

第二,在通车后,一般短距离的枝路都因偿付年息而往往亏本。以沪宁铁路通车后的几年为例,岁入不满二百万元,支出约三百万元,其中年息一百四十万元,亏耗一百万元。据 1910 年邮传部统计的《全国铁路盈亏记略》[1],借款兴筑的沪宁、正太、道清、汴洛四短路,亏耗数十万两至一百万两不等。即使是距离较长、客运较多,能够盈利的京奉、京汉两干线,也因经营不善等原因而收入递减。以京奉路为例:

1904 年　余利八〇四三八七七元

1905 年　余利七六一五一五八元

1906 年　余利五二五五九四四元

1907 年　余利三三三五二一四元[2]

至 1909 年,已下降至一百一十万两。是故清政府企图积累营业余利赎路,实际是不可能的。何况在《辛丑和约》签订后的十年间,主要因外债勒索,清政府的财政危机日益严重,"国债新政,巨款难筹,政府无点金之方,司农有仰屋之叹"[3],铁路小有余利,即被挪移,以之赎路,更成空话。需要偿款时,只有借债还债。如 1908 年借英、法之款向比利时赎回京汉路,名为"赎路",实际不过是债主国的转移。这样,就使中国铁路永远无法摆脱外国高利贷的镣铐。

---

[1]《东方杂志》七卷六期。

[2]《东方杂志》六卷三期《京奉路近四年收支比较表》。

[3]《东方杂志》六卷十期《颐和园八品苑副永麟遗书》。

当时社会舆论对"借债筑路"莫不深恶痛绝,盛宣怀的儿子为乃父作《行述》说:"比岁以来,维新志士本其爱国热诚,视借款筑路如鸩毒蛇蝎。"人们反对"借债筑路",主要是从两个方面着眼:

第一,耗糜中国资金。1909 年湖南谘议局的议员们计算过,如借外债二百万镑,二十年偿还,损失之数足修四千里铁路[1]。

第二,失去路权。1907 年 5 月 31 日的《南方报》发表评论,一针见血地说:我国"借债筑路","是无异允外人在其殖民地筑路也"[2]。

以上还是社会上层的呼声。至于随着路权的丧失,沿线的土地人民将受外人的奴役;通车后外国工业品深入腹地,使农民和手工工人加速破产。这些则是社会各个阶级、各个阶层(除去一小撮卖国贼如盛宣怀等外)在不同角度上所同感为切肤之痛的了。

清政府不顾人民反对,悍然执行"借债筑路"的反动政策。外来的因素,是国际垄断资本给它的压力。内在的因素,是它的财政危机。

从《辛丑和约》签订后,在政治上,清政府已经完全投降了帝国主义,唯命是听。在经济上,与日俱增的高利债款结成了一条勒死它的绳索。据 1909 年的统计,清政府所负外债共英金一百三十六兆二十二万三千五百九十镑,以三先令合银一两计之,共银九百零八兆十六万三千九百三十三两。已给未给之利息尚不

---

[1] 《东方杂志》六卷十二期《九记湘鄂路线商借外款情形》。
[2] 《东方杂志》四卷七期《论铁路国有主义与民有主义之得失》,录自丁未四月二十日《南方报》。

在内^[1]。1910年度支部的预算是：

入款　银二九六九六二七二三两

出款　银三三三〇五六三六四两（内洋债五一六四〇九六二两）

亏款　银三六〇九五八四一两^[2]

又有一个统计数字，约估1911年及其以后清政府的收支情况，原文如下：

"宣统三年岁入二万九千七百万两

岁出三万五千余万两

不敷五千四百余万两

筹备追加二千四百余万两

实不敷七千八百万两（其中偿债本息五千余万两）

三年以后，四国币制实业粤汉川汉津浦追加邮部日本正金各省救济市面借款合计约二万万两，平均五厘息，年增出款一千万两，合前计之，不敷八千八百万两。"^[3]

这样的年复一年的财政亏耗，使清政府山穷水尽。如果无止境地增加捐税，将激起人民日益剧烈的反抗。于是它选定了一条生财之道，就是"借债筑路"。

当时，清政府的官员们一致认为"凡百生利，莫如铁路之速"。他们目击外国在华经营的铁路，获利都是优厚的，以日本的南满路为例，岁入与年递增。

1906年　收入七十五万余元

---

[1]《东方杂志》六卷十三期《中国洋债一览表》。

[2]《东方杂志》七卷十期《中国大事记》附录。

[3] 北京图书馆藏《近代史料信札》一〇九册原件。

1907 年　收入八十六万余元

1908 年　收入一百四十三万余元

再如德国的胶济铁路,1905 年的岁入是一九一二二九五元;1910 年,增至三七三〇三四二元[1]。

即使是清政府借债兴筑之路,虽然偿付利息,除短路亏本外,长路还是赚钱的。以 1909 年为例,京奉、京汉两路盈利合计九百万两,成为清政府弥补财政亏耗的主要来源之一。是故在清朝反动统治的最后几年,当权要人把"借债筑路"当作"救亡的第一政策"。盛宣怀曾说:"时局甚危,不有铁路,何能救急。"[2]筑路必须借债,1910 年 9 月,邮传部发表《借款办路说帖》,公然表示"舍借款别无良策"[3]。

据 1911 年日本《大阪朝日新闻》披露,清政府共借铁路债款十七次,除已偿还五千八百九十五万元外,共负二亿九千零六十二万元。铁路借款的债额与次数是向后愈多:

1898 年　两次　七三〇〇〇〇〇元

1899 年　一次　一六〇〇〇〇〇元

1903 年　一次　一六四〇〇〇〇元

1904 年　一次　二九〇〇〇〇〇元

1905 年　两次　一八〇〇〇〇〇元

1907 年　一次　一五〇〇〇〇〇元

1908 年　三次　一一五〇〇〇〇元

---

[1]《东方杂志》六卷五期《南满铁道最近之状况》,十卷十一期《德意志之山东经营》。

[2]《愚斋存稿》卷七十七,第 8 页。

[3]《东方杂志》七卷十期。

1909 年　两次　二四七〇〇〇〇元

1910 年　三次　五四七〇〇〇〇元

又据日本《新公论》杂志统计，截至 1911 年末，中国未偿外债的本息合计是：

中央外债　一四三二一二六六六六元

地方外债　二七〇九六〇〇〇〇元

铁道借款　六五九九四五〇〇〇元

总计　二三六三〇三三六六六元[1]

其中，虽以中央外债的数字为最多，但它是包括"庚子赔款"在内，从借债的内容来说，"铁道借款"是一个主要的项目。铁路借款的不断增多，反映了列强掠夺中国铁路的疯狂性，也显示出清政府日益倾向执行"借债筑路"的反动政策。

清政府"借债筑路"，挂着"官办"的招牌。1908 年，《大公报》刊载《论官办铁路之恶结果忠告邮部警醒国民》一文说："综观既往，默计将来，凡官办铁路，无一不与外人有密切之因缘，即无一不得丧权失利之恶果。""呜呼！官办铁路欤？官卖铁路欤？吾敢质之当局？"[2]一言道破了清政府"借债筑路"的真相。是故卖路罪魁盛宣怀所说的"不有铁路，何能救急？"实际是"不卖铁路，何能救急？"

总之，帝国主义行使外交压力，又利用清政府财政危机，采用直接和间接投资的方式，逐步夺取中国的铁路。1909 年，日本《报

---

[1]《东方杂志》八卷四期《论中国外债及财政之前途》，转译当年 4 月 25 日至 5 月 3 日《大阪朝日新闻》；十卷八期，译《新公论》杂志所载《列强对于中国之经营》。上表所列，加 1911 年向日借款一千万元为十七次。

[2]《东方杂志》五卷八期转载。

知新闻》发表了一篇《中国已设铁道记略》，令人触目惊心。摘录译文如下：

南满洲铁道（外国直接投资）

一　宽城子、奉天、苏家屯、大石桥、南关岭、大连间——四四一哩

一　奉天安东间——一八四哩

一　苏家屯抚顺间——四十哩

一　大石桥营口间——十五哩

以上六百八十哩悉属于日本经营者也。

东清铁道（外国直接投资）

一　满洲璞苦拉伊起那亚间

一　哈尔滨长春间

计一千七十七哩，纯然俄国所有也。

关外铁道（借款筑路）

一　山海关、沟帮子、新民屯、奉天间

一　沟帮子营口间

计三百三十七哩，此路管理权虽在中国铁路公司，其中资本金一千一百五十万两悉借英国款项，故会计长、技师长系用英人。

津榆铁道（同上）

山海关天津间

计百七十三哩，对于英国之关系，与关外铁道同。

京通铁道（同上）

北京通州间

计十四哩，其关系与津榆铁道同。

京津铁道（同上）

天津北京间

计八十七哩，其关系同上。

京汉铁路（同上）

北京汉口间

计七百五十四哩，从白耳义新其格脱借入二千七百万两，中国政府收出一千三百万两所敷设者也。

西陵铁道（官办）

高碑良乡间

计二十六哩，系京汉铁道之支路，悉中国所有也。

山东铁道（外国直接投资）

青岛济南间

计三百四十三哩，其资本系中国十万两，德国五千四百万马克，归德国有籍贯之华德胶济铁道公司敷设经营，故谓为纯然德国所有，亦无不可也。

淞沪铁道（借款筑路）

上海吴淞间

计十四哩，全部英国之资本，现与沪宁铁道合并，归英人管理。

沪宁铁道（借款筑路）

上海南京间

计二百哩，与沪淞铁道同样。

潮汕铁道（商办）

汕头潮州间

计二十五哩，资本虽全系中国所出，而管理权全在日本三五公司之手。

龙州铁道（外国直接投资）

法领东京、谅山、广西省龙州间

计五十哩，中国广西官局与法国非林会社共同敷设经营（中国地方官只负责供给土地及工役等）。

萍潭铁道（官办）

萍乡湘潭间

计三十五哩，为炭矿铁道，全中国所有。

上表除新宁、沪杭两路尚未列入外，这家日本报纸带着极端轻蔑的口吻，统计了一下中国已设铁道之全长是三千七百四十哩，而纯属中国所有的只有六十一哩，其余都被列强所宰割[1]。

帝国主义夺路与清政府卖路，促使中国人民觉醒，在 1905 年前后，各地风起云涌地掀起了自办铁路的运动。

二、商办铁路运动的兴起

面对帝国主义掠夺铁路，中国的工农群众进行了强烈的反抗。他们用暴力阻止帝国主义在华筑路。山东农民反对德国修筑胶济铁路的斗争，东北农民反对俄国修筑中东铁路的斗争，直隶、河南、湖北等省农民反对比利时修筑京汉铁路的斗争，此起彼伏，连绵不绝，终于催生了 1900 年的义和团运动。

中国民族资产阶级基于发展资本主义的利益，也反对帝国主义掠夺铁路。1898 年，资产阶级改良主义者的喉舌——《清议报》指出："柔缓侵略者，尝一冒殖民政略之名，掩饰其侵略性质；

---

[1]《东方杂志》六卷九期转译。括弧内文字系引者自加。

而今复冒铁路政略之名，其掩更增一层之巧。今一言说破之，铁路政略，即殖民政略也，殖民政略，即侵略主义也。"[1]资产阶级革命者陈天华在《警世钟》里写道："列位，你道今日中国还是满洲政府的吗？早已是各国的了。那些财政权、铁道权、用人权，一概拱手送与洋人。"他又在《猛回头》中说："痛只痛，修铁路，人扼我吭。"改良派和革命派都提出了自办铁路的主张，但在义和团运动之前，还不具备商办铁路的条件。

伟大的义和团运动阻止了帝国主义瓜分中国，促进了中国民族资本主义的发展。在义和团运动期间，主要由于义和团在北方进行赴汤蹈火的斗争，吸住了国际帝国主义的主力，使东南沿海免遭帝国主义的武装进攻；又因战争之故，外国工业品输入减少，给东南各省的民族资本主义企业造成了发展的机会。

以张謇经理的大生资本集团为例，义和团运动时期，是它初次遭遇的获利丰厚的年头。后经日俄战争，外国纺织品来华减少，大生纱厂产品远销各地，又一次获得了厚利。在1905年前后，张謇经营的企业，不仅是通州的大生纱厂及其崇明分厂，又派生了一个通海实业公司，其中包括着种棉的垦牧公司、制造棉籽油的广生油厂、修理机器的资生铁冶厂、航行沪通等地的大达轮步公司等十数种企业。大生资本的势力也扩散到通海以外地区。张謇先后和人合伙，创办中国图书公司于上海，开设耀徐玻璃厂于宿迁，建立江西瓷业公司于景德镇等。在1905年前后，开矿、筑路、设银行、制机器等，都日益成为张謇等所要求解决的课题。

经过义和团运动的打击，列强对华的铁路投资一度暂时停

---

[1]《清议报》卷十七。

顿；清政府则以假维新为延缓自己死亡的手段，并图增加捐税，不得不给民族资产阶级以某些口惠，而向民间开放铁路的修筑权。于是1903年起，受华侨资本影响较大的粤、闽沿海，得风气之先，首先组成商办铁路公司，以后各省陆续成立，兹略依时间顺序，列表如下：

名称	成立时间	总理或总办
潮汕铁路公司	1903	四品京卿张煜南
湖南铁路公司	1904	江西臬司余肇康
江西铁路公司	1904	江宁藩司李有棻
新宁铁路公司	1905	盐运使衔陈宜禧
安徽铁路公司	1905	四品京卿李经方
浙江铁路公司	1905	两淮运司汤寿潜
福建铁路公司	1905	内阁学士陈宝琛
滇蜀铁路公司	1905	贵州学使陈荣昌
同蒲铁路公司	1905	甘肃藩司何福坤
江苏铁路公司	1906	商部右丞王清穆
广东铁路公司	1906	侍读学士梁庆桂
广西铁路公司	1906	广西学使于式枚
四川铁路公司	1907	刑部郎中乔树枏
河南铁路公司	1907	礼部左丞刘　果
西潼铁路公司	1908	山西道员阎乃竹
湖北铁路公司	1900	湖北道员札凤池[1]

---

[1]　除鄂路公司成立资料据《东方杂志》七卷九期外，余据商部、邮部及有关督抚奏案。总理姓名都系第一任者。

有些省份虽未成立商办铁路公司,但也有一些要求自办铁路的组织。如1908年成立的吉林公民保路会,1909年成立的山东烟潍路招股公司等。

上表显示出清末商办铁路运动的几个特点:

第一,在湖广人民赎回粤汉路,直东苏三省人民反对英德分割津镇路,苏浙人民反对英国攫取沪宁、苏杭甬路等斗争的推动下,出现了1905—1906年间,商办铁路的高潮,表明运动的爱国主义性质。

第二,总理或总办,都由在职官员或解职的绅士担任(内中陈宜禧是侨商),他们对清政府有不同程度的依附关系。

第三,各省甚至在同省的各个铁路公司,各自为政,没有统一和联合的机构,带着浓厚的地域性。

显然这是在一个半殖民地半封建国家里,民族资本主义不发达的情况下,被爱国运动裹挟起来的畸形现象,也就决定了它的脆弱性。

这些组织成立后,纷纷进行招股筑路的活动。由于全国经济和人民觉悟的发展不平衡,所以各地铁路公司的招股方式不一致,成绩也不平衡。

大抵民族工商业比较发达,得风气较先的东南沿海各省,特别是苏浙两省,主要是采取认股和购股的方式。一般是每股五元。除地主、商人、华侨外,工人、农民、职员、学生等在爱国主义的推动下,都纷纷认购股票。以沪杭甬铁路为例,浙江资产阶级的报纸公开号召:"席丰履厚者固应争先认缴,以为众倡,即至农工各界,缩衣节食,勉尽公义,亦复应有之事。"[1]据宁波各团体统计:"全路劳动界几以万计,农工两界投资附股者尤多。"[2]这些省份的股款也较易积聚,有一个苏路股东写道:"新纪元前六年,时议以苏杭甬铁路借款草合同入英人势力范围,危甚。""江浙负时望者倡议商办,同声一词。""谓我工速竣,即外力无由内侵,众皆激于爱国思想,不数月款集,华侨投资者亦踵至。"[3]

经济比较落后、风气比较闭塞的省份,集股的方式就不同了。除认购路股之外,采取抽股和勒捐的办法。如地租和房租等抽股,田亩捐、粮食捐、茶捐、土芍捐、食盐加价等。也有路基所有者以土地入股的。还拨用"地方公款"。这样的积累股金,也比较缓慢。

截至1911年,招股成绩最好的是浙江,其次是四川、广东、江苏等省。浙江的预筹股额是六百万元,实收股额九百二十五万元。四川预筹二千零九十九万元,实收一千六百四十五万元。广东预筹二千万元,实收一千五百十三万元。江苏预筹一千万元,实收四百十万元。最差的西潼铁路公司、广西铁路公司等,则是分文未收[4]。

股金积聚的情况,反映在筑路工程上。截至1909年,浙路公司筑成了将近一五〇公里,为全国商办铁路之冠。其次是广东,筑成八十五公里。再次是江苏,筑成将近五十六公里。湖南筑成

---

[1] 支南钰一郎:《汤寿潜》又名《浙路风潮》第九章,录《四明日报》。

[2] 《汤寿潜》第十二章《宁波各团体上抚宪电》。

[3] 沈恩孚:《萑梧轩文存》卷四《苏省铁路公司始末记》。

[4] 浙路、川路、苏路集股情形,据《轨政纪要初稿》;粤据《交通史路政编》;西潼路据《邮传部奏议分类续编》;桂路据丁未年《商务官报》第一期。

五十有零公里。江西四十公里。四川铁路公司集股虽多，而因内部舞弊、行动迟缓，仅铺轨三十余里[1]。

从招股筑路的情况，可以看出，当时几乎是在全国范围内开展的商办铁路运动，虽然是在某种程度上反映了中国民族资本主义发展的需求，但是超出了它的水准，最后必然因资金不足等而陷于困难。商办铁路虽由各省的绅商发动，而股金来自各阶级各阶层，把广大工农卷进了漩涡，成为一次群众性的爱国运动。

商办铁路是帝国主义夺路以及清政府卖路的对立面。伴随着商办铁路运动而来的，是一次比一次激剧的争路风潮。

三、各省的争路风潮

1903—1905 年间，湖北、湖南、广东三省人民督促清政府向美国合兴公司赎回粤汉铁路修筑权，是中国人民争路的起点。

1902 年，清政府招揽美商合兴公司借款代筑粤汉路。以后这家美国公司因资本不足，把股票私卖给比利时商人。鄂、湘、粤三省人民闻而反对，要求赎回自办。但骤难集中巨款。英国驻汉口的外交人员乘机和鄂督张之洞勾搭，别有用心地代筹赎路之款。1905 年，张之洞向英国香港政府借款一百十万镑赎回此路。借款由三省分十年摊还，以人民血汗偿债。以湖南为例，"湘人不惜从饥民口中吐出赈粜之资，以供应付。……及至米款所抵仍多不敷，则又经全湘人士公认盐斤加价，以图补苴。加价而至盐斤，则

---

[1] 浙路、苏路据《修筑里程邮传部第三次统计表》；湘路据《邮传部接收粤汉川汉路借款合同及分别接收各路股款始末记》；赣路据《邮传部奏议分类续编》；川路据《愚斋存稿》卷十七，第 33 页。

下至乞丐亦不能免"[1]。

张之洞在办结此案时，有意制造矛盾，一方面为欺骗三省人民，准许摊债之后，筹款自筑铁路；一方面为奉承帝国主义，又私允英国："将来粤汉铁路修造之款，除中国自行筹集外，如须向外洋借款，当先向贵国询商，开价如与他国所开息扣比较相同，先尽英国银行承办；如他国所开息扣等项，较英国所开公道便宜，仍由中国酌择公道便宜者另行筹借。……此外湖北、湖南境内另有修造铁路之事，倘亦须向外洋借款，并可照上条修造粤汉铁路借款办法，一律办理。……此事经本部堂议定后，凡湖北、湖南、广东三省现任后任督部堂、抚部院，有管理铁路之权者，均照此次照会各节办理。"[2]为以后湘、鄂争路风潮作了伏笔。

"粤汉赎路"是帝国主义及其走狗与中国人民之间的矛盾、帝国主义与帝国主义之间的矛盾，交织而成的产物。它实际是债主国的转移，而表面开赎路自办的先例，对各省人民争路起鼓舞的作用。继之而来的，是直、鲁、豫三省绅民要求自办津镇铁路的斗争。

先是，英德两国为扩展势力圈、分割天津至镇江铁路的修筑权，经过一番明争暗斗后，于1899年，迫诱清政府议订津镇路借款合同草约，议定由德国德华银行、英国汇丰银行合借英金七百四十万镑，以山东南境峄县为界，英德分别承筑南北段。1903年，德国勘路完成，催迫清政府改订正约，由直隶总督袁世凯派员与英德驻津领事谈判。风声传出后，嗅觉比较敏感的三省留日学生

[1] 此系湘路总理余肇康的演说词，见《东方杂志》六卷十三期。
[2] 《张文襄公全集》卷一〇七，第4—5页。

首先反对。他们于 1905 年连续发出:《为津镇铁路事上政府书》《敬告三省父老请收回津镇路权书》《为津镇铁路事再上政府及三省督抚书》。[1]在留日爱国学生的推动下,一部分三省京官也具呈商部,请废借款筑路草约。国内舆论支持了他们。1905 年 10 月 26 日的《南方报》曾发表《论津镇铁路之关系》[2],反对借款代办。

三省绅民揭穿了帝国主义夺路的阴谋。他们指出:"原约载路长一千八百华里,借款七百四十万镑,年息五厘,以近年最贵镑价每镑合银九两计之,每里合银至三万七千两。若积五十年利息,本利每里及十三万两。如此重债,何日可以清还? 其债一日不清,即路权一日不返。名为借款,实永占耳!"[3]帝国主义夺路,实为瓜分之渐。三省绅民指出津镇铁路关系三省存亡:"外人假铁路以实行殖民政策,谋我三省之财政权、行政权及其他各权,矿业,商业及其他各业。简单言之,谋夺我三省主权,谋夺我三省土人之性命财产而已矣!"他们举近事为证:"俄之图满洲,英之图西藏,非铁路为之引线乎? 至近日德人之在山东,其势力膨胀,莫非起点于胶济铁路。"[4]"若此路入英德之手,是直隶、江苏、山东永为英德势力范围。平时则妨我主权,事事牵制,有事则南北隔绝,声势不通,中原全局,关系甚巨。"[5]

三省绅民认为借款草约是完全有理由可以废除的。"查二十

---

[1] 前两书见《东方杂志》三卷三期,后一书见同卷四期。

[2]《东方杂志》三卷一期转载。

[3] 光绪三十一年十月二十二日《申报》,直苏两省京官呈商部文。

[4]《东方杂志》三卷三期。

[5]《东方杂志》三卷一期转载。

五年与德华、汇丰所订津镇合同，非政府画押，故为私押而非条约。且实行犹待续约，则又仅预约而非正约。非条约则我有撤回主权，英德不得干涉。非正约则我不续约，两银行亦无如我何。"[1]他们要求援粤汉路例，收回自办。

这场斗争没有事先准备，没有牵动下层群众，所以极为软弱，仅迫使帝国主义在利、权上做了某些表面性的让步：

第一，撤销了增加贷款的要求；但以后仍有续借英德资本四百八十万镑之举。

第二，借款不以路权作抵，改以三省厘金为担保，不称"外国代办"，改归"中国自办"；实际从工程到经营、管理，仍操于英德工程司及会计之手。

显然这是帝国主义勾结袁世凯，使用的遮眼法。以后袁世凯也就被舆论所指责。

在借款合同签押时，路线改为天津至浦口，又与安徽发生关系。清政府从转嫁外债于人民的目的出发，表面迎合当地绅商"自办"之请，指定一批官绅组织了一个直、鲁、皖、苏四省商办铁路公司，责令招集股银二千万零五十万两，以备还债之需，并许还债时即改为"官商合办"。这个公司并未起实际的作用。津镇争路也就草草结束。

与津镇争路同时，江苏人民进行反对英国修筑沪宁路的斗争。

1898年，铁路督办大臣盛宣怀与英国银公司（即中英公司）委托的怡和洋行议订了一个借款修筑上海至江宁间铁路的草约，规定借款三百万镑，以本路及已筑之淞沪路作抵。1902年，英国

―――――――――――――――

[1] 光绪三十一年五月二十二日《申报》，三省留日学生致政府电。

派员与盛宣怀续议正约。1903年，由盛会同署理南洋大臣张之洞、江苏巡抚恩寿会奏《沪宁路借款办法折》，议借英金三百二十五万镑，另加路基借款二十五万镑，余如草约初议。清政府批准了这个办法。1904年，英国按合同接收淞沪路，并开筑沪宁路，合同旋即宣布。江苏绅民闻而大骇，纷纷反对。留日学生、国内学生、各地的绅士和商人以及一部分苏籍中小京官，都卷入了斗争的漩涡。

他们向清政府揭露盛宣怀卖国。留京江苏学生周秉清、留日江苏学生代表唐演等联合一部分苏籍中小京官，呈请商部代奏："查沪宁铁路以五百七十里之路工，借三千五百万元之外债，每中里合四万两上下，比常价每里需银万两者浮逾四倍。又查合同内载明，五十年之内本利不还，半年之内利钱不还，即以全路交英国银公司。职等处此危险之地，明知落成以后，六个月之内利钱不还，盛宣怀可随时任意以江苏地方让交银公司。"他们要求少借一百万镑，以期早日赎路[1]。武进、阳湖绅士刘翊宸等分电盛宣怀及江督、苏抚，要求停工自办[2]。在这次斗争中，张謇的表现颇为积极。他以商部头等顾问官的身份致电商部，推举苏南巨绅王清穆、恽祖祁为沪宁路监督。又致电两江总督周馥，力言其害。他主张苏人自筹路基地价二十五万镑，以减少借款[3]。清政府仍责成盛宣怀与英国交涉。盛以贿赂拉拢苏籍京官顾康民等助盛反对废约[4]。1905年9月，盛以"无词可借，碍难悔约"，向政府作复。清

［1］ 光绪三十一年九月十二日《申报》。
［2］《愚斋存稿》卷六十八，第25—26页。
［3］《张謇日记》。
［4］ 光绪三十一年九月十一日《申报》。

政府为缓和矛盾,决定先借二百五十万镑。

由于英国工程司有意靡费,1906年夏,苏籍京官吴郁生等揭发"沪宁路工尚未及半,而二百五十万镑之借款已将告罄"[1]云云。以后又借四十万镑,合二百九十万镑。按原约少借六十万镑,这是沪宁争路的结局。

经过这场斗争,大买办盛宣怀的卖国嘴脸暴露无遗,也就在一片咒骂声中,他"进退维谷",被迫交卸了铁路公司督办的职位。《张謇日记》提到1906年沪宁路沪锡段通车典礼时说:"沪宁铁路行开车礼,……盛杏孙犹豫觍颜宣颂词也。全球路价之贵,无逾江苏者,即江苏人之受累逾于全球,然则是日之举,独银公司受贺耳! 江苏人应受吊。"写出江苏人士对沪宁路事的痛心。

津镇、沪宁两路之争,因有关省份绅商尚无自办铁路的准备,尚未把广大群众牵动起来,故而矛盾不很尖锐,并未演成风潮;然而教育了全国人民,必须积极自办铁路以抵制帝国主义夺路,于是出现了商办铁路的高潮。

继沪宁争路之后,苏浙两省绅民发动了反对英国投资苏杭甬铁路的斗争。

1898年,英国无理要求承筑津镇、山西至河南、广九、浦信、苏杭甬等五路。援沪宁路章程,由盛宣怀与英国银公司秘密签订借款代筑苏杭甬铁路草约。以后几年内,英国一直没有动作。在沪宁路事件的刺激下,1905年8月,浙江商办铁路公司组成,公举山阴名士汤寿潜为总理,南浔巨商刘锦藻为协理,奏准招股兴筑全浙铁路,先筑苏杭路。英国闻讯后,立即照会清政府,要求改订

---

[1]《光绪朝东华录》,中华书局1958年版,总5517页。

正约，阴谋从浙江人民手中夺取苏杭路。一场激烈的斗争不可避免了。

浙江绅商、浙路公司、一部分浙籍京官呈请清政府废除草约。一致指出：草约规定有"从速勘探"语，而英国迟未进行，业已失效；且浙路已由商部奏准商办，万无再由英商承筑之理。为抗拒英国夺路，浙路公司加紧集股，动工修筑。1906 年 5 月，浙路集股已四百余万，"民情踊跃"，即日开工修筑杭州至嘉兴之线。江苏绅商也行动起来，与浙人协力。同年六月，组成了以王清穆、张謇等为首的江苏商办铁路公司。他们计划分筑南、北线。南线为上海至嘉兴一段，北线为清江至徐州的一段（后延伸至开封）。1907年初，沪嘉线开工，与浙路公司修筑杭嘉线相呼应。英国驻华公使连续胁迫清政府对浙苏人民施加压力，妄图勒令停工。清政府惧怕浙江人民拒缴漕粮，而不敢立即答应，仍令外务部挈同盛宣怀与英国"磋磨"。在英帝国主义的恫吓下，清政府终于在 1907年 10 月 20 日下了一道出卖苏杭甬铁路的谕旨，硬说：两省铁路公司所集股款，"不敷尚巨，势难克期竣工"。坚决把苏杭甬路交给英国"借款修筑"，惟不以路权抵押，表面算是"中国自办"，准许两省绅商搭股，严令他们"勿得始终固执，强行争执，以昭大信，而全邦交"[1]。这道"谕旨"把苏浙两省激荡起来，使斗争到达了新阶段。过去是两省绅商要求清政府拒借英款，被斥责卖国的仅是盛宣怀等个别官员；现在发展到两省广大人民反对清政府勒借英款，公开斥责外务部"断送两省权利"，实际是斥责"当今朝廷"了。

---

[1]《清德宗实录》卷五七九，第 15 页。

苏浙两省人民拒款斗争的行动是：

一、函电交驰，否认清廷的卖路谕旨为有效。两省的京官、在籍大员、两路公司、上海等处的商会、学会等纷纷发表函电，指斥清政府已准苏浙铁路商办，且已局部铺轨开车，今强迫借款，是"信用全失"。

二、纷纷集会，演说呼吁，鼓动两省人民认股输将，用事实驳倒清政府谕旨所云股款不敷的谰言。

三、通电各省商办铁路公司，以兔死狐悲为词，要求一致行动。

四、利用报纸向国内外宣传。1907 年第二十四号《外交报》发表了《论苏杭甬铁路借债之不可许》[1]。11 月 21 日《神州日报》发表《论保守土地主权及路矿利权为国民之天职》[2]一文，也以苏杭甬路事为主要内容。10 月 7 日《申报》登载的评论尤为激昂，公然指斥清政府"宁令国人死，毋触外人怒"的可耻行为。评论说："视我两省之土地，直草莱之不若，视我两省之人民，直蝼蚁之不若也。"政府既不足恃，两省人民只有奋起自卫了。笔者呼吁："我苏浙两省之父老子弟，即不为目前计，能不为子孙计乎！国可灭，民心不可灭，我父老子弟其磨砺以须。"[3]

五、苏浙两省铁路股东公推告老在籍的协办大学士王文韶为"遵旨商办、不认借款"之总代表，江苏派出王同愈、许鼎霖、杨廷栋、雷奋，浙江派出张元济、孙诒让、孙廷翰为副代表，入京要求清政府收回卖路谕旨。王文韶因老病未去，单衔上了一个专折。除孙诒让、雷奋也因故未去外，其他副代表都于 1907 年底到达北京，

---

[1]《东方杂志》四卷十期转载。

[2]《东方杂志》四卷十一期转载。

[3] 光绪三十三年九月二日《申报》。

坚持"八字宗旨"与外务部交涉。

在这次斗争中，两省人民表现了高度的爱国热情。当清政府勒借外款的谕旨宣布后，浙省铁路业务学生邬纲大愤，呕血而死。浙路副工程司汤绪绝食死。他们的"杀身成仁"，对两省人民的拒款斗争起了鼓动的作用。在卖路"谕旨"颁发后一个月左右，两省铁路公司集股迅速得四千余万元[1]。参加拒款会的上海学生当场"将零用钱倾囊交出，用以购买售价五元一张的股票"[2]。虽"佣贩妇竖，苦力贱役，亦皆激于公愤，节缩衣食，争先认股"。王文韶奏称："民气之感奋，实所仅见。"[3]

苏浙争路，得到了它省铁路公司的支持。安徽铁路公司特开大会，并公电军机处、外务部，协力抗拒苏浙铁路借款。南洋华侨致电两路公司，要求："力争"，"以弭后患"。留美中国学生集体发表《苏杭甬路案对外之解决》一文，说明解除草约并不违反国际法，以为拒借外款的"法律根据"[4]。

苏浙争路发生在民族工商业比较发达的地区。领导争路的，主要是江苏张謇、浙江汤寿潜等民族资产阶级的上层人物。他们既有一定的经济实力，又有一套改良主义的政治思想。他们操纵着某些政治性的团体和报刊，在争路中起了作用。

两省争路运动得到开展，是和上述因素分不开的。运动继续朝向前走，行将发生群众暴动，这是内外反动派的最大恐惧，也为

---

[1]《东方杂志》五卷一期《记苏杭甬铁路拒借英款事》。

[2] 1907 年 11 月 15 日《北华捷报》。

[3]《政艺通报》光绪丁未年卷五。

[4] 皖路公司公电，见《东方杂志》四卷十一期；南洋华侨电，见光绪三十三年九月二十二日《申报》；留美学生合撰稿，见《东方杂志》五卷二期。

领导争路的两省绅商所害怕。清政府电谕苏浙督抚："现在人心不靖,乱党滋多",此次绅民争路,"难保无该党匪徒布散谣言,从中煽惑,阳借争路为名,实则阴怀叵测"。叫他们"认真防范"[1]。争路总代表王文韶的电奏也说:"东南伏莽未靖,奸党勾结,时思窃发。自闻借款之信,众情胥愤,力谋抵制。商贾则议停贸易,佣役则相约辞工,杭城铺户且有停缴捐款之议。商市动摇,人心震骇。虽官绅竭力劝导,暂免暴动,设有不逞之徒,从中煽惑,隐患何堪设想。"[2]争路的苏浙京官及请愿代表与外务部官员在交涉中,一提到将重演"庚子之乱",双方都谈虎色变,急急谋求结束的方案。

同时,由于资金不足,苏路公司曾电苏抚表示,愿借款兴筑"未办之路"。他们幻想只需"商办商借,直接英公司",不由腐朽的清政府经手,便可免"蹈沪宁路之覆辙"[3]。

由于苏浙绅商的怯懦,争路运动就未能继续开展。1908年3月,清政府与英国商定了一个变相出卖苏杭甬路的方案,由英银公司借款一百五十万镑存于邮传部,以京奉铁路的余利作抵,由部转借于两路公司。铁路仍归商办。在借款期内,聘用英人为总工程司。两路公司拒绝英国工程司,无效。三月初六日,借款合同签押,因路线更改,易名沪杭甬。十七日,邮传部奏定《沪杭甬铁路存款章程》。苏浙争路告一段落。

这场斗争,苏浙人民赢得了一定的胜利:

第一,争得"商办"之名,阻挠了帝国主义夺路与清政府卖路

---

[1]《清德宗实录》卷五八一,第7页。

[2]《东方杂志》四卷十一期《光绪三十三年十月中国事纪》。

[3] 光绪三十三年九月十九日《申报》。

的阴谋。

第二，斗争推进了沪杭甬路的修筑工程。1905年5月，沪嘉段工竣；8月，杭嘉段工竣；9月，沪杭接轨，全部通车。被中外所公认的是：沪杭铁路的工费低，而工程质量高，平均每里不过一万八千元，略多于沪宁路的三分之一，而"平稳坚固，实较沪宁为胜"[1]。

第三，促进了全国商办铁路运动。如安徽人民援例要求废约自办浦口至信阳之路；湖南人民从沪杭路的营业发达，加强了拒借外款、自办铁路的信心。

第四，苏浙争路在一定程度上促进了中国民族工业尤其是机械工业的发展。为供应铁路器材，浙路公司等发起建设扬子机器制造厂于汉口；张謇等扩建资生铁厂于通州；苏浙皖赣四省铁路公司合办车桥厂于上海。

但是，这场斗争很不彻底，两路公司仍被迫接受了变形为邮传部拨款的英国资本。按《存款章程》规定：除年息五厘五毫外，"所有部借合同内中英公司应得之九三扣及九三扣虚息、提付余利及提付余利虚息、还本小二五行用、伦敦存款四厘亏息、购料包用及购料包用虚息"，还有"上海汇丰银行利息吃亏一款、十年外加还二镑半一款"等，均责成两路公司偿付，以满足英国资本家的贪欲。沪杭路通车后的第一年，收入一百八十余万元，支出八十万元，其中半数就是领取部拨存款的利息[2]。沪杭甬路虽为商办，英国不得干预路事也载入合同，但仍须"聘用"英国总工程司，操

[1]《东方杂志》六卷五期《沪嘉路线开车记事》。
[2]《东方杂志》六卷十二期《宣统元年六月浙路股东会报告》。

纵路局。在"利"和"权"两方面,依然没有割断英国帝国主义的魔爪。斗争仍在继续。

两路公司相约不用"部拨存款",领取后存放银行,不动分毫,准备随时缴还;不与英籍总工程司合作,使之无法操纵路事。英国资本家便不肯如期拨清借款,邮传部也便无法如期拨款于两路公司。按章程于七个月内先拨八十万两,而实际仅拨给了五十万两。第二批到期延不拨付。两路公司便据章程第四条"倘到期不能拨付,或拨付不全者,此项存款章程即日作废"[1]之规定,于1909年夏,向清政府要求:废约、退款和撤回英国总工程司,与英国垄断资本一刀两断。

清政府正在设计收拾商办铁路,矛头先指向沪杭甬路。从1908年起,国际帝国主义加紧掠夺中国的铁路。由于清政府的日益削弱,中国社会在激荡之中,各国财阀结成联盟,"欲以保障资本之利益,抵抗不良之行政"[2]。开始出现国际银行团的活动。其中以美国最为积极。自从这年塔虎脱当选总统后,美国的一次金融恐慌刚刚过去。塔虎脱代表美国垄断资本集团的意愿,决定向中国积极活动,在"门户开放"政策的花招下,和其他帝国主义竞争"开发中国"。他对中国的铁路垂涎三尺。1909年,塔虎脱任命最老练的外交官员克兰为驻华公使,执行其铁路政策。阴谋投资于湖广铁路、锦瑷铁路及西潼、洛潼、开徐、清徐、海清五线。又主张开放"满洲铁道"为"公共铁道",由列强共同投资。前美国

---

[1]《邮传部存款章程》,见《东方杂志》五卷六期。
[2]《东方杂志》六卷十一期转译《巴黎时报》。

副总统菲耶榜克也到中国，帮助克兰活动[1]。同年 8 月 19 日的《巴黎时报》透露：美国将以湖广铁路为嚆矢，"欲于借款之间，扩全势力于中国"[2]。

国际帝国主义特别是美国的侵略活动，促使清政府加紧执行"借债筑路"的反动政策。1908 年，《大公报》发表的《论官办铁路之恶结果忠告邮部警醒国民》一文揭露："数月以来，邮传部有一雷厉风行之新政见，震动全国，且惹起世界各国之注目者惟何？曰官办问题。……而对于各省铁路，尤处心积虑以谋之。无论已成未成，必欲使尽握于官手而后已。"[3]当时"官夺商路"的主要目标，是国际帝国主义最垂涎的粤汉、川汉二干路。张之洞的受任督办粤汉路与鄂境川汉路，就是列强投资于二路的先声。同时，清廷着邮传部派员调查各省商办铁路工事，严定期限完工，倘集股不足，或内部分歧，推诿误工，即撤销商办原案。显然是在制造官夺商路的理由。1909 年起，一连串的官商争路发生了。如山东的胶沂、烟潍二路，云南的滇桂、滇蜀二路，河南、江苏的开徐路，最突出的则是湖广铁路。

为了收拾全国商办铁路，必先收拾商办最出色的沪杭甬路。某些权贵都把苏、浙争路当作"借债筑路"的严重阻力，把领导争路、督办工程最积极的浙路公司总理汤寿潜当作眼中钉。他们阴谋迫汤离开浙路，换上与汤反对的股东接任总理，动用"部拨存款"，便可逐步改为"官商合办"或"官督商办"。内幕流传："某

---

[1]《东方杂志》六卷七期《五记湘鄂路线商借外款情形》，七卷一期《宣统元年十二月中国大事记》。

[2]《东方杂志》六卷十一期转译《巴黎时报》。

[3]《东方杂志》五卷八期转载。

邸以各省拒款风潮,皆由汤寿潜一人所酿成,一日不去汤,即一日不能达借款之目的。"[1]于是汤之去留,一时成了争路的焦点,而引起浙路风潮的再起。

1909 年 8 月,清政府行使调虎离山计,简授汤寿潜为云南按察使,令即到任。邮传部旋即通知浙路公司按商律改选总理。浙路股东会察破这是阴谋,坚决留汤,汤亦托词"亲老道远",辞不赴任。清政府表面照顾汤就近养亲,改任江西提学使。浙路股东会继续留汤,汤仍辞不去。清政府的诡计未能得逞。

同时,邮传部非但不睬两路公司废除《存款章程》的严正要求,而且一再支持英国工程司与两路公司争权,暗诱明夺浙路公司之中国工程司黄春圃、邵善闿离去,并派员查账,存心叵测[2]。两路公司风闻邮传部将接办沪杭路,当即电质尚书徐世昌,尽管徐竭力"辟谣",但是司马昭之心,已经是路人皆知了[3]。

为了实现商办全浙铁路,浙路公司继续大力招股,汤寿潜亲赴广东活动,并与海外华侨联系;杭甬段也动工修筑,还拟筑杭衢、杭广二线与江西、福建、广东的铁路接轨。浙路公司几乎担负起领导东南各省商办铁路运动的任务,于是汤寿潜更成为内外反动派集中打击的目标。

1910 年 8 月 17 日,清廷授徐世昌为军机大臣,令盛宣怀回邮传部右侍郎本任。这两个卖路奸贼的升官受任,正是实行大规模"借债筑路"的信号。汤寿潜挺身反对。他致电军机处,指斥"盛

---

[1]《汤寿潜》第八章《浙江路变纪闻》。
[2]《汤寿潜》第四章浙路股东述:《外务部邮传部苏杭甬路借款存款之大错》。
[3]《东方杂志》六卷十期《续记浙路公司总理简授滇臬事》。

宣怀既为借款之罪魁，又为拒款之祸首"，"朝廷不察而登用之"，"以鬼治病，安有愈理？"他要求"收回成命，或调离路事，以谢天下"。如果朝廷"以罪魁祸首为是，必以遵旨商办为非"，则请将自己严旨申饬，"勿令干预路事"，甚至悬首藁街，"以谢盛宣怀而为遵旨商办者戒"。他一则说："寿潜中国男子，得免俯首低眉受罪魁祸首之教令，为幸大矣！"再则云："寿潜蒙先帝殊知，未及抱龙髯而升，每自悔疚，今得从先帝于天上，亦算侥幸。"表明他从商办铁路的利益出发，准备一死，决心反对朝廷的这一措施。这显然不是汤、盛个人之争，也不单是浙路问题，而是中国人民反对清政府"借债筑路"、出卖中国主权的明显反映。正如汤寿潜自己所说："不专为浙，不专为路，国之强弱是非而已。"[1]这一电文把清廷权贵震昏了头脑，他们悍然不顾地于 8 月 23 日发布严旨，斥责汤"措词诸多荒谬，狂悖已极，朝廷用人，自有权衡，岂容率意妄陈，无非为借此脱卸路事，自博美名，故作危辞以耸听，其用心诡谲，尤不可问"，"着即行革职，不准干预路事"[2]。

革汤消息震动了全国。某些资产阶级报刊立即揭露这是扼杀全国商办铁路的阴谋，鼓动人民起而反抗。《天铎报》说得好："七月十三日（阴历——引者）徐世昌入枢府，盛宣怀赴邮部右侍任；十九日乃有浙路总理汤寿潜革职不准干预路事之谕旨；同日邮部有奉旨派员赴查浙江铁路公司帐目之电；二十一日枢府有饬江督、苏抚、浙抚、沪道严禁为汤开会集议之电，不十日间，枢府主借外债、震天撼地之新政策，昭然表暴于天下，而使全国之实业界

---

[1]《汤寿潜》第六章。
[2]《宣统政纪》卷二十五。

顿遭夭折而入死地,先皇帝立宪预备之盛德及所特简之人、所宝贵之舆论、所颁行之商律路政,铲灭净尽,倾覆于新枢府之手,而于浙路首发其难,吁!烈矣!"这家报纸尖锐地指出这是清政府假立宪的铁证:"凡官吏及达绅有敢执遵旨商办之言,上达民隐者其悉革职,则官吏与达绅惧矣。凡民营事业之资本悉以充公,有不遵者其杀戮之毋赦,则人民毋敢偶语矣。果如是,又何必纷纷扰扰,兴教育,振实业,设谘议局、自治局,蒙此立宪预备之假面目哉!"笔者最后呼吁:"呜呼!人民如仅知有新枢府,不知有国家也,与其有觍,不如无生。"[1]虽然他未能进一步示意人民,要救国必须推翻清政府;但是文章已经相当富有煽动性,把清政府的卖国面目揭开来了。

浙江全省顿时进入沸腾状态。清政府的一纸上谕收拾汤寿潜是有余,但却触怒了站在汤背后的广大浙江人民。有人公开警告清政府说:"浙路股东,劳动食力者占多数,平日信用汤公,铢积寸累以购路股,今汤去路危,血本无着,势必群相纷扰,际此浙省水灾迭见,饥民遍地,万一乘机起事,大局何堪设想!"[2]愤不可忍的下层群众,确实准备用暴动来回击清政府的专横措施了。请看杭州人民的动态。有人报道:"杭垣自邮传部元电发后,人心异常愤激,茶寮酒肆以及衢巷之间,所谈无非路事,有三两成群切切私语者,有对众扬言大声疾呼者,甚且谓现在情形实系政府强迫我人民暴动,我人民亦不能再守秩序云。"宁波浙路维持会给各报公电说:"今日为浙路事,万众共愤,有数万人齐拥至道署,要求电

---

[1]《汤寿潜》第七章。
[2]《汤寿潜》第八章《再哭浙路》。

禀抚宪，代奏留汤，保全商办。桑道允即电禀，当将电禀揭示，人众始散，声言若不收回成命，必暴动云。"[1]

领导争路的浙江上层绅商，始终是前怕虎、后怕狼。他们一方面要求保路、保浙，欲仗群众声势以慑制清政府；一方面又害怕真的激起民变，危及本身的安全。浙江谘议局致留京同乡电说："路事自奉元电，人心益骇，各属函电纷驰，误会殊甚。浙中偏灾迭告，民穷思乱，焚毁学堂局所之事，几至日有所闻。维系人心，断非压力所能强制。……就目前论，蛰老之应留与否，合同之得废与否，皆不暇计，所惧人心一失，后患不堪设想。"[2]可见他们所最怕的已经不是帝国主义夺路，而是人民"造反"了。但是势成骑虎，争路欲罢不能，由争路而引起风潮，失路必然激变，不能不继续争路以平息风潮。于是浙江绅商们急"筹文明之挽救"，战战兢兢地祭起了两件法宝：一件是通过成立不久的资政院、谘议局——预备立宪机构，向政府力争；一件是根据《大清商律·公司律》第七十七条规定："公司总办或总司理人、司事人等，均由董事局选派，如有不胜任及舞弊者，亦由董事局开除。"认为浙路总理的任替，须由股东会公决，不应由朝廷进退，"剥夺人民应享之权利"[3]。于是人民向立法机关控诉政府违法的一幕滑稽剧，居然上演了。在半殖民地半封建的中国，在君主专制制度的统治下，是绝对不可能实行资产阶级民主政治的。浙江绅商不认识清政府的"预备立宪"，是一个彻头彻尾的骗局，资政院、谘议局不过是几株迷人的花朵，不可能起"监督政府"的实际作用。他们也

---

[1]　以上新闻均见《汤寿潜》第八章。
[2]　《汤寿潜》第十二章。
[3]　《东方杂志》七卷九期《浙路总理汤寿潜革职后余闻》。

不认识法律是清政府统治人民的工具，它可以随心所欲地制订、取消和解释。他们企图在"宪政"和"法律"的范围内，乞求朝廷回心转意，这当然是一种幻想。浙路股东代表朱福诜等向资政院申诉，同时到邮传部交涉。邮传部侍郎沈云沛一口咬定铁路关系军国大政，与一般商办企业不同，《商律·公司律》不适用于铁路公司。当浙路代表引证邮传部历次致浙路文件，有据商律改选总理的字样时，沈理绌词穷，硬说股东选举总理后仍由部奏派，既经奏派，就有权斥革[1]。资政院向政府质问，也无效果。代表们便退一步，把汤的问题撇在一边，先要求废除《存款章程》，争取保全沪杭甬路，以免众小股东激变。正当双方辩论不休时，苏路公司来了"先斩后奏"的一着。1911年2月，苏路公司呈报邮传部，宣布股东会决议：因"存款章程"失效，已将英国工程司辞退。又因邮传部强迫借款，致使集股困难，故已领之部拨存款，不再退还，以补偿损失。浙路公司也报部采取一致行动[2]，这时，恼羞成怒的英国帝国主义出场了。它严厉斥责清政府的无能："查近日中国以管理铁路之权，内外互争，殊为怪现象，应行立即消除。就沪杭甬路而论，以煌煌谕旨，竟失实效，岂不令人齿冷。"责令"将铁路收回，并敕令按照光绪三十四年二月初四日所定借款合同办理"[3]。这样硬干，清政府毕竟有些胆怯，它狡猾地派人到上海，分化浙路股东，教唆某些大股东，借口资金不足，呈请"归回部办"。这些大绅商也不敢这样冒天下之大不韪，没有结果。遂由盛宣怀与中英公司协议，将沪杭甬借款移作开封徐州铁路借款。开徐线

---

[1]《东方杂志》七卷十一期《浙路总理汤寿潜革职后续闻》。
[2] 据外务部档案。
[3]《英使朱尔典致外务部照会》，见外务部档案。

由苏路公司承筑，因集股困难，拟借外债修造此路。盛宣怀的这一移花接木方案得到通过，正是利用了中国民族资本的软弱。从此，沪杭甬路争得了完全商办，这是浙江人民的胜利。

浙路风潮是清政府打击全国商办铁路而引起的反抗，它是被平息下去了，但是内外反动派与中国人民之间对铁路的斗争，仍在发展，一波未平，一波又起，同时发生的湖广争路终成僵局。

1906 年，清政府降谕许湖北、湖南、广东三省绅民分段进行商办粤汉铁路的活动。湖南绅民最积极，铁路公司成立最早，招股筑路成绩最著。其次是广东，侨商多，资金雄厚，但因内部矛盾重重，先是官商争权，继又发生大小股东之间的斗争，铁路公司一度瓦解，筑路成绩大受影响。湖北受总督张之洞的压制最力，他一贯主张湖北铁路官办，只许商人搭股。即使已许商办的省份，也须官督。官办铁路必须借债，这当然为湖北人民所反对，但商办铁路也因此受阻。一直到张调入军机处之后，湖北的商办铁路迟未进行。

1908 年，清政府决心实行大规模借债筑路，主要目标是贯通西南，容易获利的粤汉、川汉两干路。是年 7 月，清廷突然任命张之洞以军机大臣兼充粤汉铁路督办大臣。当时资产阶级的评论家就公开提出疑问："粤汉商路也，而有督办，……闻粤人颇疑之。"[1]10月，清廷又特颁谕旨，专张之洞督办粤汉铁路事权。那位评论家又说："以枢相之尊，督办一铁路，尚虑事权之不专，无亦深知商办谕旨之不易弁髦乎！枢臣口衔天宪，欲专斯专，今而后

---

[1]　孟森：《光绪三十四年六月大事记》，《东方杂志》五卷七期。

莫有议其后矣!"[1]他已经察觉这是官夺商路的步骤;但未能彻底道破清政府的卑怯心理。即商办谕旨,本来是容易撕毁的,只因为在这道谕旨的背后,隐现着千百万群众的爱国潮流,这就使清政府感到"不易弁髦",而身为枢相之尊的张之洞也生怕事权不专了。12月,清政府又命张之洞兼督鄂境川汉铁路。于是粤汉路和湖北境内的川汉路都在这个铁路"官办主义"者的督办之下。

像吸血的蚊蝇一样,一群帝国主义列强的银行资本家紧跟着张之洞的周围,阴谋通过这个行将就木的老牌洋务派官僚之手,把湖广铁路送进他们的虎口。

当张之洞向英国借款赎回粤汉路后,英国即乘机与张之洞协议借款二百万镑,为修造湖北铁路之用。不久张之洞调入军机处,未及成交。现在旧事重提,他向中英公司"商借"二百万镑修筑湖北铁路,另借一百五十万镑修筑湖南铁路。张拟仿津浦成案,不以路权作抵,以缓和人民反抗。中英公司坚持借款与路权不分,张之洞不敢接受。德国乘机插手,愿仿津浦合同,息扣更轻,承担湖广铁路借款,与张达成了协议。英国慌忙转圜,愿降低条件,改由汇丰银行与德商合借湖广路款。为了联合法国以抵制德国,英国借口原议之中英公司附有法商股份,仍愿与法商合办。1909年3月,张之洞与英商汇丰银行、法商东方汇理银行、德商德华银行议定合借两湖粤汉、鄂境川汉路款英金五百五十万镑,以两省厘金等作押,粤汉路用英国工程司,川汉路用德籍工程司。5月14日,三国银行团在柏林也达成了协议。这一铁路借款反映出帝国

---

[1]《东方杂志》五卷十一期《光绪三十四年十月大事记》。

主义之间的深刻矛盾，从此德国资本插进长江流域，冲破了英国在这里的独占权限；同时也显示出列强掠夺中国铁路的空前严重性，它们联合起来，夺取粤汉、川汉两条贯通中国西南部的主要铁路了。

三国借款谈判期间，日、俄也思染指，被英国所堵绝。张之洞正待把借款合同上奏时，又一个凶恶的帝国王义国家——美国出头干预了。

美国政府借口清政府于 1904 年曾有诺言，"如中国修筑川汉铁路感资金不足时，当通知英、美两国资本家"。这是保证美国有优先借款之据。它向英、法、德三国及清政府声明，坚决要求参加投资于湖广铁路。张之洞以业经议定草约，"为时已迟"，"不及将美国增入"为词，婉言复绝。美国深知阻力非来自清政府而是它幕后的三国，但必须对清政府施加重大压力，才能迫使三国让步。1909 年 7 月 15 日，塔虎脱亲电摄政王载沣，要求得出"满意的结果"。同日，美国政府训令驻华公使："严肃警告中国政府"，"若美国的合理要求被摒弃，则中国政府应负完全责任"。同时它勾串英、法、德三国，提议组织四国银团，使之成为"一十分满意的赢利团体"[1]，在"门户开放"的花招下，大量向中国投资，达到获取高额利润的卑鄙目的。清政府被迫屈服，强盗间也达成"谅解"，1910 年 5 月，四国银团在巴黎签押，议借六百万镑英金与清政府，修筑湖广铁路，四国均分；购材料、派工程司等，美国都斤斤计较，要求与英、德平分秋色。美国投资限于川汉线，它企图延长至四川境内，因超出原合同范围，暂时不能实现，留待下一步。

---

[1] 以上均见《美国外交文件》。

湖广人民坚决反对借款筑路。当清政府任命张之洞为粤汉和湖北境内川汉铁路的督办大臣时，鄂、湘、粤三省人民即知来意不善，噪起了一片反对官督的声浪。接着便掀起湘、鄂拒款之争。

从1908年冬起，湖南绅民便开展一个以"拒债""集股"为中心的保路运动。受革命思想影响的湖南留日学生，充当了号角。1909年8月，他们出版《湘路警钟》(后改名《湘路危言》)，宣传保路。湖南绅商也祭起了"立宪"的法宝，湖南谘议局初选议员八百余人致函清政府："照谘议局章程，本省权利之存废，应由议员决定"，"铁路借款，湘人决不承认"。议员谭延闿等组成湘省集股会，以抽股、认股等办法，预备以四年为期，积累股金二千六百万元，筑成湘境粤汉全路。1909年8月，洙州至长沙之段开始兴工[1]。

湖北绅商受张之洞的压制与欺骗，发动拒款斗争较迟，直到1909年9月，张之洞与三国银行团的借款合同已经签押，留日湖北学生首先反对，派代表张伯烈等回鄂呼吁；湖北谘议局成立，促进了"民主"的气氛，而张之洞旋即死去，湖广铁路改归邮传部接办，减少了湖北绅民的顾忌，于是争路风潮也如火如荼地发展起来了。

1909年11月，湖北的绅商军学界组成了湖北铁路协会，有组织地开展拒款筑路运动。张伯烈等留日学生代表起了骨干的作用。

湖北争路的特色，是比较广泛地调动了各个阶级和各个阶层。11月14日，铁路协会于汉口召开特别大会，谘议局代表汤化

---

[1]《湘路纪事》。

龙及到会的绅商军学各界均发表演说,情词激昂。张伯烈声泪俱下,感动人心。特别引人注目的,有农民余民三、士兵陶勋臣、星士黄孝春等下层人物也登台发言。在爱国热情的激励下,黄孝春不顾自己的生活困难,"探怀捐钱四串,充协会经费,为富有力者倡"。当协会决定组织湖北商办铁路公司,发出集股二千五百万元的号召后,全省"各官立公立私立学堂皆提倡捐集路股,不惟教员学生集股,而火房斋役人等亦各踊跃将事"。受革命影响的湖北新军将士也抽薪认股。谘议局议员代表各府州县的绅商认股。个别殷富如荆门车斗南、孝感黄赞枢等都独认五万元[1]。这样规模的集股运动,连日本驻汉口的外交人员也震骇"为清国从来未有的壮举"[2]。

11月18日,铁路协会再开大会,公举入京代表,张伯烈以"人微言轻",不受推举,军人陶勋臣当场拔刀断指,血淋漓,要求张坚决北去,演出了极其悲壮的一幕[3]。

张伯烈等到京后,与邮传部尚书徐世昌进行了面对面的斗争,要求废约和准归商办。徐世昌谩骂他们无钱筑路,必须借债官办。张伯烈绝食哭泣,几天几夜坚持在徐的家里。尽管他淌干眼泪,不可能改变清政府卖路的决策;但是他的哭声一传到湖北,把湖北各界激动起来,愤不可忍,回音传到北京,"湖北有可能酿成大乱",且有陆军参加云云[4]。一时杯弓蛇影,清政府吓慌了手脚,不得不来个缓兵之计,于1910年3月,邮传部批准湖北设立

---

[1] 以上均见《东方杂志》六卷十二期《九记湘鄂路线商借外款情形》。

[2] 中国科学院经济研究所藏日文档案。

[3] 《湘路纪事》。

[4] 以上均见《东方杂志》六卷十二期《九记湘鄂路线商借外款情形》。

商办粤汉、川汉铁路公司。实际上向各国银行团借款的合同并未废除，"批准商办"仍是空话，而天真的请愿代表却以为目的已达，便回汉口去了。

湖南人民从湖北争路的昂扬得到鞭策。《湘路危言》的记者写道："湖北人之拒债，虽在湖南人之后，然其慷慨激昂，则百倍加于湖南人。""可敬哉湖北人也！""愿吾内地同胞贾其余勇，联络湖北人以同舟共济。"[1]

1909 年，新成立的湖南谘议局对铁路问题做了决议：一、拒借外债；二、实行商办；三、拟定筹款之法；四、限期五年筑竣湘省粤汉全程一千三百七十里。湘人"无日不以筹款招股为事"。全省公私各校教职工除特别认股外，月抽薪金十分之一。学生亦减膳入股。长沙学生六千人，统计全年可入三千股，共一万五千元[2]。其他各界入股也很踊跃。至同年的秋冬之交，洙长段已铺土逾半，力争于 1910 年通车，再以客运收入铺筑其他线段。

为麻痹湖南人民的反抗情绪，清政府也准许湘境粤汉铁路商办。1909 年 12 月，湖南巡抚岑春蓂奏湘境粤汉铁路由全省人民集款自办，奉旨："邮传部知道。"

清政府扼杀两湖商办铁路的阴谋，不久便暴露了。它首先对付开始招股的湖北。限期于六个月筹足股款，成立公司，逾期则仍借款官办。而当时"年荒米贵，商业萧条，致缴路股者寥寥无几"。在部批之后两个月，鄂路协会收到股金不足二百万元，不到认股的五分之一。鄂省绅商拟推大清银行副监督黎大钧为公司

---

[1]《辛亥革命》第四册，第 547—548 页。

[2]《东方杂志》七卷六期《各省路事汇录》。

总理，借大清银行号召路股，而黎因争路被免职，失去作用。湖北地方官又禁止为路事开会鼓动，使人心懈弛[1]。鄂路协会最后按部批限期于1910年9月成立铁路公司，选举札凤池为总理。不料公司成立后仅几天，忽有部分股东攻击札是旗人，不能充当鄂路总理，如札必欲担任，必须独筹路股巨款云云。札被迫辞职，公司瓦解。这时邮传部开口说话了，说什么"湖北招股无望"，只得仍"借款官办"云云[2]。湖南准备推举代表入京，请废借款合同，邮传部复电拒绝[3]。"批准商办"，显然是个骗局。

　　四国银行团对清政府这样做还不满意。它们通过驻华公使催令签押。1911年5月，清政府一面撤销批准湖广铁路商办之案，一面于四国银行借款合同上签字。两湖的商办铁路就此完了。

　　上述清末的历次争路，反映出帝国主义与中国人民之间在铁路问题上的矛盾日益深刻。先是列强利用中日战后强迫清政府所协议的草约，夺取津镇、沪宁等路，刺激了中国人民自办铁路运动的高涨。继而是帝国主义勾结清政府，阴谋扼杀中国的商办铁路，发生苏浙和湘鄂人民的争路风潮。苏浙争路取得胜利，湘鄂争路成了僵局。在历次争路中，清政府越来越和人民站在对立的方面。粤汉赎路，表面是"官民合作"的。津镇、沪宁两路之争，人民还是支持和推动政府向列强要回路权，结果清政府迁就列强，只是改变了某些卖路的形式与条件，被人民咒骂的是袁世凯、盛宣怀等个别卖国官员。沪杭甬路之争，已因清政府勒借外债，人民公开与煌煌谕旨相对抗。浙路风潮再起与湘鄂争路的结果，

---

[1]《东方杂志》七卷五期《各省路事述闻》。
[2]《东方杂志》七卷十二期《记湖北铁路总理被逼辞职事》。
[3]《东方杂志》七卷四期《十四记湘鄂路线商借外款情形》。

清政府公然勾串帝国主义向人民夺路,宣告与人民决裂。这是清政府越来越把自己推向革命火海的历史法则。

内外反动派的夺取川汉、粤汉两路,是有步骤的。先是夺取湘鄂境内的一段,以缩小反对的范围;继而为伸展至四川、广东境内,必须夺取两路的全程,便巧立名目,提出"干路国有"政策。清政府把一条勒死自己的绳索,套在脖子上,一环套一环,一扣紧一扣,终于催促了自己的死亡。

四、"铁路干线国有"政策成了
辛亥革命的导火线

在 1910 年下半年,争路风潮正在澎湃进行的时候,中国政治舞台上演出了一幕怪剧,各省督抚函电纷驰,展开了"借债筑路大问题"的热烈讨论。带头的是满洲贵族中以"开明"著称的东三省总督锡良和湖广总督瑞澂。他们合词上奏,居然提出借债造路"可为我国第一救亡政策"的谬论。他们认为各省预算岁亏四千万,预备增款尚未开列,非借债不能维持。"凡百生利,莫如铁路之速",应借债赶筑粤汉、川藏、伊黑、张恰四干路[1]。"干路国有"的眉目已经毕露。在讨论中,有人迎合舆论,提出借债筑路须有内阁主持,国会监督。于是他们又合词奏请提前召开国会与成立内阁。清廷企图实现假立宪、真卖路的阴谋,于 1910 年 11 月下谕提前于宣统五年(1913)召开议会并预行组织内阁。

领导争路的资产阶级代言人张謇等大为高兴,因为他们向来

---

[1]《东方杂志》七卷九期《中国时事汇录》。

主张立宪，走改良主义道路，把立宪当作抗拒列强瓜分和抵制群众革命的万妙灵丹。他们也就被称作"立宪派"，代表民族资产阶级的右翼，以区别于资产阶级中的左翼——革命派。与争路同时，张謇、汤寿潜、郑孝胥等于 1906 年在上海组成预备立宪公会；积极参加 1908 年的第一次国会大请愿；又发起 1909 年的第二次国会大请愿。铁路与立宪成为他们面临的两大课题。立宪派对内外反动派均有幻想。他们幻想清政府能听从劝说，自动交出君主专制大权，实行议会政治。又错误地认为外国资产阶级在华投资，是为了营利，"分所当为"。由于中国"握政柄者"的腐朽，"遂授人以太阿之柄"[1]。如果实行立宪，政府受议会监督，"借债筑路"就不会成为卖路。现在清政府因借债筑路而准备提早立宪，当然使他们高兴。立宪派虽然发起商办铁路，要求收回利权，但无法克服资金不足等的困难，而幻想利用外资。1909 年 8 月 19 日的《巴黎时报》即幸灾乐祸地说："数年来中人排斥外国资本之热潮极盛，铁路矿产皆以收回自办为唯一之目的。一时发生之社会颇多，皆从事于研究建筑及集合资本，其中亦有著成效者，特不能十分迅速，于经济、经验学问各点，既皆欠乏，政府又不能集合各分子之势力而利用之，此其所以仍不能不借助于外人耳。"[2]张謇领导的苏路公司即在上海公开登报招募外股。立宪派对清政府的财政危机也束手无策。因而赞成借债修筑干路，以为立宪的财政基础。以上这些，正反映出中国民族资产阶级在经济上和政治上的软弱性，特别是它的右翼，当国内阶级斗争日益尖锐的时

---

[1]《汤寿潜》第三章。
[2]《汤寿潜》第三章。

候,他们越来越有向内外反动势力妥协并充当它们助手的危险。

正当各省督抚讨论铁路与立宪的时候,苏浙资产阶级的喉舌,一贯宣传拒款争路的上海《东方杂志》也论调大变,发表了一篇《借款筑路问题》的文章。作者强调铁路宜归官办,他列举当时商办铁路之弊说:"我国商办铁路如粤汉则股东争权舞弊,糜费千万,争讼累年,卒未成数百里之路。如川汉糜费舞弊,本年更有驻沪施某亏倒公司存款之事。如鄂路争归商办,股本至今未集,日来又因选举总理札某,众以为旗籍,群起反对,内讧益烈,如浙路今正风潮澎湃,不知所底。如闽路商办累年,认股寥寥,前借交通银行五十万,顷又将告罄,总理在京遥领路事,闽局、厦局种种糜费,徒延时日,糜金钱,而于成路之期终无望也。若归国有,则诸弊均可去。"作者指出,铁路国有是以立宪为前提的。"吾国政体则专制也,官吏营私舞弊,无国会之承诺、会计院之检查也,故民办之弊,尚有多数股东及董事会为之监察,而官办则惟为所欲为而已。"他认为"外债非不可借,即借外债以筑路亦非不可行,惟视其时政体之如何及政府之如何而已"。结论说:"若今日之政府,国是未定,政见不一,用人则各私其人,行政则各私其政,……虽有善策,执行者谁欤?监督者谁欤?"[1]这篇文章完全道出了当时立宪派的政见,它向全国示意,只要政府立宪,借债筑路是可以的。

为拉拢和利用立宪派,北京传出了行将任命张謇、郑孝胥为新内阁秘书长的消息[2]。1911 年上半年,"东南三大名流"——

---

[1]《东方杂志》七卷八期。

[2]《郑孝胥日记》:宣统三年正月二十五日,"郭秋屏来,言日来颇传言予及张季直皆将召入为新内阁秘书长"。中国历史博物馆藏稿本。

张、郑、汤（也是全国立宪派的首脑）次第入京，邮传部尚书盛宣怀和川汉粤汉铁路督办大臣端方殷勤招待他们，时而清谈，时而聚宴[1]。盛宣怀慷慨解囊，为立宪派办报[2]。又弃嫌就好，准备为汤寿潜开复革职处分[3]。盛和端方计议，命郑孝胥为湖南藩司，兼充督办两路的参赞[4]。盛又拟荐张謇为农工商部侍郎[5]。是年6月，川路风潮初起，张謇、郑孝胥先后被摄政王所召见，张謇建议政府赎回全部商股（包括亏耗在内）以平息风潮[6]；郑孝胥则"痛论借债造路为变法之本策"[7]。立宪派的几个主脑已经明白表示赞成"干路国有"政策了。

帝国主义银行团的活动，清政府的财政危机，加上立宪派随声附和，促成了"干路国有"政策的宣布。1911年5月，邮传部借给事中石长信一奏，提出了酝酿已久的"干路国有"问题，清廷立即严旨"昭示天下，干路均归国有，定为政策"，"其从前批准干路各案，一律取销"，"如有不顾大局，故意扰乱路政，煽惑抵抗，即照违制论"[8]。当时具体执行的是川汉、粤汉两路，立刻引起川、鄂、湘、粤四省绅民的反对。清廷授权督抚"格杀勿论"。

四省绅民所争的是权、利二项，但名为"干路国有"，表面不

---

[1] 参见郑孝胥宣统三年《日记》及李钟珏：《且顽老人七十自述》。

[2] 北京《宪报》受盛宣怀津贴，陈叔通先生说。

[3] 《盛宣怀行述》。

[4] 郑孝胥宣统三年五月《日记》。

[5] 当时的南通《星报》透露，谓清廷将授张謇为农工商部大臣，此据陈叔通先生说。陈先生时在北京，与刘垣（厚生）共劝阻张謇受职。

[6] 《啬翁自订年谱》卷下。

[7] 郑孝胥宣统三年五月二十五日《日记》。

[8] 《愚斋存稿》卷十七，第1—3页。

以路权抵给外国债主,对"权"的问题,无词可措;清政府承赎各省商股,但不包认亏耗之款,对鄂、湘、粤三省绅民的利益损害不大,从本身的安全出发,且在"国有"的大帽子下,三省上层绅商的反对并不积极,经过一阵噪嚷后,并未把下层群众牵动起来,立即演成巨大风潮。四川的股款以租股为大宗。租股系由川路公司委托各府州县,于征漕时,向粮户附捐百分之三,收谷十石起捐,大、中、小地主和富农均不能免。因经吏役之手,层层中饱。商办川路公司由官办公司蝉蜕而成,监督、查账等制度均不健全,在各省铁路公司中,舞弊最多。1910年3月,四川旅京官学各界开会揭发川路公司勒捐股款,人民不堪负担,"变乱"迭生[1]。四川京官甘大璋等揭发公司总理乔树枏任用私人施典章,将股金存放上海钱庄,营私渔利,恰值是年上海发生金融恐慌,正元等五庄倒闭,川路股款被倒账一百三十余万两,另亏挪二百余万两[2]。引起政府查办,舆论哗然。还有其他种种亏耗。"国有"政策宣布后,清政府不包认亏耗之款,这就使经管公司的上层绅商无法交账,于是铤而走险,掀起"保路运动"。股金征自各州县,利害牵涉全省各阶级、各阶层,清政府又采取高压政策,遂使风潮愈演愈烈,革命党人和会党乘机活动,从和平请愿转化而为武装起义,把清政府的反动统治打开了一个巨大缺口,成为辛亥革命的导火线。关于川路风潮,论者已多,本文不赘。

---

[1]《东方杂志》七卷三期《各省路事汇录》。
[2]《东方杂志》七卷十期《各省路事续闻》。

五、结　语

综上所述，可见在中日战后特别是《辛丑和约》签订后的十年间，铁路是帝国主义对中国进行资本侵略和清政府对外出卖利权的主要对象，因而铁路问题，成为当时中国社会矛盾的主要反映。1910年，留日铁路学生二百余人公认："现今国是，惟铁路为最急且危"[1]，正道着了这个历史的症结。铁路伸展到全国各个角落，触及社会各个阶级。各省争路风潮与其他民变不同，它是比较有组织地进行的各阶级、各阶层的联合运动。它一次更进一次地揭穿了清政府的卖国面目。尽管领导争路的上层绅商始终不愿脱出"和平"的轨道，然而无法避免把下层群众牵动和激怒起来，朝向革命化的道路。铁路风潮，就成了辛亥革命的导火线。人民从反对帝国主义夺路发展到反对清政府卖路，也就是反对它卖国，最后起而要求推翻这个"洋人的朝廷"，这是历史的必然趋势。正如毛主席所说："辛亥革命是革帝国主义的命。中国人所以要革清朝的命，是因为清朝是帝国主义的走狗。"[2]

清政府卖路的主要目标是干路。继京奉、京汉、津浦等路之后，川汉、粤汉二路成了掠卖的重心，也就在川、粤二路问题上，清政府制订了自杀政策——"干路国有"。

争路风潮主要在两个地区开展：一个是民族资本主义比较发达的苏浙地区，一个是川、粤二路沿线的川鄂湘粤四省。苏浙争

[1]《东方杂志》七卷二期《记留日中国铁路会成立事》。
[2]《毛泽东选集》第四卷，第1517页。

路虽执全国商办铁路运动的牛耳,但它面对的还仅是一个英帝国主义。尽管内外反动派企图首先扼杀苏浙商路,但仅是偏师侧击,最后被迫撤移,把矛盾局部缓和下去。而在四个西方强国联合进攻下的湖广争路,就胶住不解,延伸及于川、粤,把中国人民反抗帝国主义及其走狗的各种力量调集起来,进行决战,燃火于四川,燎遍了全国,这就是伟大的辛亥革命。

(原载《历史研究》1964 年第 2 期)

怎样认识"洋务运动"的性质与作用？[1]

——与姜铎同志商榷

　　从 1961 年年底起,姜铎同志在《文汇报》连续发表了《洋务运动对早期民族资木的促进》《试论洋务运动的经济活动和外国侵略资本的矛盾》和《试论洋务运动中洋务、顽固两派论争的性质》等三篇文章[2],有系统地提出了要求全面研究和认识洋务运动性质和作用的论点,即在承认洋务运动具有投靠外国资本、帝国主义,维护封建统治,阻碍民族资本主义等反动面的同时,肯定它有进步的一面:(一)洋务运动要求发展资本主义,促进民族资本主义的发展;(二)洋务运动与外国资本有矛盾,洋务派的经济活动起了抵制外国资本侵略的作用;(三)洋务运动与封建主义有矛盾,洋务派与顽固派的争论,不是封建统治阶级内部的争论,而是要求发展资本主义与保持封建主义的争论。概括地说,姜铎同志认为,洋务运动具有反帝反封建和要求发展资本主义的一面。"事物的性质,主要地是由取得支配地位的矛盾的主要方面

---

[1]　本文集编者按,本文发表时,作者署名"汉声",此文收入阮芳纪等编:《洋务运动论文选》,人民出版社 1985 年版。

[2]　以上三文先后刊登于《文汇报》1961 年 12 月 28 日、1962 年 1 月 12 日、1962 年 1 月 21 日。

所规定的。"[1]姜铎同志虽然没有明确说明洋务运动的反动和进步的两面性，哪一方面是主要的方面，然而他已经断言，洋务运动在一定程度上，是反映和代表了当时中国社会发展的新方向的[2]。不言而喻，他是断定洋务运动的进步面是主要的。由此可见，姜铎同志所主张的全面研究和认识洋务运动的性质与作用，实际是要求对洋务运动重新估价。他实际是把洋务运动看作一次资产阶级改良主义性质的运动。这从他和黄逸峰同志联名发表在《历史研究》的《中国洋务运动与日本明治维新在经济发展上的比较》[3]一文里，可以找到更多的证明。他们说，洋务运动和明治维新一样，"带上民族主义的色彩"。洋务派"在实践的过程中，认识到：西方资本主义生产方式是迎合世界潮流的，他山之石可以改〔攻〕错[4]，就企图利用之来'求强求富'"。"洋务派内部的某些人也曾提出一些资产阶级改良主义的做法，……他们已经模糊地看到：要是不适当改变生产关系和封建体制，哪怕改变某些环节也好，洋务运动是不能成功的。""洋务运动遭到了严重的封建势力的压迫与束缚，这是洋务运动濒于彻底破产的内在决定因素。""帝国主义列强对中国的严重侵略与压迫，是促使洋务运动破产的外在因素。"非常明白，作者断定洋务运动对外要求民族独立，对内要求发展资本主义，结果在内外反动势力的压迫下，

---

[1]《毛泽东选集》第 2 卷，1952 年版，第 789 页。

[2]《文汇报》1962 年 1 月 21 日。

[3]《历史研究》1963 年第 1 期。

[4]《毛诗·小雅·鹤鸣篇》云："他山之石，可以为错"。传云："错石也，可以琢玉。"本字作厝，厉石也。见《说文》。不该是"改错"。此照录《历史研究》。

遭到了破产。这岂不是把洋务运动当作比戊戌变法先走一步的一次资产阶级改良主义运动吗？对洋务运动这样的认识是不对的；姜铎同志论证历史的方法也是值得讨论的。兹就鄙见所及，提出几点，请姜铎同志指教。

一、从什么出发考察洋务运动？

根据马克思主义的教导，认清洋务运动发生的历史条件以及洋务派的阶级性格，乃是考察洋务运动的出发点。

洋务运动发生于第二次鸦片战争之后。这时的中国，已经是一个半殖民地半封建社会。这个社会内部的基本矛盾是：外国资本、帝国主义与中华民族的矛盾，封建主义与广大人民的矛盾，外国资产阶级和国内封建地主阶级是反对社会发展的衰朽势力。反对这两个敌人的，先是只有农民阶级。太平天国革命，就是一次反封建反侵略的单纯农民革命；以后有了无产阶级和资产阶级。资产阶级首先走上政治舞台，掀起了戊戌变法和辛亥革命；这些运动都失败了，继之而来的是无产阶级领导的新民主主义革命，最终取得了反帝反封建革命的胜利。毛主席指出：一部中国近代史，是"帝国主义和中国封建主义相结合，把中国变为半殖民地和殖民地的过程，也就是中国人民反抗帝国主义及其走狗的过程"[1]。

洋务派和顽固派一样，是封建地主阶级的当权派，是当时的反动派。它们走在对外投降、对内压迫人民的共同道路上，不同

[1]《毛泽东选集》第2卷，第602页。

之处只是在于,顽固派主张躲避"洋人"、继续"闭关自守";洋务派主张投靠"洋人",实行"借法自强"。两派都从维护封建统治和本身的利益出发,谁都不代表社会发展的新方向。比较起来,洋务派更适应外国资本侵略的需要。在 19 世纪 60—80 年代,算是洋务运动"兴旺"的年代。洋务派在对内外问题上一贯表现反动。这一派是屠杀农民起义的刽子手,也是出卖一系列民族主权的投降派。到了 90 年代,这一派又反对戊戌变法。

处在这样一个民族斗争、阶级斗争极端尖锐的社会,由这样一个投靠"洋人"的封建政治集团,在外国资本侵略者的导演与控制下,从维护封建统治和本集团的利益出发,来推行一次以军事为中心的所谓洋务运动,这就决定了这个运动的性质是反动的,它不可能代表中国社会发展的新方向。姜铎同志不紧紧抓住当时的历史条件和洋务派的阶级性质,当作考察洋务运动的出发点,而被所谓反映洋务派和洋务运动进步一面的"大量历史事实"所震眩,这就走上了歧途。

二、洋务运动是代表谁的利益? 它使中国走上了什么道路?

研究洋务运动不能如姜铎同志那样,偏重和孤立地谈论它的"经济活动",应该注意它是以军事为中心。先是,第二次鸦片战争以后,在镇压太平天国革命的血泊里,以奕䜣、李鸿章等为首的一部分封建贵族和军阀,在外国资本侵略者的教唆下,开始"借法自强",雇募外国"教练",购买洋枪、洋炮,编练自己的军队;为了供应军火,接着举办军事工业;为了弥补财政亏耗,继而发展工矿交通等民用企业。直到 20 世纪初年，张之洞总结洋务运动的经验，依然强调它的中心是"练兵"。他说："目前自强要政，莫急于练兵，而练兵以制械为先，制械非筹款不办。"[1]这就是洋务运动的一个中心和三个方面。洋务运动以"练兵"为中心，这是因为"兵"是封建统治的命根子，也是外国侵略者"以华治华"的主要工具。不注意这个中心，就容易忽视洋务运动的反动性。

洋务运动所练的军队及所举办的军事工业，都具有半殖民地化的特征。第一，受外国侵略者所控制，成为西方资产阶级销售过剩军用器材、吮吸中国人民脂膏的"好场所"；第二，只能够以镇压国内人民革命，而不能够用以抵抗外国侵略。洋务派从 19 世纪 60 年代起，三十多年内"练兵""制械"的结果是如何呢？对内是绞杀了太平天国革命运动；对外是在中法和中日两次民族战争中一败再败。洋务运动的宣告破产，也是以它在军事上的反动性暴露为主要标志的。

至于研究洋务派的经济活动，也不能够如姜铎同志那样，抽象地谈论他们发展"资本主义"，应该分析这是什么样性质的资本主义。洋务派发展的经济企业，先是"官办"，后有"官督商办""官商合办"。经营管理之权，操之于"官"，直接与封建政权相联系。为封建统治服务。这些企业在经济上和技术上都对外国资本有紧密的依附关系，为西方资产阶级对中国的经济掠夺，增开了"方便之门"。这就决定了它们的性质，乃是具有封建性、买办性的官僚资本主义。虽然在"官督商办"和"官商合办"企业中的"商股"，含有某些民族资本的因素，但不占主导地位，不

---

[1]《光绪朝东华录》，第 5225 页。

能够决定这些企业的性质。官僚资本的生产技术虽然是新式的，而其性质乃是反动的，经营管理也极为腐朽，起阻碍社会发展的作用，不代表当时社会的新制度。洋务派发展官僚资本的结果，排挤和消耗了民族资本，摧残了中国的社会经济。

由此可见，洋务运动是代表外国资产阶级和国内封建地主的利益的，它促使中国社会走上半殖民地的道路。并不如姜铎同志所分析的，洋务运动是代表了当时中国社会发展的新方向；由于它的"失败"，决定了中国近百年半殖民地的命运。这是与历史事实完全相反的结论。

也由此可见，姜铎同志认为洋务派推行洋务运动"是迎合世界潮流"的，这是完全错误的。当时的世界潮流什么呢？在西方，马克思主义已经诞生，正在蓬勃发展工人阶级的共产主义运动；在东方，一切殖民地半殖民地人民进行着如火如荼的民族、民主革命。这是当时世界的潮流。中国的洋务运动正是违反了这个"潮流"的，怎么能够说它是迎合了这个"潮流"的呢？

三、怎样对待洋务运动的"进步"的一面？

历史的辩证律常是这样，一切反动派在行使反人民、反革命手段的时候，往往造成了自己的对立物。毛主席曾经指出："帝国主义列强侵入中国的目的，决不是要把封建的中国变成资本主义的中国。帝国主义列强的目的和这相反，它们是要把中国变成它们的半殖民地和殖民地。"[1]"帝国主义的侵略刺激了中国的社会

[1]《毛泽东选集》第 2 卷，第 598 页。

经济,使它发生了变化,造成了帝国主义的对立物——造成了中国的民族工业。"[1]非常明白,外国资本、帝国主义侵略,刺激了中国民族资本主义的发展,乃是它的客观作用,完全不是它们的主观企图。从所起双重作用的主次地位来说,"反对"是主要的,"刺激"是次要的,因为帝国主义侵略中国的结果,不曾使中国成为一个独立的资本主义国家,而是成了一个半殖民地。如果把帝国主义侵略中国,对中国民族工业的"刺激",当作是它们的主观企图,把"反对"和"刺激"的相反作用,不分主次地位,或者颠倒过来,这就等于把中国民族工业的发展,写在帝国主义侵略的"功劳簿"上,显然是不符合历史事实,违反了毛主席的科学论断的。

同样道理,洋务运动虽对民族工业起了某些促进作用,为民族工业的发展准备了某些条件,但这是它的客观作用,不是洋务派的主观企图,比起它在经济、政治、军事各方面摧残了中国社会生产力,阻碍民族工业的作用来说,是处于次要地位的。姜铎同志强调洋务运动对民族资本的促进作用,虽也承认这是客观作用,但又列举了几条似是而非的"历史事实"来证明洋务派有扶助民族工业的愿望。他把阻挠和促进的双重作用,相提并论,不别主次,这岂不要把读者引上歧途?

洋务派中间的某些人,确曾"扶助"过民族工业,但是别有用心的。例如在中法、中日战后,张之洞先后在两广、两江总督任内,表面上支持过某些民办企业。这是一因战败之后,民族资产阶级强烈要求自办工矿企业,迫使清政府向民族资本让步;二因弥补军费和赔款消耗,清政府图谋借此增加厘税;三因"洋务企

---

[1]《毛泽东选集》第4卷,第1489页。

业"破产并非出于洋务派发展民间资本的主观愿望。如果不联系当时阶级斗争的全局来分析某些历史现象，而是"客观"罗列，作为洋务"扶助"民族工业的例证，当然会得出错误的结论。姜铎同志曾调了"官股"对发展民族工业的决定作用[1]，而不提"官股""官利"对民族工业的拖累。即如张之洞"扶助"张謇开办大生纱厂，因受"官机"，作为"官股"，年付"官利"，而限制了大生资本的积累扩大再生产。特别是在中日战争前后，"商股"反对"官股"参加官派委员的呼声，已经越来越高，反映"官股"，对发展民族工业不利。难道姜铎同志没有接触到这些历史事实吗？

洋务派是投降派，洋务运动对外国资本侵略者有严重的依赖性；但主子与奴才之间也有利害冲突，洋务派也企图向列强挣扎。我们必须看到，前者是主要的，后者是次要的，也是极为软弱的。是故奕䜣、李鸿章等尽管叫喊"自强"，却始终向外投降。同样情形，洋务派的经济活动，适应外国资本侵略是主要的，抵制外国资本是次要的。姜铎同志曾举沈葆桢要求"自造"船舰之例，以证明洋务派企图"独立"发展军事工业[2]；但是作者没有指出，沈葆桢的"自造"船舰是始终依赖着法国侵略者，是在日意格等法国侵略分子的直接控制下进行的。姜铎同志过于强调洋务运动起抵制外国侵略的作用，"带上了民族主义的色彩"，显然是不正确的。

由上述可见，姜铎同志虽然一再要求全面认识洋务运动的性质和作用，认为不仅要看到它的反动的一面，也要看到它的进步

---

[1]《文汇报》1961年12月28日。
[2]《文汇报》1962年1月12日。

的一面；但是他不从当时阶级斗争的全局和总趋势出发，不辩证地看待洋务运动所起的双重作用，把二者相提并论，不别主次，而且过高估价了它的"进步"的一面，这实际是对洋务运动的片面认识。

四、洋务运动为什么破产？是好事还是坏事？

洋务运动是内外反动势力相勾结、奴役中国人民的手段和活动。它违反了历史发展的方向，在中国人民革命洪流的冲击下，最后必然彻底破产。现在我们经常以中法、中日两战，作为洋务运动破产的标志，是指它的"自强"与"求富"的虚假口号，开始被进步的人们所识破。此后洋务运动仍在进行，洋务派仍在世代相承，实行"练兵""制械"，仍在发展官僚资本；但是他们的"富""强"口号再也不具有以前那样迷人的魔力了。

洋务运动的"富""强"口号在中法、中日两战中宣告破产，洋务派的庞大海陆军队一败涂地，这不是由于别的原因，主要决定于洋务运动反动的本质。洋务派从出生之日起，就走上了买办化的道路。洋务运动越发展，洋务派投靠"洋人"和害怕"洋人"的程度越严重；他们的"富""强"假象越虚肿，对外的投降主义、失败主义越滋长。洋务派的军队和工业既受"洋人"操纵，兼因封建政治的腐朽，当然不可能具有抗御"洋氛"的力量。终于在中法、中日两战中，中国人民的爱国怒涛，强迫洋务派的军队走上前线，一败再败，揭开了"自强""求富"虚假的真相。姜铎同志仅是把洋务派"经济企业"的败坏作为洋务运动的破产，认为这是洋务派发展中国"资本主义"的"失败"。他竟然把洋务运动所代表的内外反动势力的压迫,当作洋务运动破产的内外因素,还把被洋务运动所绞杀的太平天国革命的失败,也拉来作为原因之一[1],真正"海外奇谈",令人骇怪。

洋务运动的"富""强"假象被戳破,对中国历史的发展来说是一件好事而不是坏事。从此,官办企业不得不向商办企业让路,清政府不得不对民族工商业的发展,采取了某些"扶助"的措施。洋务运动的破产,也刺激了资产阶级改良主义思想的发展。在中日战争后不久,即出现了戊戌变法运动。姜铎同志却颇不高兴谈到洋务运动的"失败"。他惋惜洋务运动"没有明确的反外国侵略者的纲领",咨嗟洋务派的遭遇,外来的"是一群披着羊皮的豹狼,它不会帮助中国从事建设",相反"迫使他们还要按照帝国主义的利益和要求办洋务、办企业";国内则由于顽固派的种种阻挠,"使洋务运动中稍有改变封建主义,发展资本主义的打算和措施,都被基本上消灭"。于是作者怀着对洋务运动破产的悲悯心情,比较了日本明治维新和中国洋务运动的结局完全不同,说什么"一个是基本上成功了,一个是完全失败了,随之决定了两国人民近百年的不同命运"[2]。

五、为什么论点与论据不相统一?

在姜铎同志所写的有关洋务运动的几篇论文里常有论点与论据自相抵牾的现象,归根到底,是因为作者不从当时的实际出

[1]《历史研究》1963年第1期。
[2]《历史研究》1663年第1期。

发,论点不符合历史的真相,故而在选择论据时,往往走上两个极端:时而是"客观主义",时而是主观主义。

"客观主义"就是罗列地主、资产阶级笔下的史料,不加综合分析。如举沈葆桢主张"自造"船舰,以证"洋务派"抵制外国资本侵略,便是一例。作者如果能够联系当时左宗棠、沈葆桢依靠法国开办福州船政局的实际情况,对这些史料进行科学的研究分析,便不会作出这样片面性的结论来了。

主观主义是凭自己的想象出发,曲解史料,填进一个违反事实的框子里去。例如作者把资产阶级改良主义者容闳、郑观应、王韬等人,都当作洋务派;把他们站在资产阶级改良主义立场,对洋务运动的批评,当作洋务派内部某些人的建议[1]。这就为洋务运动罩上了一层"资产阶级改良"的面纱。作者引用经典,也有类似的情形。例如马克思和恩格斯在《共产党宣言》里,批评过当时西欧的小资产阶级社会主义者害怕正在发展着的大工业会使自己破产,"他们辩护工人事业时总是根据小资产阶级观点出发的"。"这种社会主义按其积极内容来说,若不是想要恢复旧时的生产和交换工具,亦即恢复旧的所有制关系和旧的社会,便是想要把现代的生产和交换工具勉强重新塞进旧的所有制关系的框子里去,即塞进已被这些工具打破并且本来不免要被打破的所有制关系的框子里去。它在前后两种场合都是既反动,又空想的。"[2]马克思和恩格斯所批判的这种情形,和发生在半殖民地中国的洋务运动,没有任何相同之处,姜铎同志却引用这段话的结

---

[1]《历史研究》1963年第1期。

[2]《马克思恩格斯文选》(两卷集)第1卷,第32页。

尾几句来比拟洋务运动反动与破产[1]，实际不过是借以发挥他的一个核心论点，即作者所想象的洋务派要求发展"资本主义"，只因他们不改变封建主义的生产关系，把资本主义生产力塞进封建主义的生产关系中去，就决定了它的反动与空想。这样的附会，既不确切，也不严肃。

"客观主义"的实质就是主观主义。姜铎同志为什么对某些出自地主、资产阶级笔下的史料，客观罗列，不加分析，深信不疑呢？是因为这些史料符合了他的主观需要，可借以充实自己主观想象的框子。凭"客观主义"与主观主义的态度，为自己主观臆测的论点找寻论据，表面统一，实际矛盾，是经不起辩驳的。这也就为姜铎同志揭破了一个所谓反映洋务运动进步一面的"大量历史事实"存在之谜。

六、产生错误的原因

总之，姜铎同志对洋务运动的基本论点是错误的。导致错误的原因是认识和方法上的一些问题。首先他不从当时的历史条件和洋务派的阶级本质出发，来认识和分析洋务运动，而是撇开了它的以军事为中心，孤立和偏重地谈论它的经济活动；又抽象地谈论洋务派从西方搬来了新事物——资本主义，不分析它的阶级性质，是符合历史发展需要的民族资本主义，还是阻碍社会进步的官僚资本主义；从而认为洋务运动要求发展资本主义，代表了当时社会发展的新方向，迎合世界的潮流，洋务派与顽固派的

---

[1]《历史研究》1963 年第 1 期。

争论乃是代表资本主义与封建主义新旧社会制度的斗争。其次，他不是辩证地看待"洋务运动"的反动和进步的双重作用，而是过高估价了洋务运动对民族工业的促进，夸大了洋务派与外国资本侵略间的矛盾。再就是"客观主义"与主观主义的选择论据。以上这些，就产生了评价洋务运动的种种谬误。由此可见，我们与姜铎同志讨论怎样认识洋务运动的性质与作用时，也涉及我们应该怎样研究历史这个问题。

（原载《江海学刊》1964 年第 4 期）

记清末的预备立宪公会

1906 年在上海成立的预备立宪公会,是资产阶级改良派打着君主立宪的旗帜与革命势力相对抗的团体之一。

改良派又称立宪派,它内部又分为两系:一系的魁首是康有为、梁启超,他们亡命海外后,一直到辛亥革命之前,只能从事"非法"的活动。一系的主脑是张謇、郑孝胥、汤寿潜等,他们在国内都有一定的政治地位,掌握着一部分经济企业,口衔舆论,在社会上比之康、梁更具影响。预备立宪公会是后一系的组织,与前一系也有某些瓜葛。

一、预备立宪公会成立的历史背景

在义和团运动之后,中国的民族资本获得了一定的发展。特别是在江苏、浙江等东南沿海地区,民族工商业的发展较快。以张謇为首的大生资本集团为例,在义和团运动时期,由于外来棉纺织品的减少,给大生纱厂造成了获利的机会。日俄战争期间,大生产品远销东北,又一次获得厚利而不断扩大生产。1899 年,大生纱厂开始生产时,有纱锭二万枚;至 1904 年,增至四万枚。同年,张謇与王清穆等建崇明大生分厂,到 1907 年投入生产,拥有纱锭二万六千枚。在 1905 年前后,围绕着大生纱厂,派生出了植棉、制盐、榨油、碾面、铁冶、内河轮船等十数种企业。大生资本也扩散到通海以外地区。张謇与许鼎霖合伙创设耀徐玻璃厂于宿迁；与曾铸等合办中国图书公司于上海；与瑞澂等经营江西瓷业公司于景德镇。汤寿潜、郑孝胥等也都经营工商业。1905 年成立的浙江商办铁路公司，即由汤寿潜任总理。郑孝胥是大生纱厂的股东，在上海又自创日辉织呢厂。这些人原来都有政治地位。张謇是翰林院修撰，汤寿潜曾授官两淮盐运使，郑孝胥官至四品京卿督办龙州军务。这种亦官、亦绅、亦商的身份，正是中国民族资产阶级上层分子的特征。随着他们经济企业的发展，迫使他们必须对日益严重的"内忧外患"，提出解决的方案。他们能够朝向革命吗？不能，因为他们害怕革命会引起巨大的社会变革，使自己失去已有的地位和利益。但他们也不愿意跟随内外反动势力，亦步亦趋，因为帝国主义的侵略与封建主义的腐朽，都阻碍着中国民族资本主义企业的发展。因此，张謇等人就选定走改良主义的道路，即既反对革命，又要求改革，要求清政府立宪，以适应自己的利益。

当时立宪派的活动，是以推动政府为主要步骤。从某些大员着手，以触动内廷，巴望西太后"感悟"。1904 年，先是驻法公使孙宝琦，继而是云贵总督丁振铎、云南巡抚林绍年，都以立宪为请。《大公报》评论说："今日中国政府又将现出一新问题，其机已动，其端已见，其潮流已隐隐然而欲涌出者，厥为何哉？盖立宪之问题是也。"[1] 这使张謇等人大为高兴。他积极推动江、鄂两督上奏响应。又亲向满洲亲贵铁良游说。并把所刻的"日本宪法"，

---

[1] 光绪三十年三月二十日《大公报》。

设法送抵西太后之手,博得她的"称好"[1]。

1905年日俄战争结束,日胜俄负,这被立宪派看作是"立宪"优于"专制"之铁证。因此,在立宪派影响下的《南方报》立即据以发出了"立宪为万事根本"的呼声[2]。同年,中国同盟会成立,"革命之说甚盛"。所有这些,都迫使清政府深感无法再照老样子统治下去,而必须采取改头换面的措施,于是有五大臣出国考察宪政的决定。革命党人吴樾行刺五大臣之举,使张謇等益感"立宪尤不可缓"[3]。于是他们更积极活动起来。

二、预备立宪公会的成立及其政治关系

1906年8月2日(光绪三十二年七月十三日),清政府内部经过一场辩论之后,下诏"预备立宪"。在上海的立宪派闻声起舞,酝酿组织团体。他们总喜欢依墙傍壁,攀附某些大官僚的袍带。预备立宪公会的成立,就是由两广总督岑春煊做后台的。岑春煊在八国联军之役,以"迎銮护驾"有"功",大为西太后所宠信。他又竭力媚事李莲英,以为奥援。在当时督抚之中,颇具权势。他和直隶总督袁世凯争权,袁勾结军机首领奕劻;他便拉拢与奕劻对立的军机大臣瞿鸿禨。庆、袁与瞿、岑之争,一时很尖锐。1906年夏,袁世凯乘着中法边境事件,设计把岑从两广肥缺,调到云贵去办理交涉,而把自己的亲家周馥调任两广总督。这引起岑的巨大不满。他便称病赴沪,企图利用立宪派作为政争的工具。

---

[1]《啬翁自订年谱》卷下。

[2]《东方杂志》二卷十期转载。

[3] 张謇:光绪三十一年八月二十六日日记。

他先派亲信到沪，致函张謇，策动组织团体。张因经营实业，不常住上海，这事便落在岑的老幕僚郑孝胥的手里，由郑出头活动，有他的日记可考：

> 光绪三十二年七月二十二日，刘厚生邀宴于商学公会，晤陆伟士，在岑云帅幕中。云：云帅有信与季直，欲立法政研究会，愿助开办费一万元，仍筹常费岁一千。……予为众言上海宜立国民会。
>
> 八月初六日，赴刘厚生、沈友卿之约。在坐者：王丹揆、张季直、王胜之、曾少卿、李平书、陆伟士，议立宪政研究公会。曾少卿、李平书先去，余人皆署名入会为发起人，各捐入会费五十元。
>
> 十九日，午后过商学公会，为宪政研究公会第二次谈判会。是日新入会者：张菊生、夏穗卿、高梦旦，为予所约；刘伯生（即柏森——引者）、孙荫廷、王□□，为刘厚生所约。
>
> 三十日，楚青邀至一品香，坐有季直、丹揆、胜之、友卿、厚生、振民及沈信卿、林康侯，议宪政研究事。
>
> 九月初一日，赴宪政公会，晤厚生、友卿。新入会者何豑威，乃秋莘之子，李木斋之婿。
>
> 初四日，午后诣公会，公议改会名曰预备立宪公会，入会者凡二十七人。
>
> 二十八日，刘葆良新入会。是日约定各起草员每星期二、五夜六点至八点到会议事，各会员皆以星期日午后二点至四点到会。
>
> 十月初三日，是日入会者：李兰舟、李一琴。公议于十

一月初一日开会。

初五日,晤王丹揆,出示云帅来函(致予及蛰仙、季直、菊生),捐款一万两于立宪公会。夜诣公会,商拟收据证券各式。闻云帅已到,遂诣舢板厂晤谈久之,子益、伟士皆在坐。

二十二日,赴立宪公会,编立章程底稿,到者:沈友卿、刘厚生、王丹揆,皆起草员,张方中(惟一)、陆伟士亦参酌讨论。

十一月初一日,是日为立宪公会第一次开会,会员来宾二百余人,马相伯、柯贞贤、雷继兴相继演说毕,会员自行选举会董十五人,予得四十六票为最多。继复由会董十五人互举,予得十四票,应为会长,而张季直、汤蛰仙为副会长。

据刘垣(厚生)所写《张謇传记》说,他也是会董之一,公会由孟昭常(庸生)任秘书。

从上述资料可以看到几点:

第一,预备立宪公会的名称是几经磋商变化而后决定的。这是因为发起诸人怕遭到政府的疑忌,故而挂上"预备立宪"的字样,表示:"恭应明诏,成立此会。"[1]

第二,预备立宪公会的基本成员是苏、浙、闽三省之人,也是清末立宪运动的核心人物。有的参加过戊戌变法运动,如张元济(菊生)、夏曾佑(穗卿)等;有的是商学两界的代言人,如崇明的王

---

[1] 光绪帝与西太后死后,预备立宪公会所致哀词,载《东方杂志》五卷十一期。

清穆（丹揆）、吴县的王同愈（胜之）、武进的沈同芳（友卿）等，再加上一批年轻的活动分子孟昭常、刘垣等人。

第三，岑春煊是预备立宪公会的后台老板。他不惜解囊为公会筹款，并指挥亲信郑孝胥、高凤谦（梦旦，子益）、陆伟士等操纵组织。公会成立前夜，他亲到上海策划。张謇为公会成立去沪，即首先晤岑，也有他的日记可查：

> 光绪三十二年十月二十六日，晚五时抵沪。晤蛰先。
>
> 二十七日，诣岑云帅。
>
> 十一月一日，豫备立宪会议事，公推苏堪为会长，蛰先与余副之，辞不获已。

第四，预备立宪公会表面与康、梁无关，实际也有牵缀，狄葆贤（楚青）是其中的桥梁之一。狄本系康、梁伙党，所办《时报》，受康、梁津贴，"专讲平和，专讲立宪"[1]。他创立宪政研究会，受梁指使。梁致杨度书，商组政党，有"在内则为楚青、孺博（麦孟华——引者）等"语。又与康有为书云："人人知帝国立宪会即旧日之保皇会，推行内地究有不便，故不如改名而另立一会，其会拟名宪政会。"狄创宪政研究会，得张、郑赞助，而又加入预备立宪公会，沟通国内外立宪派的声气。另有一人也在暗中为张、郑与康、梁之间牵线，《张謇日记》曾透露过消息：

> 光绪三十二年六月十日：熊聘三来（在上海——引者）。

---

[1]《谕立宪党》，《天讨》。

"聘三"，即秉三，熊希龄字。时在湖南襄办"新政"，由端方奏调为考察政治随员，经日本时，与梁启超屡次密议，梁嘱为组党。是时归国，逗留上海，"欲有所图"[1]。梁致康有为书云："宪政会弟子出名为发起人，……先生现时惟暗中主持而已。……秉三亦不出名，以便在内地运动。"预备立宪公会成立后四天，梁即向康有为报告其事："现最初发起者则秉三、楚卿、孺博、张季直、郑苏堪、杨晳子等，而先生及弟子皆不出正名，惟暗中主持耳。"可见熊此时在沪与张謇会晤，当与组织立宪公会有关。

当时康、梁在国内不能立足，故对预备立宪公会寄以很大希望，视张、郑、汤为同党。梁致康有为书云："张季直、郑苏堪、汤蛰仙三人本为极重要之人物，但既入党，必须能与我同利害、共进退乃可。我党今者下之与革党为敌，上之与现政府为敌，未知彼等果能大无畏以任此否？彼现在诚有欲与我联合之心，然始合之甚易，中途分携则无味矣。故弟子拟到上海一次，与彼等会晤，透底说明，彼若来，则大欢迎之，若不来，亦无伤也。"对于岑春煊，康、梁也寄予厚望，于 1905 年时，梁启超已遣门徒蔡艮寅、蒋方震等在其军中活动。

同盟会闻预备立宪公会成立，即发表《谕立宪党》一文，声讨张、郑诸人[2]。鲜明地划清了革命派与改良派的分野。

---

[1] 梁启超于光绪三十二年与徐公勉书云："秉三顷尚在上海，欲有所图，大约尚缓归湘云。"见梁氏后人所藏《梁任公年谱材料》（抄件）第八册。本文所引梁书札，均据同一资料。

[2] 《谕立宪党》，《天讨》。

三、预备立宪公会卷进了清政府内部政争的漩涡

预备立宪公会一成立就卷进了袁、岑斗争的急流。袁岑之争的焦点是夺取中枢大权。岑志不在于立宪，而是企图脚踏立宪派的肩背，爬进第一任内阁掌大权。1907年春，清廷以岑调补四川总督。岑于赴任途中，突然北上"入觐"，向西太后哭诉奕劻贪庸，朝政腐败，请留任京职，充当西太后的"看家狗"。西太后一时感动，立即任命他做邮传部尚书。岑尚未到任，就参劾庆、袁私党邮传部侍郎朱宝奎，以"声名平常"而褫职。瞿、岑又利用言路参劾段芝贵向奕劻之子载振行贿献妾，而获得了黑龙江巡抚的官位。段是袁世凯的爪牙，此事出于袁的主意。一时舆论大哗，段撤职，载振被迫辞商部尚书，奕劻亦自请"教子不严"之罪。庆、袁不甘罢休，立即还手反击。首先借口两广发生军事，挤岑出任粤督，使他无法在内廷嘀咕。继而攻击瞿鸿機泄露机密，逐回原籍。岑知事不妙，即称病留沪[1]。庆、袁知道必须牵引康、梁，使西太后震怒，才能把岑扳倒，于是唆人上奏"岑春煊暗结康有为，谋为不轨，张謇、郑孝胥图谋革命"[2]云云。原折留中，岑被开缺。预备立宪公会的后台倒了，张、郑饱受虚惊，他们和康、梁之间的关系也愈趋隐晦。梁启超虽曾于1907年秋到过上海，企图与岑春煊等联络，却因接不上头而无所作为[3]：以后康、梁另组政闻社，虽与预

---

[1] 岑春煊：《乐斋漫笔》（《中和月刊》四卷五期）及陈夔龙：《梦蕉亭杂记》。

[2] 《岑春煊开缺原因再志》，光绪三十三年七月三十日《神州日报》。

[3] 《梁任公年谱长编》。

备立宪公会仍有往还,但已各树一帜了。

四、预备立宪公会在两次国会大请愿中的活动

1908 年,各省立宪派发动了提前召开国会的大请愿,河南、江苏、安徽、湖南等省均向清政府皇递请愿书,并遣派代表入京,政闻社和预备立宪公会都从中起了推动的作用。

预备立宪公会,组织曾学法政的会员和旅沪的"知名之士",成立国会研究所,斟酌各国议会制度,提出两院制和国会召集法的草案,呈送政府参考。6 月 30 日,由郑、张、汤三会长署名,致电宪政编查馆,以"外忧内患乘机并发",请"顺兆民之望","决开国会"。7 月 11 日,郑等再电政府,要求于二年内召开国会。21日,江苏请愿代表到京,立宪公会骨干孟昭常系其中之一[1]。

这次请愿并无结果,却被清政府发现了政闻社同康、梁有关,就抓到了把柄,立即下谕禁止,"严拿社伙";汉口的《江汉日报》因登载康、梁主稿的华侨请愿开国会书而被封。晴天一声霹雳,立宪派的请愿运动就烟消云散了。

是年,光绪帝和西太后同时死去,"遗诏""遗诰"都填进了几句官样文章,谆谆以"预备立宪"为言。预备立宪公会的腰杆又硬起来了。郑孝胥致"哀词"说:"本会虽系遵旨成立,而天下官吏之守旧者,莫不隐相憎恶,……本会当同心协力,笃守遗诏之宗旨,不避艰险,尽其义务,即有反对本会者,本会亦将发明大

---

[1] 中国历史博物馆藏郑孝胥:光绪三十四年五月二十九日、六月十二日日记;《东方杂志》五卷七期,《中国大事记》与孟森:《宪政篇》。

行太皇太后、大行皇帝遗诏所言,以正其谬,此诚本会同人之志愿,孝胥可得而代白者也。"[1]

1909年,各省谘议局成立,全国立宪派再度活跃起来。预备立宪公会以各省谘议局的联络机关自居。它的会刊连续登载各省谘议局的决议。是时适值列强海牙会议,透露风声,谓将瓜分中国,立宪派大受刺激,于是由江苏省谘议局议长张謇发起,邀集各省谘议局代表,于上海预备立宪公会开会,催促政府即开国会[2]。

是年12月,直隶、奉天、吉林、黑龙江、山西、山东、河南、湖北、湖南、江西、浙江、福建、广京、广西、江苏等省谘议局代表陆续到沪,开了三天会议,决定遣代表团入京,请求在二年内召开国会,并将议决案通知未能到会的云、贵、川、陕等省谘议局。会议文件多半出于预备立宪公会会员孟森、孟昭常兄弟之手[3]。

这次请愿的声势比前浩大,最后促使清政府不得不虚与委蛇,有提前于宣统五年召开国会的决定。在这次请愿中,预备立宪公会起了组织的作用,也是它的活动的顶点。

五、预备立宪公会组织的演变

预备立宪公会成立后,会员陆续增多,派生了华侨公会、福建分会等分支机构。在北京,设立了事务所。

公会内部的意见时生分歧,张謇、汤寿潜重视实业教育,郑孝

---

[1]《东方杂志》五卷十一期。

[2] 中国科学院近代史研究所藏张謇致端方函(照片)。

[3]《东方杂志》六卷十三期《宪政篇》；张謇：光绪三十四年十一月日记。

胥则企图获取高官显位,各有政治目的。张、汤不常到会,郑独断独行,发起人中的沈同芳等颇表不满。1907 年秋,郑被迫提出辞职,经过孟昭常等调停,郑打消辞意[1]。公会一年一度选举会长,郑、张、汤于 1907 年、1908 年均当选连任。1909 年初,汤寿潜愤不愿与闻会务,原封退还公会所寄信件于郑孝胥,"以示不阅告绝之意"[2]。1910 年改选会长时,郑、汤皆退出,由浙绅朱福诜为会长,张謇、孟昭常为副会长[3]。这时立宪派活动的中心已转移至资政院及各省谘议局,张謇系江苏议长,孟昭常身兼资政院及江苏谘议局的议员,朱福诜则忙于解决浙路风潮,预备立宪公会群龙无首,已名存实亡。1911 年春,孟昭常、高凤谦等于北京酝酿组织政党[4],已抛弃了原有的预备立宪公会。不久辛亥革命爆发,违反时代潮流的立宪运动及其政治团体都成了历史博物馆的陈列品。

(原载《光明日报》1964 年 5 月 20 日)

---

[1] 郑孝胥:光绪三十三年八月日记。
[2] 郑孝胥:光绪三十四年十二月初九日记。
[3] 郑孝胥:宣统元年十二月初九日记。朱福诜,海盐人。光绪六年进士,官至侍讲学士。
[4] 郑孝胥:宣统三年正月初八日、四月十二日日记。

试论李秀成

史学界对李秀成的评价，聚讼纷纭。有人谓其"晚节不终"；有人则多方为之洗刷，谓为"完人"。这场尖锐的争论，标志着太平天国史研究的新发展。实事求是地评价李秀成的功过，并从中吸取教训，克服以前太平天国史研究工作中的某些偏向，必然是这次讨论的结果。

李秀成是太平天国的战士和统帅，在反抗国内封建主义和外国资本主义压迫的斗争中，立下功劳；他在被俘之后，向敌人乞降，没有得到敌人的"宽恕"，仍被杀身死。对待这样一个复杂的历史人物，必须从事实出发，评定他一生的功过。不能够因他的晚节有亏而否定他十余年血战之功；也不能够因他卓著勋绩而曲谅他最后向敌输诚的罪过。任何片面的说法，都是不科学的。

李秀成的一生，几乎与太平天国相终始，可以分做三个阶段：一、1851—1856年（"杨韦事变"之前），是太平天国革命的兴盛阶段，李秀成由士兵逐步升至统将，还不是一个重要的人物；二、1856年（"杨韦事变"后）—1864年（被俘之前），是太平天国革命的衰败阶段，李秀成从统将荐升至统帅，成为太平天国革命的主要支柱；三、1864年（从被俘到被杀），太平天国灭亡，李秀成在敌人面前屈节，写下了不光彩的"供状"。需要着重讨论的，是第二、第三两个阶段。

一、李秀成在太平天国后期的功过

1856 年发生的"杨韦事变"与 1857 年的"洪石分裂",是农民革命内部矛盾的大爆发,是太平天国从盛到衰的转折点。经过这两大连续性的不幸事件,太平天国前一辈的领导人,除洪秀全外,或死或去,迫使洪秀全在重用他家族的同时,不得不起用几个善战的将领,担当革命战争的指挥。陈玉成、李秀成等应运而起,共撑后期的危局。

从"杨韦事变"以后,李秀成在太平天国内部的地位隆隆日上。当李秀成逐步肩负起革命重要职责的时候,太平天国正面临着日益严重的危机。

第一,太平天国虽然在前期取得了很大的胜利,但是由于农民阶级的局限性和地主意识的腐蚀,已经滋长着不可克服的政治危机。早期的艰苦朴素、上下同心的优良作风,已经逐渐被享乐豪侈、争权夺利等腐朽习惯所代替。这种变化,是从领导人之中开始的。终于爆发了"杨韦事变""洪石分裂"等不幸事件。"人心改变,政事不一,各有一心"[1]。

第二,领导集团的内讧与分裂,削弱了革命的力量,打乱了革命的布局,给敌人以部署力量和进攻的机会。江南、江北"大营"的再建,湘军的攻入皖北,都给天京以严重的威胁。稍后则是湘、淮军的向江、浙分道进攻。

第三,外国资本主义侵略者逐渐揭开"中立"的伪装,从局部

---

[1]《李秀成自述》(后简称《自述》)。

到全面和清朝封建统治者结成反革命的联盟，干涉太平天国为首的中国农民革命。

但是，革命尚有发展的可能。

第一，太平天国的领导集团虽已发生内讧，而广大将士一时尚未严重蜕化，继续效忠于太平天国。陈玉成、李世贤、赖文光等就是从这些人中涌现出来的优秀将领，李秀成也是其中之一。

第二，捻军、白莲教和西南、西北各少数民族的起义，正在蓬勃开展；石达开虽和洪秀全分裂，但仍独率一军，纵横数省，牵制反革命的力量，一直到 1863 年才在四川覆灭。

第三，1856—1860 年间，外国资本主义侵略者与清政府之间，还在进行一次战争——第二次鸦片战争。满、汉以至各反动集团之间，也存在着复杂的矛盾。中外反革命势力的组合，曾经过许多周折。

这些表明，自从领导集团内讧之后，太平天国虽已开始衰败，但仍有继续发展的条件。某些杰出的领导人物，就在这时起了推迟革命失败的作用。李秀成就是其中重要的一个。

在太平天国后期，李秀成的功劳是不能抹杀的。他有一定的优点：

第一，在政治上，他要求洪秀全改革朝政，主张轻税爱民，任用贤能。比同时当权的洪秀全两个哥哥等要开明。

第二，在军事上，他能够联络将士，好谋善战，具有卓越的指挥才能。

李秀成在太平天国后期的主要功绩是：一、当领导集团内讧后，他出兵江北，和陈玉成合作。联络捻军，东西奋战，击退了长江上、下游敌人的进攻，稳定了内讧后的危局；二、1860 年，他联合陈玉成等"大齐会战",智勇兼施,击溃了清朝的"江南大营",解除了天京的围困;三、1860年、1861年,他率军攻克苏南、浙江,开拓了革命的疆域,造成了革命形势的局部高涨;四、他两次向上海进军,痛击美、英、法外国干涉者,表现了爱国主义的英勇气概;五、1862—1864年间,他汗马奔驰,为保卫天京、苏州等地,而与中外敌人浴血苦战。这时陈玉成已经牺牲,他独撑危局。在保卫天京的最后关头,洪秀全也告病亡,他成了坚持革命的主角。

同时,李秀成也犯了不少错误,主要的是:第一,他和洪秀全之间各怀意见。和陈玉成也有争执。为了开拓自己在苏、浙的地盘,没有积极协助陈玉成保卫安庆,不顾大局。第二,他没有积极整顿部下,而且信用一批别有心肠的危险分子,如熊万荃、钱桂仁之流,给以军权和地方政权,促使革命内部加速腐烂。第三,在紧急关头,他发觉部将郜永宽等阴谋叛变,没有采取严厉的打击措施。

以上便是李秀成在太平天国后期的主要功过,比较起来,功大于过。太平天国革命之所以能够坚持到1864年,是有着客观的种种原因,是由于广大将士的英勇斗争,也与李秀成个人的努力分不开的。

二、李秀成晚节不终的原因

李秀成虽然在太平天国后期,卓著勋绩;但是,在他的认识和思想上滋长着严重的消极因素,使他的晚节不终。

第一,他没有政治远见,在革命越来越困难时,对前途悲观消极。1860年,他在常州,与地主知识子张绍良谈话,从天京政局的混乱，谈到太平天国的前途未卜，劝张不要跟自己受苦，已经失去了必胜的信念[1]。等到国破被俘，他的这种思想更加抬头，认为"天朝数满"，继续斗争是徒然的。

第二，他的敌我界线异常模糊。洪秀全、杨秀清等虽然也没有明确的阶级观点，但是他们把革命与反革命划分为人与妖魔四个营垒，敌我界线是很清楚的。他们宣布太平天国的反清斗争是"奉天讨胡""斩邪留正"。李秀成却不是这样。他把太平天国与清朝之间的战争，说成"两国交兵"，"各扶其主"，没有什么"人""妖"之辨，"邪""正"之分。因此，他把在杭州对太平军顽抗到死的浙江巡抚王有龄，当作"英才义士"而敬礼备至。被俘之后，在曾国藩的假仁假义前面，他的这种想法更加发展，竟然诔颂这个屠杀太平军的主犯为"仁爱"之人，盼望成为自己的新主子。

第三，他的革命气节是不坚定的。在革命困难关头，他对部将中的动摇变节，不严肃追究；而且认为这是各找门路，不必相阻。1863年，郜永宽等在苏州谋叛，李秀成对他们说："现今我主上蒙尘，其势不久，尔是两湖之人：此日由尔便，尔我不必相害。"至于自己只因为是天朝大臣，受天王重用，势如骑虎，不能中途相背。1860年。他在常州对张绍良曾如此说；初被俘时，对曾国藩的幕僚赵烈文又如此说，并在"供状"中写着。同时，他也企图投降，因顾虑无人保全自己，故不敢轻举妄动。他曾一再对郜永宽等说："若有他心，我乃国中有名之将，有何人敢包我投乎？""因

---

[1]　张绍良：《蒙难琐言》，常州图书馆藏抄本。

我粤人,无门可投"[1]。可见尽忠与降敌,早已成为他思想中的严重矛盾。被俘后,这个矛盾的斗争到了顶点,他自我解释,认为国破君亡,尽忠已成过去,偷生的思想占了上风,于是甘心向敌人乞降,留下可耻的结局。

李秀成看不到革命的远大前途,在困难关头悲观消极,这是农民阶级的目光短浅所致。至于他的敌我界线模糊、革命气节不坚定,则是农民领袖受了地主阶级政治腐蚀的结果,是和李秀成最后几年的处境有关,完全不是偶然的。

李秀成的部队众多,主要是从1860年攻破"江南大营"后,大量招降纳叛而发展起来的。当他攻下苏、常时,部下的政治情况已经变得极为复杂。有一册时人笔记说:"贼众之在苏城号称二十万,其实真长毛不过数百,两湖籍者已是老贼,广西起事之人,十无二三。""自大营被冲,我兵数万大半从贼。""追破丹阳,陷常州,下无锡,处处掳人,苏垣又唾手而得,复有巢湖船、长龙船、六合勇、广匪、捻匪诸类,从而附和之,乃见其众多。"[2]有些地主团练和土匪武装未被消灭,如苏州城北的徐佩瑗,无锡东南的华翼纶,苏、松两府交界处的费玉成等,也表面依附了太平军,保存着实力和地盘。不少地主知识分子,如常熟的曹敬、钱福钟等,打入地方政府,别有用心地操纵政权。也就从1860年攻破"江南大营"和占领苏、常富庶之区起,李秀成的部队严重蜕化,主要表现是:

第一,纪律败坏。有一册时人日记说:"伪忠王李(秀成)……

---

[1] 以上俱引《自述》。
[2] 潘钟瑞:《苏台麋鹿记》。

曾经出榜安民，不许奸淫焚掠，群贼不遵令，仍自横行。"[1]外人记载也说，"老长毛的军纪非常好"，而"新兵"很是"扰民"。"新兵"主要就是那些降兵[2]。

第二，物物归公的"国库"制度已被破坏，很多将领都有私人财富。甚至有人公然在税收中提成归己。以后成为叛徒的郜永宽、钱桂仁等即都拥有大量赀财，所以他们不愿继续进行艰苦的斗争[3]。

第三，私通敌人，阴谋叛变。多数降将本来是别有心肠的。如昆山守将李文炳、乌青守将何信义，就是李秀成"供状"中所提到的、在苏州开门迎降的清军统领。他们仍和清朝官方通气，伺机而动。某些被子女玉帛所包围而蜕化的将佐，特别是苏州熊万荃、常熟钱桂仁等，都心怀异端，动摇不定。钻进太平军的地主、土匪武装首领徐佩瑗、费玉成等，便乘隙往来于太平天国与清政府之间，穿针引线，勾诱动摇分子叛变。1861年，在苏南太平军内部，已经潜伏着一个包括李、熊、钱等在内的拥有五六万人的反革命集团，暗中受清政府指挥。

1862年秋，根据情报，李鸿章对李秀成的部队作了估价。他说："敝乡人陷在忠党最多，来归者相望于路，谓贼情人人欲散，忠逆亦不自持。""此酋前数年在和州一带盘踞，每战必却。嗣席狗酋威势，乘和、何两帅溃走之后，闯入苏州，尽掳三江良民，弱而无纪，众奚足恃。""今春洋兵合剿，四眼狗丧于皖北。该酋每聚族

---

[1] 龚又村：《镜檋轩自怡日记》（后简称《龚又村日记》）。
[2] 《太平天国史料译丛》。
[3] 常熟守将钱桂仁于食盐捐税中提成归己，见《龚又村日记》。郜永宽积有大量赀财，见《太平天国史料译丛》。

而谋,且夕待亡。金陵大军愈逼愈紧,始不敢往救,迟之又久,乃合众前去。现在浙西及苏、常诸踞贼均候金陵消息,如再败退,献城自首者必多。"[1]李鸿章的这些话,大部分是事实。他从反面说明了李秀成的部众虽多,但情况复杂,很不可靠。就在1862年5月,南汇太平天国守军一万余人发动了叛变。据李鸿章奏报:叛将刘玉林、方有才等"半系败兵被胁",本非"甘心从逆"。川沙守将汪有为响应未成,弃城而走。叛军帮助李鸿章占领了浦东全境,使他能够在上海站定脚跟。1863年1月,钱桂仁部将骆国忠等叛变于常熟,给李鸿章进攻苏南打开了一个缺口。同年12月,郜永宽、汪有为等叛变于苏州,使苏南的保卫战陷于瓦解。此后随着形势的恶化,熊万荃、蔡元隆、邓光明、钱桂仁、陈炳文等先后降敌。李秀成的部将除谭绍光等少数人坚持革命最后牺牲外,很多人成了叛徒。

李秀成部队的严重蜕化,正是太平天国失败的主要症状,也是单纯农民战争不可避免的致命伤。历史上的单纯农民战争,有的被敌人镇压,有的在斗争中或胜利后变质。太平天国是在外敌进攻和腹心腐烂的情况下,陷入悲惨境地的。但是,太平军内部的蜕化变质的情况,也不完全相同。如以后期的两个主要支柱做比较,陈玉成的部队较好,重要将领中变节的较少,陈得才、赖文光、梁成富、黄文金等,都忠于革命,战斗到底;李秀成的部队较差,蜕化的情形比较严重,堕落为叛徒的较多。这是因为两支部队的成员不同,李部比陈部复杂;活动的地区也不同,陈部常在贫瘠的安徽,李部则常在富庶的江南。一支成分复杂的农民

---

[1]《朋僚函稿》第二《复曾沅浦方伯》。"四眼狗"指英王。

军,留驻在繁华富庶的城市,它的迅速变质,是无法避免的。部队的蜕化,必然对统帅发生影响。在李秀成的最后几年里,他个人的生活也变化了。在天京和苏州,都有宏伟的府第。有的地方守将,还为他建造壮丽的行馆。他吃的是山珍海味,住的是堂厦楼台[1],又经常接受部下的歌颂和献礼。所有这些,都促使李秀成的意志衰退。这也是农民领袖常有的危机。

部队的蜕化变质,个人革命意志的衰退,加上革命势衰,反革命气焰嚣张,又与洪氏集团不睦,一切都使李秀成不断滋长上述种种消极的思想,而致晚节不终。

能够在军事上打败反动派,而不能够在政治上抵抗敌人的腐蚀,这历来是单纯农民战争的悲剧,也是太平天国的悲剧。就在这悲剧闭幕的时候,李秀成扮演了不光彩的角色。

有的同志,对李秀成的一生感到诧异。他们认为李秀成于被俘前轰轰烈烈,怎么会在被俘后屈节? 认为不可思议。这是不明真相的说法。

三、李秀成在被俘后的投降活动是洗刷不掉的

李秀成是太平天国后期的"巨魁",清政府当然是不肯饶恕他的。在被俘后,他也自知必死,但尚盼望有一线生机,即"招降"余部以"赎罪"。被俘次晚,他与赵烈文谈话,即透露出这种可耻的思想。赵烈文的《日记》可证:

---

[1] 钱桂仁为李秀成建行馆,见《龚又村日记》。李秀成吃的是山珍海味,见张绍良:《蒙难琐言》。

同治三年六月二十日

晚,同周朗山至伪忠王处。与谭良久。……

予问:"在伪朝亦知其不足恃耶?抑以为必成也?"曰:"如骑虎不得下耳。"予云:"何不早降?"曰:"朋友之义,尚不可渝,何况受其爵位。至于用兵所到,则未尝纵杀。破杭州得林福祥、米兴朝,皆礼之;官眷陷城者,给票护之境上,君独无所闻乎?"予曰:"事或有之,然部下所杀,视所纵者何啻千百倍蓰,为将者当令行禁止,如尔者安得无罪,而犹自言之耶?"曰:"此诚某罪,顾官军何独不然!"予曰:"以汝自负,故与汝明之,使汝惺悟耳。军中恒情。岂责汝耶!"

接着,经过了一段关于战事及天京情形的问答之后。李秀成突然反问:

"今天京陷,某已缚。君视天下遂无事耶?"予曰:"在朝政清明耳,不在战克。亦不在缚汝。闻新天子聪睿,万民颙颙以望郅治。且尔家扰半天下,卒以灭亡,人或不敢复蹈覆辙矣。"李又言:"天上有数星,主夷务不靖,十余年必见。"予征其星名度数,则皆鄙俚俗说而已。予知其无实在过人处。因问:"汝今计安出?"曰:"死耳。顾至江右者皆旧部,得以尺书散遣之,免戕贼彼此之命,则瞑目无憾。"言次有乞活之意。予曰:"汝罪大,当听中旨,此亦非统帅所得主也。"遂俯首不语。予亦偕众出。

五天之后,曾国藩到了南京。当晚即"提讯"李秀成。他的

《日记》说：同治三年六月廿五日，"至戌初，将所擒之伪忠王亲自鞫讯数语"。可与李秀成"供状"所说相印证：

> 又蒙老中堂驾至，讯问来情。是日逐一大概情形回禀，未得十分明实，是以再用愁心，一一清白写明。

再隔十天之后，曾国藩又提讯李秀成。他的《日记》说：七月初五日，"阅李秀成所写供词。灯后，亲讯李秀成之供"。也可与李秀成的"供状"相印证：

> 昨夜承老中堂调至驾前讯问，承恩惠示，真报无由。罪将一身屈错，未逢明良，今见老中堂恩广，罪将定要先行靖一方报酬。昨夜深惠厚情，死而足愿，欢乐归阴。

这次"提讯"的内容，赵烈文的《日记》略叙梗概：

> 七月初六日，……伪忠酋李秀成伏法。渠写亲供五六万言，叙贼中事，自咸丰四、五年后均甚详，虽不通文墨，而事理井井，在贼中不可谓非桀黠矣。中堂甚怜惜之。昨日亲问一次，有乞恩之意，中堂答以听旨，连日正踟蹰此事，俟定见后再相复。今日遣李眉生告以国法难逭。不能开脱。李曰"中堂厚德，铭刻不忘，今世已误，来生愿图报"云云。

可见在这次"提讯"时，李秀成再一次表示了"招降"余部，乞免一死的卑鄙希望。

以上便是李秀成在被俘后两度向清朝官方要求投降的记录。至于他在"亲供"中,则写了很多要求投降的话,略举几条可见:(一)羡慕叛徒韦志俊——"今韦志俊生命投入清朝而得回家之乐,性命实我保全,其回家乐也。我之难无门而死,亦不叹也。"(二)甘心朝秦暮楚——"先忠于秦,亦丈夫信义,楚肯容人,亦而死报。收复〔服〕部军,而酬高厚。余兵不乱四方,民而安泰,一占清帝之恩,二占中堂、中丞之德。"(三)愿为曾国藩的部下——"今见老中堂恩惠甚深,中丞大人智才爱众。惜士恩良,我愿将部下两岸陆续收荃〔全〕,而酬高厚。我为此者,实见老中堂人〔仁〕爱,我虽不才,早至数年而在部下,亦尽力图酬,虽不才智,死力可为。忠扶天朝末国,不代〔待〕复言。愿收齐人众,尽义对大清皇上,以酬旧日有罪愚民。"[1]

以上三条就足够说明李秀成已经变节。

有的史学家力图为李秀成的晚节不终洗刷。断言他不是真的投降,而是对曾国藩行使的"苦肉缓兵计"。这是证据不足的。

"苦肉缓兵计"的主要论点是:"曾国藩信了李秀成说幼天王'定言〔然〕被杀矣',他没有派兵去广德、湖州追击。他信了李秀成说广德、湖州军队即可不攻自遁,他不但没有派兵前去会攻和截断入江西的路,而且要把正在向广德、湖州进攻的李鸿章军队调去皖北。他还认为李秀成'招齐'的话可采,向皇帝和有关方面初步提出。曾国藩是全部中了李秀成的计。"[2]这就是说,李秀成不惜用"假投降"使曾国藩上当:(一)放走了幼天王;(二)不

---

[1] 以上三条,都是吕集义校补本所脱漏的,兹据中华书局影印《李秀成自述》。

[2] 1964年7月27日《人民日报》。

派兵会攻广德、湖州；（三）有意采用不杀粤人的"招齐"条文。现在我们可以逐条检讨。

（一）关于幼天王的下落，李秀成在"供状"中两处提到。写到天京失陷时突围情形。他说："我与幼主两下分离，九帅之兵，马步追赶，现今虽出，生死未知。十六岁幼童，自幼至长并未奇〔骑〕过马，又未受过惊慌，九帅四方兵追，定言〔然〕被杀矣。""收齐章程"说："查幼主果能到外，再有别样善谋。又再计较。此人必不能有了。"按李秀成自言护幼天王突围的经过，与幼天王及洪仁玕的自述吻合，确是事实。至于在乱军中被冲散，生死不明，估计必死，也是合乎情理。他并未要使曾国藩确信幼天王已死。但是曾国藩早于安庆启行前，据曾国荃咨报，已将"伪幼主积薪宫殿，举火自焚"，余众突围，为追兵"全数斩刈"于湖熟镇之说入奏。等到讯问李秀成之后，为弥补前奏漏洞，遂又奏："必死于乱军，当无疑义。"在这次上奏后两天，曾国藩接获幼天王逃至广德的情报，与以前两奏矛盾，故而将信将疑，希望不确。不久清政府即据左宗棠关于幼天王逃抵湖州的奏报，斥责曾国藩"昨据曾国藩奏，洪福瑱积薪自焚，茫无实据，似已逃出伪宫，李秀成供曾经挟之出城后始分散。其为逃出，已无疑义。湖熟防军所部斩杀净尽之说，全不可靠。着曾国藩查明此外，究有逸出若干，并将防范不力之员弁从重参办"[1]云云。由此可见，关于幼天王的下落问题，是曾国藩兄弟铺张功绩，而散布了已死消息。以此证明李秀成行使"缓兵计"是牵强附会的。

（二）曾国藩没有派兵往攻广德，是因一时无饷，而无兵可派，

---

[1]《东华续录》（同治朝）卷三十六。

并非误中了李秀成的"缓兵计"。他早已计划派曾国荃的主力去进攻。他在同治三年七月十三日的《日记》后写着:"吉字中营留廿营万人守金陵。外留万五千人作游击之师,中秋后进剿广德。"就在这几天内,他写给杨岳斌的信说:"鄙意皖南地势,徽、宁当江、浙之冲,诚宜扼要,而广德东达湖郡,西通东坝,北接建平,尤为皖、浙枢纽。若得而守之,则湖州之贼不易旁溢徽、宁,江西之贼不易归并湖州。惟该处山多人少,河路不通,转运极艰,是以屡议分兵攻守,而绵力有所未逮。"当时清政府叠令曾国藩移"金陵得胜之师"赴援皖北、江西,进攻广德。而不知所谓"金陵得胜之师"已经久战疲困,又因饱掠子女玉帛,不能再战。这封信又说:"而各营将士伤病山集,其稍可支持者,亦均有憔悴可怜之色,纷纷告假,禀请全数裁撤。国藩奏明先裁一半,酌留二万数千人。以无银之故,裁者欠饷无着,不能遣遣;留者行粮无措,不能遽尔移营他去。昨奉谕旨,饬拨万人赴皖北防剿,以无饷之故,未能成行,深为愧歉。……若有银拨行,当先剿广德一路,尚难遽赴江西。"[1]至于曾国藩要求李鸿章派兵赴皖北,也是在这种兵饷为难的情况下提出来的。原信是这样说的:"湖北之贼尚在黄冈、麻城一带,不久终当入皖,拟请雄师北渡,肃清淮南北各属,以保珂乡,亦即以卫苏疆。一至淮北,湘勇远不如淮勇也。"[2]并未指定李鸿章派拨正攻广德的刘铭传、周盛波等各军北渡。由此可见,不能够根据曾国藩未派兵往攻广德及调淮军北渡赴安徽的事实,证明他中了李秀成的"缓兵之计"。

---

[1]《曾国藩未刊信稿》,中华书局 1959 年版。
[2]《曾文正公书札》卷二十四《复李宫保》。

（三）曾国藩于杀李秀成的后一天，他奏言："指李秀成供……又力劝官兵不宜专杀两广之人。恐粤贼势孤，逆党愈固，军事仍无了日。其言颇有可采。"在前几天，他把这些话分函告诉了左宗棠和李鸿章，但无"其言颇有可采"语。从当时苏南等地的战事证明，太平军内部抵抗最有力的是两广战士。一因他们忠于革命；二因清政府不"赦"他们，不得不抵抗到底。李秀成之计如果得行，当然是对革命不利，所以曾国藩谓"其言颇有可采"。"苦肉缓兵计"说者引了李鸿章给曾国藩的复信，以为李反对此举，证明曾的中计。这是对资料的误解。按李鸿章的原信说："军事似难即了，各路悍贼尚二三十万，其头目凶猾，善守能阵，稍一差池，便起波澜。粤人即不尽杀，放归亦无生理。似宜裁弱军以饷劲旅，徐图结局。"[1]所云："粤人即不尽杀，放归亦无生理。"是另有根据的。本年元旦他复广东巡抚郭嵩焘信说："粤中乱民极多，宜用重典。尊处会奏批示正法新章，极为爽捷。苏城遣回降人千余皆可杀者，其他可知。"[2]由此可见。李鸿章给曾国藩信中的原意是：太平军的余部尚多，其中不少是两广人，把他们放回去也要被地方官杀掉，势必继续反抗，所以还是要保持兵力，逐步把他们消灭。曾国藩也确实正在采用精兵政策，拟定湘军汰弱留强的方案，以镇压革命的余波。从这里，也找不到李秀成使用"缓兵计"和曾国藩中计的确据。

还有一些统治阶级内部互相攻击之词，如左宗棠等讦责曾国藩庇纵幼天王、不派兵即攻广德等，谓为误信李秀成"供状"。这

---

[1]《朋僚函稿》第六同治三年七月六日《上曾相》。
[2]《朋僚函稿》第六同治三年正月初一日《复郭筠仙中丞》。

些都是片面推测之言,既不足据以定谳曾国藩"中计"之"罪",更难据以刻画李秀成"假投降"之谋。

有人指出,李秀成教曾国藩舞动"仁爱之刀",招降太平军余部,是瓦解革命的毒辣手法。历代反动统治者惯用假和平、假慈悲的一手,以麻痹人民的反抗意志,分散革命的力量。李秀成教曾国藩这样做,确是对革命不利的。"苦肉缓兵计"说者强调这是不谅解李秀成用计的苦心。因为李秀成曾在"供状"中要求曾国藩,把自己械送安庆,以便招降长江两岸的太平军。实际是居中调度,将用广西方言等,秘密招呼两岸太平军集中起来,合兵大举。这是多么快人听闻的说法,奈何茫无实据,完全是出于设想,难道能据以判断历史问题吗?毛主席说:"马克思主义叫我们看问题不要从抽象的定义出发,而要从客观存在的事实出发。"[1]他又说:"唯心论者是强调动机否认效果的。"[2]如果我们不从事实出发,否认李秀成的晚节不终是客观存在的,而为他设想出一种"假投降"的动机,这将把历史研究引进神秘主义的泥坑。

中华人民共和国成立以来,在党的百花齐放、百家争鸣方针的指导下,史学界对太平天国史的研究,有了巨大的成绩;但是尚未完全克服一种偏向,就是有少数历史工作者不科学地"美化"太平天国。而对李秀成的迷信,也反映了这种偏向。经过这次讨论,必将破除对李秀成的迷信;并从中吸取教训,进一步克服"美化"太平天国的观点与方法。马克思主义要求革命的历史家,驳

---

[1]《毛泽东选集》第 3 卷,第 855 页。
[2]《毛泽东选集》第 3 卷,第 870 页。

斥地主、资产阶级对革命的污蔑,如同马克思为巴黎公社辩护,列宁为义和团运动辩护那样。但并不是要求深文曲笔,掩盖革命的缺点和错误,非科学地对革命"美化"。当然也必须防止另一极端,否定李秀成在太平天国后期的功绩,贬低太平天国革命的作用。任何违反历史事实的答案都是错误的。

（原载《文汇报》1964 年 8 月 15 日）